形塑市場的巨人

鬼才、巨擘、投機客，看肯恩‧費雪剖析金融史上百大神人

100 MINDS THAT MADE THE MARKET

KEN FISHER 肯恩‧費雪

簡瑋君——譯 著

 方舟文化

國家圖書館出版品預行編目 (CIP) 資料

形塑市場的巨人：鬼才、巨擘、投機客，看肯恩‧費雪剖析金融
史上百大神人／肯恩‧費雪（Ken　Fisher）著；簡瑋君譯 .-- 二版.
新北市：方舟文化出版：遠足文化事業股份有限公司發行 2024.06
　面；　　公分 . --（致富方舟；4009）
譯自：100 minds that made the market.
ISBN　978-626-7442-21-0（平裝）

1.CST: 金融業 2.CST: 世界傳記

561.7　　　　　　　　　　　　　　　113004598

方舟文化官方網站　　　方舟文化讀者回函

致富方舟 4009

形塑市場的巨人

鬼才、巨擘、投機客，看肯恩‧費雪剖析金融史上百大神人
100 Minds That Made The Market

作者　肯恩‧費雪（Ken Fisher）│譯者　簡瑋君│封面設計　萬勝安│內頁設計　Pluto Design │
主編　邱昌昊│特約行銷　黃馨慧│行銷主任　許文薰│總編輯　林淑雯│出版者　方舟文化／
遠足文化事業股份有限公司│發行　遠足文化事業股份有限公司（讀書共和國出版集團）　231
新北市新店區民權路 108-2 號 9 樓　電話：（02）2218-1417　傳真：（02）8667-1851　劃撥
帳號：19504465　戶名：遠足文化事業股份有限公司　客服專線：0800-221-029　E-MAIL：
service@bookrep.com.tw │網站　www.bookrep.com.tw │印製　東豪印刷事業有限公司　電話：（02）
8954-1275 │法律顧問　華洋法律事務所　蘇文生律師│定價　880 元│二版一刷　2024 年　6 月

本書獻給每一位追求本質創新、
不同於已知之認真、複雜構想的人。

CONTENTS

本書獻給每一位追求本質創新、
不同於已知之認真、複雜構想的人。

CONTENTS

自序

本書初版完成於一九九三年。我採取的標準是,只收錄那些在某種程度上、以某種方式對金融界產生重大影響的人,而且已經作古。這樣我就能安心對他們嚴詞批判,而逝者不會興訟。正如我在初版前言中所說,如此一來,我也就不必寫到我的父親,要在他有生之年評論他,難免讓我尷尬彆扭。

初版前言裡,我特別提及了一些還在世的有趣人物,包括華倫·巴菲特 Warren Buffett、約翰·坦伯頓 John Templeton、伊凡·博斯基 Ivan Boesky 和麥可·米爾肯 Michael Milken。他們至今仍然在世 *。但是,正如我剛才提到的,這些更為現代的名字已有大量媒體報導,所以無論他們是否仍活著或已去世,我都不覺得將他們排除在本書之外,對讀者來說會構成重大損失。

至於我那在二〇〇四年去世的父親,我在威利投資經典叢書 Wiley Investment Classics 的《非常潛力股》Common Stocks and Uncommon Profits 一書中,以及其他的著作裡詳細介紹過他。你可以在這些書裡讀到關於他的一切。相比之下,本書中所牽涉到的大多數人物,如果不費一番力氣,就很難對他們有所認識。本書各篇小傳可以讓你在幾分鐘內瞭解到很多概況,如果你真的想深入研究這些極具魅力的聰明人,參考書目裡的資料可供你進一步挖掘。

所以,時至今日,這份百人名單基本上和它在一九九三年時一樣有其價值。重新審視本書時,我發現自己幾乎不需做任何更動。

不過我對傑洛德·羅布 Gerald M. Loeb 的看法實質上已有所改變。我很後悔在寫他那部分時對他太苛刻了。隨著年齡增長,我愈來愈欣賞他。當

---

* 編註:本文寫於二〇〇七年。前述四人中,約翰·坦伯頓已於二〇〇八年七月逝世。

時，我一直把他與班傑明・葛拉漢 Benjamin Graham、哈利・馬可維茲 Harry M. Markowitz 或我父親等有影響力的市場思想塑造者相比，而他相形見絀。那時我不欣賞他的地方在於，他極力鼓吹年輕、新進的投資人首次涉足市場。在那鮮有其他人鼓吹新手入市的情況下，他或許為股票市場帶來了數十萬生力軍，幾十年來這些人也已有所收穫。為彌補對他的評價，我在威利投資經典叢書、新版的《投資人的生存戰役》 The Battle for Investment Survival 中，寫了一篇更多稱頌他的推薦文。在某方面，正如我在那篇文中所說，他讓我有些覺得，他就是他那時代的吉姆・克瑞莫[*]：浮誇賣弄、無所不在且精力無限，他為散戶發聲，口若懸河，並鼓勵每個人「你也做得到」。自一九三五年起，他就在推動人們投資股票這件事上做出了巨大貢獻。其著作出版之際，世界經濟仍處於一片黯淡之中，直到一九六〇年代，散戶參與普通股交易才變得愈發普遍。我會鼓勵你去讀讀他的作品，那幾乎可視為一段美股三十五年進化史。

寫完這本書後，我遇到了「賣股伯」史密斯 Bernard E. Smith 的兒子。他告訴我，儘管他父親在事業上的態度粗暴強硬，但始終是名溫柔的慈父。這讓我印象深刻，並意識到自己對這些人的真實私生活所知甚少。作為一個研究他們人生的後進，我書寫的主要是他們在外的聲譽與傳奇，如同書籍和文章中所記載的那樣。要想得知人們選擇保密的隱私是不可能的——這些事情往往永遠不會為人所知。但史密斯的兒子讓我明白，我筆下這些人不只出眾，可能也比我想像的要複雜許多。

有一點我當時在書裡未曾顧及，但隨著時間推移，現在對我已顯而易見：除了約翰・羅 John Law 和羅斯柴爾德家族 Rothschilds 這樣的極少數例外，百人之中大都是美國人。金融和資本主義受美國的影響，比世界其他地區要大得多。我沒有提到偉大的蘇格蘭人亞當・斯密 Adam Smith，這可能是項不足。

———

[*] 編註：Jim Cramer，CNBC 知名財經節目《瘋錢》（Mad Money）主持人，也是金融新聞媒體 TheStreet 的共同創辦人，曾任避險基金經理。

他的著作自我國誕生之年起，至今仍是影響力、希望和方向的燈塔，這大抵受到他那臭名昭著的「看不見的手」的神聖啟發。但就像許多仍在世的當代聞人一樣，在網路上搜索這位名人，你很快就會找到大量資料。如果你還沒有研究過亞當‧斯密，我鼓勵你去研究一下，因為他是資本主義的創造和發展中，最具影響力的一股力量。

本書中大多數人物，都是一般較難認識到的，其中絕大多數是美國人。無可辯駁的是，資本主義和資本市場上多數強權都來自美國。我想得愈多，愈覺得美國以外的人選不多。對我們帶來影響並改變我們思維方式的，多來自美國。審視生者可以發現，至今仍是如此。傳奇人物和有影響力的人大多來自美國，其他地方的人相對較少。

為什麼會這樣？我愈來愈認為這是美國「無文化」 un-culture 的一種功能。大多數國家總會有一個單一的或二元的文化；可能一種文化占主導地位，另外有一種或幾種次要的文化。例如，法國的文化始終以單一民族與天主教為根基；而在一些國家，天主教和新教之間爭執不休，即使是二元仍有局限。但比起其他任何地方，美國從其更靠近代的創立之初，每個人就都來自不同背景，沒有共同的文化，也就創造出了美國的無文化。我認為，對資本主義和資本市場來說，無文化比起任何文化，都是一塊更肥沃的土壤。

在美國，一個起初只是迎合極少數人的產品，到後來都可能變得極為大眾，好壞皆然。三 K 黨 Klu Klux Klan 來自南方腹地，在地區上深根壯大，還不至橫掃全國。可口可樂和藍調也來自那裡，倒是席捲了全世界。就像這樣，今天可能有人推出一款金融或非金融產品，鎖定美國某個有大量消費者的小型子群體，比如華裔美國人，然後這產品就迅速走紅並流行到全美各地。聽起來難以置信？但這種事經常發生。像墨西哥捲餅就不是真正的墨西哥食物，它是在加州、為了墨裔美國人而被發明出來的，現在到哪兒都吃得到。這類例子數之數不盡。本書寫的是金融界，而在金融領域，創想源於美國。無論是從哈利‧馬可維茲的均數－變異數最適化 mean-variance optimization 而來的現代金融理論，還是最初的混合共同基金，或者更近期的指數股票型基金、

折扣經紀商、擔保衍生性金融產品憑證等，族繁不及備載。這些創想，源自美國。

在強大的單一或二元文化中，想要建立新觀念、挑戰舊思想進而改變現狀，是非常困難的，因為主流文化可以透過社會進行壓制而不受反噬。舉個例子，伽利略就是這樣被輕易逐出教會。然而，資本主義的成功來自變革、創造性破壞與維新，年輕新貴掃平老舊的保守派，成為而後將被消滅的新保守派。這種情況在文化阻礙最小、或說無文化的環境中，最容易發生。來自不同國家、不同國籍、不同宗教、不同種族的人都在這裡取得了成功。

看看那些猶太後裔在美國資本市場上的成功吧。儘管猶太人在大多數歐洲國家受到歧視，但在這沒有文化枷鎖的國家，猶太人可以在資本市場上發揮最大的影響力並獲得成功。當你讀這本書時，還請留意一下你看到多少猶太裔美國人。需要先說明並充分披露的是，我有猶太血統，所以我的觀點可能帶有偏見。我的父系家族在一八三〇年代離開了德國的布滕海姆Buttenheim。到一八八〇年代，所有猶太人都逃離了布滕海姆！逃到哪裡呢？當然是美國！為什麼？因為他們在無文化環境中過得更好。移民帶來的創新，在美國無處不在，而且遠比在他們的祖國還要多。

如果要我將本書重新寫過，我會更加強調每位書中人物在成為美國人之前的來歷，因為他們來自世界各地。十五年過去，我已更加堅信，只有在美國，資本市場創新的天性才能像現在這樣蓬勃發展。資本市場上帶來重大影響的絕大多數思想、產品、創新、行銷與技術都來自美國，這點並非偶然。

肯恩‧費雪
寫於加州伍德賽德
二〇〇七年五月

ACKNOWLEGMENTS
致謝

我前兩本書[*]的致謝篇幅都相當長，因為那是很嚴肅的書，裡面包含很多人付出的大量心血。這本書過去不是，現在也不是。這是本充滿樂趣的書，寫起來有趣，我希望讀起來也很有趣，所以有些話我就不多說了。但一些關鍵的感謝之語，仍有必要致達。

首先，如果沒有芭芭拉・德洛利斯 Barbara DeLollis，本書就不可能問世。先是我有了這樣的點子、書名、人物名單，以及一堆我自己的古怪觀點；而後，芭芭拉在我的指引下，開始研究這百位驚人的金融巨擘，還有許許多多我們到頭來決定不放入百人名單中的名字。她在每個人物身上都花了大把大把的時間，而後在我的參與下，將一篇篇人生故事的初稿交給我，讓我可以將它揉捏成你現在讀的內容。我忙於經營資產管理公司，無暇處理，實在沒法花上這麼多時間。所以她是影子寫手嗎？倒也不算。多年來我筆耕不輟，寫我的書、我的《富比士》Forbes 專欄，有時也在其他媒體上寫這寫那。我熱愛寫作。所以，本書最終由我執筆，最初的構想也由我創發。

芭芭拉貢獻非凡，但書中若有任何缺點，顯然都該由我負責。針對這百位市場巨人的觀點、總結以及歷史地位的評價，全部出自於我。有時我會對芭芭拉的研究感到不對勁，但確認之後總會發現，她的研究工作做得再充足不過了。她仔仔細細地再三確認，我已然習慣將她視為一個資料來源。她還為本書建立索引、取得圖片（中譯版未收錄），堅定地朝完成這本書的方向推進，直到基本完成全書草稿。謝謝你，也祝你將來在紐約前程似錦。

---

[*] 編註：作者的前兩本書先後分別是《超級強勢股》（*Super Stocks*，一九八四年出版）與《華爾街的華爾滋》（*The Wall Street Waltz*，一九八七年出版）。

在我將每篇故事完成後，莎莉·艾倫 Sally Allen、瑪格麗特·巴拉甘 Marguerite Barragan 和瑪莎·波斯特 Martha Post 都投入許多時間編輯（她們都是費雪投資公司的正職員工，職務各不相同）。她們的貢獻從簡單的語法細節修正，到我離題太遠時加以制止，我有時就容易犯上這毛病。我父親菲利普·費雪 Philip A. Fisher 也為我絞盡腦汁，努力回想他年輕時的那些人物，不然他們就不會被收錄進來了。如此一來，你也才能讀到那些我可能也未曾見過的名字。

曾在我公司工作過的大衛·穆勒 David Mueller，透過電腦繪圖美化了本書的樣貌與版式，並為索引編列提供指引。而一直以來最最重要的，是我的妻子雪麗 Sherri，她不畏艱難地請來我們首位編輯芭芭拉·諾布爾 Barbara Noble，讓手稿得以成書，也就是你現在讀到的這本。如果沒有她的推動和指引，這份手稿大概就要塵封在某張桌子上了。為此，我要向以上所有人表達感謝。

肯恩·費雪

推薦序

在投資的冒險歷程中，人們投入的才智與心神，往往比其顯而易見的財務投入更為深刻。在這樣的投入下，我們幾乎不可避免地，成為投入程度相仿之同僚社群的一員。

起初，我們可能只是把每天見面、交談的人視為其他「遊戲玩家」，但隨著我們漫漫前行，在愈來愈多的組織中遇到愈來愈多人，一年一年過去，隨著興趣與樂趣增長，我們意識到，投資的「群體」非常龐大。

我們也認識到，這個群體多麼富有活力、創造力和強大。這是個充滿交流的社群，身為這特殊社群的一員，我們因此變得更好。

豐富我們自身經驗的其中一個層面，來自考驗與學習上的滿足，還有部分是透過試誤而來。（我們一錯、又錯、再錯，但愈錯愈少。）

幸運的是，我們有好多好多「導師」，可以向他們學習。我們偉大的老師們往往是極具魅力的人物，他們的生活和冒險經歷，豐富了我們對投資旅途的喜愛與著迷。一如莎士比亞寫道：「此戲正是關鍵。」[*]或者正如「亞當・斯密」[†]所說：「這就是金錢遊戲！」

這本好讀的入門將啟發並激起你的興趣，向你介紹一眾早在我們之前就

---

[*] The play's the thing，出自《哈姆雷特》（*Hamlet*）第二幕第二景結尾哈姆雷特的獨白，他精心安排舞臺劇重現叔父謀害父親的情節，藉觸動叔父的良知與他看戲時的反應，驗證了父親亡魂的控訴。

[†] 本名喬治・古德曼（George Goodman），美國作家暨經濟評論員，「亞當・斯密」是其發表與華爾街相關文章時所用的筆名。曾主持電視節目《亞當・斯密的金錢世界》（*Adam Smith's Money World*），並著有《金錢遊戲》（*The Money Game*），他在書中指出，市場乃至投資本身就是一場金錢遊戲，對成功的投資人（玩家）而言，真正吸引他們的是遊戲本身而非金錢，錢僅是計分方式。

已登場的出色玩家。肯恩‧費雪分享了自身對這些人的睿智詮釋與觀點，更讓本書多了一個重要維度。正因此，我們得以從他人經驗中學到更多；比起單從自身經歷學習，這樣輕鬆多了、快多了，而且不用受罪。

在這本引人入勝的書裡，肯恩‧費雪以輕鬆、隨興、友善的方式，講述了一百位傑出人物的故事。有些你已經知道，有些你覺得你幾乎知道，還有一些你過去無緣知曉。他們「造就市場」今日的樣貌。有些人在其中扮演了英雄，其餘人等則成了反派。我們可以從他們身上學到人生的教訓，特別是在肯恩‧費雪的導覽下，他為我們提供了發人深省的見解與評論。

查爾斯‧D‧艾利斯 Charles D. Ellis
格林威治聯營 Greenwich Associates 合夥人

前言

為什麼你需要讀這本書？為了享受樂趣。作為本書作者，我最大的願望就是它對你來說充滿趣味。我挑選的百位人物，是迷人的、滑稽的、狂野的，很多時候就只是古怪的，然而他們也都是強大的，有時還非常好笑。他們的人生，你讀來多有趣，我寫起來就有多好玩。視你的身分、職業、喜好與欲求不同，你也可能從他們人生中的專業經歷與個人教訓中有所收穫，並認識到美國金融市場的演變。假如你是市場的實際參與者，不論哪種類型，這些人的人生也都是榜樣，能告訴你什麼能奏效、什麼則徒勞無功，你能在多大程度上力挽狂瀾以及何時它們無可救藥，還有哪些人類特質與在市場上的成敗有關。但是，就如我所說，讀這本書的主要目的，還是為了獲得樂趣。

別把這一切視為理所當然

有些人，特別是當代，將華爾街視為一個理所當然存在的地方。然而它並不是如《聖經》中的創世神話般某天突然出現的。相反地，華爾街之所以有今天這般模樣，是經歷了近兩個世紀的開拓、創新、汗水、犯錯與醜聞。在華爾街的整個演化過程中，優勝劣汰決定了哪些創新會被吸納，哪些錯誤會被糾正；正是這些改進，使得市場成為如今許多人視為理所當然的美妙機構。

然而，推動市場形成的，是改革背後的個體。本書介紹了一百位這樣的人物，每一位都有所貢獻，可能是一個教訓、一項創新，或者一場騙局。他們的才智帶來創新，而他們的影響造就市場本身。簡單來說，是他們的才智塑造了市場──這就是本書英文書名的由來。

回顧他們的人生，對從未好好思考市場是如何形成的人來說是無價的，對每個與今日的市場和明日的未來相關聯的人來說，也都是必要的。俗話說，「不汲取過去教訓的人，注定重蹈覆轍。」這裡有一百位最好的老師，透過他們生動的人生經歷，你不必吃到苦頭也能從中學得教訓。閱讀本書的過程中，你會發現華爾街逐漸形成的背後故事，就像市場本身一樣有趣、迷人。

本書該怎麼讀？

本書以記錄華爾街演變的形式呈現，書中以十一大類（章節），記述了為華爾街奠定基礎的人、記錄其成長的人、為其提供資金的交易者、為之創新者、將其融入美國經濟者；然後是那些將其重塑、系統化的人，以及為它招來醜聞的人、在其中賺了錢和賠了錢的人，再加上少數難以歸類者。在每個類別中，各篇故事按照時間順序排列，以便你更好地順著時間線走。

重要的是請記得，這些分類並不像人物本身那麼重要。寫本書的過程中，我是先選出了人物，然後才加以分類。在將他們放入特定框架前，對每個人物的描述都需要作為一篇小傳獨立呈現。只有在這百篇故事寫就之後，才按照故事本身的邏輯放入不同章節；而後編寫章節摘要，將整體的主題與教訓整合在一起。

同樣重要的是，我希望你能夠自由選擇，不論是從頭到尾順著讀完，或是在你對某個人感興趣時，偶爾拿起本書，快速翻翻這人的故事。作為寫過兩本書、在《富比士》寫了八年專欄，還寫過其他種種題材的人，我希望本書的娛樂性與教育性，足以讓許多讀者覺得它值得從頭讀到尾。但我也意識到，有多少事情是我想做卻沒時間去做的，而我想你也是如此。讓本書以一種不需要從頭讀到尾的形式呈現，能讓你自由挑選翻閱書中任何部分，以獲取對你最有益的訊息。如果哪天你聽到有人提起「幸運」鮑德溫，而你對他是誰一無所知，你只要簡單地翻開目錄、花四分鐘讀一篇簡短故事就能解惑，

不必尷尬地開口詢問，也可以省去在圖書館裡奔走的麻煩。如果你想讀到關於鮑德溫更深入的內容，只需翻到參考書目，那裡的資料會告訴你接下來可以到哪裡取得更多資訊。如果你想找到更多像鮑德溫這樣的人物，瀏覽一下他的所屬章節即可。

書裡這些迷人的傢伙，許多位其實可以歸入多個不同章節。好比 J・P・摩根，怎麼可能只將他放進一個框架呢？還有班傑明・葛拉漢，他本是作家，但也遠遠不僅於此，正如同許多偉大先驅們一樣。然而我還是必須將他們分門別類，將他們劃入我覺得最合理的章節。如果你對此有不同看法，還望你多包涵。另外也請留意，他們之中有許多人的人生是相互關聯的，因此當某篇故事的主人翁在另一篇故事中被提及時，其名會以粗體標示，以便你能快速翻找到該篇故事，瞭解更多內容。

為何挑一百位而不是一百零三？

我總得在哪個地方停下來吧！而一百這數字我覺得不錯。誠然，對於「形塑市場的百位巨人」來說，這並不是一份完美名單；要編列完美名單也是做不到的，沒人能夠追蹤到每一位對市場有貢獻的人。幾乎可以肯定的是，許多有實質貢獻的人，最終只是默默地被歷史遺忘；儘管他們的貢獻可能別具意義，他們的存在卻沒有被社會注意到。

書裡的百位人選，是我心目中最重要的一百位；這是根據我身為投資專業人士二十年的經驗，以及之前在金融和歷史方面所受教育篩選而來。這些人被我挑選出來，是因為我認為他們確實有重大貢獻，而不只是到處找些人名來填空而已（「哦，我最好再找五個線圖分析師和兩個銀行家！」）。是的，這就是我認為的一百位形塑市場的巨人。如果你自己翻找歷史，你可能會得出少數幾個不一樣的名字，但我敢打賭，絕大多數人物都會是一樣的。我們可能在少數人選上存在意見分歧，但討論為何有些人該被納入而另一些人則否，會是件非常有趣的事。所以即便你不同意我的觀點，我依然期待你在閱

讀我的人選時，能夠樂在其中。

關於「美國製造」，以及被排除在外者

本書的百位人選大多是美國人。我能想到的外國人之中，僅寥寥幾位對美國金融市場的發展貢獻之大，乃至不能被排除在外。但這並非試圖記錄那些在歐洲或全球市場演變中把握機會大舉獲利的人；單純是為了詳細說明，是誰使我們的市場成為如今的「這個市場」。儘管當前人們熱衷於全球投資與海外市場多元化，但美國股市仍舊是全球的領頭羊，也是全世界每個人都環繞關注的焦點。

有些著名的美國金融家未曾入選，因為他們太工業導向，或者在歷史記載中過於晦澀朦朧。汽車帝國締造者埃雷特‧洛班‧科德 Errett Lobban Cord，鐵路大亨柯利斯‧波特‧亨廷頓 Collis Potter Huntington 和利蘭‧史丹佛 Leland Stanford，以及投資銀行家小奧古斯特‧貝爾蒙特 August Belmont, Jr. 等人都過於工業導向，未能對我們的市場體系做出重大貢獻。這無損他們在各自行業的獨特貢獻，只是相較之下，這使他們不及那些直接對金融市場產生重大影響的人物。

很遺憾的，那些在歷史上晦澀朦朧的人也無法被羅列在內，因為我們無法取得足夠的傳記材料。庫恩羅布公司 Kuhn, Loeb 的合夥人奧托‧赫曼‧卡恩 Otto Hermann Kahn、技術分析師（暨約翰‧馬吉 John Magee 的靈感來源）理查‧華萊士‧沙貝克 Richard W. Schabacker，甚至 E‧F‧赫頓 E.F. Hutton 等，都在華爾街非常有名。令人驚訝的是，關於他們的報導很少，以致我無法真正瞭解他們的生活或思想。以卡恩為例，關於他的衣櫃與其對歌劇的熱愛有許多描寫，但對他的核心——也就是他的交易——卻描繪得太不充分，以至於人們無法深入瞭解他。我一直都覺得他很重要，很想把他納入書中，但他似乎不是我能理解的人。

理查‧威科夫 Richard Wyckoff 以《盤勢判讀研究》 Studies in Tape Reading ——

書開創了行情紙帶判讀的先河，但他也屬於過於晦澀的一類；艾迪森‧柯馬克 Addison Cammack 和克拉弗林姊妹 Tennessee and Victoria Claflin 亦然。據傳柯馬克提出過這樣的警句：「勢道不減，不賣股票！」* 在愛德溫‧勒斐佛 Edwin Lefevre 的《股票作手回憶錄》Reminiscences of a Stock Operator 中，他被描述為「完美的交易者」，但我從來沒有找到過關於他的任何深度資料……如果你有的話，我很期待你能與我聯絡。

克拉弗林姊妹可能是史上首次出現的女性股票經紀人，會在此處提及她們，是因為她們的事蹟如此聳動。在達納‧湯瑪斯 Dana L. Thomas 的《投機客與招搖者》The Plungers and the Peacocks 一書中，維多利亞和田納西這對輕佻、精於算計的拍檔，於一八六九年前往紐約，向我百位巨人之一康內留斯‧范德比爾特 Cornelius Vanderbilt 獻殷勤，他是個真正的老色鬼。一八七〇年，他為姊妹倆建立自己的經紀公司，給她們豐厚的小費，也喜愛她們引起的騷動！當田納西可能忙於自己的謎樣醫療事業時，維多利亞則宣揚起自由戀愛、婦女權利等一系列在當時看來激進的想法，還成為美國首位女性總統參選人！康內留斯死後，他的兒子暨主要繼承人威廉‧亨利‧范德比爾特 William H. Vanderbilt（你也可以在本書裡讀到他的故事），讓姊妹倆對她們與老傢伙的越軌行為保持沉默。兩姊妹最終都離開紐約，嫁給了英國貴族。雖然有趣，但克拉弗林姊妹並未真的造就這塊市場，其真實貢獻實難定論。然而，對真正的重要貢獻者康內留斯來說，她們的故事卻是很好的補充，而這就引出了另一個重點。

本書主要都是男人的故事，在當今這個時代，女性可能因此感到被冒犯。還望你能見諒，早年的華爾街幾乎全是男人的天下。在本書中，女性的角色幾乎完全被局限於今日看來是刻板印象的性別歧視，像是家庭主婦、空有美色的情婦或男性主角的配角。對市場獨立產生影響的女性，很遺憾我只能列

---

* 編註：原句為「Don't sell stocks when the sap is running up the trees!」直譯為「樹液往上跑時別賣股票」。

出三位：伊凡潔琳・亞當斯 Evangeline Adams、娜塔莉・蘭比爾 Natalie Laimbeer 和海蒂・格林 Hetty Green。但即使是她們，也還是有些當代女性可能覺得被冒犯的古怪癖性。亞當斯太看重占星術，以至於不被大家認真看待；格林則非常吝嗇。如果女性在本書中所占篇幅極其有限，我對此表示歉意，但也不得不說，這是由於本書是對現有歷史資訊的準確描述之故。儘管當代渴望更多歷史女性名人的版面篇幅，但在這情況下，你無法在保持歷史準確性的同時，還能達到這一點。

讓逝者起死回生的嘗試

　　請留意，書中所有人物都已作古：本書不是為了評價當今的市場參與者而寫的。（百人之中有四位我不確定是否身故，但他們已從公眾視野消失已久，足以被認為已經不在了。對於脫離公眾視野的人來說，幾乎不可能找到他們的訃告。）為什麼我挑上這些已作古的人，而不是現在的市場巨頭呢？很顯然，有些還在世的人做出了巨大貢獻，無論好壞，其貢獻都比我百人名單中的一些人還要更大。但是，我無意冒犯像華倫・巴菲特、約翰・坦伯頓、伊凡・博斯基和麥可・米爾肯這樣影響巨大的人，他們和其他像他們這樣的重量級人物已被媒體大量報導；如今，任何對金融界人物稍有興趣的人，都對他們有自己的看法。再去重覆這些已毫無價值，我也就不再贅述。

　　再者，這讓我在必要時我可以坦然批評筆下人物，因為死者不會興訟。在這些故事裡你可以看到，有些人我加以讚揚，有些則加以指責。在他們都已故去的情況下，不會有人指責我毀了某人不復存在的事業。然後就是我的父親，菲利普・費雪。某方面來說，是他讓我意識到把本書局限於逝者的美妙之處。當我第一次考慮著手寫這本書時，我想過要納入十幾位仍在世的傳奇，但如此一來，就不可能把我的父親排除在外，因為他對成長股投資學派的形成與開拓，有著巨大的貢獻。

　　可在寫到他的時候，我感覺非常不自在：我變得太容易見樹不見林……

太容易過度讚美，或為了彌補這點而刻意築起高牆來與他拉開距離。在很多方面，我寧願寫一名本就疏遠的人，而不是寫我父親。當然，約翰·崔恩 John Train 在寫他的經典著作《股市大亨》The Money Masters 時就是這麼做的，那本書記錄了現代九位偉大的投資者。他也寫過華倫·巴菲特，這些年來，媒體更是對巴菲特進行了大量報導；總有一天，其他人會為之寫更多文章。然後我恍然大悟：活著的人受到媒體報導，故去的人則從大眾眼前消失，而我能做的，是為了你們讓逝者起死回生。

本書中大多數名字都鮮為人知，也許你在圖書館裡可輕鬆找到其資訊的只占四分之一，其餘只有少少摘選資料，需要你更深入挖掘；但在許多情況下，那已是對他們人生最完整、最濃縮的描述了。如果你想瞭解更多某人物的生平，翻翻他們的參考書目吧。但你在其他任何傳記中，不會看到他們的人生對市場有何影響的有意義分析。而這，就是我認為我在本書中的另一貢獻。正如我第二本書《華爾街的華爾滋》以簡短故事呈現，我為《富比士》寫的專欄僅一頁篇幅，我習慣把一整個長篇史詩濃縮成幾個段落。對此我已很有經驗，我也希望這些經驗能讓我更好地處理這百位極有趣人物的故事。在每篇故事裡，我都試著透視他們的貢獻，提供其人生概貌，並告訴你一兩個重要的經驗教訓。

自由的核心

這些人裡，沒有一個尋常人物。你會看到各種極端的例子，最浮誇的、最內斂的、最聰明的到最狡詐的，沒有誰是等閒之輩。在《時人》People Magazine 或《國家詢問報》The National Enquirer 這類八卦媒體問世前，這些市場領導者中的許多人，其相關的流言蜚語就沒少過。許多人的生活讀起來就像小說，但在許多情況下，事實比小說更離奇！最重要的是，這些人並不覺得自己受周圍人的約束。他們給自己自由，去做別人沒做或不能做的事；他們不受習俗、歷史、社會的制約，很多時候也不為法律所困。他們允許自己屈

伸張合、大展身手，有時甚至不惜打破周圍人等遵守的規則。

允許創新是經濟體系成敗的根本決定因素。米爾頓‧傅利曼 Milton Friedman 寫的真好，資本主義和自由確實不可能分開。沒有資本主義的民主遠非自由，因為所有決定都是在一種一半機率成功、一半機率失敗的模式下做出的。這絕非理想的管理模式，失敗機率太高了。唯有在市場機制上，人們才會做出符合自身最大利益的決策。而很明顯，正如近代歷史所展現的，像共產主義這般非自利導向的中央控制就失敗了。因為，基本上，如果人們不能做他們想做的事，他們就不會為之努力。同樣地，在極權主義國家，利己導向的商業行為也注定失敗。當缺乏競爭的監管者，也就是亞當‧斯密在《國富論》The Wealth Of Nations 詳盡提到的那近乎神聖的「看不見的手」時，資本主義注定誤入歧途。想想所有法西斯國家最終都發生了什麼。

在現代經濟中，所有資本主義和自由存在的地方，就必然存在資本形成，從而有金融市場。而正是在金融市場上，資本主義帶來了其最有力的影響，無論好壞。在這裡，創新的行動最為興盛，它是資本主義的神經中樞。在這裡，恐懼和貪婪也很容易付諸行動。在這裡，國家的財富燒起來如點燃的天然氣，有時就在我們面前爆炸。在這裡，獨特的個體展示出他們最好的、最壞的和最奇異的一面。正因為華爾街對資本主義的運作如此強大而富影響力，這百位形塑市場的巨人才對我們的過去和未來如此重要。

這一百位巨人都是創新者，而創新讓華爾街和資本主義偉大、多變和永恆。也因此，這百位巨人在很多方面，都是造就美國並使美國成為偉大國家的代表。如果你愛這個市場，請記住，它是由人們所組成、塑造，而你勢必會愛上這百位別具魅力的人物。他們的人生，為我們講述了華爾街的故事。

上古巨獸

THE DINOSAURS

大而無情，是那時的生存法則

在文明出現以前，恐龍橫行大地，為所欲為。那時牠們想做什麼，就做什麼；沒有需要遵循的規則，沒有生活或工作的框架，更沒有什麼比牠們還要龐大。唯一能宰制牠們的只有其生存環境，憑藉著駭人的體型，牠們能以毋庸置疑的力量，支配周遭一切。

羅斯柴爾德家族、史蒂芬‧吉拉德 Stephen Girard、約翰‧阿斯特 John Jacob Astor、康內留斯‧范德比爾特、喬治‧皮博迪 George Peabody、朱尼厄斯‧摩根 Junius Spencer Morgan、丹尼爾‧德魯 Daniel Drew 和傑伊‧庫克 Jay Cooke，就是金融界的上古巨獸。早在資本市場建立起秩序與組織結構前，他們便已展開活動，也同樣透過自身的龐大規模與那遠勝他人的能力，宰制了當時的社會。

在這資本市場體系奠基的過程中，人們認為他們無法無天、殘忍無情、毫無憐憫。有時他們只是無意間踏出不祥的一步，就足以碾碎其他較弱小的存在。就像恐龍一樣，他們大而笨拙，並未真正開化，有時甚至完全沒有意識到自己的力量以及對他人的影響，無論好壞。

阿斯特、范德比爾特和德魯，可能是最惡名昭彰的恐龍了，他們因待人惡劣和操縱他人而臭名昭著。無論如何，阿斯特在有生之年成為「紐約的地主」，積累了大量財富。范德比爾特是運輸業先驅，建立起航運業與鐵路帝國，以配合國家的發展。德魯是股票「摻水」（股權稀釋）之父，也將之實行得最徹底。

你可能會把這三人視為肉食性恐龍，都是靠吞噬他人血肉積聚起巨額財富（然後又失去它，在德魯的例子裡）。另一群恐龍則在沒有直接傷害他人的情況下，創造並建立了一個經濟社會。羅斯柴爾德家族、吉拉德、皮博迪、摩根和庫克，可能被視為草食性恐龍。他們在推動進步的方式上溫和得多，但同樣有效。

羅斯柴爾德家的父親梅耶與兒子納坦都勤於工作，出身德國猶太隔都，後來成為全球銀行業的第一勢力。他們資助了國王、親王、外國與歐洲工業，並在時機成熟時，資助美國逐步由農業社會轉型為工業化國家。

吉拉德還真的是一名素食者，他資助了美國最早期的貿易發展，成為美

國史上第一位首富。身為貿易商,他資助進出口的航行,也是美國最早支持中央銀行的人之一。庫克為南北戰爭提供了資金,也是第一位實現大額承銷案及其銷售的美國人。

皮博迪和摩根的總部都設在倫敦,他們承繼羅斯柴爾德家族開創的事業,成為經濟發達的歐洲和急需現金之新興美國間的紐帶。皮博迪是第一個將歐洲資本注入美國州政府和早期工業的人;摩根則從一八六〇年代開始,資助了美國鐵路業的蓬勃發展。

摩根也許是我們與現代美國資本市場最重要的聯繫。他的鐵路融資開啟了一連串經濟發展,他還把這些發展的很大一部分轉移給他的兒子、他在美國的商業夥伴,J・P・摩根。你可以在第三章中讀到身為投資銀行家的 J・P・摩根,他憑借自己的力量,建立起恐龍般的勢力。在華爾街還不過是條好一點的泥土路的年代,J・P・摩根以他的鐵腕支配了這條街。他超越了社會也超越了律法,用他提出的每一個新想法創造出結構。若不將他放在投資銀行家的章節,J・P・摩根也絕對夠格在本章中登場,他是最後的恐龍,或許也是其中最偉大、最強大的。

儘管這群「恐龍」超群不凡,但他們並非長生不死。他們做不到。正是他們創造的結構定下了他們的死期,使他們遭到淘汰;對於他們的極端存在,社會的反應是加以禁止,而這最終摧毀了他們。好比在 J・P・摩根的勢力達頂峰之際,進步時代 * 隨之來臨,這正是社會對數十年恐龍時代做出的直接反應。野心勃勃的上古巨獸認為自己可以在社會上從心所欲,的確,他們曾經可以。但隨著進步運動、老羅斯福、威爾遜與所得稅的興起,以及其他種種演變最終帶來的證券交易委員會 SEC,再也沒有人能擁有如此大的金融自主權了。

從如今的世界回望這些上古巨獸,我們已很難真的再感受到他們的存

---

* 編註:The Progressive Era,指一八九六至一九一七年間,美國各地廣泛展開社會運動與政治改革的時期。

在。經過數十年的創新與對恐龍們的打擊，接著又是更多創新，讓恐龍們在幾十年間消失無蹤，從此只成回憶。

然而，在那尚未建立起金融秩序的時代，也是由於他們的存在，為我們開啟了金融秩序的濫觴。他們以龐然之軀踏平草木，在金融荒野中首先開闢出粗略的道路。他們掀起的金融戰爭規模之大，在如今的我們看來，彷彿是史前巨獸間的搏殺。這些鬥爭帶來的劇烈反響引發了追隨與反抗的浪潮，正如早期哺乳類動物學會避開這些史前巨獸，並從他們留下的東西中覓食。最終，這群恐龍為我們提供了一套寬鬆道德規範的開端（無論來自正面或反面的典範）。數十年來，何謂好壞都根據恐龍的行為加以定義，許多人嚮往仿效他們成功的市場作為，激憤者則針對早期的政府控制煽動社會情緒。

恐龍的時代再也回不來了。偶爾還是有些異數想化身巨獸，但想這麼做的都撐不過來，箇中原由和史前的恐龍們無論氣候條件如何都活不到現在是一樣的。簡而言之，人類社會已不允許。今日，我們擁有明確規範的文明制度，用以保護我們的社會秩序，包括弱者與窮人，而我們的社會秩序不允許恐龍般的作為。也就是說，就像麥可‧米爾肯，他是幾十年來我們見過最接近恐龍的人。看看政府是如何輕而易舉地將米爾肯送進監獄，而他犯下的罪名，相比起他規模龐大的垃圾債券融資活動來說，根本微不足道。

假如哪天尼斯湖水怪從湖裡出來，朝城鎮方向溜達，我們的有關當局會馬上找到理由採取行動，在其遠遠還沒接近人口稠密之地就把牠控制起來。如今的巨大野生動物已無法全然自由地行動，而恐龍們不正是巨大野生動物嗎？其實早在很久以前，你就連想當個小小的野生動物都沒辦法了。回想一九一一年，當最後一位生於荒野的美洲原住民（印地安人）依喜 Ishi 從樹林中走出，人們把他抓了起來，送到博物館展示，幾年後他死於在荒野中從未接觸過的疾病。為避免破壞性的事情發生，當代社會需要對自由加以控管，再也不允許人們如本章所述的恐龍那般演化了。

所以，好好欣賞這些大而狂野的上古巨獸吧。他們是引領市場走向今日模樣的頭一批人物。

梅耶・阿姆謝爾・羅斯柴爾德

走出猶太隔都，從此萬眾矚目

十八世紀晚期，德國美茵河畔法蘭克福潮濕、狹窄的猶太區深處，一位貌不驚人、有著一副黑眼珠、名叫梅耶・羅斯柴爾德的典當商，創立了一代金融王朝，為後來西方文明的發展提供了資金。靠著羅斯柴爾德以及他與五個兒子一同建立起的銀行業，資金在歐洲便利流通，進而帶來工業革命，讓歐洲擺脫了黑暗時代。其所產生的直接結果，就是讓當時與繁榮的歐洲相較、實際上還是第三世界國家的美國，獲得了需要的資金，讓它將自己從一個偏狹守舊、以農業為主的國家，轉變為工業大國。

梅耶十歲就展開了自己的職業生涯，他在父親的當鋪和錢莊學到了錢的大小事。一七四〇年代的貨幣相當複雜，因為組成德意志（當時仍是神聖羅馬帝國）的數百個領地都鑄造了自己的貨幣。他很精明，很快就能把金銀換算成硬幣，並以閃電般的速度計算出匯率。

一七五五年，十一歲的梅耶成為孤兒，他沒有聽從父母的想法成為猶太教拉比，而是追循了銅板的叮噹聲。接下來的十年裡，他經營著小規模的貿易生意與當鋪，銷售菸草、葡萄酒和布料來掙錢。他深知傍上王室對其事業大有幫助，於是找上一位愛好收藏古幣的親王來拓展業務——那可不是隨便一位親王，而是歐洲最有錢有勢的人之一，億萬富豪，黑森－卡塞爾伯爵威廉九世。梅耶多年來以低到荒謬的價格把古幣賣給親王，放棄眼前的利益，換取長久的人情。他可不打算一輩子做個小當鋪老闆！

當時，當鋪商人是猶太人僅有的幾個職業選擇之一。多虧幾個世紀前教皇頒布的法令，高利貸法禁止基督徒放貸牟利。於是猶太人接管了放債行業，

成了當鋪老闆、小貿易商以及金融奇才。到了十八世紀，當你需要典當財產換取現金，或想購買小飾品和二手商品時，通常你就會到猶太人聚居區來。如果梅耶滿足於這樣的普通角色，羅斯柴爾德這個名字在金融界就不太可能具有如今的意義。

高大、蓄著黑色鬍鬚、臉上掛著古怪微笑、操著一口猶太區方言（意第緒－德意志語）的梅耶，在一七七〇到一七九〇年間，與妻子古特 Gutle 生了二十個孩子，但只有五名女孩和五名男孩活了下來。古特一生艱苦，不過她堅強硬朗，活到了九十六歲，這在當時是出乎尋常的高壽了。梅耶在兒子們身上看到了未來，在孩子們還沒學會走路之前，就教會他們低買高賣。孩子們十二歲時，他就讓他們在家族企業工作。最終，梅耶透過兒子實現了自己的抱負。

梅耶在自己家開業，與兒子阿姆謝爾、所羅門、**納坦**、卡爾和詹姆斯建立起一家強大的進口公司。正值世紀之交的德國很難買到紡織品，得要靠人進口，而這人就是梅耶。他預見到對棉花的需求，也許還預見到其日後帝國的擴張，於是派納坦前往倫敦，確保棉花能運到法蘭克福。

作為戰時的大供應商，羅斯柴爾德家賺得盆滿缽滿。但梅耶對此豐厚成果仍不滿足，開始在他們家的院子經營起匯兌所。這個被認為是第一家羅斯柴爾德銀行的地方，其實只是間九平方英尺*的小屋，不過事情並不完全像表面看起來的那樣。梅耶在裡頭裝了個大鐵箱，從後打開，就能看到通往祕密儲藏地窖的樓梯。

梅耶的精心籌謀終於得到回報，長期向他購買古幣的威廉親王，把他夢寐以求的生意交給了他。先是作為親王給丹麥一筆匿名貸款的獨立代理人，而後在一八〇六年成為親王的首席銀行家。親王被迫流亡時†，將其財富交到了羅斯柴爾德家手上。

———

* 編註：約等同〇‧二五坪，相當長寬各九十公分的正方形面積。
† 編註：晉升黑森選帝侯、改稱威廉一世的親王因拿破崙戰爭，領地被占而流亡至布拉格，一八一三年法軍退出黑森後才得以復國。

在接下來的幾年裡，梅耶把兒子們派往歐洲大陸各地：詹姆斯去了巴黎，所羅門去了維也納，卡爾去了那不勒斯，阿姆謝爾留在法蘭克福，當然，梅耶的繼任者納坦留在了倫敦。每個兒子都追隨梅耶的腳步，與各家王室建立起有利的聯繫，後來又藉由資助國王、戰爭和歐洲的第一條鐵路，取得了各自的成就。最終，羅斯柴爾德家族聯合起來，在整個歐洲形成了一道堅固、高效的資金鏈，從而推動其工業革命，創造出第一個共同貨幣市場。

到一八一二年梅耶去世時，他的致富夢想與雄心已透過他的兒子們實現了，他們正演變成世界最大的私人銀行。如果沒有他的兒子們，梅耶可能會變得富有，但不可能享譽世界。為什麼一本關於美國金融傳記和美國市場的書，會提到這名歐洲人呢？簡單地說，在美國自身的金融市場尚未發展起來前，如果沒有來自歐洲的資金流動，美國大宗物資和政府債券的融資就不可能出現。

源自梅耶的羅斯柴爾德集團，是歐洲貨幣市場的中心。如果沒有梅耶與其世代傳承的帝國，美國是否能發展出自己的工業革命或金融市場，恐怕還不一定。他的基因是美國工業獲得初始命脈的種子。在這方面，這位德國當鋪老闆開創性的銅板聲響，及其背後的思考，對美國金融史的演變以及所有美國人的生活來說，都極具重要意涵。

納坦・羅斯柴爾德

當 金 錢 成 為 君 王 ， 信 用 就 是 首 相

當納坦・羅斯柴爾德在十九世紀的歐洲發跡，金錢成了王道，人們不得不承認金錢超越神權。納坦比君主更有權力，透過激起歐洲的工業覺醒，他為羅斯柴爾德策畫出滾滾財源。他資助政府、戰爭、鐵路，以及一切代表進步的事物。一八三六年他去世時，留下了一筆未公開的財富（保密是羅斯柴爾德家招牌作風），一筆羅斯柴爾德銀行家的遺產；最重要的是，透過他的美國代理人**奧古斯特・貝爾蒙特**，他為蓬勃發展的美國提供了最早期、也最豐富的信貸來源。

儘管當時銀行業還處於起步階段，但納坦完全瞭解金融和經濟之間的相互作用、政治新聞對股票交易的影響、讓市場暴漲或暴跌的最快方法，以及黃金儲備如何影響匯率。生於法蘭克福的他，在倫敦創立了 N・M・羅斯柴爾德父子銀行 N.M. Rothschild and Sons。每天他有一半時間待在銀行，另一半則待在皇家交易所 Royal Exchange，他總是靠在同一根柱子上，深知自己是大家關注的焦點。經紀商們都盯著納坦矮胖的身影，希望能捕捉到一個預示他下一步行動的信號或手勢，而他總是不動聲色，雙手插在口袋，帽子遮住眼睛。

三十三歲的納坦圓臉紅髮，撅著嘴唇，性格刻薄，舉止傲慢，他在皇家交易所僅憑一次行動就建立起家族財富，用的還是一位親王的王室財產！他的父親**梅耶・羅斯柴爾德**曾建議一位德國親王購買英國國債（英國政府債券），並交給納坦去辦，因為納坦就在倫敦，只須收取百分之一的八分之一（百分之○・一二五）的微薄經紀費。親王同意，並給納坦相當於五百萬英鎊的資金，這在當時是一大筆錢，全部要用於購買大量定價為七十二英鎊的

國債。

　　腦筋動得快的納坦最終還是有為親王買下了他要的國債，但在此之前，他先把這筆錢拿去炒作金條，在倫敦交易所成功大賺一筆，為自己贏得了聲譽。這在今天會被認為是非常不道德的，為一己之利而挪用客戶的錢，既不誠實且通常令人厭惡。但在那個時代，不存在這種行為極不道德的概念。如果納坦的黃金投機行為失敗了，我們現在就不會讀到關於他的事蹟了。

　　當親王遲遲沒拿到證券而開始失去耐心，納坦就以六十二英鎊的價格買進債券，可他向親王收取的仍是以原定七十二美元計，並將差價納入囊中，再次大賺一筆！令人驚訝的是，從親王第一次把錢交給納坦，到他真正為親王買下債券，這中間過了三年。從一八〇九到一八一二年，三年之間，納坦拿這些錢自行運用，不用付利息，還靠它賺了兩筆。如果今天有個經紀商做了這種事，他會被終身禁絕涉足這個行業。納坦可能是頭一個這麼成功的無良經紀商。然而，五年後，三十八歲的他成了英國政府的首席銀行家。

　　一八二〇年代，納坦和他的四個兄弟分別在五座首都開展業務，建立了一個前所未有、遍布歐洲的金融網絡。納坦將歐洲最富有的人都納為他的客戶，他為家族的行動出謀劃策，而他的兄弟們則成功實行了他的計畫。例如，納坦設計了一筆由在巴黎的兄弟詹姆斯執行的貸款，用來資助波旁王室的路易十八重返法國王位。而當那不勒斯在一場革命中被攻克，納坦構思了一筆貸款，用以資助奧地利軍在當地的軍事占領，而他的兄弟卡爾則完成了這一計畫。

　　當時除了口耳相傳，幾乎不存在其他的通訊系統，羅斯柴爾德兄弟利用他們著名的高效私人信使系統保持聯繫，該系統是由人、不分天候出航的船隻，以及最重要的信鴿所組成的網絡。即使是不熟悉納坦·羅斯柴爾德的人，也都聽過這些名噪一時的信鴿。牠們的名氣，很大程度上是因為鴿子讓納坦比戰區以外的任何人都更早知道拿破崙在滑鐵盧戰敗的消息。當其他人擔心英軍可能戰敗的時候，羅斯柴爾德卻知道事實並非如此。在倫敦證券交易所的交易大廳裡，羅斯柴爾德比其他人更早瞭解情況，適時地買進並再次賺了

一筆。「二鳥在林，不如一鳥在手。」羅斯柴爾德確實給這句話帶來了不同的意義。

現今的錢幾乎可以在眨眼之間，經由一通電話便轉移到任何地方；但在納坦的時代，要展示個存款證明，是真的得把實際的實物貨幣（通常是沉重的金條）搬來搬去的。納坦瞭解到這有多麼不方便，於是以一個世界通用的票據信用體系，取代了這種陳舊的信用結構。透過這種方式，納坦使英國政府得以在一八一二至一八一四年與拿破崙的戰爭中，對歐洲大陸支付了大約一千五百萬英鎊。他把整筆交易處理得極為巧妙，讓匯率得以不受影響。在有此做法前，政府在預支資金時都得面臨有大量損失的可能。從這方面來說，是納坦開創了國際信貸的先河。

羅斯柴爾德兄弟——納坦、詹姆斯、阿姆謝爾、卡爾與所羅門，組成了世界最大的私人銀行。如此規模令其他人望塵莫及。那時候羅斯柴爾德集團幾可說是一家國際央行，當時美國還未形成中央銀行體系，也還無法長期管控。羅斯柴爾德家族不僅能為工業、政府和戰爭提供資金，他們還能夠穩定恐慌局面、引領西方世界，並比許多與他們做生意的不穩定政府活得更久。

羅斯柴爾德家族有能力依據他們的心意來影響歷史。例如，當人們有理由擔心兩個德意志邦國間可能爆發戰爭時，羅斯柴爾德家族的母親古特就笑著說：「胡說！我的孩子們一點錢都不會給他們！」但最能展現羅氏家族力量的例子莫過於納坦，令人印象深刻的，是他曾設法拯救了英國最重要的機構之一，而當時英國正是世界上最強大的經濟和軍事力量。

一八二六年，他把英國的中央銀行，英格蘭銀行，從即將破產的危機中拯救出來。前一年，有大批英國公司對新獨立的拉丁美洲國家展開高風險投資。（幸運的是，納坦一直忙於家裡的事而無暇顧及。）一年不到的時間，這些國家就出現了貸款違約，讓英國投資人承擔下所有損失。結果，約有三千家公司倒閉。與此同時，英格蘭銀行是最終的輸家，因為它為這三千家公司提供了投資拉丁美洲的資金。而就在銀行即將關門大吉之際，納坦挺身而出，透過他的兄弟安排從法國緊急轉移金條來拯救銀行。這就好像我們的

美國央行可以依靠日本央行來紓困，反之亦然。

在納坦不工作的時候（這種情況並不常見），他會和妻子及七個孩子待在家裡。太太是他最好的朋友，他們很少尋求家庭以外的人陪伴，這點與他一些更愛社交的兄弟不同。納坦和他父親一樣，和家人保持著親密的關係，並希望他的四個兒子能繼續操持家族事業。他表示：「我希望他們把頭腦、靈魂、心靈和身體，也就是所有一切，都奉獻給事業。」他喜歡賺錢，但不喜歡花錢，他補充道：「賺大錢需要極大的勇氣與極度的謹慎，而當你擁有了財富，你還需要十倍於此的智慧來保住它。」

一八三六年納坦逝世，享年五十九歲，留下蕭條的倫敦股市，並由他最小的弟弟詹姆斯接班執掌家族財富。他去世之際，著名的羅斯柴爾德信鴿於午夜時分從倫敦屋頂飛出，將納坦的死訊告知所有羅斯柴爾德兄弟與代理人。信鴿帶的訊息很簡單：「*il est mort.*」（他死了。）

納坦・羅斯柴爾德的重要性在於他對歐洲貨幣市場的基礎創造。在他之前，每個國家都是金融孤島。在他的領導下，羅斯柴爾德家族形成了一支世界性的勢力，不僅在整個歐洲首次推動了實質性的國際金融互動，而且還透過奧古斯特・貝爾蒙特將其網絡擴展到美國。如果沒有納坦領導的羅斯柴爾德家族，可能就不會有足夠的歐洲貨幣市場來提供資金以完成其工業革命，更不用說啟動美國工業革命之先聲了。

STEPHEN GIRARD

史蒂芬・吉拉德

資 助 私 掠 船 的 美 國 初 代 首 富

史蒂芬・吉拉德有著糟透了的家庭生活，但這境遇也讓他有了動力，在一八〇〇年代初期建立起一個價值百萬美元的航運帝國，並憑藉他數百萬美元的財富，開創了自己的私人銀行。他多有錢就有多古怪，這個獨眼、充滿怨氣的法國人從不停歇，他相信：「勞動就是生活的代價，是生活快樂的泉源，也是生活的一切。」

吉拉德的一天，從一勺荷蘭杜松子酒和最濃的黑咖啡開始，直到他一八三一年去世，一生工作超過六十五年。一七五〇年，他在法國波爾多附近出生，十四歲時就追隨船長父親的腳步出海，並在二十三歲時成為法國最年輕的船長。一七七四年，首次的孤身遠航讓他債臺高築，之後便起程前往紐約，再也沒有回家。吉拉德操著濃重的法國口音，在紐約一家航運公司工作，還擁有一艘船的一半所有權。當獨立戰爭爆發，這艘船好不容易逃離了英國軍艦，落腳於費城。野心勃勃、從不滿足的吉拉德，便在那裡一個昏暗的海濱辦公室裡開起了公司，回歸對外貿易的老本行。

就在吉拉德為自己和他的航運公司打響名號的同時，他在一七七七年與一名女僕結婚，但這段婚姻卻注定失敗。在他們唯一的孩子於出生時夭折之後，他的妻子就此發瘋，在精神病院裡度過餘生。吉拉德沒有再婚，也沒多追求什麼享受。為了不讓自己胡思亂想，他更加努力工作，資助了私掠船，在西印度群島、歐洲和亞洲建立起很有賺頭的貿易業務。作為美國公民，他靠著堅守獲利空間的討價還價、堅持不懈與細心計畫，積累起財富。他手握一支有十八艘船、以法國哲學家命名的船隊，運輸小麥、魚類、麵粉、木材、

糖和咖啡，不過也經常遭遇禁運、封鎖、海盜和扣押。當然，這對他可能不構成什麼損失，因為他和碼頭上許多醜惡至極的靈魂都有財務上的往來。作為一名精明的商人，他對蠢事毫無耐性，並宣稱工作是他「在這世界上唯一的樂趣」。（事實上，他放在桌上的那些會唱歌的黃色金絲雀，把他逗得很開心。）

隨著他這「唯一的樂趣」與國際名聲愈發蓬勃壯大，吉拉德在倫敦的霸菱兄弟銀行 Baring Brothers 存下百萬美元的財富，同時也投資了費城的房地產、保險以及美國第一銀行 First Bank of the U.S.。因此，當政治動盪開始醞釀，美國第一銀行的特許狀於一八一一年被國會終止時，吉拉德從海外資本中提取一百二十萬美元，在該銀行舊址上創立了他著名的史蒂芬‧吉拉德銀行 Bank of Stephen Girard。在擁有龐大資本的情況下，吉拉德的投資選擇毫不受限，但他選擇用一家私人銀行來襄助他航運公司的信貸事務。他曾告訴霸菱兄弟銀行：「我的商業資本足以讓我賒銷商品，僅憑手頭現金就能維持我的航運業務，還用不著貼現。」不過，和其他通常與大型商業機構有關聯的私人銀行不同，以誠實聞名的吉拉德，把他的銀行和航運生意分得很清楚。

當時因特許商業銀行的功能增強，私人銀行不再受客戶青睞，吉拉德的銀行面臨到來自其他費城銀行的激烈競爭；但他很快就與財政部和隸屬國家的美國第二銀行 Second Bank of U.S. 建立起良好關係，得以成功帶領他的銀行，度過包括暫停硬幣支付期間在內的經濟上所有大小變化。為籌措一八一二年戰爭（第二次獨立戰爭）的資金，他的銀行大量參與對國庫的融資，並在一八一三年參與了美國最早的銀行團聯貸之一，提供了一千六百萬美元的貸款，這是當時美國歷史上最大貸款。在這過程中，他為後來無數銀行團聯貸做好鋪墊，讓此後幾乎所有在美國的融資項目都得以獲得資助。

憑藉良好的聲譽，吉拉德的銀行既是各地區銀行的中央儲備銀行，也是費城居民的在地銀行。由於該銀行不受限於政府的特許狀規定，吉拉德利用他的私人權利和靈活性，迅速適應不斷變化的市場條件，他可以彈性提高貸款比例，或推出新的服務，例如投資銀行業務。從本質上來講，他是美國銀

行業和金融業史上第一個隨心所欲的投機商人。

戰後，吉拉德作為中央銀行的擁護者，被任命為新成立的美國第二銀行的五名政府董事之一。在銀行需要發行新股以增資三百萬美元、卻找不到投資方時，吉拉德在一八一六年認購了全部股份。但當貪腐傳聞為該行政策蒙上陰影時，吉拉德拒絕了董事會的續任任命，而以總裁身分回歸到自家銀行的日常經營事務中。吉拉德為他的銀行帶來了繁榮，一八一五年時，他的身價已接近五百萬美元。

除了他那獨立而傳統的銀行業務外，吉拉德也被視為他那時代的一個獨特象徵。為了在商業經濟中發家致富，他對抗酗酒盜貨的海盜，接著又在日益企業化和文明化的世界中，與嶄露頭角的商業銀行家們相較量。他有著獨一無二的複雜面向，令面對他的人感到恐懼，和要博得他們的尊敬一樣容易。隨著商業銀行的新時代到來，年邁的吉拉德持續抵抗著商業銀行的企業本質，預示了即將登場的角色：全能與私人的投資銀行家。如果他再活上七十五年，有錢有勢的吉拉德或許能與強大的 **J・P・摩根**相匹敵！與摩根不同的是，吉拉德的帝國，在他死於一八三一年時隨之滅亡。他的銀行帳本在四年後徹底闔上，隨之興起的，是受特許規定管轄的吉拉德銀行＊。

在他死於流感時，吉拉德的身價約為六百萬美元。當然，他實際上所擁有的並沒有外界所認為的那麼多。在他的事業歷程中，他一定有些損失沒有被記錄下來。一八一二年戰爭後的消費者物價非常高，不久後即達頂峰，然後穩步下降，到吉拉德去世時，消費者物價已下降了一半。一八三一年的六百萬美元，據消費者物價的變化調整換算，很神奇地只值今日的八千萬美元左右†。所以，雖然我們的初代首富確實很富裕，但他的富裕程度比不上現今《富比士》四百強中的任何一位。從某種意義上來說，他的財富反映了美

＊編註：此時的吉拉德銀行已與吉拉德本人無關，而是費城當地商人希望藉吉拉德的好名聲
　進行交易而成立的特許銀行。
†編註：本書最後修訂於二〇〇七年，若根據二〇二三年的通膨情況調整，約等同於
　一億一千七百萬美元。

國早期經濟生活的貧困程度。

　　吉拉德並不總是像人們所認為的那樣悲慘,他喜歡孩子,並將大部分遺產用於為孤兒建立一所學院。吉拉德在晚年時成為一名素食主義者,愛好自然的他,晚年大部分時間都在德拉瓦河邊的農場度過。他深信人一旦「休息就會生鏽」,去世前一個月,他曾說:「當死神來找我時,除非我睡著了,否則他會發現我始終忙碌。即使我覺得我明天就要死了,我仍會在今天種下一棵樹。」他很可能真的做到了。

　　在銀行業和金融領域上,吉拉德沒有前人路線可循,他自己就是先驅。他也是早期美國吃苦耐勞的個人主義者的代表,不只對海盜或政客(其實大同小異)一視同仁,面對銀行家與商人也是如此。未來之路總是崎嶇,總有當代的海盜、政客和銀行家來阻礙你前進。但從吉拉德的人生中,我們看到了一個好消息:在許多方面,未來總是一條不在地圖上的路,而如今我們每個人都有機會,去成為開闢道路的先行者,就像吉拉德當時那樣。

JOHN JACOB ASTOR

約翰・雅各・阿斯特

一 人 集 團

身材厚實、有著顆大頭的德國人約翰・雅各・阿斯特，幾乎涉足了十九世紀初期每一個有利可圖的領域。皮草、航運、貸款、房地產、鐵路——只要是有利可圖而且安全的標的，阿斯特就會買下它。一八四八年他去世時，留下了三千萬美元左右的遺產，儘管他的律師聲稱他的遺產僅八百萬，外界的推估卻高達一・五億！因為他的百萬身家，以及他賺取這些金錢的方法，讓阿斯特成為他那個時代最具爭議的人物之一。事實上，在他去世後，一名《紐約先驅報》*New York Herald* 的編輯宣稱，阿斯特的一半財產應該歸紐約人民所有，因為是他們讓其財產得以增值。阿斯特如果聽到，可能在墳墓裡也會發笑！

一七六三年生於德國華爾道夫一戶肉販之家的阿斯特，從不把公眾的憤怒當回事。從他有臉完成下面這筆房地產交易中，就可以清楚看出他的固執與行事粗暴：有一天，一名律師告訴阿斯特，紐約普特南郡 Putnam County 有塊超過五萬英畝的土地，在法律上其實並不屬於五十年前從州政府買下這裡做為農場的七百戶人家；這塊地當初是從英國人羅傑・莫里斯*那裡非法沒收的。阿斯特於是以大約十萬美元的價格，向莫里斯的繼承人買下土地，接著通知那七百戶農民，說他們侵犯了他的財產！目瞪口呆的農民跑到州政府投訴，州政府起初拒絕承認阿斯特的索賠，但在漫長的法律攻防後，阿斯特在

———

*編註：Roger Morris，曾為英國陸軍上校。退伍後迎娶紐約名媛瑪莉・菲利普斯（Mary Philipse），獲得妻子繼承自家族的大筆土地，然在美國獨立戰爭後遭政府沒收。

一八二七年從州政府手上贏得了五十萬美元！

　　一如他冷酷無情的名聲，這位「紐約的地主」只要逮到機會就立即取消抵押貸款的贖回權，並在不景氣時以極低價格收購房地產。即使在彌留之際，他仍舊操心著收租的事。有一次，阿斯特問起某位租戶的租金，他的代理人告訴他，租戶財務困難而付不出來。阿斯特大叫：「不，不，我告訴你，她可以付，而且她會付！」經紀人把這件事告訴了阿斯特的兒子，他兒子於是把「租金」拿給經紀人，讓他轉交父親。拿到錢的阿斯特得意咧嘴一笑，一邊揮舞著錢，一邊用他那濃重的德國口音說：「看吧！我就跟你說她會付的！」

　　身高五呎九吋（約一百七十五公分）、頂著高而方正的前額與一頭銀髮的阿斯特，在二十歲那年帶著要兜售的七支長笛來到美國，說著一口蹩腳的英語。笛子賣完後，他結了婚，靠皮草生意發了一筆小財。他買通了政府雇員和政客以獲取專屬權，並在美國皮草行業上取得實質上的壟斷地位。他透過一系列看似不相干的交易達成壟斷，在一八〇八年合併成立美國皮草公司 American Fur Company 作為控股公司。接著，在華爾街起步未久之時，他便做起了股票摻水和欺騙員工的勾當。他成立一個相對不重要的的子公司，將部分股票分配給少數合夥人和員工，以提高他們對公司的興趣，同時盡可能地利用他們來為他辦事。公司最終遭到解散。終其一生，他總有本事榨乾他人的每一分價值。

　　在皮草行業上，阿斯特將交易化做了一門藝術。過程很簡單。他讓旗下商人在交易前，先把印第安人（他的主要供應商）灌醉，好買到便宜的獸皮。而為了控制這些商人，他又以低廉的代價支付——不是用錢，而是阿斯特店裡標價過高的販售商品。為牽制政客和法律監督單位，他身邊也備了一批頂尖律師。他還把皮草運往海外銷售以賺取五倍的利潤，精明地提高了獲利（這點倒是沒什麼問題）。當然，阿斯特可不會眼睜睜看著一艘空船橫渡大西洋回來，而是開展了他的航運事業，並和中國做起了生意。

　　他在股票和銀行業方面做得比較穩重。阿斯特對美國的經濟始終忠誠，

多年來持續買進州和聯邦政府的證券。一八一二年戰爭期間，他和**史蒂芬·吉拉德**合夥貸給政府數百萬美元；他們買下大批面值八十至八十二美分不等的債券，並拿回面值僅有一半的銀行券！四年後，他又協助安排了俄亥俄州運河貸款，還大量投資了紐約州、賓州和麻州的債券。阿斯特也投資了美國第一銀行和第二銀行，並在一八一六年成為第二銀行紐約分行行長。他後來也在銀行業方面做了些投機買賣，但沒有特別積極地投入其中。

年老時的阿斯特健康狀況很差，長期臥病在床，為癱瘓問題和嚴重失眠所苦。他於八十五歲去世時，他的二兒子暨一八三一年以來的合夥人威廉·阿斯特 William B. Astor 繼承了他的遺產，延續其遺風。諷刺的是，與阿斯特同名的大兒子小約翰·雅各 John Jacob, Jr.，卻因先天的心智缺陷，未得承繼他的事業。

平心而論，阿斯特在一個原始世界裡幹著艱難活計。他既不違犯法律，也沒有公然挑戰傳統。他在十九世紀初所做的，是協助奠定了宰制華爾街直到十九世紀後期的商場慣例。譴責阿斯特的故事很可能比比皆是，一來由於他在一八四八年的扒糞報導之初便已去世，二來是因為在這非常原始、幾乎沒有什麼規則的世界裡，他是那個時代最富有、最成功的人。

康內留斯・范德比爾特

那個凌駕法律之上的男人

康內留斯・范德比爾特就是隨心所欲。當妻子不願他們一家從史泰登島 Staten Island 搬到曼哈頓時,她立即被送進精神病院,直到她改變主意。幾個月後,她便乖乖趕赴新家。范德比爾特晚年通宵打牌,還與靈媒一同冥想,有些人會把他的怪癖歸因於他的高齡(他在一八七七年去世時已八十三歲),但他妻子知道,他就只是做他想做的事罷了。

身材魁梧、目光如炬、雙頰紅潤的范德比爾特可不是個老傻瓜——事實上,恰恰相反。聰明、富有野心、永遠不容拒絕且志在必得,人稱「准將」*的他憑藉全然的堅持積累出自己的財富,起先是航運,而後在高齡七十之際乘上鐵路事業的熱潮。他隨時做好戰鬥準備,不容許任何人來妨礙,每天清晨醒來,就用三顆蛋黃、一塊羊排,以及加了十二塊糖的茶為自己注滿能量,接著籌劃好當天的如意算盤。稀釋股權、賄賂、操縱股價,全都是他會做出的瘋狂手段,而他自有充分的理由。他會反問你:「我的老天,你不會真以為你能在依循紐約州法律的情況下經營好一條鐵路吧?」

正是這位准將教會了金融界如何逼空,這在今日已是違法,但在當時可是了不起的壯舉。一八六三年,准將剛開始買鐵路股票時,幾乎整條華爾街都在笑他。人們看到的是一個對鐵路一無所知的老航運大亨,更糟的是,他買的還是一蹶不振的哈林線與哈德遜河線!「就讓他們笑,」范德比爾特咆

---

* 編註:Commodore,在少將之下、上校之上的海軍軍階,傳統上被授予船團司令。此綽號源自其早年在史泰登島與曼哈頓之間經營船運時充滿活力與熱忱的表現。

哞道，他從不理會公眾輿論。他拿下兩條鐵路路線，打算將它們合併。接著，他開始設法實現自己的規劃，透過賄賂，從曼哈頓的政客那裡，取得將哈林線與城市路面列車接軌的許可。

結果就是股價大漲，引來了**丹尼爾·德魯**與同城的政客們。德魯與其腐敗的同黨們見獵心喜，做空哈林線並準備反手撤銷許可；然而此時，老准將卻盡可能地買入。當路面列車的許可被取消，股價下跌，德魯一夥進一步以七十五美元的價格賣空，但當他們試圖回補，卻發現范德比爾特已將股票壟斷！哈林線股價躍升至一百七十九，范德比爾特賣在了最高價，政客們花了一百萬美元才得以脫身，德魯則是四百萬。

華爾街仍在笑他——但在一八六四年之後就沒人敢笑了！那時州議員們收受了范德比爾特的賄賂，正考慮通過一道法案，以准許他將哈林線與哈德遜河線合併。接著，他們嗅到賺快錢的契機，於是找來德魯，讓他再次帶著他們以一百五十美元的價格賣空哈林線。該法案自然被否決了，導致哈林線股價重挫。德魯一夥一直等到五十美元低價才回補空頭。與此同時，隨著股價下跌，范德比爾特持續買進，直到他買進的比實際發行的還多出兩萬七千股。他再度壟斷哈林線股票！

老准將吹著口哨，對失敗的德魯說：「不要買你不想要的東西，也不要賣你沒有的東西！」這一次，股價跳升到兩百八十五美元，讓所有空頭都為之顫抖，但准將還是不滿意，甚至心狠手辣地喊：「給我漲到一千美元。這種骯髒把戲都快被玩爛了。」但由於股市整體已陷入恐慌，尤其是被准將的逼空給嚇壞了，老傢伙最終還是讓他們以兩百八十五美元的價位回補。

范德比爾特買下破產的鐵路公司，想辦法讓他們擠出錢來。他用鋼材取代舊的鐵製軌道，修建紐約中央車站——因為這些付出有利生意發展並帶來獲利。儘管他聲稱自己是「鐵路之友」，但他同時也是摻水股陰謀之友。例如，多年來一直由范德比爾特家族管理的紐約中央鐵路 New York Central，就曾兩次被摻水兩千三百萬美元。他頭一次大量炮製新虛股，是在半夜僻靜的地下室裡。「在完成行動之前，我從不告訴別人我要做什麼。」所以，當他的

鐵路終於付得出錢，你可以確定，公眾同時也買了單。當他透過新發行的「摻水」股份來提高股息時，運費隨之被推到天價，維修被推遲，員工也遭降薪。

　　准將施行他的殘酷手段超過五十年。早年，曾有一次，他還在從事航運業時，乘坐著他那艘特別建造的豪華遊艇度過了一次難得的假期，回來後卻發現他的合作夥伴已把他趕出了他的公司。范德比爾特經典的回應是什麼呢？他說：「我不會告你，因為走法律途徑太慢了。我要毀了你！」他的作風至少影響了他十二個孩子中的一個。他的兒子、也是他四分之三財產的繼承人**威廉・亨利・范德比爾特**和他父親一樣，對公眾大加謾罵，他就曾大喊：「讓這些活老百姓見鬼去吧！」這樣的話算是屢見不鮮。

　　准將殘酷且時而非法的策略取得了報償。他的作風當然不會對他構成困擾。他是個自負的人，自以為凌駕於法律之上。「法律！法律關我什麼事？難道我沒有權力嗎？」范德比爾特獲得了他想要的——超過一億美元的資產——但除此之外，他的生活如在地獄。晚年，他唯一的樂趣就是在房間裡拚命追逐年輕的女僕，對醫生大吼大叫、扔熱水瓶。儘管他很富有，卻也是個典型、乖戾的老不修。他精力充沛的青春年華已被一些疾病取代——他的腎、腸、肝和胃的健康都已耗盡。他曾告訴一位醫生：「如果地獄裡所有的魔鬼都和我簽了約，我就不會再受苦了。」我敢打賭這位醫生不會同情他。

　　范德比爾特的一生藏著一道啟示。正如他所說，市場比法律更有力量。雖然這句話現在已不如范德比爾特時代那樣真確，但時至於今仍然不假。那些擁有經濟特權，為了自己的利益而規避法律的人，很少受到法律的糾正，而且情況可說是甚至更糟，這一情形比諸其他類型的罪犯所面臨的情況可謂不同。比如，一九八〇年代所有內幕交易案的審判中，令人驚訝的是，量刑都非常輕，被定罪的人中很少有人最終變得不那麼富有。大多數美國窮人很可能會認為，這些現代的「市場能手」們在他們的一生中過得相當不錯。但范德比爾特如果地下有知，他會在墳墓裡微笑。這位老將可能會嘀咕一句：「我能做的其實都沒做——我所做的並不算什麼。」

GEORGE PEABODY

喬治・皮博迪

融 資 良 機 與 金 融 家 的 發 現 者

摩根之前,有皮博迪──喬治·皮博迪。他原是巴爾的摩的一名織物商,一八三五年離開美國後,卻成了英國最有影響力的商人投資銀行家之一。他以勤奮、奉獻和冒險精神在歐洲和美國贏得了極高的聲譽。在一八六九年去世前,他積累了超過一千萬美元的財富,留下了一座帝國,最終造就全能的摩根財團的崛起。

皮博迪從商人轉型為商人銀行家,展現了他的雄心勃勃,但在當時並不算特例。許多銀行家的事業都源自於其貿易業務──例如,為海外航行的船隻提供融資並銷售他們的貨物。皮博迪有良好的信用和資本,對國際商務和銀行業的經營有一定瞭解;在經營紡織品公司時,他就已熟稔這些實務。他為朋友們提供了很多銀行般的服務,包括在倫敦出售一位美國朋友留下的股票、照看別人的投資,以及為旅行者開立信用狀。他受到信任,十足的信任,以至於他的名字在任何一個國家都成了可以為朋友提供擔保的信用來源。

認真、穩重且真誠的皮博迪,藉由發行美國證券,開始一點一點地打造他的事業;他在倫敦市場上銷售這些證券,並在這裡被尊為美國證券專家。身為一名美國人,他展現出安全、正直和穩定的特質,這也充分反映在他銷售的商品上。在人們對美國信心下降的時期,皮博迪自己「買進美國」,投資了美國銀行 Bank of the United States、活躍的運河公司、保險公司和鐵路公司。在著名的一八三七年大恐慌後,他在一八三七至一八四三年期間低價大規模買進這些公司。漫長而嚴重的經濟蕭條結束後,股價隨之暴漲,他因此大賺一筆。

皮博迪認為，從長遠來看，與美國有關的投資相當穩健。因此，當他涉足債券承銷業務並在倫敦市場上推銷時，他自然成為一名相當令人信服的推銷員——他真心相信他所銷售的產品。為了推動業務發展，皮博迪透過良好的英美商業關係推廣美國證券。只要有美國人來訪，他就在最豪華的場所舉辦高雅的宴會，儘管他通常很少喝酒，也吃得簡單，但為了給美國及其人民和產品打廣告，他也能讓自己樂在其中。

皮博迪在他的職業生涯中取得巨大成功，不僅是因為他的推銷能力，也因為他的樂觀天性。但對一八三八年為馬里蘭州的巴爾的摩與俄亥俄鐵路 Baltimore and Ohio Railroad 建設提供融資而發行的八百萬美元債券來說，單靠樂觀遠遠不夠。當時皮博迪被任命為發行這些債券的三名金融家之一，但由於一八三七年恐慌後美國堪憂的財政狀況，讓皮博迪在這段時間裡也不好過。那時只要跟英國人提起山姆大叔，人家拔腿就跑！在恐慌後，美國的經濟陷於困境好幾年，貸款和利息違約的機率大為升高。

但就像壞掉的唱片般，皮博迪堅持不懈地重複著他的高論：「美國是個很好的投資標的。」最後他以低得離譜的價格把債券賣給了霸菱兄弟公司——這本該讓他鬆一口氣。可事實並非如此。馬里蘭州敦促他以任何價格出售債券，讓他心裡很不安穩。這股不安，在一八四一年馬里蘭債券最終違約時，得到了證實。

身材高大結實，相貌英俊，有著一對澄藍雙眼且染得一頭黑髮的皮博迪，個人生活同樣也不安穩。雖然他看似是倫敦最理想的黃金單身漢，但終其一生都未成婚。四十三歲時，他試圖與一名十九歲的美國女子走入婚姻，但兩人從未步入禮堂，因為她愛上了別人。孑然一身的皮博迪終未享有婚後的家庭生活，取而代之的是一貫嚴格的工作排程，每天工作十小時，且經常連晚上和星期日都在工作，直到一八五三年以前，他從未放過一天假！他還是有一位藏在英格蘭布萊頓的長期情婦，與之育有一女。按照某些人的標準，這比結婚還好。

就像在英國一樣，皮博迪在美國同樣享有盛名。南北戰爭期間，南方邦

聯政府請求為他們在英格蘭取得一筆貸款，當時英國滿是同情南方邦聯政府的人；但由於政治情感因素，他婉拒了。在他人生的那個階段，他已有充分本事去挑選自己想接的業務。因此，南方邦聯自己想辦法借貸，他們向倫敦的資本家索要七千五百萬美元，每一美元的債券面值，僅以五十美分的市價出售。由於這批債券未獲皮博迪這位美國證券專家的支持，兩名倫敦貸款人對是否放款感到不安，於是把這項提案轉告皮博迪。皮博迪卻說，他相信在一年之內，就能以二十五美分的市價買到這些債券。

「為證明我的誠意，我跟你們約定，以每塊錢二十五美分的市價，賣給你們總面值一百萬美元的債券，票期從今天算起，為期一年。」於是這些人拒絕了南方邦聯的要求，轉而接受皮博迪的交易。果不其然，皮博迪後來寫道：「一年過去，南方邦聯債券的價值甚至低於我的預期。」他讓這些人遵守協議，賺到了六萬美元！

在痛風與風濕的折磨下，皮博迪決定從工作中抽身，讓自己得以喘息。在他生命的最後幾年裡，他去泡溫泉療養、拜訪朋友、釣釣鮭魚，還把大部分的錢都捐了出去。他對兩國人民的慷慨是出了名的；他捐錢給學校、圖書館、博物館和人民。麻薩諸塞州的皮博迪市，原稱南丹佛斯 South Danvers，而後以其姓氏命名，用以紀念他的出生地以及對當地的捐獻。

除了大筆捐款外，皮博迪在華爾街最為人所知的，是他為 J・P・摩根的**父親朱尼厄斯・史賓賽・摩根**開創了投資銀行事業。極善識人也有些遠見的皮博迪，在一八五四年選了摩根作為合夥人，好讓自己從公司事務中抽身。他在合夥人身上尋找的，正是自己賴以成功的特質：正直、必要時敢於冒險、謹慎和精明的腦袋。但皮博迪所代表的意義，可不僅僅是提攜了而後摩根財團的一票領導者。他給美國帶來了大量急需的歐洲資金，沒有這些資金，美國就不可能發展基礎設施，從而在十九世紀實現工業發展。工業發展得益於金融，而我們每個人的生活得益於皮博迪。

朱尼厄斯‧史賓賽‧摩根

最後的現代作手

朱尼厄斯‧摩根是讓摩根之名在其獨子 J‧P‧摩根的領導下,得以代表正直、信任、能力和權勢的首要人物。他身高超過六呎(約一百八十三公分),體格健壯,五官分明,為人直率,值得信賴。摩根挑戰倫敦的老牌銀行公司,並最終超越了它們,成為一八六〇年代倫敦最重要的美國銀行家。當他去世時,他給兒子留下了一份國際傳承和他老派的商業道德——這成為了建立臭名昭著的摩根財團 House of Morgan 的堅實基礎。

朱尼厄斯於一八一三年出生,他是一名富有的地主兼投資者的獨子。他在康乃狄克州的西斯普林菲爾德 West Springfield 長大,受過良好的教育,並深受他父親穩健的投資所薰陶。他知悉成功的奧祕。儘管如此,他還是努力往上爬,先是在華爾街一家銀行實習了五年。二十歲時,他成為凱徹姆‧摩根公司 Ketchum, Morgan & Company 的合夥人。但當他得知他的合夥人是一名從事黑幕交易且不擇手段的投機商時,朱尼厄斯立即從合夥關係中抽身,重新走上正軌,在新英格蘭定居,結婚成立家庭並有了一個兒子和兩個女兒。(他的兒子,當然,是 J‧P‧摩根。)

朱尼厄斯藉由該國首屈一指的紡織品批發和進口公司詹姆斯‧M‧畢比公司 James M. Beebe & Company 爬到了頂峰,該公司於一八五一年成為 J‧M‧畢比‧摩根公司。在那個年代,進口和融資是緊密相連的,因為沒有融資就不可能進口。他以正直、堅定、公平而聞名,在美國金融界聲名鵲起,為波士頓與歐洲和亞洲繁忙的快船貿易提供資金。但當他在倫敦與備受尊崇的倫敦商人銀行皮博迪公司的喬治‧皮博迪討論公司的信貸帳戶時,皮博迪向他

提出一個他無法拒絕的提議，這使得朱尼厄斯放棄了他的美國夢，以便取得一個大好機會。

與朱尼厄斯一樣，皮博迪也曾是紡織品進口商，他專門從事承銷和在海外銷售美國證券，當時正計劃退休，需要一名可以信任的繼任者來接手。雖然皮博迪很挑剔，但他在朱尼厄斯身上看到了要追隨自己雄心勃勃的步伐所需要的動力、野心和奉獻精神。反過來，朱尼厄斯也看見讓自身巨額財富進一步增長的機會，更好的是，他還可以將英格蘭的資本與新英格蘭的需求聯繫起來。於是，他毅然決然，在三十八歲時收拾好家當，前往探索這個海外新世界。

朱尼厄斯很快掌握了典型的商人銀行家業務，並為全世界不斷擴大的貿易業務、大宗商品貿易、金條運輸、兌換貨幣提供信貸，同時也為進出口商提供融資。當一八五七年恐慌席捲美國，摩根早已準備好採取行動。由於皮博迪公司與美國證券的密切關係，這場恐慌眼看要讓公司銀行帳戶見底；由於美國的債權人無力償還他們欠皮博迪公司的錢，公司自也無力償還自身的債務。朱尼厄斯向英國央行爭取到一筆貸款，幫公司度過難關。這筆貸款名噪一時，幾可說是女王御賜！

皮博迪覺得他已不用人操心，於是逐漸退出公司，而朱尼厄斯的才華開始為公司帶來新氣象（皮博迪完全退休後，公司更名為 J・S・摩根公司 J.S. Morgan & Company）。他繼續從事過往的貿易業務，包括香料、茶、咖啡、小麥、麵粉、糖等等，但他也注意到，公司最重要的商品是美國的鐵路。鐵路建設成本太高，美國不得不依賴歐洲資本，這對朱尼厄斯來說再適合不過了。

皮博迪涉足鐵路和鐵路材料（例如鐵）已有一段時間，但朱尼厄斯知道，美國已開始仰賴持續蔓延的鐵路網。他一頭扎進鐵路融資領域，小心翼翼地承擔計算過的風險（他的招牌作風）。例如，在伊利鐵路 Erie Railroad 信用處於歷史低點時，他為伊利鐵路經手發行四百萬美元的債券，這不只是倫敦市場上首批公開上市的美國大型鐵路債券，也是其中獲利最豐的。到了一八五〇年代，他的客戶已涵蓋大多數主要鐵道路線，像是紐約中央鐵路、伊利諾

中央鐵路 Illinois Central Railroad 和巴爾的摩與俄亥俄鐵路。

與此同時，朱尼厄斯唯一的兒子約翰・皮爾龐特即將成年，正在華爾街找尋自己的定位。這位父親儘管身在歐洲，仍然透過書信，對兒子的人生產生了巨大影響。一八五七到一八九〇年間，兩人以長篇信件（通常有十幾頁這麼長）魚雁往返，裡面全是他們最親近、最機密的想法。朱尼厄斯將他兒子的信按年度編目分類，以皮面裝訂成冊，鎖在他藏書室的書架上。

在給他年輕兒子的一封典型信件中，朱尼厄斯寫道：「我希望你靜下心來，把心思放在日常的業務細節上。我不希望你被外界任何事物影響，我會建議你下定決心，永遠不要為了投機而購買任何股票。」如果只是這樣慈父般的建議，那這些書信顯然沒必要銷毀，於是你就能想到，這年輕孩子一定寫了些什麼給他的父親！一度身為皮博迪機密代理人，小至續訂雜誌、大至為伊利諾中央鐵路協商貸款事宜的J・P，在他信裡談的滿是政治和經濟發展，也許還有一些他自己的創業想法。你定能想見，J・P會告訴朱尼厄斯自己對華爾街的期待，以及朱尼厄斯予其自主權的答覆！但對史學家來說特別可惜的是，J・P在他父親去世後拿到了這些書信集，將它們一卷一卷地扔進他熊熊燃燒的壁爐裡。

一八七〇年普法戰爭後，朱尼厄斯完成了一筆對法國的知名貸款，成為國際金融領域的真正強權。他組織了一個聯貸銀行團——當時聯貸還是市場新興產物——在別人都不願出頭的情況下籌到了五千萬美元。「這絕非賭博，」他後來告訴《紐約論壇報》 New York Tribune：「我認為這是一次安全的籌款行動。」他以低利率但高傭金的方式籌到了聯貸資金，不到一週，歐洲投資者都吵著要參與投資。

然而到了隔年，由於普魯士威脅提出的和平條件可能導致法國無力償還*，朱尼厄斯被迫以大幅折扣買回大量的債券。所以到了一八七三年，當戰

---

* 編註：普法兩國商議凡爾賽停戰協議期間，普魯士首相俾斯麥一度揚言要求四十億法郎的賠償，約十六倍於朱尼厄斯的貸款總額。

敗的法國以票面價格贖回全部債券時，朱尼厄斯大賺了一筆。他的公司藉由收取傭金和折價買入債券再轉賣，總共淨賺了債券票面價值的百分之十五。除了獲利之外，這筆貸款也將朱尼厄斯推入了私人國際銀行家的上層地位。

　　一八九〇年，朱尼厄斯在義大利邊境附近，從馬車上摔下而逝世。人們銘記他為摩根財團奠定基礎的同時也該知道，在美國最需要歐洲資金的時候，此人在將歐洲資金導向美國的過程中居功甚偉。美國鐵路蓬勃發展之初，是朱尼厄斯資助了這些少了歐洲幫助、美國金融家就無力負擔的鉅額交易。若沒有他，美國鐵路的發展將大幅遲緩，不只拖慢美國的工業進程，也將使 J·P·摩根在他華爾街的巨大辦公桌前一籌莫展。

丹尼爾・德魯

軫 軫 烈 烈 卻 白 忙 一 場

週末時可以做做朋友，但一到星期一，交情就拋諸腦後。丹尼爾・德魯就是如此。他沒有能說得上話的朋友——有朋友時，他就出賣朋友。這個目光閃爍的惡棍堪稱是華爾街的老虎，充滿力量、擇人而噬。但俗話說得好，種什麼因，得什麼果，丹叔的遭遇正是如此。

德魯是市場上頭一個從事內幕交易的主力投機客。他不只是在股市買進賣出賺價差而已，他也是第一位我們如今所說的收購藝術家 takeover artist，利用股市作為取得控制股權的管道，打進企業內部，扭轉公司的命運。

本是個文盲和宗教狂熱分子的德魯，憑藉自身的詭計與直覺，在鐵路股上從事投機交易，特別是伊利鐵路。需要時就印公司股票來賣，嗅到獲利機會就突襲市場，陷入絕境就用上欺詐手段。「我還沒怎麼意識到就成百萬富翁了。」德魯這麼說。冷酷至極的他，甚至利用起自己令人羨慕的內部人身分。諷刺的是，一個這麼虔誠的人竟如此不老實。他甚至會偽造假的買單，到投機客們常去的餐館吃午飯，假裝不小心「掉了」這些票據，然後離開餐廳；一旦這些人開始追買——他知道他們會跟進——他就把能賣的都賣個一乾二淨！

每當德魯被追問有什麼「內線」消息（這種事常常發生），他最終都會鬆口，給出個假消息，還要求對方發誓絕對不可洩密。這個消息總是與德魯自己打算做的事完全相反。當然，一旦這投機客按照德魯的指示進行買賣之後，他也就藏不住祕密了，各種貪得無厭的卑鄙作手都會趕著上車。德魯則等著，用極大量的虛假交易單瞞天過海，最終如砍瓜切菜般狠狠衝擊市價，

給自己帶來一筆可觀的獲利，也給投機客們上了（或許）有用的一課。下面這段話，可能就源自德魯的啟發：

> 股市是個讓有經驗的人賺到錢、讓有錢的人學到經驗的地方。

一八一二年戰爭期間曾入伍的德魯，在一八一三年從事牧牛工作時，學到了他的華爾街戰術。十六歲時，他在紐約州卡梅爾 Carmel 以巧舌如簧的話術，從當地農民那裡取得一批牛。他沒多少錢可以真的買下牛群，全靠賒帳，但從未真正付款。在他把牛群趕到曼哈頓屠宰時，偶然發現了「灌水」的好處——先餵牛吃鹽，然後在過磅計價前，給口渴的牛群喝水。

亨利・阿斯特＊等肉販對他的欺詐起了疑心，德魯於是轉往蒸汽船事業，在一八三四年買了艘破爛老爺船，宣稱自己也有蒸汽船航線了。他還在哈德遜河上以極低的船票價格搶單，迫使汽船大亨康內留斯・范德比爾特花一大筆錢買下他的公司，因此被范德比爾特稱作討厭鬼。一八四五年，他成立了德魯羅賓遜公司 Drew, Robinson & Co.，並在一八五七年恐慌前，加入了牛市和熊市的炒作行列。

一八五七年，德魯六十歲，他的公司也已經營十餘年。他不再是毛頭小子，但他的奸詐把戲和貪婪已準備好在市場上搞蛋了。於是，老愛引用《聖經》的德魯解散了公司，開始獨自操盤。也就在這一年，他以一己之力掌控了財務上已破產的伊利——他都念作「艾利」Airy。伊利董事會盡在掌控之中，讓德魯能輕而易舉地操縱公司股票，每當他賣空，就會印一批新的股票出來。他可以隨心所欲動用全部資源！九年後，德魯遇到嶄露頭角的市場作手，年輕的**吉姆・菲斯克** James Fisk 和**傑伊・古爾德** Jay Gould，偏偏這兩人也是他最終的對手。德魯喜歡他們，作為前輩，他在不知不覺間讓他們參與了自己的

－－－－

＊編註：Henry Astor，約翰・雅各・阿斯特的二哥，是家族中首先離開德國赴美發展的人。他承繼家族本業，在紐約開了一家肉鋪。

謀劃，教會他們自己的狡詐做法。

伊利之戰 The Erie War 在一八六六到一八六八年之間爆發，德魯和他這兩位夥伴全力對抗他們的敵人——愚蠢地發起這場戰爭的范德比爾特。一開始時，范德比爾特大舉買進伊利，打算壟斷曼哈頓的鐵路；正當他認為自己擁有控股權時，德魯猛然出手，發起了空頭突襲。德魯融資給伊利三百五十萬美元，取得兩萬八千股未發行股份和三百萬美元的可轉換債券，接著倒賣到市場上。范德比爾特是典型的多頭，他大量買進，卻不知他買的是德魯的摻水股，如同他給牛隻灌水的老把戲。

開心的德魯曾唱道：「誰賣了不屬於自己的東西，要麼買回、要麼坐牢！」偷印股票顯然比賣空容易多了。范德比爾特察覺到這是場騙局，於是讓他收買好的傀儡法官發布禁令，禁止伊利董事發行更多股票。但到頭來，古爾德也打點了幾個人，解除了禁令，並於隨後接掌印刷機，在市場上又拋售十萬股。

范德比爾特大怒，很快地，德魯、古爾德和菲斯克遭到通緝，同樣由范德比爾特收買的法官下令。為逃避逮捕，他們「跨境」到了澤西市。但一個月後，十年七十一歲的德魯開始想家。當他收到一張范德比爾特私下寫給他的紙條時，他很心動，上面寫著：「德魯，我厭倦了這樁渾事。來找我吧。」因此，當菲斯克和情婦在酒店裡嬉戲、古爾德試著用賄賂來撤銷對他們的逮捕令時，德魯悄悄返回，到范德比爾特的住處解決問題。范德比爾特和德魯達成協議，讓伊利的「國庫」賠償敗者的損失——范德比爾特並不關心錢從哪來。古爾德和菲斯克發現這筆交易後氣到七竅生煙，決定履行范德比爾特和德魯的交易，但同時也將德魯逐出伊利。他們暗自給股票灌水並對伊利發動空頭突襲，使其股價跌破德魯的保證金追繳價格，迫使德魯承擔損失，成功從德魯身上割下幾磅肉。說來諷刺，德魯這下被「以其人之道，還治其人之身」了。

不過德魯還沒破產，他還握有約一千三百萬美元，依然是位作手。痛失金鵝又暴露了惡毒本性，使他招致華爾街同行們的猜疑。有一次，德魯就利

用這股猜疑，讓一位過去的合作夥伴栽了大跟頭。他在自己大量賣空時提示對方，針對伊利的空頭突襲即將到來。儘管德魯否認耍詐，但這傻瓜依舊起了疑心，於是把德魯和自己鎖在德魯的辦公室裡，想看看在德魯無法交易時，市場上是否還有人倒賣伊利股票。素來應變機靈的德魯，腦筋動得比這多疑的傻瓜快得多。他假裝因對方不信任他而備感傷心，開始和對方激烈爭論，還憤怒地捶打起桌子。這傢伙根本不知道，德魯每捶一下桌子，就是在告訴他的經紀商賣出一千股伊利！

華爾街對德魯避之為恐不及，他的事業急速走下坡。古爾德和菲斯克假裝重新與他為友，讓他再次參與對伊利的聯合空頭行動，誘使德魯大量賣空。在最後時刻，他們反向做多，讓德魯有七萬股來不及回補，損失一百五十萬美元。當德魯求饒，他們哈哈大笑！而在一八七三年的恐慌中，這位七十六歲、反應變慢又不如以往在行的前牲口騙子，在鐵路股的投機中傾家蕩產。儘管這場恐慌是美國經濟史上規模最大、時間最長的衰退之一，但要是在德魯的巔峰時期，他肯定能以快速應變和欺詐伎倆加以規避。可年屆七十六歲的他已太過遲緩。申請破產時，他的債務超過一百萬，資產卻不到五百塊。此後的餘生中，他做為一個華爾街的局外人和老家的瘋子，直到八十二歲逝世。當他重回六十年前在那詐騙了許多牧民的普特南郡，當地衰老的農民們（其中一位年逾百歲）還是緊咬他不放，要他償還陳年欠款。德魯為自己犯下的罪困擾著，默默無聞而終，當地報紙甚至都未曾提及他的死訊。

在很多方面，德魯都是個可悲的案例。他的妻子和兒子對他來說似乎相對不重要，也從未交過真心的朋友。他對社會沒有重大貢獻，只有創建德魯神學院（現為德魯大學）這項罕見的慈善事跡；他曾承諾為該校提供金援卻最終食言。如果他是吉姆・菲斯克那一類花花公子，或者他死時富得流油，那他八成會受世人鄙視，但他晚年慘況實屬堪憐。

他的一生可為我們帶來什麼教訓？從他犯的錯誤中，你能看到太多小時候母親教你的那些簡單教誨。像是接受良好教育，遵照規則行事——他沒有。

在戀棧太久以前要懂得見好就收——他也沒有。又比如無法建立起牢固、長遠關係的人，難有什麼成就等等。而你母親可能沒告訴你（因為她從來也沒想到）的是：騙子終會受騙，老騙子還更容易上鉤。

傑伊・庫克

專 心 做 好 你 的 專 長

費城海濱一間潮濕骯髒、悶熱時還有碼頭老鼠亂竄的辦公室裡,用以資助南北戰爭的數百萬美元在此流淌。這裡就是政府財務代理機構傑伊・庫克公司 Jay Cooke & Co. 的辦公室,它是戰時美國最受尊崇的銀行,創始人更協助塑造了今日的銀行體系。身為狂熱的愛國者與美國經濟的信徒,傑伊・庫克用他的創意為戰事放貸,宣傳債券的發行,並向小投資者挨家挨戶兜售債券。人稱「大亨」的庫克是既富魅力、也充滿想像力的銀行家,運用各種創新手法,促進了國家的經濟。

在那看似情勢不明的時代——就在林肯當選總統、南北緊張局勢趨於成形之際——三十九歲的庫克於一八六一年創辦了他的公司。憑藉著足智多謀、專注、自信且有點膽識,他一步步成為了主要的債券發行商;何況他的弟弟暨合夥人還認識財政部長薩蒙・波特蘭・蔡斯 Salmon P. Chase!庫克始終關注財政部的獎勵措施,他拒絕了投機政府債券以牟利的提議。相反地,他堅持固守自己的工作,推動革命性的分銷方法,為賓夕法尼亞州取得三百萬美元的貸款,並克服該州臭名昭著的信用問題,幾乎在每一個聯邦州都發行了債券。因此,一八六三年內戰爆發之時,傑伊・庫克公司獨家取得了蔡斯的財政部業務,這是對其如此專注的一大報償。

庫克為山姆大叔締造了奇跡,將數百萬戰爭債券賣向了一個彷彿潛力無窮的大眾市場,這些人從未聽說過股票或債券。他真真正正且極為巧妙地運用相當另類的手法,將華爾街首次帶到美國中產階級的門口,喚起公民的愛國主義精神。他最浮誇的做法,展現在一筆五億美元的債券發行上(由華

爾街主要券商組成承銷團）。他讓兩千五百名推銷員到全國各地，挨家挨戶上門遊說，直接招攬投資者。又比如，本就是位迷人講者的庫克，也曾在一千八百多家報紙上刊登廣告來宣傳債券。他極其有才且總是樂觀。到了一八六四年，全國超過六十萬人持有戰時債務的份額，而這全都由他的公司經手！一年後，戰爭結束時，庫克又銷出了六億美元債券，沒有任何銀行家能望其項背。他因此被媒體譽為「國家的救世主」。

身為俄亥俄州一名律師暨國會議員之子，一八二一年出生的庫克，以強烈愛國主義者的身分，以及商業上往來真誠而為人所知。作為一名聖公會教徒和共和黨人，他樹立起公正、莊重的公眾形象，做生意時也秉持開放、堅定與公平的原則（這在當時並不常見）。一八四四年結婚後，陸續有了四個孩子，其中還出了一位部長暨銀行家，也就是小傑伊 Jay Cooke Jr.（庫克的孫子傑伊三世，日後也憑藉自身能力，成為著名的投資銀行家）。不太為人所知的是，十四歲起就開始工作的庫克，熱衷於推動國家銀行*統一貨幣。在野貓銀行†年代，庫克曾是一名「偽鈔鑑別員」，他記得當時偽鈔氾濫，銀行也頻繁倒閉。因此，他自然支持蔡斯一八六三年的《國家銀行法》，協助籌建了許多頭一批的國家銀行。

但在戰時的非凡成功之後，他失去原有的專注並屈從於時代，這成為他最大的錯誤。他弛於政府方面的業務，放下自己真正擅長的領域，轉而投向鐵路，特別是那條橫跨大陸、但在一八六九年連蓋都還沒開始蓋的北太平洋鐵路。透過他在紐約和倫敦的辦事處，他以自己一貫大肆宣揚的風格，砸錢買報紙廣告、找來記者宣傳他的專案，為這條鐵路在海外發行了一億美元的債券。他對自己的鐵路投入愈多，就愈發忽視自己的強項——政府融資。因

---

* 編註：美國的「國家銀行」（national bank）係指由聯邦政府核准營業執照之銀行，並非由國家設立。不同於由州政府核准之「州立銀行」（state bank），其在貸款業務上沒有利率上限的限制，不受各州高利貸法的約束。

† 編註：wildcat banking，指美國一八三六至一八六五年間（自由銀行時代）資本不足卻又自行發行紙幣的各州特許銀行。當時尚無國家銀行系統，州政府輕易授予銀行特許狀卻又無法有效監管，因此銀行倒閉或詐騙案件時常發生。

此，當這條路線始終未能啟用，庫克清醒過來時才發現，自己大部分的政府再融資業務都已被摩根－德雷塞爾集團搶去，自己投入在北太平洋的絕大多數資金也都泡湯了。

庫克的資金迅速減少，導致傑伊‧庫克公司在一八七三年恐慌爆發時關停。該公司的倒閉讓華爾街如遭雷擊，留下摩根一人在接下來的幾十年裡執掌大局。這位曾經備受尊崇的國家救星已然垮臺，此後注定只能從事一些小規模的投資，直到他於一九〇五年去世。到底發生了什麼？享有多年貨真價實的成功後，庫克是如何走向破產的呢？我們能從庫克身上學到三個簡單的小教訓：別在取得持續的成功後動搖你原先專注的目標；不要隨波逐流；也永遠不要把所有雞蛋都放在一個籃子裡。這些都不是多麼難以學會，但絕對非常重要。

作為實現大型承銷業務的第一人，經營鐵路對庫克來說，是冒險進入新的領域，他放下原本擅長的政府融資，從而使這項業務成為摩根等公司的獵物。庫克是很好的金融家和推銷商，卻從未當過經理人——那麼，何必在四十八歲時去嘗試呢？而且，他全然不顧及分散風險！如果說把自己的飯票賭在一項新事業上還不算蠢，庫克可是更進一步地把所有的錢都押在了一個標的上！他把傑伊‧庫克公司的資金全數投入北太平洋鐵路，當鐵路公司倒閉，他也因此遭受巨大損失。

最糟糕的是，在整場橫貫大陸的鐵道競爭中，庫克因興奮激動和各種繁瑣事務而失去了理智。他被自己的想像力充分宰制，深陷在自己的宣傳中，並因此損害到自己以及他多年培育起來的公司！他失去原有的專注，步上鋼索並孤注一擲——最後一敗塗地。如果沒有輕忽最初令他致富的金鵝，華爾街上的頭號招牌可能始終都是庫克，而非摩根。但現在，庫克只成為一個值得記取卻久未被提起的教訓。

02
CHAPTER

記者和作家
JOURNALISTS AND AUTHORS

華爾街的資訊流：報紙、雜誌與書籍

想想看，當你想隨手查閱股價，卻沒有《華爾街日報》可看；想看商業新聞時，也沒有《富比士》和《巴倫週刊》（一譯「霸榮」）Barron's 可參考！這簡直難以想像，但在早期的華爾街，情況就是如此。無論你是在市場之中，或者只是在場外好奇觀望，當時的資訊都很稀缺又難以取得；即使你得到一些資訊，也很可能極不準確。直到一八九〇年代末，金融資訊的鼻祖《華爾街日報》誕生，才在此後催生出一大票解釋、分析、描述和推廣股市的期刊與書籍。華爾街的運作就此愈發務實。沒有這樣良好的資訊流，也就不會有兼容各類投資與投資者的廣闊金融市場了。

金融新聞和資訊最初只由少數幾家公司提供，這些公司雇了記者在華爾街四處蒐集獨家新聞，由作家創作故事，讓信差將訊息發送給等著根據新聞採取行動的本地訂戶。當然，如果你像現在許多專業投資人那樣，身在華爾街的地理位置之外，那就愛莫能助了。專業投資人活動要想遍及全美與世界各地，唯有記者和作家們創造出更大的資訊流才可能實現。許多財經新聞之父都在這行業留下了自己的足跡。查爾斯‧道 Charles Dow 和艾德華‧瓊斯 Edward Jones 在出版《華爾街日報》前，就曾在華爾街上經營過類似服務。

隨著《華爾街日報》問世，各種市場解讀和分析隨之而來。起初的內容都是些聳人聽聞、容易理解的名人醜聞，被公眾所相信且獲廣泛閱讀；這主要是由於沒有其他可信任且客觀的文章可與之相抗。投機客出身的作家湯瑪斯‧勞森 Thomas Lawson 就是典型案例；他在股市上大敗虧輸之後，寫了一堆關於企業弊案的報導！他對華爾街的描述是從敗者角度出發，有失偏頗，但至少提供了生動的閱讀體驗，並讓人們省思。

與今日的八卦小道報導相比，勞森的新聞品牌過時得很快，因為《富比士》刊登了更多可信的內部人士對金融界的看法。伯蒂‧查爾斯‧富比士 B.C Forbes 在一九一七年創辦了我最喜歡的雜誌，成為最早將金融寫作正統化和個性化的雜誌之一。愛德溫‧勒斐佛 Edwin Lefevre 在一九二〇年代的《星期六晚郵報》上緊隨其後。他不像富比士那般把自己視為一個獨立的出版商或作家，而是堅持為他人大量產製文章，幾乎每家受歡迎的刊物都至少刊登過一

篇勒斐佛的作品。為什麼呢？因為他把華爾街變得有人性，賦予它細節、情感與個性，文章寫得十足有趣，讓大眾讀來沉浸其中。

克拉倫斯‧巴倫 Clarence W. Barron 在《巴倫週刊》中提供的新聞與分析，讓市場解讀有了更進一步的發展。而後阿諾‧伯恩哈德 Arnold Bernhard 為我們帶來了《價值線投資調查》Value Line Investment Survey，主打個股速覽與分析。如今，你可以在《華爾街日報》上讀到全世界的新聞，在《巴倫週刊》上看到交易員的觀點，享有經《富比士》和勒斐佛加以詮釋、賦予個性的論述，甚至透過伯恩哈德持續追蹤個股的最新情況，及其五十年來的所有演變。

一九三○年代，班傑明‧葛拉漢以其著作《證券分析》Security analysis 開創投資分析的先河，世界從此不同。突然間，投資分析成了一門被普遍接受的知識體系。葛拉漢之於投資分析，正如菌原論之於醫學，為其帶來了凝聚力和無人能從根本上反對的核心。你幾乎找不到哪個投資專業人士會承認自己沒讀過葛拉漢的書。沒錯，葛拉漢也是哥倫比亞大學的教師，毫無疑問也在那裡帶來了重大影響，但真正就此改變世界的，仍是他的寫作。

再來，作為美林證券 Merrill Lynch 吸引普羅大眾投入華爾街的計畫一環，路易士‧恩格爾 Louis Engel 所寫的《如何購買股票》How to Buy Stocks，被讀過的次數遠超其他股市指南——也許和所有同類書籍被讀過的次數總和一樣多吧。是恩格爾向小額投資人展示了如何在市場上踏出第一步。

在我撰寫這第三本書的當下，以及自一九八四年來為《富比士》寫了一百多篇專欄之後，每當我從美國另一端的讀者（有時是那些有著驚人權位的）那裡收到回饋時，都在在提醒我筆桿子的威力有多麼驚人。我連本章這些人物的邊都還搆不著，但我的寫作已影響到了金融界。像是我首次向世界引介的股價營收比 Price Sales Ratios，也被列入特許金融分析師 Chartered Financial Analyst, CFA 的課程中。我作品中的一些片段和句子，更被一些我從未想過會費心閱讀我想法的來源轉載與引用。然而，我的寫作並沒有對世界金融結構帶來一丁點改進，早在我開始寫作之前，這個結構就已相當明確了。如果我真的對現有的結構帶來了一點小小的影響，那麼試想，這些金融先驅們在揮

動筆桿開疆闢土之際，又發揮出多大的力量。他們提供的資訊和深具教育意義的指引，有的與華爾街的進化潮流並駕齊驅，有的則成就了過去和現今的華爾街。

查爾斯・道

他 的 姓 氏 說 明 了 一 切

查爾斯・道是華爾街最重要的傳奇人物之一，這有兩個非常重要的原因：他創造了我們的金融聖經，《華爾街日報》，以及我們第一個市場晴雨表，道瓊指數；同時他也是技術分析之父。出人意料的是，他並沒有獲得與其成就相應的重視，默默地於一九〇二年，在其布魯克林的樸素公寓裡去世，享年五十一歲。多年以後，他才被大眾公認為徹底改變了我們現在談論股市的方式。

你可能會闡釋「他的」理論及其技術應用，但終其一生，他從未提出過所謂的「道氏理論」。一八八四年，當他首次開始編制股市平均指數時（當時《華爾街日報》尚未問世），除了個囊括一切的「指標數字」、用以衡量股市的指數之外，並沒有建立起什麼其他的東西。而後，他才加入了自己的直覺觀點。事實上，我們今日所知的道氏理論，是在他去世二十年後，由其他市場技術人員，像是**威廉・漢密爾頓** William P. Hamilton，從其《華爾街日報》的社論中提取而出並以他為名的。

他身高超過六呎（約一百八十三公分）但有點駝背，體重超過兩百磅（約九十一公斤），有一副黑色眉眼，下巴鬍鬚烏黑濃密，嘴上還掛著一道海象鬍。極度保守的道神情肅穆，講話謹慎，給人的印象就像是太過嚴肅的大學教授。他從不因生氣而大呼小叫，還常說自己光生個氣就得先經過整整二十四小時，而一旦動了氣來就再難消下去。以下情況也進一步驗證了他老學究般的作風：在那強盜大亨 robber baron 的年代末期，他從未跟著跳下去玩他們那套，不會為一己之利去市場上大撈一筆；相反地，他選擇成為一名場

邊的觀察者與評論員。

一八五一年，他生於康乃狄克州的一座農場，孩提時就開始打零工。他父親在他六歲那年去世。當到了可以選擇職涯發展的年紀，他放棄農場生活，轉而從事寫作。沒受過多少教育的他，在頗具影響力的麻薩諸塞州報社《春田共和黨人報》Springfield Republican 當了六年學徒；而後轉往羅德島州普羅維登斯的一家報社，在報導礦業消息的同時，他也在財經寫作方面找到了自己的定位。

三十一歲的他已為自己打響名號，隨後來到紐約闖蕩，在一八八二年與記者**愛德華・瓊斯**一起創辦了道瓊公司 Dow, Jones & Company。他們在華爾街十五號一棟破敗建築裡、僅一個房間的辦公室，用著二手的辦公設備，用著二手的辦公設備，建立起一家賺錢的新聞行號。他們每天為訂戶提供最新財經新聞，而訂戶們大多是典型的華爾街股民。當時華爾街上幾乎沒有印刷的新聞報，即便只比人群中散播的八卦只多可靠一點點，能接觸到這樣的新聞來源還是有其價值。因此，他們的服務受到了重視，公司在一年內迅速發展起來。很快地，他們開始出版一份僅兩個版面的報紙，名為《致客戶午後函》Customer's Afternoon Letter，這就是《華爾街日報》的前身。

正是在這份「信函」中，道首次公布了他的平均指數，但沒給這指數取名。例如，一八八五年二月二十日，他的平均指數是以十四家公司（十二家鐵路公司和兩家工業公司）編制而成，這些公司當日收盤價總計為八九二・九二點。將這數字除以十四，他得出六三・七八。由於前一日收盤為六四・七三點，因此可以說當天大盤下跌了將近一點。觀察更入微的人可能會注意到，跌幅為百分之一・四七。該指數是對市場進行精確衡量的頭一個持久嘗試，也催生出後來演變為「技術」分析的一整個領域，人們開始根據股價的歷史來預測未來的價格走勢。

《致客戶午後函》在一八八九年時發展成了《華爾街日報》。其訂閱年費為五美元，報紙每份兩美分，廣告每行賣二十美分，報紙裡會有四頁財經新聞和統計資料，含括債券和大宗商品報價、交投活絡的股票、鐵路盈利以

及銀行和美國財政部報告。當時市場上僅有約三十五支熱門股與數百支未獲廣泛關注的股票，而這具權威性的新聞來源，實際上已開始創造一個用以衡量市場現實狀況的標準。我們今日使用的也是同一套標準，還由同一家公司所發布。光是這一功能，就確保了道在金融名人堂裡占有一席之地。

道是一名完美主義者。從一八九九年起到他於一九〇二年之間，他安靜且轉注地工作，在一系列社論中，運用他的市場平均指數，來持續發展他的市場行為理論。儘管他預測到一九〇〇年初期的牛市，但道的門徒們認為，他最意想不到的事情是由此開創了一套買賣建議的系統；他們說，道運用自己的理論本是為了回顧市場歷史，而非預測未來的股市表現。無論如何，他將過去和未來的定價活動聯繫起來，這項努力為技術分析播下了種子，而今成為成千上萬投資專業人士涉足、投入大量時間與金錢的一個領域。

道在他言簡意賅的社論中所提出的理論，在本書**威廉‧漢密爾頓**的小傳中有實質描述，他是道在《華爾街日報》的繼任者，也是道氏理論的主要貢獻者；還有**羅伯特‧瑞亞** Robert Rhea，他將道和漢密爾頓的理論轉化為一個體系。

難以想像如果沒有道的影響，今日的華爾街會是什麼樣子。無論是因他創辦的報紙，還是因其指數而生的技術分析，道的名字都與市場密不可分。他生在「資訊時代」開始之前，雖說今天沒人會創造出一個以如此怪異低劣的方式（只耦合幾檔股票和價格權重）運作的指數，但在當時，這已經是市場上的一大突破。

在電腦世界裡，道瓊似乎是我們這時代最糟糕的主要指數，構思拙劣，無法反映美國的代表性股票。但這是我們今日在資訊和電子產業大爆發的背景下，從我們的角度看待道指。在當時，這是一個容易計算的指數，價格加權的做法也更具意義，因為構建市值指數和未加權指數所需的資料，在當時並不容易取得，也不容易更新。那時的道氏指數系列也更能完整反映市場，因為涵蓋的公司少，少數有交易量的主要股票占比也就更高。

道是一位創新者，預見了尚未到來的事物。從道的一生我們可以推斷出

幾個教訓。第一，是新聞和資訊的重要性。其次，就是洞察力 perspective 的重要性；筆者感覺到，在這個有時似乎被新聞、各方意見和媒體轟炸得太過頻繁的世界裡，人們的洞察力正日益喪失。最後，是擁有遠見的重要性，也就是能夠看到市場上尚未出現、但對未來卻很重要的東西。即使本書講述的不是形塑市場的百位巨人，而是只關注十幾個人物，道仍然會是其中之一。

II

愛德華・瓊斯

有些組合注定相提並論

充滿活力、頂著一頭紅髮和屁股下巴的愛德華・瓊斯，是個不折不扣的新聞工作者。他充滿拚勁，時而豪飲，喜好八卦，積極建立人脈且好管閒事。但他可不是名普通記者，因為他和同事**查爾斯・道**不只撰寫金融新聞，還創造了有百年歷史的商業聖經，《華爾街日報》。儘管談起兩人時，道常因其道氏理論使瓊斯相形失色，但如果沒有瓊斯和他的滑稽性格，《華爾街日報》就不可能成為今天的樣子，甚至不可能存在。

瓊斯外表高瘦，有些禿頭，皮膚紅潤，還有一雙帶著笑意的藍眼珠以及飄逸的紅色海象鬍。一八五六年，他生於麻薩諸塞州伍斯特。就讀常春藤名校布朗大學 Brown University 期間，他在當地城市報社實習，寫無薪的劇評。當他從實習生轉升正職後，便從布朗大學退學，去追逐他心中所愛的新聞業，儘管這一行在當時只被視為一種販夫走卒的工作。他那富裕、有良好教育背景的家族為之震驚，但對義憤填膺、骨子裡滿是獨立精神的瓊斯而言，他愛做什麼，就做什麼。

一八七〇年代，瓊斯為幾家普羅維登斯的報社工作時，遇到了內向、嚴肅的查爾斯・道。兩人看似截然相反，卻相處融洽且合作愉快，行事風格上相得益彰。不過，瓊斯在普羅維登斯的職涯過得並不愉快。長期酗酒出了名的他，對自己的工作、所在地區和前途都不滿意。他入股一家報社，希望創建一個財經版，來追蹤他所看到的新興世界。但當其他資深合夥人予以否決時，他不願為自己的想法讓步，也就此丟了他的工作和投資。因此，當道開始在曼哈頓的一家金融新聞服務機構工作時，他說服了老闆雇用瓊斯。瓊斯

一如往常喝得酩酊大醉，出現在紐約街頭，嘴裡嘟囔著他的婚姻和經濟方面的擔憂，但他很快適應了工作，並把妻子帶到這座城市，暫時安頓下來。

瓊斯和道都不安於為別人打工，彼此也都談到想創立他們自己的新聞事業，這在一八八二年付諸實踐。時年二十六歲的瓊斯、三十一歲的道，與另一位隱名合夥人共同成立道瓊公司，決心為華爾街帶來客觀報導。在那個年代（以及接下來幾十年裡），許多記者為補貼微薄薪水，會從過分熱切的企業總裁那裡收受賄賂，報導公司給他們的灌水數字。但是，道與瓊斯要打破現狀。

在《華爾街日報》問世前，道瓊公司專門提供準確的金融新聞，比如管理層變動、利率變動、罷工和股息公告。這是一種新聞服務。在你訂閱之後，每當事件發生，道瓊公司就把消息寫下並跑來送給你——正如字面所說，透過送報童送達——這樣你就可以在別人知曉之前，根據消息率先行動。瓊斯的早期系統高效迅捷：記者們先在經紀公司、銀行和企業辦公室裡窺探即時新聞，然後跑回破舊的華爾街辦公室，口述給接棒的寫手。寫手們接著將這些消息用一層層碳紙複寫到短短的白紙上，每次複寫約二十四份。送報童們接手最後一棒，只要一有新聞，就把這些消息副本送到訂戶手中，通常一天八次。

身為數學奇才的瓊斯負責報導財報，他的專長在於鐵路獲利報告。他能從中找出別人無法看出的隱藏涵義與錯誤，並像一名優秀記者般加以揭露。瓊斯也時時掌握突發新聞狀況，確保新聞在事件爆發後能立即遞送給訂戶。他經常出現在華爾街上，跟威廉‧洛克菲勒 William Rockefeller Jr. 這樣的華爾街大佬們爭取訂閱，搜集零碎消息，並掌握那些負責遞送最終產品的送報童們的動態。顯然，他最愛的工作就是在溫莎酒店 Windsor Hotel 的酒吧裡與人交流；這個酒吧有時被稱為「通宵華爾街」All-Night Wall Street，像「鑽石」吉姆‧布萊迪 Diamond Jim Brady 這樣的大牌作手都在那裡閒晃。

情緒化、暴躁、容易激動又剛愎自用的瓊斯，顯然是辦公室裡的老大。他會斜倚著靠背椅，把一雙長腿擱在書桌上。有時，他會憤怒地從椅子上起

身，對著離他最近的人飆出四個字母的髒話，卻誰也不知是什麼招惹到他。然而，當危機發生時，他總是最冷靜的那個人；人們都來找他尋求指引，就連道也是如此。他就是那種能夠獨居高位、做出艱難決定的人。另一方面，道主要做的是點子發想與編輯執行，經常躲在辦公室裡研究他的數字運算、圖表、社論和道瓊平均指數。

好笑的是，一談起自家公司內部業務，道就無能為力了。當他們於一八八九年決定創辦《華爾街日報》時，是瓊斯擘劃了初始成本與發行的可能性，為這份報紙打下根基。瓊斯對華爾街最重要的貢獻，就在於他為金融新聞與道的編輯工作所做的營運。他包裝、宣傳，最終將金融新聞作為一種可行的產品銷售出去，並在此過程中，創立了一份每位優秀商業人士在每個工作日都要翻閱的報紙。

一八九九年，《華爾街日報》創刊十年後，瓊斯從《華爾街日報》和道瓊公司退休。他離開的原因未曾留下紀錄，然有跡象顯示，他與其他記者在編務方面發生衝突；不過，更有可能的是，他渴望賺取更高的報酬。瓊斯總是遊走在放蕩的有錢人身邊——而他想獲得更多。像**詹姆斯‧基恩** James Keene 這樣的人以前就試圖勸誘他來做經紀商，而看起來他在那年終於屈服了。這非常合理，瓊斯熱愛華爾街且人脈很廣。他加入了基恩女婿的經紀公司，後來還在基恩最成功的時候，為基恩本人工作，所以瓊斯大概在一九二〇年因腦溢血去世前，就已經獲得了他想要的東西。

就好像你不可能把羅傑斯和漢默斯坦*分而論之，也不可能把麥卡尼和藍儂拆開來談（儘管他們就像道和瓊斯一樣，只是在開創宏偉的事業中，短暫地共同奮鬥過幾年），你同樣不能把道和瓊斯分開。他們一起創造了歷史。論重要性，瓊斯顯然不如道，但在每個雙人組合中，總有個人更為重要。道的形象嚴肅，瓊斯則個性活潑；道專注持久，但新聞卻很少如此，正如瓊斯

---

*編註：指美國作曲家理察‧羅傑斯（Richard Rodgers）和作詞家奧斯卡‧漢默斯坦（Oscar Hammerstein），二十世紀中葉，兩人的合作開創了百老匯音樂劇的黃金時代。

對人生所持的態度。道對市場有更好的理解，瓊斯則是全然的記者本色，也與許多同行一樣，最終為新聞業竭盡了心力。如果沒有瓊斯，今日美國金融新聞產業的面貌，無論如何都將截然不同。

12

湯瑪斯・威廉・勞森

「 證 券 交 易 所 裡 的 博 弈 是 萬 惡 淵 藪 …… 」

有些人把失利看得很重。在世紀之交的華爾街，你的選擇有限：你要嘛成功、滾蛋、從五樓窗戶跳下，或者，採取報復手段。一九〇五年，浮華又能言善道的投機客湯瑪斯・勞森，選擇了報復……

在那扒糞報導大行其道、大企業就是全美惡霸的年代，惡名昭彰的波士頓投機客，湯瑪斯・勞森走了霉運——華爾街讓他的五千萬美元積蓄，盡付東流。因此，急於找出新的賺錢契機的他，放下了身段，轉而搭上老羅斯福 Teddy Roosevelt 的反商潮流！勞森攻擊華爾街的大老們，統稱他們為一個「體系」the System。他猛烈抨擊他們的作風、主事者以及他們對大眾的漠視。他鼓吹：「證券交易所的賭博是萬惡淵藪，而這萬惡淵藪是可以被摧毀的。」他發起了一場大規模的宣傳運動，好來破壞這個體系——而且，巧合的是，他還因此重新致富。「廣大人民」真的相信了他的作為，甚至資助了他的這場「聖戰」——這讓他再次大獲成功。

「我唯一的手段就是宣傳。這是世界上最有力的武器。」勞森是個真正的宣傳家，連話語都充滿炒作。他是一位多產的作家和大膽的演說家，性格充滿活力，也能頃刻做出決策。一九一二年，他為《大眾雜誌》Everybody's 撰寫了兩部轟動一時的系列文章《瘋狂的金融》Frenzied Finance 和《補救辦法》The Remedy。在他的宣傳戰中，他用著憐愛、溫柔的語調，生動描述了他的老密友標準石油 Standard Oil 集團的內部陰謀，即使是最頑固的聽眾也都被他擄獲。睜著濃眉之下那雙熱切的灰色大眼，讓他看來十分犀利。他輕易地讓人

們相信了華爾街的邪惡行徑——而他的人生抱負就是讓大眾從「體系」的枷鎖中解放出來，並消滅標準石油。多麼了不起的品格啊！

手上戴著枚大鑽戒，扣眼上飾有藍色矢車菊，在勞森三十二年圈內人士的職涯中，他始終保持自己充滿戲劇色彩的風格。一八五七年，他出生自一個來自加拿大新斯科細亞 Nova Scotia 的移民家庭，在波士頓附近平凡地成長。十四歲時父親去世，他就在州街 State Street 一家辦公室擔任助理。兩年後，年僅十六歲的他已成為了一名成熟的操盤手，帶著自己的十三名會員做投資，還曾透過投機鐵路股賺進六萬美元。

之後，勞森入股了一家持有市政契約的天然氣公司。接下來，他就反覆賄賂市府官員，先提案與公司解約，而後再否決動議，好讓他操縱交易。每次動議解約，天然氣公司股價就會暴跌，勞森的團隊也跟著做空，賺得盆滿缽滿——然後，一旦動議被否決、契約續簽，他們又會搭上股價上漲的順風車！但當解約的動議意外獲得批准，暴跌的不只是股價，也包括勞森的獲利，最終只剩下一百五十九美元！然而，年輕而樂觀的勞森坦然接受他的失利，用僅剩的利潤請朋友們吃吃喝喝，還把最後五塊錢給服務員當小費，就此翻開新的一頁！

然而，這新的一頁並非全然無瑕——至少以他自己後來的標準來看是這樣。二十一歲時，勞森結了婚（逐步成為六口之家），開了自己的經紀公司「勞森阿諾公司」Lawson, Arnold and Co.。他為紐約的金融家們做經紀商和推銷商，九年後賺到人生中第一個一百萬美元。作為一個依舊在大規模投機的激進多頭，他成為波士頓最出名的市場賭徒。而後，在為一位客戶爭奪灣州天然氣公司 Bay State Gas and Co. 的控制權後，勞森的作風吸引到標準石油公司的注意。沒過多久，他就成為標準石油將其銅礦產業整合為合併銅業公司 Amalgamated Copper 的首席經紀商。到了一九〇〇年，他坐擁價值六百萬美元的波士頓莊園，據傳他的身價更將近五千萬美元！勞森很享受這樣的生活，

用各種奢侈品把自己團團簇擁，像是「勞森粉」*，一種專門培育而出、要價三萬美元的粉色康乃馨，他後來辯稱這是種「商業投資」。一九〇一年，他甚至和當時所有百萬富翁一樣，建了一艘遊艇去參加美洲杯帆船賽 America's Cup，不過他的船遭到禁賽，讓他很是不滿。

但真正讓勞森（以及他的荷包）徹底失控的，其實和發生在大多數人身上的類似，也和當初發生在他那六萬美元盈利上的沒什麼不同。他把太多資金押在單一標的上，甚至還借錢投入。當他的巨大部位遭遇空頭襲擊，在市場上押錯了邊，勞森才發現自己頓失鉅額財富。這下他可是真的痛不欲生，也因此開始了「改革」。他跟上了世紀之交的黃色新聞氾濫與老羅斯福的改革浪潮，毫不容情地痛斥全美股票市場的罪惡；為了增加曝光，他寫下《瘋狂的金融》，並稱之為「第一部對這浪漫的金融圈聖伯納暨絞殺巨蟒之混合體的逼真刻劃」†。就個人觀點，我是看不懂他在說什麼啦。

但關鍵的事情來了：他在全國性報紙上刊登了昂貴的整版廣告，敦促公眾支援他突襲「體系」企業。勞森所謂「體系」，指的其實只是標準石油及其勢力範圍，他錯把標準石油視為美國整個金融體系的核心力量。當時的標準石油是真的強大，但也沒比其他幾個托拉斯（或者說 J·P·摩根）來得強大到哪裡去。然而對勞森來說，問題全在標準石油，也就「體系」身上。

有一次，就在標準石油旗下多位要角，試圖透過合併銅業建立起一個「銅業托拉斯」時，勞森開始把合併銅業吹捧為有價值的股票，催促公眾購買。該年稍晚，就在他的忠實追隨者進場搶購、把合併銅業推到嚴重溢價之際，勞森卻在股價崩跌前反手倒賣！這傢伙還好意思聲稱自己站在「大眾」這邊？當《紐約時報》 The New York Times 於一九〇八年質問他時，他坦承自己「賺了幾十萬」。接著，為了擺脫他的罪惡，他登了更多廣告來建議他的肥羊們，

----

* 編註：Lawson pink，原名「勞森夫人」（Mrs T. W. Lawson）。勞森買下該康乃馨品種的多年專利與獨家銷售權，並以其妻子命名，而後該品種確實廣受歡迎，為其帶來獲利。

† 編註：原文作「the first true-to-life etching of this romantic St. Bernard-boa-constrictor hybrid of financialdom.」

「把合併銅業的股票全部賣掉，因為它會從八十塊跌至三十三塊」。結果就是，銅業股暴跌。合併銅業在三天之內跌到五十八美元，而就在股價跌至谷底那天，勞森命他的經紀商重新進場——能買多少合併銅業，就買多少！

當人們奚落他的行為，他便高聲道：「哦，你們這些只有蚯蚓智商的蠢貨。難道沒看出我是故意出紕漏來作弄這體系的嗎？」可以預見的是，他在每一次「錯誤」的預測後，都會打著「我回到賽場，是為了拿回我為這份志業付出的數百萬元」的幌子，重返市場。勞森要麼是個出色的陰謀家，要麼就是個扭曲的鬥士。不管他到底是什麼，他從不明說，只是一個勁兒宣稱：「我的努力僅為一個目的，就是摧毀高成本的生活，絕不是為了一己之驕傲而在文學藝廊耍什麼嘩眾取寵的把戲。」* 就個人觀點，我依然看不懂他在講什麼。

像勞森這樣的故事太常出現了。每隔一段時間，就會有一個自詡社會問題狙擊手的人，針對華爾街大加斥責。勞森的不同之處在於他足夠懂行，能在譴責華爾街的同時，也從華爾街上獲利。實際上，勞森並不討厭市場——「相反地，它應當成為文明人的商業機制中的重要因子之一，而當它不再是個賭博場所，這點才能得以落實。」勞森如此寫道。他實際上討厭的是，華爾街上大部分的錢都掌握在少數人手中，而他並非其中之一。但這就是資本主義，對吧？……

我們又能從中學到什麼呢？正如勞森所認為的那樣，媒體和宣傳的力量真的太過強大，你需要對你讀到的東西抱持懷疑。儘管現今的證券法對許多投資專業人士加以規範，但在美國，沒有什麼能規範其他人的言論自由，而某人說的話可能有其隱藏目的，監管機構卻對此無能為力。

---

* 編註：原文作「My work is solely for one end, the destruction of high-cost living, and in no way is it a personal-pride-play-to-the-literary-gallery-grand-stand-work.」

13

BERTIE CHARLES FORBES

伯蒂・查爾斯・富比士

他 為 金 融 報 導 賦 予 人 性

以「B・C」之名為人熟知的伯蒂・查爾斯・富比士,不僅把金融寫作寫出個人風格,還透過一九一七年成立的《富比士》雜誌,讓大企業也有了人味。富比士用標誌性的老套警句和多產的散文,將目光從工廠和機器,轉向企業背後的人物,迫使讀者從不同角度看待商業。他的專長是為他那時代最具影響力的商業領袖們撰寫生動、坦率的傳記,內容聚焦在使他們邁向成功的正向特質。正因為有了B・C,在一九二〇年代初期的大牛市開始之際,美國人已非常熟悉(當然,也崇拜著)那些愈發獲得投資的企業領導人。

比方說,他將美國鋼鐵公司的頭號人物查爾斯・麥可・施瓦布 Charles M. Schwab(與如今的折扣券商＊沒有關係)媲美為一位「縱橫商業戰場」、且贏得「超乎尋常的幸福和數量驚人的友誼」的人。富比士對施瓦布生命中最看重的事毫無保留。他寫道:「打從一開始,施瓦布就對他的員工與同事心懷友善……他從未忘記一個基本事實,那就是:到頭來,朋友的價值比黃金代表的財富更加可貴。」為使雄心不致淪為貪婪,他諄諄告誡:「人生最終的問題不該是『你有多少財富?』而該是『你有多少貢獻?』」更寫道:「大多數大人物追求的,是更大的權力。那極少數、卻更加偉大的人物,則尋求為他人服務。」

你可以說,B・C透過與華爾街最惡名昭彰的商業領袖們,比如銀行家**阿馬迪奧・賈尼尼** A.P. Giannini、**喬治・費雪・貝克** George F. Baker 和鋼鐵巨頭

＊ 譯註:此指嘉信理財集團創辦人查爾斯・羅伯特・施瓦布(Charles Robert Schwab)。

施瓦布等人閒聊，從中獲利。但富比士這樣的人脈並非靠承繼得來，是他自己打拚來的，而這也許就是他工作中的一大樂趣。那時候的大亨大都習慣獨來獨往，很少回應股東問題，對回應記者更是能免則免（比如 **J‧P‧摩根**就是出了名的蔑視媒體）。因此，在推展《富比士》之前，這位樂觀但謹慎的蘇格蘭人刻意在華爾街當時的熱門地點，華爾道夫酒店 Waldorf-Astoria，租了一間昂貴的房間。他闖入一夥經常聚在酒店酒吧、熙來攘往的華爾街人士之中，並隨即用自己的蘇格蘭口音吸引住他們。他融入大亨們的圈子，甚至在某種意義上來說，成為了他們中的一員；從此之後，他再也不需要四處打探消息了。

富比士熱愛他的工作，將採訪自己的受訪人視為一種「詮釋人性」的形式。他總是到處宣揚自己的詮釋，不論是在由他主編直到他逝世的雜誌，以及他的聯合專欄和多年來撰寫的許多書籍，好比一九二二年的《富比士雋語》 Forbes Epigrams 和一九一七年的《成就美國的人》 Men Who Are Making America 和《成功的關鍵》 Keys to Success。作為一個極具道德感且每天早上拜讀《聖經》的虔誠之人，他的詮釋也往往具有道德意味，他就曾寫道：「那些賺到最多財富的人，並不總是贏得最大的幸福。」他將自己的教訓牢記於心，從不讓成功侵蝕自己的信仰。

灰髮黑眼，戴著眼鏡，高五呎七吋（約一百七十公分）、重一百八十五磅（約八十四公斤）的 B‧C，自一九一五年結婚後，始終是個顧家的男人，並育有五個孩子。在其子麥爾坎 Malcolm Forbes 的自傳《超乎想望》 More Than I Dreamed 中，B‧C 被形容為一名有原則、勤奮且嚴格的人，特別是對他的兒子們。他要求兒子們服從，可也喜歡帶他們去遊樂園。他是《聖經》的忠實讀者，也是每週日都要打牌的忠實撲克玩家，只有在聽兒子們唱起「每週聖歌」時才會罷手。

身為一蘇格蘭小村莊的零售商之子，B‧C 有九個兄弟姊妹，且對自己的出身相當自豪，幾乎每年都會和全家人一起回鄉探訪。而後在麥爾坎的婚禮和其他特殊場合，他都會穿上蘇格蘭裙，跳上一支傳統的吉格舞。B‧C

在蘇格蘭長大，從小便為鄰居放牛。十四歲時他輟學到一家印刷廠當學徒，做鉛字排版。後來他又繼續念了夜校，在丹地的大學學院 University College in Dundee 讀夜間學程。到了二十一歲，在為當地一家報社做了一段時間的記者後，他離鄉前往南非，他在那裡幫推理小說家艾德格‧華萊士創辦了《蘭德每日郵報》 The Rand Daily Mail 。

在盡可能存下每一分錢後，B‧C 在一九〇四年遠赴曼哈頓。為求入行，他起先替《商業雜誌》 Journal of Commerce 免費工作。果不其然，威廉‧倫道夫‧赫茲 William Randolph Hearst 相中他成為一名財經編輯和專欄作家。B‧C 一邊撰寫著會同步發表、刊登到全國五十家報紙的專欄，一邊於一九一七年創辦了《富比士》雜誌，因為他收集到的資訊比他會用在專欄裡的多太多！他的名號有助雜誌的推廣，他的人脈也確保了他可以取得豐富的報導材料。對富比士來說，一九一七年想必是非常忙碌的一年，他寫了幾本書又創辦了一本雜誌。很難想像還有誰能比他做得更多。

《富比士》逐漸在華爾街站穩腳跟，直到一九二九年金融危機後發生動搖，甚至還得靠 B‧C 撰寫專欄賺到的錢來支付工資和印刷成本。你可以想像，像《富比士》這樣的雜誌，在經濟危機耗盡美國人對商業的信心後是多麼不受歡迎；但 B‧C 對他一手創辦的雜誌有信心，努力讓這份刊物活下去。與此相應的，B‧C 成了《富比士》不可或缺的一部分，始終主掌編務，直到一九五四年因心臟病發，於辦公室裡去世。當時他已年近七十四歲，仍堅信只要身體條件允許，就應繼續工作下去。「休息？是該休息。但把自己放著生鏽？我才不要！……有主動性的人絕不會讓自己失去衝勁……。」在很多方面，他的兒子麥爾坎也是如此，始終精力充沛，直到在與他父親相似的年齡死於心臟病發。也許正是富比士特有的基因，才造就了《富比士》這本雜誌。

直到今天，B‧C‧富比士的精神仍活在《富比士》這本刊物中。沒有其他主流雜誌（當然，也沒有其他金融雜誌）在內容呈現方面能像《富比士》般富有人物色彩。你知道《商業週刊》 Business Week 和《財富》 Fortune 是誰創

辦的嗎？我們幾乎無法想像他們仍是由創立他們的家族所經營著，但他們都緊隨《富比士》之後。B·C 對商業和金融報導很強調人物面，對道德也有很崇高的標準，這至今仍是《富比士》的鮮明特色。你首先可以從《富比士》對小型公司的大量報導中，看到其他雜誌所沒有的人物面向。再則你也可以從它持續堅定地揭露羅伯特·布倫南 Robert Brennan 和第一澤西證券 First Jersey Securities 騙局、低價股欺詐等醜聞，以及美國頂級訴訟律師祕密積累的誇張高薪中，看到道德的一面。

在某些方面，就好像古老的年代會以 B.C.（耶穌出生之前 Before Christ）為界，美國的金融寫作，也可以 B·C·富比士為界。我認為，如果沒有 B·C 和他的個人魅力，美國永遠不會建立起對其商業和金融領袖的信心，金融市場也會因此陷入癱瘓。他鼓勵人們對美國、對美國的商業和金融市場抱持信心，這種信心就好像是齒輪傳動裝置的潤滑劑。當《華爾街日報》以冷冰冰、乾巴巴的方式報導數字和新聞時，富比士卻為它們賦予了生命。他的精神在《富比士》雜誌中永存，沒有其他個人的精神能夠如此常駐於財經版面上。雖然以他為名的這家公司並不像道瓊公司有那般規模，但在我心中，他所扮演的角色顯然具有深刻地位，他是傳奇的**查爾斯·道**和**克拉倫斯·巴倫**之後，第三大最具影響力的商業和金融記者

14

EDWIN LEFEVRE

愛德溫・勒斐佛

虛 構 與 寫 實 的 完 美 結 合

比起其他任何華爾街作家，愛德溫・勒斐佛更能讓美國人一窺真正驅動著華爾街的東西——在他那時代最受歡迎的雜誌上，和他自己充滿娛樂性的小說中，勒斐佛描繪了貪婪、愚蠢、純粹僥倖、難掩的本性和極致的機靈，是如何以及多麼頻繁地在金融市場上發揮作用。無論是報導華爾街大玩家們的生活，還是講述一個罕見的鄰家幸運兒的故事，勒斐佛總能打動人心，生動地寫出幾乎每個美國人白手起家的夢。透過事涉私密卻坦率直接的風格，他描繪出華爾街及其經營者最現實的寫照。在這過程裡，他讓金融事務有了人性，將其從神壇上拉下，進而打進美國公眾的千家萬戶中。

有人說勒斐佛「擁有投機的天賦，還有不去投機的頭腦」，他選擇用近四十年的金融寫作去教育他的讀者有關股市的知識，有些是小說，有些則是非虛構作品。勒斐佛值得稱誦的一點在於，他的作品難分虛實。他對市場如何運行提出了尖銳且合乎邏輯的觀點，盡可能地去描述市場的運作和技術上晦澀難懂的部分，並把最重大的決定——也就是投資與否——留給讀者自行裁決。

典型的勒斐佛式原理，依循著這樣的思路：「牛市總有原因。它們因商業潮流的轉變而興起，應運而生、應運而逝，因為人性從未改變。在其結束之前，人們很容易墮入瘋狂的賭博狂歡中……沒有哪個專業的華爾街明牌客或巧言令色的市場推手，能像隔壁鄰居吹噓自己海撈了一票那樣，輕易地把一個有理智的人變成股市賭徒。如果所有的人都能從經驗中獲益，那世上就只剩智者了……。」

勒斐佛於一八七○年出生在巴拿馬，身為美國商人之子的他，先後在舊金山的公立學校、密西根軍事學院受教育，並於一八八七到一八九○年間，在理海大學 Lehigh University 學習工程與採礦。二十歲時，他開始了記者生涯，為舊時的《紐約太陽報》New York Sun 做收集每日商品報價的乏味任務。他對諸如咖啡、雞蛋、乳酪、石油和生鐵等商品價格感到厭惡，他想寫的，是那些動搖價格的產業和現實世界的事件！於是，為求自己業餘時間寫的商業文章能夠見報，他一次又一次地將文章推給編輯；而後一篇關於香蕉產業的報導，終於讓他首次獲得刊行。接著，他偽造了一封粉絲信，寄到他的編輯那裡，讚賞自己的文章，就此開啟了他的寫作生涯。他成為一名財經記者兼編輯，為《哈潑雜誌》Harper's、《大眾雜誌》、《蒙西雜誌》Munsey's 等幾家受歡迎的期刊撰稿。

　　勒斐佛的職業生涯隨著一九二○年代的牛市而飛速發展，當時他為《星期六晚郵報》獨家撰文，這是一份幾乎每個美國家庭都會看的刊物。他向當時沉浸在牛市中的大眾，充分解釋投機的來龍去脈與利弊得失。勒斐佛有著一套嚴格的道德標準，從未在不客觀告知讀者其中風險的情況下，一味倡導投入股市。彷彿要寫給他認識的讀者般，勒斐佛以一種私密的行文方式寫了些文章，題目包括：「投機，有兩種版本」、「挑對你的賣方」、「批發和零售債券銷售」、「譴責經紀商」、「美國牛市」，和「新熊市，正常的和恐怖的」。

　　一在一九二九年的股市大崩盤宣告牛市結束之後，勒斐佛試圖向他的朋友，也就是讀者們，解釋這一切。在一九三二年《星期六晚郵報》發表的一篇題為〈消失的數十億〉的文章中，他指出：「魯莽的傻瓜首先虧損，是因為他們活該；謹慎的智者晚些虧損，是因為全球震盪一視同仁。」而後，他談到隨之而來的大蕭條，或者用他的話說：「巨大的恐懼已改變了金融世界的面貌。」他寫道：「成千上萬的美國人都在問一個問題：『什麼時候投資才安全？』」這有兩個答案……

一、永遠不安全！

二、始終很安全！

對一般群眾來說『永遠不安全』……對理性的人而言『始終很安全』；在這充斥著容易犯錯的人的世界，一切取決於你所謂的『安全』。」

勒斐佛喜歡實話實說。例如，在美國證券交易委員會成立兩年後，他在一九三六年一篇名為〈新牛市，新危險〉的分析文章中警告投資者，不要認為監管機構可以為風險提供自動緩衝。「他們無法擔保不發生損失，也無法告訴你哪些證券當前價格算是便宜的，哪些證券當前價格太昂貴。公眾必須自己觀察危險信號。審視自己的內心吧，那麼，交易員先生，你也就不必再向外尋求什麼了。」

勒斐佛那朗朗上口的名言與能引起共鳴的語氣，使得他成為有史以來大家最愛傾聽、談論且無限信任的金融作家之一。當然，他也吸引到了窺探者——那些只對富人和名人的生活方式感興趣的人。他的文章彷彿帶著讀者搭上遊艇，與不知名的高薪作手一同出航，而這些作手很容易被報紙和讀者認出來。

勒斐佛是華爾街八卦的一大來源，在他的《股票作手回憶錄》*Reminiscences of a Stock Market Operator* 中，對瘋狂投機客**傑西‧李佛摩** Jesse Livermore 的狂野生活做了精彩的內幕描述。這本書始終是我的最愛之一，我認為任何人都不該在沒有先讀過這本書的情況下，就貿然把他所珍視的錢拿去投資。在我的第十三篇《富比士》專欄（刊於一九八五年六月三日）中，我把勒斐佛的書列為我最喜歡的十本投資書之一。它就是這麼棒，有趣易懂且任誰都會喜歡。

婚後育有二子的勒斐佛，有個後來成為了巴拿馬總統的哥哥。一九一〇年，四十歲的勒斐佛被任命為巴拿馬駐西班牙和義大利大使。寫作之餘，他也熱愛古董，在收集美國早期酒瓶和玻璃瓶還沒成為時尚愛好的幾十年前，勒斐佛早就開始狂熱地展開收集。在不寫華爾街的時候，他就寫他對古董的痴迷。一九四三年，勒斐佛於佛蒙特州多塞特去世，享年七十三歲，當時他

已封筆退休近十年。他把華爾街寫得非常具有人情味，讓華爾街以外的人士也能瞭解，這在很多方面為**查爾斯・美里爾** Charles Merrill 等人在一九四〇年代創造的神奇轉變奠定了基礎，讓華爾街走向了大眾。

15

CLARENCE WALKER BARRON

克拉倫斯・沃克・巴倫

重 量 級 的 新 聞 工 作 者

把白色絡腮鬍、紅潤的臉頰與閃亮的藍色雙眼,記者克拉倫斯・沃克・巴倫看起來活脫脫就是個心寬體胖的小聖誕老人。他酷愛食物、金錢與財經新聞,而終其一生,他三項樣樣滿足,一個不缺。他接掌了道瓊公司的《華爾街日報》,還經營著自己的兩家金融性報紙。到了一九二一年,巴倫又創立《巴倫金融週報》*Barron's Financial Weekly*,幾乎壟斷了整個金融新聞領域。

B・C・富比士稱巴倫是「世界頭號財經編輯」,但在此之前,他本質上是個古怪傢伙。雖然無法容忍失敗和愚蠢,但當他願意時還是有顆仁慈的心;他的個性也總能喚起他人信賴,讓每個人都願意告訴他自己的祕密。他的肚子大到多年來站起身時無法看到自己的腳,但他十足熱愛游泳,經常被人看到他站在水深及腰處對兩名男祕書發號施令。他愛好繪製地圖和務農,在新英格蘭擁有幾座農場,總愛說自己首先是農民,其次才是出版商。篤信宗教的他,信奉新耶路撒冷教會*,旅行時總是虔誠地帶著用絲綢手帕包起的《聖經》與史威登堡作品。

儘管體重嚴重超標,巴倫卻從不節食減肥,也幾乎不量體重。他在衣櫃裡備有六套尺碼漸大的衣服,當他只能穿進最大尺碼的衣服時,他就知道自己已達極限——三百五十磅(約一百五十八公斤)。該是時候去一趟療養院,

---

*編註:Swedenborgian,基於瑞典科學家暨神學家伊曼紐爾・史威登堡(Emanuel Swedenborg)的學說而成立的基督教教派。

讓醫師限制他的飲食，讓他瘦回平日的三百磅（約一百三十六公斤），但在他放縱的飲食下，每次體重剛減下來，一下子就又胖回來了。舉個例子，典型的巴倫早餐包括果汁、燉水果、燕麥片、火腿和雞蛋、魚、牛排、炸馬鈴薯、熱小圓麵包配奶油──最後，再來杯咖啡，加入來自他養的得獎乳牛所產的鮮奶油！

巴倫生於波士頓，是家裡十三個孩子中的長子。雄心勃勃的他，不到十五歲就選定新聞業為自己的職志；他固執的腦袋一旦下定決心，就會猛烈追逐自己的目標。二十一歲時，他摸清新聞業的門道，開始探索自己的專長，財經寫作。他大膽告訴《波士頓晚報》 *Boston Evening Transcript* 的編輯，他要為他們開設一個財經版面，報導波士頓商業中心州街的新聞；果不其然，他因此獲聘。諷刺的是，也正是巴倫的雄心壯志讓自己遭到解雇，他過多地揭露了一位頗有影響力的鐵路大亨的詭計。

從不氣餒且向來抱持樂觀態度的巴倫，後來成為一名出版商。他借鑒道瓊公司創立之初的商業理念，創辦了波士頓的第一家新聞服務公司，波士頓新聞社 Boston News Bureau。缺乏豐厚資源的他，只雇了少少幾名送報童，找來一臺印刷機，憑藉自己一雙胖腿在州街上來回奔波，尋找新聞素材。他的訂戶主要是銀行家、經紀商和商人，一天收費僅一美元，每天有二十五到三十條新聞快報，生意也就這樣興隆起來。透過這項業務，他出版了一份波士頓金融報紙，而後在費城也創辦了一份，引起了**查爾斯‧道**和**愛德華‧瓊斯**的注意。

巴倫成了道瓊公司第一位駐外地記者，幾年後，他在一九〇二年以四十六歲之齡接掌了公司。他買下查爾斯‧道的全部股份，就像人們常說的那樣，「開了張支票」──當時的情況是，他以兩千五百美元的首付加上一張本票就買下了整家公司。就在一年前，他與波士頓一位有名的寡婦結婚，過去十四年裡他一直與她同住，並且很罕見地，他還把他所有的道瓊公司股份都過在她的名下；於是，在接下來的十年裡，她都是他在董事會的代表。這也讓巴倫能夠更專注於編輯的內容，而不必分神注意報社的營運。這安排

顯然奏效，儘管他更傾向維持好訂戶的品質，但報紙的發行量急劇飆升。

　　巴倫是老派華爾街的堅定捍衛者與倡導人，當時 **J‧P‧摩根**統治著整個華爾街，**傑西‧李佛摩**等狂徒不斷試圖打擊這個體系。好比在一九○七年的恐慌之後，巴倫在《華爾街日報》的社論中拚命呼籲銀行改革，但也懇求摩根出面領導改革運動。他大體上是主張華爾街的公司自己清理門戶，而不是等美國政府來動手。

　　隨著報社的成功，巴倫的知名度與聲望來到歷史高點之際，《巴倫週刊》也於一九二一年成立。該週刊最初源自巴倫的女婿（巴倫收養了他妻子的兩名女兒）休‧班克羅福特 Hugh Bancroft 的一個商業提議。後來在巴倫去世後，班克羅福特接替他成為道瓊公司的總裁。《巴倫週刊》既能得益於巴倫的名聲，又能利用印刷機的空檔時間，並由旗下其他報紙的員工進行編輯作業——對公司來說幾乎是無本生意。一切正如巴倫為週刊定下的座右銘，「金錢在實際目的的運用」。

　　如今儼如交易員聖經的《巴倫週刊》，其實創刊於金融情勢不明的年代。當時的失業率是自一九○七年大恐慌以來最糟糕的，然而刊物的生意依舊大展鴻圖。他們的廣告宣稱，「《巴倫週刊》，專為為獲利而讀的人創立的全新全國性金融週報」，吸引了華爾街人士蜂擁購買。巴倫如此吹噓：「不是每位讀者都是百萬富翁，但很少有百萬富翁不虔誠閱讀這些報紙內容。」它的內容包括直至今日依然著名的社論（當時由《華爾街日報》編輯暨《巴倫週刊》執行主編**威廉‧彼得‧漢密爾頓**執筆），也報導了華爾街以外的金融新聞，呈現華爾街的廣泛面向以及各種對其有所影響的因素。

　　毫無疑問，資訊流是市場流動的根本。在金融新聞世界的形成過程中，巴倫不像查爾斯‧道那樣舉足輕重，在金融史上可能也不像愛德華‧瓊斯那樣重要，但顯然沒人能與他競爭金融新聞名人堂第三人的位置（B‧C‧富比士則是第四人，但即使是 B‧C 本人也會把更高的位置讓給巴倫）。身為道和瓊斯之後的首位道瓊公司負責人，巴倫把一家私人企業，開始變成半世紀來始終代表華爾街發聲的一家機構。其實光是創立《巴倫週刊》，他就已

確保自己的名字在金融史上的地位。如果沒有巴倫及其扮演的角色，我們在二十世紀的金融新聞傳布方式，就不會是我們如今所知道、所理解的這般模樣。他的資訊造就了市場。

16

班傑明‧葛拉漢

證 券 分 析 之 父

在證券分析領域，班傑明‧葛拉漢不只寫出代表性的同名著作，更將一種基於直覺的訓練，轉變為一個具體的、廣獲信賴的思想流派。作為華爾街的傳奇人物，葛拉漢開創了價值投資的先河，他根據仔細研究得出的當前數據成功選股，而不是是試圖預測未來的市場或一家公司的內在價值。他本質上保守的思想，成為二戰後華爾街堪稱最成功、最廣泛的投資哲學。但在其卓越的成功與成就背後，他的生活和「長期穩定」與「保守」是一點也扯不上關係。他是出了名的多情種子，遊走在南法、加州和華爾街等眾多住處的情婦之間，直到他於一九七六年逝世。

葛拉漢於一九一四年來到華爾街，作為一名年方二十、剛從哥倫比亞大學畢業的古典學者，比起透過翻譯希臘語或拉丁文來維持基本的生活溫飽，他更加關心的是保障自己未來的財務狀況。他起初在一家經紀公司，負責用粉筆在黑板上記錄股票和債券價格，而後開始撰寫報告，到了一九一七年，他已成為一名受人尊敬的分析師。正如作家亞當‧斯密所言，在那時代，證券分析師不過就是勤奮的統計員；形象上就是個身上墨跡斑斑的可憐傢伙，戴著綠色眼罩*、坐在三腳凳上，負責把數字提供給當天管理資金池的合夥人。但葛拉漢打破了這種模式，開始用自己的帳戶進行交易，並取得了驚人的成果。

---

* 編註：green eyeshade，用透明深綠或藍綠色賽璐珞片製成、戴於頭上的遮陽帽舌。十九世紀末至二十世紀中，因早期白熾燈相對刺眼，會計師、審計員等倚賴視覺、重視細節的工作者為減輕眼睛疲勞，流行佩戴此類道具。

一九二六年，一位朋友意識到葛拉漢是隻會下金蛋的鵝，於是把他從經紀公司拉過來，創辦了葛拉漢・紐曼公司 Graham-Newman Corporation，正是這家公司後來讓價值投資聞名於世。身為數學奇才的葛拉漢，專注於透過量化研究尋找便宜的股票，並以低於其價值的價格收購取得公司控制權，迫使其實現其資產價值。他討厭圖表等技術工具，同樣不信任成長型投資者對公司管理、將上市產品和現有聲譽的盲目信仰；因為他認為，這些都不能用冰冷、確鑿的數字來衡量。相反地，葛拉漢依賴盈利和股息這些數字，並認為帳面價值，也就是公司的實體資產，才是做出合理投資決策的基礎。

說起葛拉漢的典型交易案例，就得提到他在北方管線 Northern Pipeline 的董事會之爭。在檢視州際通商委員會 Interstate Commerce Commission 有關管線公司的報告時，他發現北方管線公司持有每股九十五美元的速動資產，而其每股售價僅六十五美元，收益率百分之九。葛拉漢於是大量買進，在一九二八年的年度股東會上，他帶著百分之三十八的委託書前來，取得一席董事席位。稍後，他說服管理階層支付每股五十美元的股息給股東。剩下的每股價格仍值五十多美元，使其每股總價值達到約一百美元，比他最初六十五美元的投資還賺上許多。

然而，葛拉漢・紐曼公司最著名的交易，卻是一九四八年在政府僱員保險公司 Government Employees Insurance Company, GEICO 上的大成功。葛拉漢將該公司四分之一的資本投入這家公司，然後愉快地看著該公司股價在之後八年裡漲了十六・三五倍。到一九七〇年代初，GEICO 幾乎要倒閉時，葛拉漢早已退休，並放棄了他在該公司的大部分股份。

除了擔任證券分析師和投資者外，葛拉漢也從事企業和個人財務顧問，在哥倫比亞大學和加州大學洛杉磯分校講學，還寫了幾本書。他最著名的作品《證券分析》，就是任職哥倫比亞大學期間逐步寫就，最終於一九三四年完成。這本他與哥大同事大衛・多德 David L. Dodd 合著的厚重文本，如今被世界各地的投資者暱稱為「葛拉漢與多德」Graham and Dodd，書中詳細說明了葛拉漢過去在大學講座中所闡述的投資哲學。他們分析了一些產業，包括

探討財務特徵，比較關鍵的營運和財務比率，以展示分析師如何在一群相似的公司中，判斷哪些公司的經營是成功的、財務狀況良好且股價被低估。書中很多內容需要花時間去理解，特別是對外行人來說，所以在一九四九年，葛拉漢寫了一個多少經過提煉的版本，《智慧型股票投資人》 The Intelligent Investor。到他去世時，二書銷量都超過十萬冊，而且現在每年的銷量都比最初出版時還要多，這是經典作品的明證，也是極少數書籍才能達到的成就。

在他晚年，葛拉漢對自己在《證券分析》中精巧詳盡且複雜的證券分析技術，有了全然不同的想法。在一九七六年《金融分析師期刊》的採訪中，他說：「在過去，任何訓練有素的證券分析師都可以做好他們的專業工作，透過詳細研究來選出價值被低估的股票；但鑑於目前進行中的大量研究，我懷疑在大多數情況下，如此廣泛的努力能否找出足夠的優選股票，來證明付出這樣的成本是合理的。」他補充道，自己已轉向「現在被教授們普遍接受的『效率市場』學派思想」。諷刺的是，就在葛拉漢採信「效率市場」後，電腦回測隨即戳穿了這理論的各種漏洞。葛拉漢也就是老了，跟不上時代了。

同年稍晚，葛拉漢逝世，享年八十二歲。儘管在一九五六年他就解散了自己的公司，但他並非就此無所事事。就在他去世前，他完成了一項追溯過去五十年的研究，研究顯示，只要使用他長長的投資標準清單中的一部分，他的績效表現就可以超越道瓊指數兩倍以上。

在此過程中，葛拉漢也忙於往返加州拉霍亞 La Jolla 和法國普羅旺斯艾克斯 Aix-en-Provence 的兩個家之間，他最終在他長期的法國情婦陪伴下去世，人家還是他從兒子身邊追來的！結過三次婚的葛拉漢曾開玩笑說，他和情婦的關係之所以能持續下去，是因為他們沒有結婚。葛拉漢的學生華倫・巴菲特曾試著解釋葛拉漢對女性（通常是苗條的金髮美女）的痴迷：「他對關係的態度全然開放，但班喜歡女人，而女人也喜歡他。長得像愛德華・羅賓遜*的他貌不出眾，但他有他的風格。」

———

* 編註：Edward G. Robinson，美國知名男演員，身材矮小、聲音低沉，以出演黑幫角色聞名。

葛拉漢個子不高但穿著講究，本來結實的身材隨著年齡增長而消瘦。他原姓葛洛斯包姆 Grossbaum，在第一次世界大戰期間，才改為現在的姓氏。他的嘴唇大又寬，有著一張圓臉和淺藍色雙眼，戴著厚厚的眼鏡，頭上禿了三分之一，剩下三分之二的灰髮。名言佳句信手拈來的他，談吐詼諧犀利，敏銳體貼，充滿活力，修養好又謙虛，而且異想天開。他曾告訴一位朋友，他每天都想做「一些愚蠢的、一些有創意的，還有一些慷慨的事」，而他經常這麼做！葛拉漢很有禮貌，只要有人需要向他傾吐，他就會做名認真的聽眾。他的侄子理查・葛拉漢 Richard Graham 也是位金融家，他回憶道：「他有個看手錶的習慣——當然，是很有禮貌地——然後會說：『我想我們花在這上面的時間已經夠多了。』」

　　葛拉漢的興趣非常廣泛，不局限於華爾街上常見的那些。他能把拉丁文、葡萄牙文和希臘文譯成英語；他熱愛生物學，並擔任動物園受託人；會同時閱讀六本書，涵括歷史、哲學和古典文學等各種題材；他會滑雪、打網球，也熱愛跳舞，甚至報名了要價數千美元的舞蹈課程，後來成為亞曼瑞國際舞蹈教學 Arthur Murray 的終身會員！有人曾說，葛拉漢留在金融業的唯一原因是為了自我挑戰。一說，只有偏執狹隘的人才能在華爾街上立足，葛拉漢無疑證明了自己是個例外。

　　有趣的是，雖然葛拉漢的其他親戚還是有涉足市場，但他自己的四個孩子（三女一子）沒有一個進入投資領域。不過，班傑明・葛拉漢確實為證券分析師以及那些投資風格可追溯到他身上的投資者們留下了遺產，更被廣泛譽為「證券分析之父」。葛拉漢不僅是最早的量化分析師（現今這類思想流派全都要歸功於他），也是當今華爾街所遵循的許多基本面分析與知識的來源。沒讀過他的書的人，都不好意思稱自己在這領域知識淵博。作為華倫・巴菲特的學校老師、心靈導師與哲學源泉，葛拉漢為當代最成功的一個投資者開闢了道路。他的貢獻和遺產，是二十世紀任何一個投資者所無法比擬的。

17

ARNOLD BERNHARD

阿諾‧伯恩哈德

一 頁 概 要 的 優 雅

從最初收錄一百二十檔股票的籠統統計資料集，到現在涵蓋一千七百檔股票標準且最基本的參考資料，這就是投資分析通訊之王，《價值線投資調查》 *Value Line Investment Survey*（以下簡稱《價值線》）。不只一堆人對它極其信賴，而且還沒人罵它。《價值線》是阿諾‧伯恩哈德約五十五年前創立的*，他將統計資料和簡練的分析整理成一頁長短的詳盡描述，提供了細節與概述的驚人組合。雖然《價值線》提供了對每檔股票的具體預測，但大多數訂閱這份通訊的人都是因為它堪稱聖經般的參考功能，而非它的具體個股預測。這份通訊大約有十萬名訂戶，每人每年支付五百二十五美元[†]，堪稱美國最成功的投資通訊，也是大眾行銷有效的明證，特別是對一家小型金融服務機構來說。

對大多數訂戶來說，這份刊物與其說是一份通訊，不如說是一份很方便的參考來源。簡而言之，它以簡單易懂的單頁格式列出事實和數字，快速提供對一家公司的全面概述。除了簡要的業務總結，大部分資訊都是統計數字，比如財務和股價歷史紀錄。然後，還有對這檔股票在未來一年和三到五年表現的預測。一些人認為《價值線》最重要的特點，也是我覺得很少有人留意到的，是它的評級和排名系統，一級評價最高，五級最低。

最初，伯恩哈德運用他所說的「以帳面價值校正盈利曲線」來設定股票

---

* 編註：《價值線》公司創辦於一九三一年，首期刊物則出版於一九三六年，距本書原文初版上市時間約五十七年。

† 編註：二〇二三年七月，該項服務的數位版年費為五百九十八美元。

評級。他回憶早期擔任投資顧問時的情況：「我管理著所有帳戶，研究每個投資組合中的所有證券。我再次想到，一定有某種方法可以判斷股價何時算高、何時算低，其價值何時算好、何時算壞。」很有數學頭腦的伯恩哈德，研究了某些股票的十年歷史。「我把一檔股票的盈利乘以倍數，把它加上帳面價值的一個百分比，發現在一九二九到一九三九年間，我調整過的盈利數字與股價之間，存在密切的相關性。」伯恩哈德從未停止擺弄數字和公式。到了一九六五年，他和他的統計學家們展示了他們「校正分析」的終極形式，稱其為「橫向研究」cross-sectional study，這項成果或多或少沿用至今。該系統不拿個股與其自身表現相較，而是將其與其他所有（在《價值線》範圍內）的股票做比較。

不過，伯恩哈德和《價值線》從未因選股方面的傑出能力獲得特別高的評價。有時，伯恩哈德還會因他過度簡化的市場分析受到批評，但身為一個收藏著道瓊工業指數每小時圖表的祕密技術分析愛好者，他對自己的系統深信不疑。如果有檔股票偏離了《價值線》的預期，他確信，它很快就會回歸它該去的位置。他承認，他的系統「當然不是萬無一失的，但如果一檔股票在過去十年裡一直以十倍的本益比出售，今年它的本益比達到了二十倍，而公司的業務特性並沒有發生任何根本變化，那麼什麼時候股價才算是非理性？是現在？還是過去十年？」

伯恩哈德個子不高但肩膀寬闊，頂著後退的髮際線，留著修剪整齊的短髭，一雙大眼上掛著濃密、引人注目的眉毛。在他於一九八七年以八十六歲高齡去世前，始終統御著《價值線》帝國。他風趣幽默，舉止端正，頗具有貴族氣質，即使是他的經理人，也都稱他一聲「伯恩哈德先生」。他是辦公室裡惡名昭彰的暴君，坐在一張巨大的辦公桌後掌管一切，幾乎不放權給高階主管，薪水也給得比其他公司少。他說：「我聽說有《價值線》前同事們的大型聚會，但他們從未邀請過我。我並不像我所希望的那般友善。」即便如此，這份出版品依舊被視為是孕育證券分析師、基金經理人等久負盛名的培訓基地。

伯恩哈德生於一九○一年，父親是猶太移民，母親是羅馬尼亞人，也是奧地利雪茄和咖啡商。成長於紐澤西霍博肯和布魯克林，年輕的他離開軍校後，到威廉斯學院 Williams College 專攻英語，以 ΦBK 榮譽學會*會員身分畢業，並在《時代》雜誌負責劇評。這是份頗有聲望的新聞工作，但不管有沒有聲望，薪水都很低。所以，他也在《紐約郵報》New York Post 兼任評論，同步刊登自己的專欄，同時也利用免費的百老匯演出門票（他後來也幫百老匯演出撰寫評論）來追求他的高中戀人暨未來的妻子。

伯恩哈德熱愛閱讀，喜歡讀有關於拿破崙時代的書。在讀了**愛德溫・勒斐佛**於一九三二年出版、以投機客**傑西・李佛摩**為藍本的經典著作《股票作手回憶錄》後，他對華爾街產生興趣。受此啟發，伯恩哈德創作了一部名為《牛市》的劇本。接下來的事廣為人知，他成了李佛摩的一名職員！有一回，伯恩哈德給他的老闆寫了份熱情洋溢的報告，推薦買進銅業類股；李佛摩看到後卻立即選擇賣空！還有一次，李佛摩要他的職員們找到一組神祕的股票代號，而且是立刻、馬上！他僅僅根據其盤面走勢，就在該股上進行了大筆交易。儘管伯恩哈德表達了對李佛摩此種做法的不以為然，但這位投機客的即興操作手法還是令他非常著迷。然而，也是這段經歷刺激了伯恩哈德，讓他想找出某種「系統」來摸清市場的動向。

伯恩哈德後來在穆迪 Moody's 工作了三年，從分析師做起，一九二八至一九三一年任客戶經理，隨後在一九三六年，他構想出《價值線》的前身。他為一百二十檔股票制定出原始公式，買了臺印刷機，以書籍形式印了一千本，並計畫以每本兩百美元的價格出售。但在做了無數次個人演講後，他只賣出了一本。他表示：「我很難理解這個世界對我的作品有多麼不感興趣。」然後，當時一位市場通訊作者，以一本免費的書以及八百美元的代價，在自己的通訊中為伯恩哈德做宣傳。這位作者錯把伯恩哈德的書定價為五十五美

---

* 編註：Phi Beta Kappa，美國最古老也最富盛名的榮譽學會，僅招收美國大學與學院中最優秀的文科與理科學生。

元，卻也造成每天都有支票湧入，讓伯恩哈德有了生意。《價值線》一飛沖天，伯恩哈德一家也因此搬到了漂亮的康乃狄克州韋斯特波特 Westport。

從那時起，伯恩哈德就篤信大眾行銷。他在《巴倫週刊》上刊登自己第一個官方廣告，此後就一直在那裡登廣告。在最初的廣告中，客戶只需付出一點象徵性的費用就可取得《價值線》智慧結晶的樣本，這反過來又帶進了一定比例的新訂戶，這些收入還超過了他的廣告費。

伯恩哈德對自己的產品非常自信（在某種程度上甚至有些自大），而且想在股票市場上保持中立，所以將他的大部分財富投資於他所創建的《價值線》帝國，包括各種《價值線》共同基金。為滿足他的自我和對戲劇的熱愛，他還投入了一些資金來製作戲劇，比如劇作家大衛‧馬梅特 David Mamet 廣受好評的《美國水牛》American Buffalo。一九八四年，《富比士》估計他的財富為四億美元，使他躋身富比士四百強——這一切全都基於他出版事業的那份小出版品的價值。一九八七年他去世時，這位固執的老人讓五十三歲的女兒讓‧伯恩哈德‧巴特納 Jean Bernhard Buttner 接掌了公司。

伯恩哈德是出了名的小氣。他手下有很多人，每個人都負責撰寫多家不同公司的分析報告，但他付的錢卻微乎其微。一九八〇年代中期，為他在紐約的公司工作的「分析師們」，依據時間長短不同，拿到的報酬通常在二‧五萬到三‧五萬美元之間。因此，他手下的人通常是剛起步的菜鳥，暫時利用《價值線》作為進入華爾街的入口，而華爾街上也有一整票優秀人才都是從伯恩哈德的帝國起家，離職後跳槽到其他公司就任更高的職位——簡直是為窮人家特設的各式人才培訓場。也因此，《價值線》的員工流動永無停歇。

一九八二年，有次我和伯恩哈德共進午餐。我和另一名同事跟他談了為年輕分析師建立一種培訓機構的可能性，而且由於他在《價值線》有這麼多員工，所以我們希望能以收費講師的身分參與進來。同時這也是個「餌」，我們也希望能讓他把手下的年輕人送來培訓，好為這個專案帶來額外收入。我們想建立培訓機構的想法最終從未落實，但我覺得有趣的是，伯恩哈德對於把手下分析師送去培訓並不感興趣。他確實表達了對這想法的興趣，認為

這是為他人員不斷流動的《價值線》找尋並招聘更多年輕新手的管道。身價幾億的伯恩哈德，自始至終就是這麼小氣且精打細算。

　　由於美國各大投資公司都積極採用《價值線》，且許多人都透過這種一頁分析中的資訊來瞭解公司，因此，很難想像如果沒有伯恩哈德的貢獻，今天的市場會是什麼樣子。幾乎所有的公司，他都能讓我們用一頁的篇幅看完概要。誠然，這些分析並不總是非常深入或準確；同時，他用於股票評級的系統也沒有被市場廣泛接受；但它提供的統計資料卻是不錯的。《價值線》的格式永遠不變，而人們知道它、理解它並接受了它。如今，它已成為一種標準，為此，伯恩哈德對世界貢獻良多。

18

LOUIS ENGEL

路易士・恩格爾

以 一 己 之 力 教 百 萬 人 致 富

路易士・恩格爾所著的《如何購買股票》最初寫於一九五三年，隨著投資人意識到華爾街不再是富人的專屬俱樂部，這本書也開始有了自己的生命力。一本看似簡單教你「如何」投資的指南卻永遠改變了市場，原因很簡單：在他寫這本書時，恩格爾是頭一個用中產階級（也就是大部分的群眾）的語言，向他們解釋市場的人。他使用白話的形式和現實生活中的例子，將金融行話闡釋成一般人看得懂的英文，使不斷擴大的中產階級能夠將證券視為可行且安全的投資。因此，華爾街得以走入中產階級，從而開發出一片重要的市場。

「如果企業想要有足夠的資金繼續發展，就得有人來取代大金主的位置。這個人只會是中等收入的投資者，也就是成千上萬的小額投資人。因為要有一千位這樣的小額投資人、每人出一千美元，才能提供相當於一個富豪可能去年提供的一百萬美元資本。」就像之前資助南北戰爭的**傑伊・庫克**，和建立美國銀行的**阿馬迪奧・賈尼尼**，恩格爾在二次世界大戰後求助於這些「小老百姓」，給華爾街帶來戰後時期急需提振的動力。但恩格爾並不像賈尼尼和庫克直接為人們行動，而是展現了如何讓小老百姓自己來做這件事。作為廣告人和記者，他的工具就是語言。

一九四九至一九六九年期間，恩格爾在美林證券 Merrill Lynch, Pierce, Fenner and Smith, Inc. 擔任廣告經理，那時的他認為「只與少數有錢、有理財知識的人做生意」不再是可行的業務方法。他說，經紀商必須要「與普羅大眾做生意，這意味著他們必須忘掉金融術語，轉而⋯⋯用他們及其妻子聽得懂的語

言，來談論股票和債券」。要不然，「美國工業可能就會發現自己急需新的資本。」於是，作為美林證券「帶華爾街走入大眾」的廣告活動之一，恩格爾寫了一則廣告，用簡單的語言解釋股票投資，好向大批小額投資人推銷其經紀服務。這廣告非常成功，不久之後，出版社理特布朗公司 Little, Brown and Company 就找上了恩格爾，讓他把他的想法擴寫成一本書，於是他在六週內就寫出了《如何購買股票》。

三十八年後，《如何購買股票》成了史上最成功的金融類作品，至今仍然暢銷。截至一九八二年恩格爾去世時，該書歷經七次修訂，銷量高達四百萬冊。就累計銷量而言，沒有任何一本投資書能與之匹敵。它以一種相當客觀的方式，講述一家虛構的口袋釣竿公司 Pocket Pole Company 的故事，從它創立之初、發明了一種新型的可折疊金屬釣竿說起。就此，恩格爾帶領讀者開始瞭解建立一家公司最基本的步驟：借款取得本金，發行股票給股東，選舉董事會成員，舉行年度股東會，分發股利，發行優先股和可轉換股票，出售債券，以及經營一家公司、擴大公司規模和獲取利潤所需的其他基本步驟。

書中簡短易讀的章節包括：〈新股如何監管〉、〈關於政府債券和市政債券你該知道什麼〉、〈「櫃檯買賣」市場如何運作〉、〈如何閱讀財經新聞〉、〈市場的民間傳說〉、〈何時是賣出的時機？〉。恩格爾所寫的內容既不深奧也不顯得高人一等，就只是簡單直接的陳述！

作為美林證券的代言人，恩格爾自然會花時間在〈投資──或者說，經紀商是做什麼的？〉、〈如何與經紀商往來〉、〈如何開戶〉等章節中，詳細描述經紀商在證券業中的作用。他吐露道：「很多人仍然會因為各種各樣的原因而不願接觸經紀商。有些人對自己要投資的金額太少而感到尷尬。他們也許只有五百美元可以投入股市，或者一個月只有四、五十美元，他們覺得經紀商不會對如此少的金額感興趣……也許他們把經紀商想成是有點令人生畏的人，只把時間留給貴賓級大戶，也就是那些穿得一雙好鞋、周遊在正式社交場合的人。」但恩格爾向讀者保證，「這不是真的。現在的經紀業務並沒有什麼排他性。用不著穿什麼古典的鞋罩和條紋褲。這個圈子的規則已

全然改變，比起香檳和魚子醬，咖啡和漢堡還更受歡迎。」

生於一九〇九年的恩格爾，在伊利諾州傑克森維爾 Jacksonville 長大，父親是一名審計員。一九三〇年他從芝加哥大學畢業，並在芝加哥大學出版社工作了兩年。後來他前往紐約，成為《廣告和銷售》Advertising and Selling 的總編輯，並於一九三四至一九四六年期間，在《商業週刊》先後擔任新聞編輯與總編輯一職。一九四六年他離開公司，加入美林證券擔任廣告經理，一九五四年成為副總裁，直到一九六九年退休。恩格爾在三十四歲時成家，與他第一任妻子結婚，並於幾年後離婚。一九五四年，四十三歲的他再婚，育有三名女兒。一九六九年退休後，恩格爾回到紐約上州的家中，成為奧思寧 Ossining 的村落受託人，並在一九七五至一九七九年間擔任鎮長。這位「帶華爾街走入大眾」的人於一九八二年去世，享年七十三歲。

毫無疑問，恩格爾的書是為了宣傳美林證券的業務而寫。幾十年來，美林的經紀商一直將這本書送給潛在客戶，以吸引他們與之做生意。但與此同時，他的書也彷彿有了自己的生命。我從未與美林證券公司有過任何關係，但這些年來，我也已經送了幾十本給那些想開始讀第一本投資書的人。我從沒看過比《如何購買股票》更好的投資入門。恩格爾純粹簡單和直截了當的方法，加上他自商業新聞背景而來的寫作技巧，使他和他的思想成為引介數百萬現代投資者進入華爾街的管道。恩格爾不僅是形塑市場的人之一，更藉由這本小書，協助形塑了數百萬人的思想。

投資銀行家和經紀人

INVESTMENT BANKERS AND BROKERS

他們的資本配置,就是資本主義的全部

與中央計劃經濟相比，金融市場透過華爾街與他們在主要大街*上的相應資本主義親戚，更能有效地配置資源。日常價格由金融市場決定，但資金真正易手（並因此分配到特定專案）的交易，是由精明的交易撮合者 dealmaker 所進行，好比本章中的這些人物。交易是金融市場的心臟，也是自由市場存在並自由地「各行其是」的主要原因之一。正是交易撮合者讓這顆心臟維持跳動。

遠見、細節和推銷技巧是交易的關鍵，而優秀的交易撮合者三者兼備。首先，他們具有遠見，從確定參與者陣容到設定理想的價格，為交易設想出一個完整流暢的過程。其次，他們必須在交易完成前、交易中以及交易完成後都非常注重細節。這意味著他們得要考慮一切，從交易如何達成的細節，到美國證券交易委員會規定等法律問題，再到想要達成交易的競爭對手的情況。第三，他們是超級業務員，因為銷售可以完成交易，並帶來新的交易。沒有這些，交易就永遠不會發生。

以上基本描述了本章的所有人物。奧古斯特‧貝爾蒙特、雷曼兄弟、J‧P‧摩根、小摩根、雅各‧希夫、喬治‧帕金斯、克拉倫斯‧狄龍與西德尼‧溫伯格，他們是其所在領域最有能力的人；他們完成的交易，形塑了現代美國企業。

這一切都是由美國最早的大規模交易撮合者，奧古斯特‧貝爾蒙特所促成。他用一股比華爾街本身大得多的力量聯合起華爾街。這股來自羅斯柴爾德家族的歐洲資本力量，讓我們的資本主義市場，得以拓展至其區域性的根源之外。

資本一經流入，J‧P‧摩根便著手運用。摩根開創了投資銀行業務，被我們視為是最典型的交易撮合者。他是集信任、能力、果斷、公平與責任感於一身的縮影。他名副其實地把整個世界扛在肩上，而且姿態看來還頗為優

---

* 編註：Main Street，或譯主街、大街，泛指金融業法人、機構以外的中小企業與平民階級，或指散戶投資人。

雅。他的影響深及早期美國金融界每個角落，掌握了歷史上從未有人掌握過的權力。摩根財團成為權力的代名詞，在他鼎盛時期，無人膽敢與之抗衡。

摩根用他的權力打造出巨型公司，最終將美國從一個新興國家轉變為強大的工業化國家。他在一八七〇年代資助鐵路建設，推動各州的進步。一九〇一年，他創立了第一家市值十億美元的公司暨現代工業的中堅力量，美國鋼鐵公司 U.S. Steel。在一九〇七年大恐慌期間，是他支撐起全美經濟。他就是這麼強大，而且遠不只是強大而已。

幾乎和摩根一樣強大但發跡方式不同的，是雷曼兄弟。最初是南北戰爭前南方一家棉花經紀公司的雷曼兄弟，代表著華爾街的另一面——猶太人那一面。猶太財團從未真正與摩根相對敵；相反地，他們共存共榮，有時在摩根需要額外資金時相互合作，有時則是為完全不同的產業提供資金。例如，雷曼兄弟為新科技提供融資，像是當時被認為具高風險的汽車產業等，從而找到了自己的利基市場。諷刺的是，摩根最初還拒絕了這項業務！

摩根在華爾街深深影響了華爾街，即使他於一九一三年去世後，其他交易撮合者仍延續了他的部分做法。他的兒子小摩根承其遺緒，直到一九三〇年代的新政時期，才結束了摩根財團對金融業無可置疑的統御地位。

在摩根之後，新一代的交易撮合者出現了，他們部分模仿摩根的經營方式，部分則在發展過程中即興發揮。摩根合夥人喬治·帕金斯和他的繼任者湯瑪斯·拉蒙特便是按這種方式操作的。帕金斯展現出摩根傳統的自信，也協助把摩根的影響力拓展到其他賺錢生意，比如有錢的全國性保險公司等。

相比起外表令人生畏且向來我行我素的 J·P·摩根，拉蒙特是一九二〇年代小摩根掌權時期第一位注重形象的超級業務員。拉蒙特冷靜沉著，受過良好教育，溫文爾雅且具說服力。但當拉蒙特試圖將美國從一九二九年的危機中拯救出來時，他嘗試重施 J·P·摩根在一九〇七年的故技卻無法奏效。因為他既不是摩根，這時代也早已不是一九〇七年了；無論是由誰領導的私人企業，都無法讓美國振興起來。那時美國剛成為世界強權，再也沒有哪個金融家的實力能大過整個華爾街了。

克拉倫斯・狄龍和拉蒙特差不多同時在華爾街嶄露頭角。新起之秀可以跟摩根財團在同一領域互別苗頭，這景況凸顯了一個事實，那就是摩根之名不再無可匹敵。狄龍大膽地從摩根手中搶走大量業務並且未受制裁。J・P・摩根掌權時，這種情況根本不會發生，如果真的發生，狄龍馬上就會被擊垮。狄龍在後來的幾年裡飛黃騰達，隨著新政改革在投資銀行界創造出一個更加開放的市場，他所分到的利益也愈來愈多。

西德尼・溫伯格在一九五〇年代一改摩根傳統的姿態，成為現代最受尊敬的交易撮合者之一。溫伯格教導現代投資銀行家成為社交技巧嫻熟的合作型工作者，而非摩根傳統中社交上較為孤立的型態。當然，溫伯格也是一位具遠見卓識、注重細節的超級業務員。隨著溫伯格的模式不斷為庫恩羅布帶來一筆又一筆的交易，將商業與愉悅的感受結合起來，成為了一種風潮。

投資銀行家出身的經紀商查爾斯・美里爾，也致力於改進華爾街的一些作派。也就是說，他改變了華爾街對小額散戶的看法。他的目標是把華爾街帶入大街的平民生活中，而且做得相當成功，不只創建了美國最大的經紀公司，還在這過程中，讓美林成為一家非常強大、甚至一度是規模最大的投資銀行。從一九四〇年代開始，他開始向大眾提供證券服務，開設了美林證券的經紀業務部門。美林成為第一個進入這新穎豐盛市場的公司，許多後來者追隨他的腳步，為新手投資人提供一系列好上手的投資相關服務，但沒有一家公司能趕得上他。

經紀商傑洛德・羅布跟隨美林證券的領導，將 EF 赫頓 E.F. Hutton 推廣給大眾。羅布充當起赫頓的喉舌，透過與媒體交好，讓自己取得大眾廣泛的認同。本著自我推銷者和二手車業務員的精神，羅布實在太懂業界行話，讓他幾可說服所有人投資這個市場。雖然他不是個真正多麼能幹的投資人或交易撮合者，但在那些不熟市場的人聽來，他十足內行。羅布很成功地開展了他的業務，因為他所討論或撰寫的內容透過大眾行銷和流行期刊分享給那些儲蓄微薄、對股票市場幾乎一無所知的小散戶們。羅布的成功顯示，投資銀行家需要投入公關活動，來說服小額投資人，讓他們相信，「這家」經紀公司

可以讓他躋身華爾街上的有利賽道。當然，這條賽道實際上只是經紀公司的投資銀行部門用來推動交易的分銷管道。

一切到頭來就是如此。大型投資銀行已成為向美國人銷售金融產品的分銷機構。過去這類交易都是由摩根這樣的機構來構思和建構起交易，現在的投資銀行家很少像摩根那樣控制整個交易流程；相反地，他們只是在對世界呈現的現實狀況做出反應，並根據世界的需求，來調整「交易流程」。早期的投資銀行家考慮的是什麼對他們自己和世界有利，而現今的投資銀行家考慮的則是什麼對他們自己和客戶有利。如今的投資銀行界被劃分為幾個專業領域：併購 M&A、創業投資 venture capital、首次公開發行 IPO 等。但最早期的投資銀行家們則是包辦了一切，為今日的專家們開闢了道路，在這過程中，也實實在在地造就了市場。

19

奧古斯特・貝爾蒙特

歐洲金融利益的駐美代表

正如在他之前的歐洲**羅斯柴爾德家族**一樣，奧古斯特・貝爾蒙特幫助美國從一個老派、幾乎純以農業為主的國家，轉變為一個繁榮的工業國度。但他不是那種典型的投機客，只想在股票交易所投機，或是開創一個產業來快速致富；他引領了美國工業的發展。相反地，作為世界上最強大的銀行，羅斯柴爾德集團的在美代理人，貝爾蒙特在近五十年的時間裡，始終是美國投資銀行業務與政治遊說之間的首要紐帶。這是頭一回，金融與政治相遇——而且一拍即合！貝爾蒙特與羅斯柴爾德的關係，為他在政界贏得聲望，而他的政界關係，也為羅斯柴爾德家族贏得了生意。

貝爾蒙特的成功始於天賜良機。一八一六年，他出生於一個貧窮的普魯士家庭。十四歲時，他開始在羅斯柴爾德家位於法蘭克福的房子裡幫傭掃地，那時他的老闆已非常成功。十七歲時，他已執掌羅斯柴爾德家族在那不勒斯的分部，並與教廷進行了一系列成功的談判。接著，就在四年後，時機到來。當貝爾蒙特在古巴哈瓦那做生意時，他聽說美國正處於動盪的恐慌之中。於是二十一歲的他，乘上首班前往紐約的船，離開了哈瓦那，帶著熱切的雄心和羅斯柴爾德的赫赫聲威，在一八三七年的恐慌時期中抵達美國。你能想像，如今有多少二十一歲的年輕人會被委託在當時相當一個新興農產國家的地方推廣信貸業務？但他可是羅斯柴爾德旗下要員。

當他抵達時，實際上沒有帶任何羅斯柴爾德的資金，靠的只是羅斯柴爾德的名聲。但這名字是如此響亮，以至於所有人都因他與羅斯柴爾德的關係，以及相信羅斯柴爾德的資金將隨之而來，便給他提供信貸。他立即成立了奧

古斯特‧貝爾蒙特公司 August Belmont and Company，並在市場低迷、大家都縮手時開始買進。有了羅斯柴爾德這個名字，他得到了那些基本上不敢相互信任之人的無限信任。實際上，是他讓美國再次開始放款。而這帶來了好處，讓美國人借錢給他購買股票、大宗商品和銀行票據，從而遏止了恐慌，支撐起了瀕臨破產的各家美國銀行。然而，也只有他，能利用美國對世界最大私人銀行的信任來做到這一點！正如你所料，這讓他廣受大眾歡迎。

憑藉犀利才智與教養背景，貝爾蒙特用他的口音、外文短語和講究的穿著迷住了大眾。貝爾蒙特身材矮胖，圓潤的臉上，有雙烏黑明亮卻又閃爍的眼睛；他把紐約的上流社會人士，都吸引到了他家門來。不到四年，貝爾蒙特的名字就經常被紐約人提起。他是紐約首屈一指的投資銀行家，也是社會上最炙手可熱的人物——而且還是個猶太人。

初抵美國之時，正如接下來一百年裡許多其他猶太移民一樣，貝爾蒙特也試圖隱藏自己的出身。他把自己原來的姓荀白克 Schonberg 改成了法語裡的同義詞，貝爾蒙特（意為美麗的山）。即使是在美國這樣一個相對寬容、許多人都為逃避宗教迫害而來的地方，大多數人仍舊敵視猶太裔的放債人。這種狀況今日依舊，只是大多數憎恨猶太人的人，可能都認不出貝爾蒙特的猶太人身分——畢竟他們對這種遭遇並不熟悉。頂著個非猶太裔的名字，貝爾蒙特便可躋身紐約相對單純的「社會」中，與最優秀的紐約鄉巴佬們相處。對紐約社會來說，他是一名神祕的歐洲人，知道如何穿著打扮、如何裝修自己的豪宅，會舉辦可容兩百人的晚宴，甚至是賽馬比賽，也就是後來人稱的貝蒙錦標 Belmont Stakes（如今與肯塔基德比 Kentucky Derby、必利時錦標 Preakness 並稱「三冠」大賽）。他甚至發明了「遲到一會兒更好」的風尚。

這神祕男子也是位情聖，相當懂得討好女士。他身上有一種性感氣質，令女士們神魂顛倒，男士們則恨之入骨。結束了花天酒地的生活後，他迎娶了一位名媛，馬修‧培里准將 Commodore Perry 的女兒，育有三男一女。其次子小奧古斯特 August, Jr. 最終接掌了父親的公司，延續了像羅斯柴爾德那樣的家族傳承。

打從一八四○年代早期，貝爾蒙特的生活就與政治交織在一起，從那時起，他在政治上獲得的肯定就源源不絕，而且理由充分。憑藉他的政治人脈與精明腦袋，儘管全球政治時局動盪，他為羅斯柴爾德家發放的貸款卻始終安全無虞。貝爾蒙特一生都在培養政界關係與有力人物，這就是他對美國金融市場演變的重要性。他是美國頭一個將金融與政治聯繫起來的人。政治關係是他為羅斯柴爾德提供的保險。

貝爾蒙特後來入籍成為美國公民，並加入了民主黨。一八四四年起，他擔任奧地利駐美國總領事達六年之久。但到了一八五三年，他卻成了美國駐荷蘭公使，並積極參與後來使富蘭克林‧皮爾斯 Franklin Pierce 當選的總統競選活動。他曾任美國駐海牙大使館臨時代辦，而後任美國駐海牙公使。在一八七二年退出政壇前，還擔任了四年的民主黨全國委員會主席。

在南北戰爭中，貝爾蒙特暫時改變了效忠對象，轉而支持共和黨人林肯，為聯邦而戰，成為總統的財政顧問。他在為戰爭爭取外國資金方面發揮了重要作用，因為羅斯柴爾德家族和英國政府起初都不支持聯邦。而後數年，貝爾蒙特為羅斯柴爾德家族購買政府證券，進而將資金注入美國財政部。

到了一八九○年他因心臟衰竭逝世時，貝爾蒙特已在歐洲資本與蓬勃發展的工業化美國之間，架起一座堅實的橋梁——與此同時，他也將投資銀行與政治結合了起來。早在一個世紀前，就已在歐洲發現金融與政治聯姻之重要性的羅斯柴爾德家族，透過貝爾蒙特及其與白宮和國會的關係，得以在美國繼續發展他們的事業。

貝爾蒙特的一生因其社交和政治交易而大放異彩，這也說明了一個事實，身為羅斯柴爾德在美國的代理人，他所做的並不在於開創了股票發行或發明企業結構，而是他啟動了我們的工業革命。他的角色主要在於政府財政和支持企業界的整體貨幣市場，沒有這些，就沒有足夠的金融流動性來支援我們美妙的資本主義體系。

20

EMANUEL LEHMAN AND HIS SON PHILIP

伊曼紐爾・雷曼與其子菲利普

眾 多 華 爾 街 企 業 的 榜 樣

　　要談到華爾街上最大的投資銀行之一雷曼兄弟 Lehman Brothers 的崛起，本質上即是追溯強大工業美國的冉冉上升。最早來到美國的雷曼一族從農業社會的棉花經紀商起家，在南北戰爭期間協助資助南方邦聯，後來轉進華爾街，在一九〇〇年代初涉足大宗商品。直到雷曼家的第二代進一步尋求發展與更大的利潤，這才讓公司透過為零售、紡織、郵購公司和廉價商店 five-and-dimes 等過往銀行家們避之唯恐不及的非傳統行業提供融資，在華爾街打響名號。

　　故事要從一八四四年說起，當時亨利・雷曼 Henry Lehman 從德國巴伐利亞來到阿拉巴馬州的莫比爾 Mobile，開始在阿拉巴馬河沿岸的馬車上兜售乳凍甜品 junket。不到一年，他在蒙哥馬利 Montgomery 定了下來，在那裡掛上了他的招牌「亨利・雷曼」H. Lehman，販售玻璃器皿、工具、紡織品和種子。一八五〇年，這家雜貨店為亨利的兄弟梅耶和伊曼紐爾 Mayer and Emanuel 支付了前往美國的費用，「雷曼兄弟」由此成立。由於棉花是美國南方的頭號商品，這幾位牛販之子很快就成了棉花經紀商，他們以折扣價接收棉花，並用店裡的貨物支付，自己再出售棉花獲利，不論買賣都賺到了錢。

　　由於棉花交易的付款通常採用在紐約銀行開具四個月匯票的形式，伊曼紐爾（時年三十歲，在亨利於一八五五年死於黃熱病後，他便取而代之成為家族領導者）於一八五六年在紐約開了家分公司。一八六八年，隨著南北戰爭導致他們的生意停擺，梅耶加入了他的兄弟在華爾街的行列，一起重建了家族事業，成為成功的棉花和大宗商品經紀商，並於一八八七年在紐約證券交易所取得了一個席位。

雷曼兄弟身為經紀商，在華爾街以可靠、公正和極其注重細節著稱，在猶太人中的地位也慢慢攀升。兩人都蓄著大鬍子，髮線高高，雙眼有神；他們通常頂著絲質禮帽，身穿禮服外套及條紋長褲，而且看起來幾乎一模一樣，讓旁人以為是同一個人同時出現在兩個地方。梅耶親切友善且熱衷生意，業務風格上更為外向進取，他持續建立人脈，也不斷招攬生意；伊曼紐爾則更傾向長遠思考，也是兩人中較冷靜、謹慎且具建設性的。於是有人說：「賺錢的是梅耶，守財的是伊曼紐爾。」

到了一八九〇年代，兩兄弟都結婚了，兒子們也都大到足以進公司接班。在那十年間，又有三名雷曼家族成員加入了公司，他們是伊曼紐爾一八六一年出生的兒子菲利普·雷曼 Philip Lehman（他最終接替了父親的職位，成為公司的領導者）、梅耶的兒子西格蒙德 Sigmund 和已故亨利的兒子邁爾 Meyer。隨著家族新血的加入，公司也隨著新生的美國工業經濟一起發展茁壯。雷曼兄弟一方面投資於汽車和橡膠等新技術，一方面仍堅守大宗商品業務，繼續從事咖啡、棉花和石油的交易。

在八十大壽前一個月，伊曼紐爾於一九〇七年逝世，交棒給他那自信、好鬥、時年三十六的兒子菲利普。人們說，「無論做什麼，菲利普就是要贏。」帶著尊嚴感與貴族意識，以及內斂舉止和聰慧的腦袋，這位雷曼繼承人爆發出他那一代人對進步的追求，為從新近爆發成長的投資銀行業務中分一杯羹，他隨即拋棄舊有的經營方式。在高盛 Goldman Sachs 兩家合夥之前，菲利普主要透過他與最好的朋友亨利·高德曼 Henry Goldman 的合作來實現這一點。（他們本考慮創建一家高德曼與雷曼公司，但最終決定將利潤五五均分。）

雷曼和高德曼成為華爾街最炙手可熱的承銷團隊，他們為五十六家發行公司管理了一百一十四檔股票發行。在全盛時期，他們在一九一一年承銷斯圖貝克 Studebaker；一九一二年承銷伍爾沃斯 F.W. Woolworth；一九一三年則是大陸製罐 Continental Can。他們最著名的一筆交易是為一家名為西爾斯·羅巴克公司 Sears, Roebuck 的郵購公司發行一千萬美元的貸款，該公司的負責人是高德曼的遠房親戚。這是郵購公司的證券首次在市場上出現——他們權衡過

必須承受的風險，卻也由此獲得了回報。

　　合作結束後，雷曼兄弟獨自繼續他們與眾不同的經營模式，承銷早期發行的航空公司、電子產品、電影公司以及酒類股。他們經手過許多當今的企業巨頭，如普士頓麥片 Postum Cereal 、梅西百貨 R.H. Macy and Company 、恩迪科特－約翰遜公司 Endicott-Johnson 、品食樂 Pillsbury Flour 、金寶湯 Campbell Soup 和黃色計程車公司 Yellow Cab 。一九三五年，他們與**佛洛伊德・奧德倫** Floyd Odlum 重組了派拉蒙影業 Paramount Pictures ，並收購了美國無線電公司 RCA 在雷電華電影公司 RKO 的控股權，當時華爾街對娛樂業的參與，達到了空前未有的程度。

　　他們為何出現在本書中？他們看起來像可靠的投資銀行家之流，卻不是激進的改革派。伊曼紐爾或菲利普是如何躋身形塑市場的巨人之列呢？答案很簡單！他們是猶太投資銀行公司的典型榜樣。當我剛進入這個行業時，華爾街的猶太人和基督徒之間仍有一種強烈的分離感。一類經紀商是基督教派的公司，員工主要是基督徒；另一類則是猶太教派公司，員工主要是猶太人。作為一名一半是猶太血統，一半是基督教血統的人，我總是覺得華爾街的分裂狀況非常有趣。時間愈久遠，這種分歧就愈明顯。摩根經營著一家信仰基督教的公司，但如果沒有猶太公司庫恩羅布公司的存在，他就不可能真正成為今日的摩根公司。庫恩羅布公司今何在呢？完全不在了！但雷曼這名字從未失去影響力，如今在華爾街的影響力也仍然很大＊。雖然庫恩羅布公司在其鼎盛時期地位更顯重要，但它無法保持常設機構概念上固有的連續性。

　　雷曼兄弟不僅是猶太人紐約金融和社交圈的核心，而且還是數十家公司效仿的榜樣。其核心是家族成員，他們最終聘請外部人士建立了一個由合夥人組成的龐大公司，這項合夥人關係一直延續到現代。這種模式被高盛、貝爾斯登公司 Bear Stearns 、甚至現代很著名、最近卻聲名狼藉的德崇證券 Drexel

---

＊編註：二〇〇八年九月，雷曼兄弟也隨著次貸危機的爆發宣告破產，成為環球金融危機開始失控的標誌性事件。其各地業務最終為野村證券、巴克萊銀行等跨國企業收購。

Burnham 所效仿，這只是其中的幾個例子。如今，那些領頭的投資公司列表上有一長串猶太人的名字，基本上都跟隨了雷曼兄弟的模式。我記得當我還是個孩子的時候，在投資銀行和經紀公司合併的漫長時代之前，有更多由猶太人經營的公司——同樣地，他們都採用雷曼的傳統經營方式。作為猶太公司的榜樣，伊曼紐爾雷曼和他的兒子菲利普將永遠受到業界尊崇。

21

JOHN PIERPONT MORGAN

約翰・皮爾龐特・摩根

史上最有影響力的金融家

老 羅斯福總統在任期間，J・P・摩根可能是世界上最有權力的人。作為一名資本魔術師，摩根儼然成了「一人央行」，為他那個時代最重大的合併案提供資金，並把美國從危殆的恐慌中拯救出來。他的唐突話語被視作金口玉言，他的強大氣場更令人覺得他無所不能。例如，他有個傳奇的故事，一位老友的兒子為一家有疑慮的企業向摩根尋求融資。摩根拒絕了，但笑著說：「讓我給你個同樣有價值的東西吧！」於是，他帶著這名年輕人在紐約證券交易所的大廳裡兜了一圈。這名年輕人永遠不可能獲得比此時更多的讚揚聲了！

與被人賦權的總統和皇族不同，摩根純粹是靠其意志贏得他的傳奇地位。他獨斷專行、剛愎自用，但也有腦袋克服萬難，去銷售證券、重組鐵路公司、兼併眾多企業。當然，他從他的父親，國際銀行家**朱尼厄斯・摩根**那裡獲得領先起步的利基，但 J・P 才是真正讓摩根財團永世不朽的人，他在一九〇一年成立了美國第一家價值十億美元的公司，更是將美國經濟從一九〇七年大恐慌中拯救出來的最大功臣。

摩根是一位無畏的資本家，他被認為是這場恐慌的救世主。由於過度的投機和炒股導致公司倒閉和銀行崩壞，華爾街轉向摩根尋求希望。在這場恐慌中，摩根依舊冷靜行事，從朋友和競爭對手那裡籌集資金，盡可能地協助救援。他扮演的角色是提供終極貸款給陷入困境的機構，如今這角色則是由聯邦儲備系統來負責。嘴邊叼著根粗黑雪茄的他，任由「無法挽救」的尼克博克信託 Knickerbocker Trust 破產，選擇為瀕臨破產的美國信託公司 Trust

Company of America 提供了資金。然後，隨著股票暴跌速度比行情紙帶機所能記錄的還要快，他回過頭來處理恐將關閉的證券交易所。幾分鐘之內，摩根就籌集了兩千五百萬美元來維持交易所的營運。對偉大 J．P 來說，這根本不是問題。

突出的紅鼻，鐵灰的頭髮，烏黑濃密的眉毛下有著熾烈的眼神，如此相貌的 J．P．摩根創造了首屈一指的銀行帝國。儘管這位「老頭兒」懂得一些奸詐把戲，但他並不是特別狡猾。相反地，他以一種自信、粗魯的方式做生意，簡潔而堅定。他幾乎不會改變主意，一旦話說出口，就堅持到底。作為一位老派紳士，摩根曾在十五分鐘內就公開宣稱，「我會接下這筆貸款」，為一筆百萬美元的貸款做了擔保。

摩根最喜歡的業務型式是企業整合。因為它既高效又簡潔。可以粉碎「破壞市場」的惡性競爭，最重要的是，可以從混亂中產生出新秩序。他是如此鄙視混亂！當你擁有比所有競爭對手更大的市場占有率時，你完全可以在產品價格上為所欲為。一點也不亂。在他的全盛時期，他帶頭進行了美國電話與電報公司 American Telephone & Telegraph、奇異 General Electric、鉑爾曼 Pullman、萬國收割機 International Harvester、西聯匯款 Western Union 和西屋電氣 Westinghouse 等橫向合併。但他最令人印象深刻的交易還是在鋼鐵行業。一九〇一年，美國鋼鐵以股票和債券計的資本額達到十四億美元，其中近一半是灌水（用會計術語說好聽點叫作商譽 Goodwill）。它吞噬了整個鋼鐵產業，透過支付高昂的價格收購小型私營公司，創造了數百位百萬富翁。

在此期間，摩根成立了全國管線公司 National Tube Company，並收購了美國錫板 American Tin Plate、聯邦鋼鐵 Federal Steel、國家鋼鐵 National Steel 和美國鋼鐵和電線 American Steel & Wire 等。接著，他專注打壓安德魯·卡內基 Andrew Carnegie 的巨型鋼鐵企業，以便將其廉價收購。摩根採行競爭策略，比如吸引卡內基的客戶購買摩根的鋼鐵，但卡內基並未被打倒，摩根只好乖乖付錢，卡內基順利拿錢走人。摩根又一次在十五分鐘內做出決定，同意用固定利率百分之五的優先抵押黃金債券，支付四·九二億美元的價格。債券的承銷團

隊收取了五千七百五十萬美元的巨額費用，其中一千一百五十萬美元流向了摩根財團。飽受情緒崩潰和頻繁頭痛折磨的摩根，在為他的集團創造費用收入方面非常具有天賦，以至於有些人懷疑他之所以鞏固市場，其實是為了不斷收費，而不是想策略性地合併提高市占率好削減成本。報紙在這樁交易上大做文章，讓摩根非常惱怒。人們說上帝創造了世界，但「在一九〇一年，摩根將之重組。」

J・P 生於一八三七年，十九歲時進入家族企業，在倫敦的喬治皮博迪公司工作，從而對國際金融有了深刻瞭解。他在咖啡和南北戰爭期間的金價投機上大獲成功，還涉入一八六一年霍爾卡賓槍醜聞 Hall Carbine Affair。在這次事件中，他借給同事兩萬美元，以每把三・五美元的價格從政府手中購買過時的霍爾卡賓槍，然後又以二十二美元一支的價格轉賣給了山姆大叔！

此後，他建立了自己的公司達布尼摩根 Dabney, Morgan，一八七〇年在紐約銀行業中排名第十六。摩根進軍鐵路領域，先是為堪薩斯太平洋鐵路發行六百五十萬美元的債券。接下來，他與劫掠者**傑伊・古爾德**和**吉姆・菲斯克**，爭奪奧爾巴尼和薩斯奎哈納鐵路 Albany & Susquehanna 的控制權，接下了他們股權稀釋、脅迫和政治力介入等各種陰招。大盜古爾德和菲斯克想要鐵路只是為了打劫，常上教堂的摩根卻是把鐵路看作是重要的交通方式。一八七九年，他成功出售了威廉・亨利・范德比爾特在紐約中央鐵路公司兩千五百萬美元的股份，被視為是重要的鐵路融資方。他在過程中的明快與私密，為自己贏得了紐約中央鐵路公司的董事會席位，使他進入了鐵路交易的高層，並被視為是美國和海外投資者之間的金融中間人。一八八〇年代是「摩根化」的時代，摩根利用更低的利率重新發行證券，或將債券轉換為股票，來提供新資本和降低固定成本，並始終在過程中賺取投資銀行手續費。同樣在此過程中，為了確保自己的投資，摩根成為了至少二十一家鐵路公司的董事。

摩根財團完全滲透了美國金融，因此當由一九〇七年大恐慌所引發的改革成為風潮，J・P 自然成了眾矢之的。尤其是他的併購行動，遭到塔虎脫總統和嗜血記者的猛烈抨擊。就連國會也加入這場砲轟，在一九一二年發起普

若 Pujo 委員會，開啟對壟斷金融的調查；其中，摩根就被質疑為貨幣托拉斯的首腦。然而，儘管這位大老成功捍衛了自己的畢生事業，他的自尊卻受到致命的傷害。他的王國和健康每況愈下，傲慢乖戾的他終於在一九一三年去世，享年七十五歲，留下了七千七百萬美元的遺產，和價值兩千萬美元的藝術品。

從那以後，再也沒有金融家擁有摩根在巔峰時期所擁有的權力，甚至還都差得遠。過去，他就是權力的化身。諷刺的是，在他眼中真正為善的權力，在二十世紀初的改革者眼中卻是邪惡的。世界是因摩根的合併而變得更好，還是因為一八七〇到一八八〇年代危險的價格通縮，所帶來無利可圖的合併需求？對於歷史，我們總是可以爭論，但在看摩根此人的關鍵在於，他比任何在他之前或之後的其他人，都更能體現股票和債券市場的本質——為美國企業融資或再融資提供了服務。擔心某檔股票的價格是漲是跌是一回事，但最終所有的波動都要歸結於哪些企業未來能賺到錢，哪些賺不到。唯一一位試圖與摩根的重要地位相匹敵的人物，是近年帶來垃圾債券演進、前德崇證券的麥可·米爾肯。米爾肯是金融領域的改革者，儘管他透過垃圾債券創造了大量的再融資交易，但他與摩根在我們整個經濟中真正發揮的核心作用相比，仍然相差甚遠。米爾肯涉入法律問題，德崇證券遭遇了破產，由此可以確定的是，在未來幾十年裡，摩根仍將保有其歷史上最強大金融家的頭銜。

22

JACOB HENRY SCHIFF

雅各・希夫
華 爾 街 的 另 一 面

雅各・希夫所代表的華爾街與 **J・P・摩根**所代表的不同。當然，在希夫的世界裡，人們仍然為美國的工業化提供數百萬的承銷貸款，要介入這個遊戲仍然需要關係和誠信。但希夫和他的團隊在一個方面與眾不同——他們代表著華爾街的猶太族群。

一八八五年，在最後一位高階合夥人退休後，三十八歲的希夫開始領導華爾街第二大投資銀行，庫恩羅布公司。在接下來的幾十年裡，他把一家平庸企業變成了一家不可忽視的公司——一家為美國大多數規模最大的鐵路提供資金的公司；相較之下 J・P・摩根公司更專注於工業領域。

希夫以頭腦清醒、公正、誠實和不喜公眾關注而聞名，和摩根一樣，他在生意上從不猶豫，再大的交易都可以在半小時內敲定。希夫很清楚自己想要什麼。但不同於屬於盎格魯撒克遜新教徒這般新英格蘭人的摩根，生於一八四七年的希夫在德國長大，出身於一個富裕顯赫的猶太家庭。一八六五年，他追隨父親的腳步，搬到了曼哈頓——他父親是為**羅斯柴爾德家族**效力的經紀商。一八七五年，年僅二十八歲的希夫與他老闆的女兒特蕾莎・羅布 Theresa Loeb 結婚，並與其他德國猶太同伴一起在庫恩羅布公司獲得了職位。他在該公司的合夥關係就是他的結婚禮物，從那時起，庫恩羅布持續成為連結起猶太姻親和血緣關係的網絡。

儘管庫恩羅布公司並未因為是猶太公司而就真受到什麼阻礙，但希夫仍須就自己的內心信仰和生意做出特殊的決定。例如，他必須就生意的立場來為第一次世界大戰提供資金，儘管他的內心已被祖國德國和美國在戰爭中的

盟友，正在迫害猶太人的沙俄，撕得四分五裂。早在一九〇四年，出於對沙俄的強烈仇恨，希夫為正在進行日俄戰爭的日本，爭取了兩億美元的貸款。但到了一九一四年，選邊站隊可沒那麼容易了。如果庫恩羅布資助了協約國的計畫，希夫會覺得自己是在支持沙俄——但如果他的公司拒絕援助協約國，那就會被解釋為親德，而這對生意來說是糟糕透頂的。

因此，當英格蘭向庫恩羅布請求貸款時，他的合夥人奧托·卡恩和莫蒂默·希夫 Mortimer Schiff（希夫的兒子）提議向英國提供五億美元的無擔保貸款，以支應協約國的需求。但當希夫必須以老闆的身分批准該筆貸款時，他不得不遵從自己的良心，而不是他通常用來判斷業務的客觀準則。他同意了這筆貸款，但加上了一個不可能的條件——「這筆貸款一分錢都不能給俄羅斯。」當然，這項條款是不可能執行的，因為英格蘭是俄羅斯的盟友，所以這項貸款被拒絕了，庫恩羅布也飽受華爾街唾罵。後來是透過卡恩和莫蒂默·希夫的個人貢獻和公共關係，該公司才得以重獲其令人羨慕的業界地位。

作為僅次於摩根財團的華爾街第二人公司，這也為希夫在金融圈裡帶來困擾，希夫必須證明他的公司和他自己在摩根眼中的地位。世紀之交，考驗來了，希夫與鐵路業者**愛德華·哈里曼** Edward Harriman 聯手，對抗摩根和鐵路業者**詹姆斯·希爾** James Hill，爭奪大北方鐵路 Great Northern Railroad 的控制權。最終，這場鬥爭在一九〇一年「藍色星期四」Blue Thursday 的小型恐慌中達到頂峰，之後希夫和摩根做出妥協，成立了一家聯合控股公司。從那時起，他們不形於色的競爭便添上一層互重之意。摩根不僅給了希夫最深的敬意，並且視希夫為他生意上的唯一對手！

鐵路不僅是希夫受到摩根尊敬的關鍵，也是他與庫恩羅布獲得成功的主要因素。他進入鐵路這行比摩根還早了好幾年，更持續深耕約四十年的時間。在此期間，他單是為賓夕法尼亞鐵路 Pennsylvania Railroad 就提供了超過十億美元的資金。儘管其資深合夥人羅布認為鐵路這行頗多風險，但希夫仍喜爭取鐵路公司的生意，他與管理階層交朋友，反對投機客和推銷人員，並去認識該行業的詳細情況。他的策略得到了回報。庫恩羅布公司都快被新客戶淹沒

了，很快他們就開始定期收取百分之十的費用──每發行並售出一千萬美元的債券，便收取一百萬美元的手續費。

希夫個子不高但身板筆直，嚴肅古板的他有雙充滿感情的藍眼睛，下巴的鬍鬚後來轉白，穿著考究而老派。他酷愛閱讀，喜歡撰寫書信，除了到歐洲旅遊之外，算是個典型宅男。希夫是個專注於家庭關係的男人，他尊敬他的父母，總是把他們褪色的照片放在他的錢包裡。希夫極力維持公司在業界崇高地位的最重要原因，是為了唯一的兒子莫蒂默，他在一九〇〇年二十三歲時加入了公司，後來在其父親於一九二〇年去世之後接班──有點像摩根財團的情況。

世上一直有很多人對猶太人懷有敵意，特別是對富有、位高權重的猶太人。但是，在宗教改革之前，教會把放高利貸定為一種罪，自此這就默默地為猶太人在貸款方面開闢了利基，並演變為猶太人在十九世紀投資銀行業中所保持的強大地位。就像猶太一脈的羅斯柴爾德先於基督教的摩根財團一樣，十九世紀的猶太投資銀行業相對於其基督教對手及其各自的人口基礎而言，規模和地位都龐大得多。

作為十九世紀美國首屈一指的猶太投資銀行公司的負責人和締造者，希夫延續了猶太人在於金融領域的存在，並以他身為「摩根小老弟」的角色，推動了猶太家族在該行業的發展。請注意，希夫並未特別嘉惠猶太企業而歧視其他公司。他首先把自己定位為美國商人，只是偶爾認同自己是猶太人。沿著這樣的思路，他認為自己是「信仰猶太教」，而不是「猶太種族」。他不喜歡任何助長種族隔離的東西。因此，他會在猶太族群中籌集資金，不帶偏見地從事融資業務；也因此，他和摩根經常並肩作戰。

當時，美國的投資銀行還在歐洲大量籌資，好為當時的經濟發展提供資金，這和我們今日所見發展中的第三世界國家沒什麼不同，希夫將猶太人在金融世界所發揮的功能帶到了華爾街，正如摩根在其他領域中所做的一般。也因此，希夫的地位幾乎和摩根一樣重要。如果沒有他，獲得融資的企業（不論猶太還是非猶太）都會少得多，而我們現在也都會因此窮上許多。

23

GEORGE WALBRIDGE PERKINS

喬治・沃布里奇・帕金斯

跳 出 財 團 舒 適 圈 ， 走 向 改 革 行 列

J・P・摩根很少擔心競爭問題，通常沒人會是他的競爭對手。直到有一天，保險業高階主管喬治・帕金斯開始踩到摩根的地盤，利用他公司的巨大資源承銷外國證券。當然，帕金斯並不想與全能的摩根發生衝突，他只是為公司的利益服務。但這沒什麼差別，摩根先是吃驚，而後驚到說不出話，因為帕金斯又讓其公司接下了一筆鉅額德國貸款。彼此的業務範圍近到令人不安，摩根於是立即採取行動，向帕金斯提議與摩根合夥。摩根從不擔心競爭，因為他就是會把對手一口併吞！

帕金斯不情願地接受了合夥關係（在摩根多次開出條件之後），但有一個條件：摩根必須讓他繼續擔任紐約人壽保險公司 New York Life Insurance 的副總裁。摩根回他說：「如果你不願離開紐約人壽，那就實際進入公司任職，看看你能不能身兼二職。我認為你做不到，但如果你能，那我就答應你。」就是這樣。在帕金斯身為辛勤的摩根合夥人的十年裡，他有五年既是摩根合夥人，也是保險大王——後來有人稱這種情況為利益衝突。

迷人、機智、熱情的帕金斯，後來以「摩根的得力助手」身分為人所知。他身材高挑修長，有著一頭黑髮與機警的黑色雙眼，行事態度認真務實。一八六二年，帕金斯出生在一個紐約人壽保險業務員的家裡，十五歲還是個窮學生的他，就輟學到他父親手下擔任職員。他晉升很快，就在他即將晉升為總經理之時，摩根敲響了他的門。在此過程中，帕金斯徹底改變了保險銷售方式，他用分公司取代了代理人系統，並為員工提供利潤分成。

帕金斯為摩根財團與紐約人壽建立起攜手獲利的聯盟，使摩根本就強大

的權力、影響力和財富，都大幅擴張。紐約人壽和後來其他大型保險公司，成為了摩根處理那些難以出售證券的垃圾場。短短四年時間，摩根向紐約人壽售出價值超過三千八百萬美元的證券，帕金斯則成了兩家公司的中間人！他既是買方又是賣方，這個情況最終在法律界引起轟動。一九〇五年轟動業界的保險調查行動，最終迫使帕金斯從被醜聞籠罩的紐約人壽辭職，但摩根與該公司的關係仍維持著。

除了他的保險業務，帕金斯還重塑了美國鋼鐵公司的內部結構，並透過談判合併組建了萬國收割機公司和國際海事公司 International Marine 等大型信託公司。「我加入 J・P・摩根公司並非純粹為了當一名銀行家。我在那裡的工作主要是一種產業組織。」事實上，如果帕金斯有更多銀行經驗，也許他就不會拒絕支援**威廉・克拉波・杜蘭特** W.C. Durant 組建通用汽車 General Motors 的計畫了。杜蘭特在向摩根合夥人提案時曾預測，有一天，汽車的年銷量將會達到五十萬輛。帕金斯評論道：「如果他還有點腦子、想要借到錢，就不該把這種想法說出來！」身為銀行家時，帕金斯顯然沒有足夠的遠見。

帕金斯在錢的問題上很保守。他從小家境貧寒，打小就被教育要精打細算。雖然他去世時身家超過一千多萬美元，但他仍舊帶著個老舊的皮革錢包，裡面有些紙片，列著他最喜歡的省錢故事：有一次，他走路上班而不是搭乘有軌列車，省下了十美分；還有一次，他不吃午飯，省下了十五美分。他的生活方式也反映了他的態度。帕金斯並不奢侈，他的錢沒有花在一般百萬富翁的玩具上，而是會到一家特殊的果園買一箱精選的水果，或者慷慨捐給慈善機構。

帕金斯在一九一〇年底離開了摩根財團。接替帕金斯的合夥人湯瑪斯・拉蒙特曾表示，他並非自願離開。拉蒙特聲稱，摩根表示，帕金斯在一些交易中表現得「有點二流」，但拉蒙特從未提供更多細節。帕金斯離開後，連報紙都大做文章。一些報導稱，帕金斯正利用投機手法操縱美國鋼鐵的股價，不過這種情況不太可能發生。帕金斯不是那種瘋狂投機的人。他在華爾街是為了獲得確實的成果，而不是那些他無法預測結果的高風險、不確定的交易。

離開後，帕金斯投身於老羅斯福的進步黨，擔任該黨執行委員會主席，他的聲望也在此時到達顛峰。然而他與華爾街最臭名昭著的公司的關係阻礙了他，使得他從來不曾獲得黨內人士的充分信任。將一位前摩根合夥人與進步運動聯繫在一起的想法，本身就很有趣。進步運動，或者任何類似的政治動盪，如果沒有另一方一些叛徒的支持，也就無以為繼。帕金斯就是這麼一名叛徒，他不相信自由企業和資本主義的「神聖之手」會為人類服務。他就當時的商業問題直言不諱，認為工人應該領取退休福利。這很好，但他也認為應該以合作來取代競爭；他認為，如果能予大公司適當的監管，結果會比相互競爭的小公司更有效率。聽到這種說法，不僅亞當‧斯密會在墳墓裡翻來覆去，即使我死了，我也一樣騷動動不安。

帕金斯在他五十八歲去世前（摩根財團就是會讓你有此下場），就已精神崩潰，進入療養院，還曾心臟病發。一九二〇年，他死於腦炎。結婚二十一年後，他永遠地離開了妻子、女兒和致力於重振歐洲工業的兒子，小喬治‧沃布里奇‧帕金斯 George W. Perkins, Jr. 。

帕金斯曾是華爾街的領導者，同樣是讓華爾街從最瘋狂時期和緩下來之初的領導人；此後，那些出於他同時代人物的嚴重市場操縱和欺詐，慢慢成為了過去。

24

小約翰・皮爾龐特・「傑克」摩根

接 班 難 度 無 人 能 及

小約翰・皮爾龐特・摩根做到了很少有人做到的事。在其父親是國家級傳奇人物的情況下,他依然在父親的事業領域取得成功。別笑!大多數人認為有個超級成功的父親算是一項很大的優勢。其實不然!想想看。我們只有兩位總統的兒子在政治上特別引人注目。頂尖運動員的兒子或女兒很少有過人之處,而且幾乎從未在父親的領域表現超群。這種壓力太大了,普通人的自尊根本無法承受。大多數超成功父親的兒子,在成長過程中都會被父親的強勢形象傷害。在小型企業中,家族血統常會有幫助,但在大企業中就不是這樣了。如果你父親擁有當地的汽車零件連鎖店,而你想進入這個領域,這可能會有所幫助。但小摩根的父親可說是世界上最有權勢的人,世界上怎麼會有人能夠接替他的位置呢?大多數的名人之子,只會淪為擔心著晚餐時間該對有名老爸說些什麼的酒鬼。

縱然小摩根的最高成就,僅止於他在強大摩根財團中那繼承來的領導地位,但這已然足夠。他的父親,全能的 **J・P・摩根**,已經創立了世界上最強大的機構,甚至比山姆大叔還要強大。在政府法規日益嚴格的情況下,小摩根仍將這家這家連鎖企業經營下去,締造了歷史。換作是其他人物可能都無法接替他父親的位置,但小摩根就是做到了。

小摩根以「傑克」自稱。他父親於一九一三年去世,傑克哀悼幾天後便接管了 J・P・摩根集團。這並不奇怪——四十六歲的傑克在他專橫父親的不斷激勵下,用了一生的時間為這一天做好了準備。首先,他進入新英格蘭的精英預科學校,然後就讀哈佛大學,結婚,在紐約分公司實習。接著,他去

了倫敦分公司，在那裡，傑克的意志差點動搖，陷入那些富二代逸樂的圈子中。但當他老爹喊他回來，可靠的小摩根應聲而返。

他的父親為鐵路重組提供資金，創立了第一家市值達十億美元的公司，確實比總統還能吸金，不過小摩根同樣辦得到，他的專長是在第一次世界大戰期間從事國際融資。他在美國處理過法國、英國和俄羅斯的貸款，還曾組織過一次兩千兩百家銀行組成的銀行團聯貸，為英國和法國籌集了五億美元資金。他在戰後的融資中同樣至關重要，根據道威斯計畫 Dawes Plan，他提供了十七億美元賠款貸款。由於他在戰時的活動，小摩根在一九一五年差點被一名反對資助盟軍彈藥的德國同情派者暗殺。注意，這人要殺的不是威爾遜總統，而是小摩根。刺客設法進入小摩根位於長島的避暑別墅，向他開了兩槍。不過小摩根還是順利康復。後來，他的貸款引發了爭議，因為他被指控透過他的貸款影響威爾遜加入協約國參與戰爭。小摩根否認了這一點。但私人銀行業務已今非昔比。任何人對小摩根做的任何指控，都是時代正在演變的標誌。

小摩根身高六呎二吋（一百八十八公分），肩膀寬闊，五官突出，有著個大鼻子和銳利的雙眼，隨著年齡增長，無論外貌還是性格，都與他的父親非常相似。他繼承了老摩根粗啞、寡言少語的談吐方式，對媒體深惡痛絕，穿著風格很保守，以及對遊艇的熱愛。（正因為他對媒體的態度，關於他的報導相當少見。）就像他父親一樣，小摩根專注於經營自己的公司，獨來獨往，會用手杖擊打拍攝他的鏡頭（即使如此，你總會對這麼做的人有好感）。他始終經營著一家欣欣向榮的公司，直到一九三〇年代中期，美國政府介入干預了這一切。

「我的特殊工作是我所知最有趣的工作。比起當任何地方的國王、教皇或首相都要有趣——因為沒有人能把我趕出去，也不需要在原則上做出任何妥協。」傑克曾說。他賴以生活的原則是：「做好你的工作；誠實；說話算話；能幫就幫；公平。」他確實是極少數從父輩巨大成就的熔爐中鍛造而出的人才之一，既沒有叛逆的傾向，也沒有對可能失敗的極度恐懼。小摩根自信而

不自大，奮發而不狡詐，是一個懷有遠大理想的好人。他以自己的道德準則行事。不幸的是，他的道德觀和監管理念，無法與時代的變化和日益強大的美國在新政 New Deal 下的想法相契。

小摩根始終認為華爾街（特別是私人銀行業）可以自我管理，但華盛頓當局並不同意，尤其是一九二九年大股災後更是如此。儘管股災本身並沒給他帶來什麼不可挽回的損失，小摩根依舊是華爾街權力的象徵，新政的主管當局卻對他和他的公司窮追不捨。在很多方面，一九三三年的《格拉斯－斯蒂格爾法案》Glass-Steagall Act 就是衝著他而來的：這項法案堅持要求所有身兼經紀商與銀行家業務的公司，包括摩根財團在內，都必須在證券承銷和私人存款銀行業務之間做出選擇。由於事件超出了他的控制範圍，而且當前的世界顯然與他父親所在時截然不同，小摩根在一九三四年放棄了承銷業務，將這項業務轉讓給新成立的摩根士丹利公司 Morgan, Stanley & Co.，並由他的合夥人和他提供資金給這家獨立的公司。

然而山姆大叔絲毫不留情面。參議院銀行委員會 Senate Banking Committee 公布，小摩根和他的合夥人在一九三一或一九三二年都未繳納所得稅，然後宣稱摩根士丹利常常以低於市場的價格，發行新股給他們精選出來的有力人士。這些含沙射影的傳言稱，這些有力人士為獲得廉價的新股，讓摩根財團取得了特殊的好處。小摩根很快就出面否認。但與此同時，由於大蕭條，摩根集團的營運正在走下坡路，很快就會因范·斯韋林根兄弟 Van Swearingen Brothers 拖欠的一筆貸款而損失約四千萬美元。不過小摩根的經濟狀況不錯，他經常無視公眾意見，只做他認為最好的事情。

一九四〇年政府雷厲風行其措施時，老摩根八成在地下深感不安。作為財團銀行業務實體的Ｊ·Ｐ·摩根公司註冊成立，轉型為一家州特許銀行。原有的獨占權從此一去不返，一萬六千五百股股票在公開市場發行給了公眾。遺憾的是，隨著合夥人的去世，該公司的資本受到死亡和遺產稅的威脅，小摩根不得不將公司掛牌上市。他的理由是：「這麼多的資本掌握在幾個人手裡，而這些人卻都已經上了年紀。」小摩根對這變動並不高興，慢慢淡出了

經營權。美國的私人銀行已死，小摩根也時日無多。

　　小摩根仍舊有些活力，仍然是美國鋼鐵公司和其他公司的董事，他把興趣轉移到他的遊艇（海盜號 *Corsair*）、他得獎的鬱金香，以及他父親的藏書，裡面滿滿都是珍貴的手稿。不過，他因心臟病發和中風，於一九四三年去世，享年七十五歲，距離偉大的私人摩根財團轉變為公開發行公司僅僅三年。諷刺的是，他與他父親在同一年齡去世。這再一次驗證，他無法超越他的老爸，但對他來說，能跟上父親的步伐就已足夠。

　　我們永遠不會知道，如果處在不那麼嚴格的不同政治條件下，小摩根的聲望是否會進一步擴大。當然，他的父親重組了鐵路公司，創建了第一家價值數十億美元的公司，並幫助美國擺脫了一九〇七年的大恐慌。但他的父親是在真正自由市場時代的末期經營事業——在那個時代，他能比政府籌到更多的錢——這讓他擁有了世界性的權力。小摩根在國際金融領域也有令人印象深刻的作為，並對全世界產生了影響力。沒有他的資助，西方的戰爭會困難得多。但小摩根不得不應對政府法規的衝擊，這些法規慢慢地削弱了他的經營。在金融領域，沒有人比小摩根要去承接的位置更巨大了，他的實力使得摩根財團能在整個進步時代和新政期間，一直維持著其在華爾街的主導地位。即使是他父親，也無法做得比他更好。

25

THOMAS LAMONT

湯瑪斯・拉蒙特

整 個 世 代 的 標 竿

湯瑪斯・拉蒙特可說是一九二〇和三〇年代摩根財團合夥人公司的典型代表，冷靜、經典、教養良好且言談得體。從許多方面看，他都是一九二〇年代的完美形象。一頭銀髮，身材纖細，個子不高，儒雅英俊，拉蒙特斯文有禮且富說服力（有點頑皮卻也令人印象深刻），保守之中卻又帶著聰穎。他是一名業務——也許算是第一位超級業務。

　　他戴著象徵著洞見的眼鏡，說話時則將其拿下揮舞。他自然而然地創造出一種印象，讓人們注視他的時候，分不清外在的形象與內在的本質。許多人懷疑他是公司的策畫首腦，但以十九世紀那種能挑選交易並精準執行的人為標準來看，他並不是。他是業務與公關，他讓你對他充滿信心，你會相信他所告訴你的所有事情。當媒體需要引用「**傑克**」摩根及其頂尖投資銀行的一段話時，穿著昂貴服飾的拉蒙特會悄悄對著記者們的耳朵耳語，讓他們牢牢記住小摩根希望他們相信些什麼。在華爾街上流傳甚廣的一句話是：「摩根先生對拉蒙特先生講話，拉蒙特先生對大眾講話。」就像是從上帝之口傳到拉蒙特的耳中，或反之亦然。

　　但在一九二九年臭名昭著的股市大崩盤期間，拉蒙特孤身一人，小摩根則在海外。拉蒙特一如既往地保持冷靜，說服公眾保持冷靜——哪怕只是幾個小時。拉蒙特利用他最大的天賦，也就是他的說服力，向公眾保證，他告訴他的媒體夥伴們：「在證券交易所有一些拋售的壓力。」他把這種「壓力」歸咎於「市場的技術面狀況」，而不是經濟情勢。這是當時最保守的說法，但就那時而言已經足夠。拉蒙特最有說服力的時候，正是他說得輕描淡寫，

說得讓聽眾不禁猜想他到底輕描淡寫到什麼程度。但在這輕聲細語之後，拉蒙特還得要有雷霆手段。

因此，他組織了一個銀行團，從小摩根和其他紐約頂級銀行家那裡籌集了二・四億美元，來支撐股市和穩定股價，就像老摩根在一九〇七年的恐慌中拯救美國一樣。市場真的反彈，而且完全只是基於他的安慰之言！當摩根財團發言，每個人都側耳傾聽，而它透過拉蒙特發聲。

只是這場恐慌超乎尋常，比一九〇七年那場更大，甚至比摩根財團所能掌控的還要大，光靠安撫性的話語也只能起到這麼多作用了。籌集來的資金迅速縮水，公司帳面價值也少了兩百五十億美元。後來，當形勢明顯超出了任何人的掌控。拉蒙特辯說他為安撫市場所做的努力，指稱他的「銀行財團為混亂的局勢帶來了一些秩序，其適度的操作也平息了群眾恐慌的情緒。」這是真的──他已經盡了最大努力，但在這種情況下，任何人的最大努力都不足以緩和情勢。拉蒙特未能像二十二年前老摩根那樣正確地評估形勢。他不像這家公司的創始人那樣是名分析師。如果拉蒙特有這種能力，他就不會把錢花在不利的做法上。拉蒙特是一名業務，一名公關，整個人的形象，再次強調，就是有點一九二〇年代的風格。

作為美國鋼鐵公司和多家鐵路公司的董事，拉蒙特於一九一一年進入摩根財團。一八七〇年，他生於紐約奧爾巴尼郊區，父親是一名貧窮的衛理公會牧師，他取得獎學金進入了一所豪華的預科學校和哈佛大學。大學畢業後他成為了記者，在他覺得商業領域能為他帶來更好的未來時，他重組了一家食品經紀公司，引起摩根著名合夥人亨利・波默羅伊・戴維森 Henry P. Davison 的注意。有了這種聯繫，進入摩根財團是遲早的事，拉蒙特先是在紐約第一國家銀行 First National Bank of New York 歷練，而後在一九一一年四十歲時進入摩根財團。在老男孩俱樂部的人際網絡中，四十歲還算年輕。今日，華爾街已是年輕人的天下。

拉蒙特注定是摩根財團的發言人，他的外交形象使他被指派為國際貸款的談判代表。一九一五年，他籌組了五億美元的英法巨額貸款，當美國參加

第一次世界大戰時，他在美國自由貸款委員會 U.S. Liberty loan Committee 任職，協助出售美國國債。

在一九一九至一九三三年期間，拉蒙特仍是關鍵人物，負責談判二十億美元左右的外國證券，並將其出售給大眾。例如，一九二○年時，他作為一個國際銀行團的成員前往日本，幫助中國的金融發展。在接下來的幾年裡，拉蒙特扮演了某種外交使者的角色——解決了墨西哥的債務問題、為奧地利安排了一億美元的復甦貸款、穩定法國經濟，還與墨索里尼會面安排小額貸款。拉蒙特帶著讓人安心的微笑，隨時準備上桌協商。

儘管工作排程很緊，拉蒙特仍然堅持寫作，他出版過幾本書，也為雜誌寫文章，贊助一家文學評論刊物，還在一九一八年買下《紐約晚郵報》*New York Evening Post*，但在四年後售出，認賠一百萬美元。懷抱著事業與文學抱負的同時，拉蒙特也在二十五歲結婚，育有三個兒子和一個女兒。他的兒子湯瑪斯・斯蒂威爾・拉蒙特 Thomas S. Lamont 後來繼承父親衣缽，從哈佛大學畢業，二十三歲加入摩根，並在三十歲成為合夥人。

隨著年齡增長，拉蒙特變得駝背，儘管失了些獨特魅力，但一如往常保持了理智的頭腦和良好的形象，即使有些醜聞破壞了他一塵不染的聲譽。由於摩根財團的封閉特質，當拉蒙特的合夥人喬治・惠特尼 George Whitney 在一九三七年向他要一百萬美元的貸款時，拉蒙特始終保守祕密。當拉蒙特問起時，惠特尼告訴他，他是需要這筆錢來回購並掩蓋他的兄弟**理查・惠特尼** Richard Whitney 從「某位客戶」那裡挪用的證券。這位「客戶」實際上是紐約證券交易所，而惠特尼的兄弟是該交易所的總裁！

隨著理查・惠特尼案的狀況愈來愈糟，拉蒙特也在一年後的一次調查中站上了證人席。證券交易委員會的調查人員警告拉蒙特有觸法之嫌，因為他沒有告知他們貸款緣由。拉蒙特說，自己被告知這只是一次性的單一事件，也就選擇相信了合夥人。華爾街的小團體就是這麼運作的。所以，拉蒙特的聲譽遠不到被玷汙的程度，事實上，他那鍍了金般的招牌幾乎不可能被玷汙。他就是那祕密上流俱樂部、那行事無須過問之世界的中心。

一九四三年小摩根去世後，拉蒙特接任 J・P・摩根公司董事長一職。光是作為摩根家族之後首位接替董事長寶座之人，就足以確保拉蒙特在金融史上的地位，但他扮演的，更傾向於一個帶來關鍵轉折的角色。幾十年前的金融家是首先打造華爾街的開創型人物，拓展了金融的意義，無論是重組改造、合併、收購、掠奪、股票灌水，以及你在十九世紀末和二十世紀初華爾街人士傳記中讀到的，所有交易與管理層面的事件。

　　而拉蒙特是業務也是行銷，作為一個有聲望、有格調的人，他把相對成熟但仍粗糙的華爾街「產品線」，順利地賣給了對他溫文舉止感到放心的人們。拉蒙特是他那時代的標竿。如果沒有拉蒙特和追隨他形象的人為美國中產階級提供保證，讓他們做出瘋狂的事來，一九二〇年代不切實際的繁榮也不可能走到極端。拉蒙特可能從沒意識到自己的這一面。他可能從不知曉外在形象與內在本質之間的差異，對**老摩根**來說卻是天壤之別。

　　一九二〇至一九五〇年間，華爾街從一個最看重交易想法與其策略執行的世界，變成一個最看重銷售層面的世界。正如這世界所見的，老派企業衰落，而美林證券把致富的信心兜售給美國中產階級而崛起，這樣的世界是在湯瑪斯・拉蒙特鎮定自若的銷售手腕與形象下，受其引導而逐漸自己成形。在很多方面，他一直使得華爾街外在形象與內在本質之間的界限愈加模糊。拉蒙特的重要之處在於，他於一九四八年逝世後，華爾街上整個時代的新興全國性銷售團隊，絕大多數都在模仿他的作風與形象。雖然自一九七五年五月一號之後，受證券交易委員會開放傭金協商、隨之而來的傭金折扣和從中產生的各種因素嚴重衝擊，證券經紀業界又從拉蒙特的模式中衍生出新的變化。但是，作為影響了四分之一個世界的經紀商典範，他的貢獻已足以讓他躋身形塑市場的百位巨人之列。

26

克拉倫斯‧狄龍

挑 戰 傳 統 ， 象 徵 這 變 化 中 的 世 界

　　一九二五年，投資銀行家克拉倫斯‧狄龍將一張一‧三七五億美元的支票交給道奇兄弟汽車公司 Dodge Brothers Automobile Company 的擁有者，徹底買下了該公司。這張支票的照片登上了全國大多數報紙的頭版，對大多數人來說，這意味著有史以來最大的現金交易之一。但對華爾街來說，這張支票意味著的不僅僅是一筆現金交易；它代表著狄龍在與摩根公司的競購戰中取得勝利。在過去，任何一個頭腦正常的人，都不會考慮與這樣的對手競爭。對華爾街來說，狄龍的支票預示著不久的將來會發生的事：一個新的華爾街，一個沒有絕對霸權的華爾街，一個群雄競逐的華爾街。

　　這位狄龍瑞德公司 Dillon, Read & Co. 的負責人在贏得勝利一年後表示：「在商業領域中，無論大小事，最重要的就是競爭。激烈競爭的要素來自無形的熱情，也就是在生活中保持警覺的本質，這是大型企業必須保持的。即使因此需要時刻警惕，防止陷入機器般、無人性的經營。」他說的一九〇〇年代早期華爾街盛行的企業合併，也許在另一個層面上，他談論的是 J‧P‧摩根公司統治下、新承銷商根本沒有生存空間的局面，以及他後來如何改變了這一局面。

　　狄龍在一八八二年生於德州聖安東尼奧，父親是一位波蘭商業銀行家。狄龍在美東接受良好教育，於一九〇五年二十三歲時取得了哈佛大學文學士學位。他將姓氏從拉波斯基 Lapowski 改為狄龍，進入了商界，和一位同學一同管理了幾年紐波特礦業公司 Newport Mining Company 。在一九一〇年結束了為期兩年的旅遊狂熱後，狄龍收購了密爾沃基機床公司 Milwaukee Machine

Tool Company 一半的股份，成為總裁，改造了這家公司，然後反手出售。一九一二年，狄龍進入威廉·瑞德公司 William A. Read & Company 的芝加哥分行，這是紐約一家中等規模的投資銀行。兩年後，他轉到該公司的總行工作。一九一六年，他被任命為合夥人。就在同一天，瑞德突發惡疾，六天後就去世了。

作為後來狄龍瑞德公司的負責人，直到他一九三八年退休前，狄龍憑藉普遍地保守謹慎在華爾街占有一席之地，十筆交易中只有一筆入得了他的眼，而每五筆這樣的交易裡也只有一筆實際成交。一位哈佛大學的同學曾這樣評價他：「如果克拉倫斯·狄龍想買一頭乳牛，他會閱讀所有有關乳牛的資料，在他完成交易前，他就已經比農場主本人更瞭解乳牛。」如果有一位合夥人反對，或者對一筆交易表現出難以言喻的不安，他會基於一種強烈的迷信，宛如接到燙手山芋般放棄掉這筆交易。

一九二〇年代初，這位機會主義者發現了一個完全開放的利基市場，也就是為公用事業和鐵路等領域的歐洲企業提供融資。一九二二年，他說：「我們的機會在於工業化的歐洲，我可以說，整個歐洲都在這方面向我們尋求幫助……我們會放款，但是會小心翼翼地放。」這聽起來與五十到八十年前發生的事情完全相反，當時資本從歐洲小心翼翼地流入美國。這是美國在一九二〇年代首次成為世界主導力量的明確跡象。

狄龍還專門向德國、波蘭、法國和巴西等外國政府提供貸款，甚至當高貴的羅斯柴爾德銀行還在進行漫長的談判時，他便率先搶下了一筆五千萬美元的巴西貸款生意。再少的錢在狄龍眼裡都是錢，只要他找到可以賺的，就會立刻一把抓住。

狄龍之所以能在一九二五年與摩根進入同一間競標室，是因為他在一九二一年成功做了固特異公司 Goodyear Tire and Rubber Company 的生意。準確地說，他透過與銀行、債權人和股東協商解決方案，很快就籌集到了一億美元，幫助固特異擺脫了破產管理。

固特異的交易讓他地位大為提升，但道奇的交易卻讓他卻讓他脫穎而

出，成了華爾街上的黑馬。他的名字和公司曾在華爾街名噪一時。《紐約時報》甚至稱他是「在競奪道奇公司時擊敗摩根公司的人」。從那以後，他的生意就源源不絕了。一九二六年，他被選上為「全美收銀機公司」National Cash Register Company（今 NCR 公司）辦理首次公開發行一百一十萬股普通股，這是當時有紀錄以來規模最大的一次公開發行。幾小時內就全部售罄！

　　儘管在大崩盤期間遇到了一些困難，狄龍瑞德公司的兩支投資信託基金（總計九千萬美元）暴跌，在危機之後又遭遇了些困境，比如美國參議院銀行和貨幣委員會的調查聽證會，但狄龍仍然將公司保留在家族手裡。其子 C・道格拉斯・狄龍 C. Douglas Dillon 生於一九〇九年，一九三一年自哈佛大學畢業後加入了公司。第二次世界大戰服役之後，他最終成為董事長，並於一九六一至一九六五年間擔任美國財政部長。

　　狄龍為人拘謹沉著，彬彬有禮，外貌瘦削英俊，衣著講究。一九〇八年成家的他，是個多才多藝的商人。他（在一九三四年）買下了波爾多一處葡萄園，在維吉尼亞州的福克斯克羅夫特學校 Foxcraft School 擔任了十年受託人，飼養了更賽牛 Guernsey cattle 和貴賓犬，星期日會放下一切去祈禱，和兒子一起去釣魚，喜歡攝影、旅行、閱讀和音樂。他曾擔任大通國家銀行 Chase National Bank、中央漢諾威銀行 Central Hanover Bank、道奇公司 Dodge、全美收銀機公司和巴西牽引公司 Brazilian Traction 的董事，一九七九年在紐澤西州遠山 Far Hills 去世，享年九十六歲。

　　狄龍代表了守舊勢力的更迭。傳統上，沒有任何人能挑戰摩根公司並且活得下去。很少有人有膽量嘗試，而 J・P・摩根也擁有壓倒性的力量來粉碎那些敢於挑戰他的人。但時代已經改變。首先，當前的掌權者不再是老摩根，而是他的兒子。其次，美國已不再是一個經由工業革命發展起來、狂野未開化的國家；它已經成為了世界強權，雖然還未廣受認同，但已具備足夠實力，工業化和財政上都已相當成熟。因此，金融家之間的競爭環境，比在新興時期老摩根絕對主宰局面時要公平得多。再者，一九二〇年代是個冒險的時代，狄龍準備好冒上這個風險，也就是挑戰摩根公司。他並未受到任何

負面影響——相反地，他還從中受益。

　　在很多方面，狄龍作為一名保守的投資銀行家，同時又以風險為導向，敢於直面華爾街傳統權力的來源，他彰顯了華爾街的新舊交替，是一九三〇年代和四〇年代所演變出的新時代人物。

27

CHARLES E. MERRILL

查爾斯・愛德華・美里爾

橫 行 股 市 賣 場 通 道 的 轟 鳴 牛 群

查爾斯・美里爾把華爾街帶往大眾，敦促手頭有一、兩千美元的小投資者投入美國經濟。雖然在一九四〇年代，這並不是華爾街上最有原創性的想法，但美里爾卻是頭一個將之大規模實踐並取得了長期成功的人。當他知道自己成功之時，美里爾高興地說：「美國的工業機器終於由基層人民所擁有，這本當如此，而不是由神話般的華爾街來操控！」

美里爾在投資銀行界發家致富之後，於二戰期間與戰後嘗試了他的想法。他展開了一場巨大的、創新的宣傳活動，目的是討好普通公民，以「把華爾街帶到老百姓面前」作為宣傳口號。他為證券做廣告，在全國性新聞報紙上印行簡單易懂的全版投資指南。這些指南每天帶來大約一千則回覆，大批小額投資人湧入了美里爾公司的辦公室。儘管如此，美里爾和他的公司還是不肯鬆懈，一九五五年，在曼哈頓舉辦了一場「如何投資說明會」。

與此同時，美里爾徹底改變了經紀業務的內部機制，創新採用對業務員提供薪資而非傭金，並啟動了一項業務員培訓計畫，該計畫很快被其他華爾街經紀商所採用。他取消了服務費，創辦了公司雜誌《投資者讀本》*Investor's Reader*，並成為業內第一家透過年度報告全面披露公司營運、持股和合夥人投資情況的公司。結果相當驚人，到了一九五六年美里爾去世時，其公司的活躍客戶帳戶達到三十萬戶，總資產達到五億美元！這個龐大機構成為了各家交易所最大的證券經紀公司、最大的場外交易商、各商品期貨市場最大的傭金經紀商，以及第五大企業證券承銷商。而對美里爾來說，最重要的是，他擁有該公司百分之二十五的股份！

美里爾出生於一八八五年，父親是佛羅里達州一位鄉村醫生和藥房老闆。起初，他在麻州安默斯特學院 Amherst College 讀書時，只是當名服務生。兩年後，他退了學，在佛羅里達一家小鎮報社擔任編輯，也打打半職業棒球。最終，他加入了華爾街的一家商業票據公司，並很快被提升為該公司新成立債券部門的負責人。

作為一個真正幹勁十足的人，美里爾二十九歲時就在華爾街建立了自己的公司，隨後結識了債券業務員艾德蒙‧卡爾弗特‧林奇 Edmund C. Lynch*。在承銷麥克羅里 McCrory 連鎖店後，他們的承銷和投資銀行業務開始走紅。到了一九二〇年代，公司的承銷和經紀業務迅速擴張，他們也被視為是該領域的專家。美林證券的客戶包括西方汽車供應公司 Western Auto Supply、大聯盟超市 Grand Union 和其他連鎖店，但它們最大的成功是喜互惠連鎖超市 Safeway。到了一九五三年，喜互惠已成為美國第二大食品連鎖店，有一段時間，美里爾是它的最大股東。他還成功地創辦了在喜互惠分發的《家庭圈》 Family Circle 雜誌，這只是他的一個副業，卻賺了不少錢。

當其他經紀商都沉浸在一九二〇年代的大牛市時，美里爾預測到了一九二九年的崩盤。在他的公司通訊中，他提醒他的客戶擺脫債務。「我們建議你大量賣出證券來減輕你的債務，或者更好的做法是，完全償還債務。」他的遠見為他的客戶保住了大約六百萬美元！不過，由於股市低迷和行業狀況奇糟無比，美里爾在一九三〇年退出了經紀業務，將帳戶移交給愛德華‧皮爾斯公司 E. A. Pierce and Co.，以便專注於承銷和個人銀行業務。

一九四一年，在合夥人林奇去世後，他回到經紀行業，與其他公司合併，成立了「美里爾，林奇，皮爾斯，芬納與比恩公司」Merrill, Lynch, Pierce, Fenner and Beane。打從合併之初，這家公司就成為世上最大的經紀公司，在九十三座城市擁有七十一位合夥人，也是美里爾試行其散戶市場理念的完美工具。

---

* 編註：Merrill Lynch 的中文譯名「美林」即是兩人姓氏合稱。二〇一九年，公司品牌更名為 Merrill。

一九五六年，他將想法付諸實踐後，公司更進一步在一百一十個城市擁有一百零四名合夥人，經手了紐約證券交易所百分之十的交易！諷刺的是，《時代雜誌》因此稱美林證券是「金融界的超市」。

令人驚訝的是，美里爾在事業成功的同時，也有著繁忙的社交活動，家庭生活更是如此。他是國際名流社交圈的一員，也是網球、高爾夫和橋牌的狂熱愛好者，結婚三次，都以離婚收場。

他育有一女二子，先後於一九一二、一九二五以及一九三九年五十四歲時，又一次步入婚姻；並在最後一次離婚的四年之後，因心臟問題病逝。一派浮華作風、坐擁三座豪宅的美里爾，熱愛香檳、美食，當然還有女人。奇怪的是，他把兩千五百萬美元遺產的百分之九十五留給了慈善機構，為醫院、教堂和大學建立了信託基金。

查爾斯·美里爾在現代金融的演變中發揮了重要作用。早在工業革命之前，亞當·斯密就告訴我們，資本主義會根據個人能力，讓所有階層的每個人都變得富有。在十九世紀，資本主義似乎主要會讓社會上的一小部分人富裕起來，而華爾街只會獎勵一小群工於心計的精英群體。當查爾斯·美里爾初到華爾街時，美國的平民男性正蓬勃發展，成為欣欣向榮的中產階級（平民女性則尚未抬頭）。走過咆哮的二〇年代，走過大蕭條時期，走過第二次世界大戰，中產階級在戰後的美國開始飛黃騰達。而美里爾早已在市場上，向這些平民百姓推銷，為他們提供安全積累財富的方式。而他這套提供給老百姓的方法，也受惠於從一九四〇年代末一直持續到一九六五年的巨大牛市。由於美里爾和他的哲學以及牛市，許多市井小民退休後可以過得比他們早年艱苦生活所能想像的更為舒適。他真正把華爾街帶到了百姓生活中，這種風尚在他之後的幾十年裡仍一直存在。

28

GERALD M. LOEB

傑洛德・馬丁・羅布

泡沫之父 —— 他 懂 行 話 ， 不 懂 邏 輯

沒有什麼比用一點廣告來招攬生意更好的了，一九五〇年代，EF 赫頓公司在宣傳其招牌經紀商傑洛德・羅布時，就是這麼做的。羅布曾被《富比士》稱為「華爾街上最常被人引述的人」，後來無獨有偶地，成為赫頓經紀公司以及用浮誇交易方式賺取經紀傭金的代名詞。與此同時，他在媒體上的知名度，也常被人誤認是其受人敬重的象徵。從他於一九七四年去世後直至今日，羅布仍被視為是那個時代最偉大的經紀商之一。但最重要的是：他懂得把話說得好懂又難忘。除去他那朗朗上口的俏皮話、煽動性的行話和膚淺話語，你所看到的就是個精明的行銷人員，他知道如何哄騙沒有經驗的投資者，並從中賺取傭金。

羅布來的正是時候。就在華爾街正需要提振、需要一種新風格時——也許是一位導師，一位他們可以信任的人——出身舊金山的他剛好在此時冒出頭來。一九三〇年代，嚴格的立法和證券交易委員都對市場帶來了限制。人們對投資大崩盤後動蕩的股市持謹慎態度，市場的公共關係也陷入一團混亂。羅布在此時到來。他從二十歲左右就開始銷售債券，並以其天真的坦誠著稱。眾所周知，他之所以辭去第一份債券業務員的工作，是因為他被要求推銷一檔他無法信任的債券；他第二份工作也是如此。他跟市井小民站在同一陣線！

他很快就找到了慰藉，開始為受人尊敬的 EF 赫頓工作，並於一九二四年調任紐約分部。挽起袖子做起正事後，五年時間，他就以不尋常的三十歲之齡被任命為合夥人。在那個年代，沒人能成為華爾街大公司的合夥人，除

非他的業績好到爆炸。事實證明，羅布不但有這能力，還真的做到了。他的宣傳套路和他那年代的許多人一樣，說自己深明群眾心理，發現當時大街小巷都充斥著荒唐可笑的熱門消息，於是在一九二九年大崩盤之前就從市場上全身而退。他把自己包裝成重振投資大眾對華爾街信心的完美人選。這點他做得很好。

記者們都很喜歡羅布，因為他在美國商界女性股東聯合會 Federation of Women Shareholders in American Business 和哈佛大學法學院牛熊俱樂部 Bull & Bear Club of Harvard University Law School 等組織發表了大量好記名言、焦點新聞以及具有新聞價值的演講。但是，讓他在華爾街歷史上聲名鵲起並一舉成名的，是他在一九三五年出版、廣受大眾歡迎的書，《投資人的生存戰役》。初版一共刷了十幾次，賣出超過二十五萬冊，該書在一百五十三頁內容中，收錄了三十三個簡短、充滿膽量卻缺乏智慧的章節，比如：〈投資需要知識、經驗和才華〉、〈投機與投資〉、〈經驗不足的陷阱〉和〈你無法預測，但你可以賺錢〉。羅布這本書讀來容易，內容膚淺，思想上也有不一致的問題，但很是有趣，這本書代表了羅布的全部，是吸引投資者成為他和 EF 赫頓客戶的誘餌。

在那時，穩定的價值投資方式自**班傑明‧葛拉漢**的《證券分析》於一九三四年出版後逐步普及；羅布的投資哲學相形之下，似乎是一種激進且新鮮的入市方式。當時道瓊出版公司賣出的冊數有限，他便透過直郵行銷計畫推動了這本自吹自擂的書。他在書裡主張用簡單的步驟進行投機，並由此獲得驚人的成果。「我要說，所有好的投資，同時也都是好的投機。他敦促讀者：「要和群眾保持距離」；不要追求小小的收益；「買到對的股票，你的錢就能**翻**一倍」；注意不要過度分散投資；還有要毫不猶豫地賣出股票來止損。

出售股票是羅布最喜歡做的。他主張每年都要出售「一些籌碼」來變現，並隨時準備好現金，以備機會來時便可出手。他用一句名言表示，出售股票來止損理所當然，因為「股票就是用來賣的」。隨時買賣股票不僅對不瞭解

情況的投資者「有利」，而且還能給經紀公司——比如他的 EF 赫頓——帶來更多的經紀傭金收入。羅布就是在照顧自己的生意。事實上，羅布的所有哲學，都與創造高投資組合週轉率和高帳戶傭金的哲學不謀而合。羅布賣給投資大眾市場的東西，對他和其他經紀商都有好處。其他經紀商會在一個圈子裡推銷他的東西，他在圈裡推銷經紀業務，而其他經紀人推銷他。

為防有人對經紀商心存警惕，羅布做了一項細心的工作，來提升他們的聲譽。他幫助經紀商角色轉型，成為專業人士，宣稱他們不僅要研究市場趨勢和公司資料，還要成為稅務、房地產和保險方面的專家。你如何分辨一名好的經紀商和一名壞經紀商呢？很簡單，你只要看看對方是否具備這些品質：百分之百的誠實、遵守真正的道德準則、很有天分、有靈活的頭腦、很重視風險，還得要不過分自信、不偏不倚且不受拘束，他必須「頭腦敏捷」，對市場有如「初戀」般投入。事實是，無論是在赫頓還是其他公司，大多數經紀商都單單純純只是業務員，但羅布卻把他們浪漫化了。

羅布的父親是法國葡萄酒商，母親則是位倒楣金礦工的女兒，兩人都在一九〇六年的舊金山大地震中傾家蕩產。生於這樣背景的羅布，熱切、充滿活力且自負。他外表像個書呆，有個圓得恰到好處的光頭，戴著黑框眼鏡，手和手指又短又粗。他一直晚到一九四六年才結婚，沒有孩子；於是，他選擇做慈善事業，讓自己擁有面面俱到、富有愛心的形象。他曾為紐約出生缺陷基金會 New York March of Dimes、關節炎和風濕病基金會 Arthritis and Rheumatism Foundation 服務，並創建了西德尼・S・羅布紀念基金會 Sidney S. Loeb Memorial Foundation 以紀念他的兄弟。他所有這些公益活動可能也助長並加強了他的經紀業務。他的愛好包括攝影、汽車和建築。他生前還寫了另外兩本書——《投資市場的獲利戰爭》 Battle for Stock Market Profits 和《股票購買清單》 Checklist for Buying Stocks。這兩本書都不值得你花時間，內容也沒有什麼其他地方難以找到的投資知識。

不過，每個人都被羅布的手法所吸引，甚至連他也相信自己舉足輕重且其他人也把他看得很重要。

我記得大約在一九七二年的某一天，他以一種類似傳喚的方式，邀請我父親菲利普・費雪去舊金山共進午餐。我父親當時六十五歲，在當地投資圈算是大老級人物了，但還局限於地方性的名氣。從全國的層級來看，羅布當時的知名度要高得多。參加午餐會時，父親有點擔心他們可以討論什麼，因為兩人在個人、專業或想法層面上幾乎沒有交集。一開始，他們只是閒聊，小心翼翼地繞過了所有較有深度或有意義的市場討論，很快地，我父親就想知道為什麼羅布搞了這麼個精心策劃的聚會。突然，羅布切入正題，直言不諱地問：「菲利普，你認為在舊金山半島上經營新興成長型公司的執行長中，哪個人最優秀卻又不為人所知？」我父親有點震驚，無論如何，他都不明白為什麼他要與羅布分享他努力挖掘的股票的名字。當然，羅布可以公開這些資訊，推高股價，他自然無法理解為什麼我父親可能不想與偉大的羅布先生分享這些資訊。但菲利普・費雪對推銷他的持股從來不感興趣，他還是喜歡保密，認為他可以在以後有更多錢的時候買更多的股票，股價會自動上漲。「我們趕緊吃完午飯吧，」我爸爸這麼想著，於是他生硬地轉移了話題，也許有點無禮。當時我覺得父親很奇怪，也顯得很小器。畢竟，羅布是個大人物，我父親視若珍寶的那幾家公司也不可能像我想像的那麼重要。然而，隨著時間流逝，我愈來愈清楚地意識到，羅布對於投資的真正貢獻其實微不足道，而我父親的貢獻雖然在他們那時代的影響力要小得多，卻是更為根本且具有持久性的。

在時間的考驗下，一名基本派思想家的工作可能會持續下去，但像羅布這樣的公關機器卻將很快衰落。羅布對金融市場的演變很重要，原因是，他是二十世紀最傑出且搶盡風頭的公關高手，我們可以從他身上得到一個重要的教訓：儘管他被許多媒體報導，但他並沒有貢獻出真正具有持久性的價值。當你審視市場以及人們對市場的看法時，重要的是，要區分出真正的根本與所謂新花招，又或者是真正的根本與過時的老套；還要能區分出羅布和其後源源不斷的公關人員帶來的膚淺、由銷售所驅動的泡沫。羅布本身就體現了這句話：「你不能盡信你所讀到的東西。」

29

SIDNEY WEINBERG

西德尼・溫伯格

現 代 投 資 銀 行 家 的 典 範

有「華爾街先生」之稱的西德尼・溫伯格，作為華爾街上的活招牌有近四十年的時間。在他長達六十二年的高盛職業生涯接近尾聲時，公司的訪客會在有人陪同的情況下行經他的辦公室，一睹他工作時的樣子，這被視為一種殊遇。他在一九六九年以七十七歲高齡去世，消息甚至登上《紐約時報》頭版──對一位投資銀行家來說，這是相當大的成就。但僅憑精明的企業融資交易，並不能在華爾街獲得傳奇般的聲譽。就溫伯格而言，他是憑著古怪、務實的個性與強烈的責任感，造就了這一切。溫伯格服務於無數的董事會，將工作與樂趣、商業與政治結合在一起，在他意識到這點之前，一種新的華爾街禮儀就此誕生。在許多方面，他都是現代投資銀行家中的第一人，將精明的金融與閒聊、推銷技巧、政治、幽默、創造力和可靠結合在一起。美國銀行業自一九五〇年代以來，許多人都是以他為榜樣。

溫伯格是高盛的幸運符。他被譽為企業融資領域的佼佼者，其最著名的交易包括一九五六年為福特基金會 Ford Foundation 出售價值六・五億美元的福特汽車 Ford Motors 股票，這是當時華爾街最大的企業融資專案。兩年後，他又完成了一筆具有里程碑意義的交易，在市場相當低迷的情況下，承銷了三・五億美元的西爾斯・羅巴克公司債券，當時人們甚至懷疑這些債券根本無法上市。溫伯格把握住市場情緒，以百分之四・七五、略高於其他同類債券行情的收益率，順利發行債券。

但出色的融資案以前早就有過，未來也不會少。真正讓他從其他投行人士中脫穎而出的，是他的個人特質與勤奮，同時擔任多達三十一家公司的董

事。溫伯格與那些把董事席位當作身分象徵的人不同，他將董事該做的工作普及化。「董事自命不凡的時代已經結束。除非一個人把這位置當作半個公職，否則他根本不該接受這項任務。」他要求管理階層發放議程和資料，供董事們事先研究，並在一九三三年為董事們制定了「十誡」。在他的「十誡」中，他要求每月在固定地點開會；會中要有外部審計師的報告，以及呈現銷售、利潤和資產負債表變化的資料；董事會成員對高階主管、董事和股東的企業貸款負有責任；還要負責和股東一道，商定利潤分享的計畫，這些都是現在被視為司空見慣的規則。

溫伯格在擔任麥卡遜和羅賓斯公司 McKesson & Robbins 董事會成員後，便開始宣導董事應盡責任，當時該公司總裁法蘭克‧唐納德‧科斯特 F. Donald Coster 詐騙了該公司兩千一百萬美元，然後自殺。他總是為自己沒有在醜聞未發生前就注意到而感到內疚。這個錯誤讓董事會花上六十萬美元，以避免可能發生的訴訟——光溫伯格一個人就損失了七萬美元。「天哪，這真是個教訓！」此後，他總是認真做功課，以一名公正、認真的董事而聞名，他甚至要求每週都要收到一次請他出席董事會的邀請。

這位「董事的董事」對他所服務的董事會非常忠誠，幾乎到達狂熱的程度，這些年來，他所服務的董事會包括福特汽車、冠軍紙業 Champion Paper、奇異公司、通用食品 General Foods（任職三十三年），以及西爾斯‧羅巴克公司（任職二十三年）。在擔任通用食品董事會成員期間，有一次他吃到了別家公司的乳酪，而不是通用食品自家產的卡夫 Kraft。「把它拿走！」他對服務員喊道：「我不吃這個！給我卡夫！」在他離開西爾斯董事會加入奇異公司董事會之前，他和妻子在座落於紐約斯卡斯代爾的房子裡撫養他們的兩個兒子，那裡看起來就像是個西爾斯的展示廳！他發現唯一難以適應他生活方式的公司是冠軍紙業，最後，他只好在高盛的辦公室放滿了冠軍文具！

溫伯格是最早在董事會上打破拘謹舉止隔閡的人之一，隨時都能透過挖苦口吻化解緊張氣氛。一次會議上，董事們圍成一圈坐在沙發上，試著表現得輕鬆自在，但顯然沒起到什麼作用。滑稽的西德尼把一疊文件從他膝上推

落，接著跪到地上收拾起來。他「絕望」地叫道：「這什麼鬼公司？連張桌子都買不起！」還有一回，一名公司主管依法宣讀一份沒完沒了、有著數字的清單，當溫伯格再也受不了時，他一躍而起，大聲喊道：「賓果！」在董事會上，他就是有這般本領，換作是其他人，可能會把同事們給嚇壞。一家大公司的總裁曾說：「西德尼是我認識的唯一一位，會在董事會上說『我覺得你不是那麼機靈』的人。他對我說過一次，但不知為何，我卻覺得自己被稱讚了。」

顯然，溫伯格是個很有特色的人物，他其中一項最受讚揚的才能就是能把人們聚在一起。溫伯格擁有一份多達三百人的聖誕名單，讀起來就像一本《美國產業界名人錄》。他把與其他公司高階主管閒聊當作一種習慣，「因為我把友誼放在第一位。」據另一位高盛合夥人表示，他待人友好、直言不諱，是個能讓「其他人行動起來」的鼓動者。他能自在地將工作與娛樂結合，甚至能和波士頓的投資人**保羅・卡伯特** Paul Cabot 一同出海，即使他根本是個不會游泳的旱鴨子！

一九三三年，溫伯格和約瑟夫・戴維斯 Joseph Davies 為小羅斯福 Franklin D. Roosevelt 總統創辦了商業理事會 Business Council，基本上把他的朋友圈召集起來成立為這個機構。他透過這種方式召集了大約六十名最親密的連絡人，讓他們的觀點得以紓發。在接下來的幾年裡，溫伯格給幾十位朋友安排了華盛頓的政治職位，詹森總統請他為他的內閣推薦幾名好的人選。到一九五八年，他已經被稱為單人職業介紹所，為商業人士提供躋身首善之地的門票。「現在外面有一個人正在等著，」他在那年的一次採訪中說：「他是一家資產數百萬美元公司的總裁。他正在考慮離職，想知道我是否有什麼好的機會可以提供給他。」

「公職是公民身分的最高形式，」溫伯格認為：「透過為國家與社區和服務，人們得以成為更好的公民。」這位布魯克林在地人參與政治活動是始於一九三二年，當時他支持小羅斯福總統當選。多年後，溫伯格在第二次世界大戰和韓戰期間籌集了資金，他與他合作過的第五任總統林登・詹森

Lyndon Johnson 攀談起來。溫伯格認為自己是「獨立的民主黨人和務實的自由派」，他被小羅斯福戲稱為「政客」，並被任命為駐俄羅斯大使，但他拒絕了。他的理由是：「我不會說俄語，在那兒我能跟誰說話呢？」

身高五呎四吋（約一百六十三公分），戴著圓形眼鏡的溫伯格，看上去像個穿著考究的丘比娃娃。他搭地鐵上班，被認為很節儉。休閒時他會打網球、手球和高爾夫。偶爾，溫伯格會拉上幾個密友，去洗個土耳其浴，他說：「這比去什麼地方喝酒好得多了。」有時他會「戒酒」，這意味著另一些時候他可能喝過頭了。

溫伯格結過兩次婚，一次在一九二〇年，另一次在一九六八年（他首任妻子去世後一年，對象是一位比他小三十歲的攝影師），他對他的家庭感到自豪。他的兩個兒子都追隨了他的腳步：一位成為高盛的合夥人；另一位是歐文斯康寧 Owens-Corning Fiberglas 的高階主管。溫伯格本人出身於一個大家庭，家裡有十一個孩子，他在一八九一年生於布魯克林的雷德胡克 Red Hook，父親是一名為生活苦苦掙扎的酒類批發商。

他只有八年級學歷，卻深以為傲，十五歲開始做生意，一九〇七年金融大恐慌期間，他靠著為儲戶排隊，每天能賺到十美元。接下來，他去了華爾街的一棟摩天大樓，從上到下努力敲著每間辦公室的大門找工作，直到他來到高盛的辦公室，被聘為門房助理！多年後，溫伯格聲稱，他辦公室裡展示的那個擦得晶亮的黃銅痰盂，就是他在高盛所要清理的第一個任務目標。一九二七年，溫伯格比其他資深同事先一步晉升合夥人，他說，這是因為他的個性、勤奮、健康、正直、品格，以及對任務目標精益求精的渴望——這是他個人成功的公式。從他那時代到現在，這個公式成為了投資銀行家的標準。他是現代投資銀行家的榜樣，從這意義上來說，他在現代企業金融的發展過程中，扮演了關鍵角色。

04
CHAPTER

創新者
THE INNOVATORS

有創新想法的專家 —— 正是這些人讓美國變得偉大

美國資本市場的演變，是一系列創新的成果，是一本書無法完整講完的眾多思想的產物。這一切都始於一小群恐龍，他們勇敢地在未知的土地上蹣跚前進，為文明和未來的創新開疆闢土。這群上古巨獸把美國以農業為基礎的經濟，帶到了工業時代。他們所邁出的每一步，都為我們今天賴以運作的這套不斷演進的規則奠定了基礎。無論好壞，上古巨獸們留下了一個可加以定義的結構，供後代改進與利用。這就引出了創新者。

創新者們在一八〇〇年代末開始研究市場體系。那時華爾街的定義還很粗糙，他們於是著手加以改善。大多數創新源自於個人的野心，不過也有些更現代的創新，更多是由群體意識的努力而來。正因為有了本章中提到的這些創新者，金融界才有了專門的證券交易所、控股公司、獲取市場統計資料的管道、創投資源、企業集團，以及期權買賣。

創新者們走進專業領域，對手邊的一切進行創新。舉個例子，在納坦·羅斯柴爾德、喬治·皮博迪和朱尼厄斯·摩根等上古巨獸努力將手頭所有資金帶到美國的幾十年後，「幸運」鮑德溫 Lucky Baldwin 開始從事地方金融工作，創立了一家專業證券交易所！

就證券交易所而言，鮑德溫並不喜歡他在舊金山看到的現況。他急需更多的錢來資助加州蓬勃發展的採礦業。為實現這個目標，他簡單地打破了現有的制度，成立了自己的交易所。儘管這家交易所沒能長長久久地經營下去，事實上，它最終與它想要競爭的對手合併了，但「幸運」鮑德溫給金融界留下了深刻印象，他們需要地區性的資金，這些資金可以很容易地透過當地的專業股票交易所取得。

喬治·多里奧 Georges Doriot 將軍創立了美國第一家創業投資公司，致力於將新科技從繪圖桌推向市場。自多里奧創新以來，其他人進一步改善創業投資，為個別產業與科技引入了專門的形式。但在他的晚年，被廣尊為「創業投資之父」的他遺憾地發現，創業投資家們只是利用他的想法來為自己賺錢，而非用來進一步發展新技術事業。如果他看到現在許多創業投資家被貼上禿鷹資本家的標籤，多里奧恐怕會更加難過。但這只是意料中的事。一旦

你把想法付諸實踐，任何事情都有可能發生。

　　創新並不總是為了更好的成果而來，尤其當它是因貪婪而被炮製出來時。例如，最後的強盜大亨湯瑪斯・福頓・萊恩 Thomas Fortune Ryan 首先創立了控股公司，在一九二〇年代的公用事業行業裡，這種公司被用於建立不穩、腐敗的商業帝國。查爾斯・耶基斯 Charles Yerkes 也提出了一種雙面刃的創新。他將政治——腐敗的政治——與商業結合起來，藉由賄賂市府官員，取得了路面電車的壟斷地位。羅素・塞奇 Russell Sage 這位傑出的市場操縱者，同樣為貪婪所驅使。他發明了期權買賣，最初是為了操縱股票，盡可能擴大自己的利潤。然而，今天，期權以及隨後產生的特殊衍生性金融商品，已成為金融服務領域中標準化、且幾乎不可或缺的一部分。

　　羅傑・巴布森 Roger Babson 在發明市場統計和分析行業時，可能也考慮到了自己未來的發展。拋開動機不談，巴布森開創了新聞通訊，並開闢了零售統計資訊的整個領域。

　　羅維・普萊斯 T. Rowe Price 和保羅・卡伯特 Paul Cabot 為投資者提供了觀察和投資股票市場的新方法。普萊斯是早期的成長型投資者之一，早在一九三〇年代，他就挑選了 IBM 等當時未有亮眼表現的大型企業，直到一九五〇年代，這些公司壯大為藍籌股。卡伯特向地方投資人引介了普通股，作為保守投資的另一選擇。在他進行創新之前，華爾街對整個古板的波士頓人社群來說都是個禁區。卡伯特幫忙開發了這片市場。

　　最後，還有企業創新者，他們給華爾街提供了建立公司的新方法。一九五〇和六〇年代，羅伊爾・理特 Royal Little 創立了大型企業集團。佛洛伊德・奧德倫 Floyd Odlum 在一九三〇、四〇和五〇年代透過企業劫掠 corporate raiding 建立了自己的帝國。奧德倫的創新並非有意為之，但就像傳話遊戲一般，傳到第十二個人，複述起他以為的原句時……第一個人已幾乎認不出來這是自己的原話。

　　當然，本書裡的創新者不止這些人。J・P・摩根在許多領域都是創新者，例如，利用華爾街建立起基於托拉斯的壟斷事業，但 J・P・摩根還遠不止

於此。傑伊·古爾德算是個創新者，他是第一位以低廉價格收購破敗公司、將之修復再高價賣回市場的人，而他的成就也遠不止於此。約瑟夫·甘迺迪 Joseph Kennedy 作為首任證券交易委員會主席，難道不也算是創新者的一種形式？嗯，應該算吧；對於書頁中所提到的幾十位人物，你甚至可以說也差不多都是吧。但本章中的這些人因其創新才脫穎而出。如果不是因為他們的創新，他們就不會出現在這本書裡，而摩根、古爾德、甘迺迪和其他人則無論如何都會被收錄。儘管如此，他們的貢獻也同樣偉大，某些情況下甚至可說大得多。

人們會更想要普萊斯成長股的投資哲學，還是證券交易委員會？我自己會選前者。再者，假設古爾德從未存在所給世界帶來的損失，會和這世界從未引入創投一樣多嗎？再次強調，我認為，我們今天都在享受這些純粹創新者的成果卻不自覺。

自從這些人對市場產生影響以來，又有更多創新發展。然而，今日事物發展如此之快，人們往往很難將創新者與他們的創新聯繫起來。誰是第一位嘗試折扣經紀的人？不是的！不是嘉信的查爾斯·施瓦布；他只是這方面最成功的一位。是誰發明了「優級」primes、「評分」scores 和「程式交易」？我不知道，但無論如何，比起過去創新與常態相距甚遠之時，如今是誰發明了這些，已不像過去那麼重要了。如今，一切都發展得如此之快，以至於我們把創新視為常態而非例外。但在本章的創新者進行創新的領域裡，情況並非如此。如果沒有他們的貢獻，華爾街的發展，將比現在更緩慢也更不一樣。

30

埃利亞斯・傑克遜・「幸運」鮑德溫

走 運 走 著，走 出 自 己 的 路

當礦業跨越了個人淘金的時代，進入了一個努力與資本密集的過程，礦業股在西部地區成為大熱門的投資標的。數以千計的礦業股交易所，引來了雇用人力、購買設備以開採珍貴礦產的資金。每當人們發現一處礦脈，投機狂潮隨之而至；每個人都想參與進來──貪婪的騙子出售不存在的礦業股票，而為了成功率不高的一次機會，抱持希望的職員押上薪水，冒險的投機客賭上身家。這種行為隨處可見，只要哪裡發現礦物，小而破落的股票交易所就在哪裡湧現，舉凡密蘇里州的聖保羅、科羅拉多州的寇里德、懷俄明州的拉勒米，甚至威斯康辛州的奧克雷爾。而當礦場關閉，這些交易所也隨之消失。但一開始並不是這樣的！

最早的另類礦業交易所之一，是總部位於聖法蘭西斯科的太平洋證券交易所 Pacific Stock Exchange，由埃利亞斯・傑克遜・「幸運」鮑德溫於一八七五年成立。急躁、行事粗暴、不容拒絕、魯莽的加州開拓者、投機客與好色之徒，鮑德溫始終是這類人物的典型代表。但他對美國金融也很重要，他是專業交易所創始人的最佳代表，他建立了一種金融機制，能把錢從美東吸引到美西的礦山，在那些百廢待興的地方，讓一切具有生產力的市井活動開始動起來。

絲毫不謙虛的他，曾在世紀之交的一次採訪中對休伯特・豪・班克羅夫特 H.H. Bancroft（美國歷史學家和民族學家）說：「您知道嗎，先生，我認為我為加州做的事情比其他人都來得多，現在做的更是比三百個人加起來都多！」作為一名居於領導地位的榜樣，在某些方面，他確實做到了。

他抽出時間創立證券交易所的過程，也充滿「幸運」本色。故事是這樣的：作為舊金山最大的投機客之一，同時也是唯一的加州證券交易委員會成員，他每天都會輕鬆地進出交易所，檢視他那些無法預測的礦業股票。然而，有一天，一座新礦場被發現，使得成群的「圈外人」試圖潛入交易所，來購買利潤豐厚的礦業股票。於是，交易所有了新的安全規定，要求會員在門口得實際出示會員卡，以防止非會員進入。偏偏就在那一天，「幸運」忘了帶他的會員卡——在通常情況下，他根本不需會員卡就可以來去自如。儘管他一慣採取的態度是「你不知道我是誰嗎」，但官僚主義之下，鮑德溫居然被擋在交易所門外。真是造反了！

「天哪，我從未受過這種對待呢。」他不止一次於不同場合提起這件事。他非常憤怒不滿，誓言定要報復，他的報復行動就是成立了太平洋證券交易所（不同於一九五七年成立的太平洋海岸證券交易所 Pacific Coast Stock Exchange）。由於他在以前的同事中就有一大批追隨者，他從另一家交易所挖走了二十多名極具聲望的當地會員。靠著他最初組建團體的聲望和實力，他的交易所迅速建立了勢力，富有的礦商、成功的經營者和具有影響力的政客爭相加入他的新交易所，儘管會費要價五千美元，會員人數還是翻了一番。

他按照典型的鮑德溫風格，建造了一座豪華寬敞的交易所總部，配有優雅的馬賽克地板，牆上也裝飾著壁畫。既然要投機，何不搞得有格調些呢？畢竟，他和他的新圈子的成員都覺得，他們是在「把自己的全部資產，投注到沿岸龐大礦業利益的增長和發展上」，是「以最慷慨的方式，協助把文明的成果帶到亟待開發的荒野地帶」。

雖然聽起來很老套，但鮑德溫並沒有太離譜——他實際上扮演了一個關鍵性角色，透過一座繁榮、競爭激烈的金融中心，將當時尚是「荒野邊陲」的西岸轉變為「文明國度」。那時候，美國的資金來自「東部」。而東部的人們對於尚未開化的西部既好奇又害怕。在鮑德溫的時代，隨著第一條橫跨全國的鐵路和電報線路的建成，橫貫大陸的通訊才剛剛開始。貫通全國的金融體系還沒起立起來，而採礦業卻等不了那麼久。

透過在西部礦業交易所之間建立起切實可行的競爭機制，鮑德溫為西部礦業融資帶來了表面的好處，隨著所有資本主義的努力而來的競爭——引來了資本，讓人們維持誠信，增加交易量，保持價格競爭力，防止當地「社團」對礦業產出的利益占有過度壟斷的優勢，也降低了投入資金的東部人可能「被套牢」的風險。緊隨幸運之後的是一長串驚人的金融家，他們在每個發現礦石的二流城鎮都開設了交易所。攤開小城鎮裡的小型礦業交易所名單，通常一座城鎮裡就有兩家，這確實令人震驚，也幾乎令人無法理解。而這一切都為礦場帶來了礦業融資，帶來了錢，這些錢又資助了開採礦石所需的勞動力和設備，把美國打造成了世界上最強大的國家。

到了一九〇四年，也就是鮑德溫去世的五年前，他的交易所被併入加州證券交易委員會 California Stock and Exchange Board，與其創立時想要規避的實體進行了重組。但到那時，這家交易所已經實現了創設時的目標，並在礦業融資的演變中發揮了作用，因為在此時的加州市場上，採礦的年代基本上早已過去。

生於一八二八年的鮑德溫，是俄亥俄州一名農民牧師之子，是家裡五個孩子中的老大，成長得很快。十八歲時，他在賽馬場贏了兩百美元，娶了鄰居農民的女兒，並用這筆錢去度蜜月。鮑德溫和妻子在此定居了一段時間，期間育有一女，並從事馬販生意，賺到兩千美元。之後在他二十五歲時，他備齊四輛馬車（其中兩輛裝有白蘭地、菸草和茶葉，以便在路上沿途販售），於一八五三年，前往當時最為荒蕪的西部地區。

只有某一類人才會想在一塊相對陌生的土地上安家落戶，但淘金熱經過三年時間仍在蓬勃發展，成群的餓狼已阻止不了幸運先生了。進取、充滿幹勁、大膽、自信且自負，鮑德溫回憶道：「你知道，我認為一個人如果下定決心，他什麼都能做得到；我就是有決心的人。」身高五呎十吋（約一百七十八公分），體重一百七十五磅（約八十公斤），老了依舊帥氣的鮑德溫五官深邃，嘴上蓄著八字鬍，目光炯炯有神；為了能在舊金山生存下來，他竭盡所能。他開了一家雜貨店，經營幾家旅館，還有一家馬廄和一家酒館，

還建了運河船。當他和第一任妻子到達舊金山時，他學會了製磚生意，用四年時間為政府提供建造阿爾卡特拉斯島堡壘 Fort Alcatraz（即後來的惡魔島監獄）的磚頭，淨賺兩百萬美元。

鮑德溫是臭名昭著的賭徒和好色之徒（有四任妻子，同時間擁有多名情婦，多次被控「誘姦」而吃上官司），他投機也投資房地產來賺錢，是最早推廣加州南部土地的人之一。他在一八九二年時曾說：「我白手起家，涉足各行各業，還都成功了。我最大的掙扎，是在為第一筆一千美元打拚的時候，可不是第一筆一百美元。」

不難看出，像鮑德溫這樣的人是多麼鄙視「幸運」這個綽號——他覺得自己是努力工作並抱持決心，一點都不是仰賴運氣。雖然還有好幾個關於其綽號由來的故事，但接下來這個一樣有意思：他在長達一年的航海之旅中，遇上了自己的第三任妻子。在踏上旅途前，鮑德溫交代他的經紀商，把他持有的大量礦業股票賣掉一部分。但當他出海時，他的股票被鎖在了保險箱，他還誤把鑰匙放進了自己的口袋，導致他的經紀商無法出售其持股。幸運的是，當他回來時，他想賣卻賣不出去的股票已經漲到天文數字，一夜之間，他賺到了近五百萬美元和「幸運」之名！我們也很幸運，能有「幸運」鮑德溫與他的追隨者，在美國需要建設自然資源生產事業時，他們為地方帶來了所需的資金。

31

CHARLES T. YERKES

查爾斯・泰森・耶基斯

化 政 治 實 力 為 壟 斷 特 權

查在積累財富的過程中，查爾斯・耶基斯既不浪費時間也不浪費金錢。在十七年的時間裡，他接管了芝加哥粗製濫造的路面電車，做了些表面改進後隨手轉賣，獲利數百萬。當他的受害者們發現自己上當時，耶基斯笑著透露了他的祕密：「我生意成功的祕訣就是把舊垃圾買下來，稍微整修一下，然後賣給其他人。」這一伎倆在華爾街被反覆使用過無數次，但沒有人能比耶基斯將之與地方權力政治結合得更好。他是這方面的大師。

一八三七年，他生於費城，默默起步，二十二歲時開了自己的經紀公司，三年後又開了一家專注於一級債券的銀行。在這麼年輕時就開始創業的金融家通常本性極端進取，耶基斯也不例外。二十九歲時，他在普遍行情都得打上六五折的情況下，成功地以票面價值售出一批費城發行的債券，從而在金融圈贏得了聲譽，以及許多費城債券生意。

但隨後，耶基斯就沒那麼好運了——一八七一年芝加哥大火不僅摧毀了芝加哥，也重創了費城證券交易所。於是，耶基斯放帳過多的問題就被逮到，當市政府要求從售出的城市債券項目取得資金時，他什麼都拿不出來。當政客和公眾感覺被虧待時，即使坦承失敗也無法平息眾怒，而失敗者總是被視為騙子。耶基斯就是如此。他以貪汙罪被判處兩年四個月的有期徒刑，服刑七個月後才獲赦免。

聲音柔和，膚色蒼白，雙眼冰冷黝黑，這樣的耶基斯可不是名普通的前科犯。狡猾而野心勃勃的他，出獄時正好趕上一八七三年的大恐慌。他記取了先前在大火中做多的教訓，這次改做空，在股價跌至谷底時回補，淨賺整

100 MINDS THAT MADE THE MARKET **159**

整一百萬美元。現在，他準備好來幹大事了。但首先，他必須把自己的生活安排得更像是一名手腕了得的商人。他於是拋棄妻子與六個孩子，轉與自己的長期情婦、一位費城知名政客之女結婚，並於一八八二年移居芝加哥。他避開股票市場，突擊進軍「牽引」產業，在四年之內控制了芝加哥北部與西部的路面電車路線。

接下來的十五年裡，他藉由重建現有的路線來擴大他的帝國，額外修建五百英里的地面路線，將兩百四十英里的軌道電氣化，打造出著名的芝加哥環線（一種環繞市中心的高架鐵路）。他的操作，通常圍繞子公司、建築公司、政客和總是灌水的股票組成的錯綜複雜網絡展開。每當有人敢於挑戰他，建立一條新的路面電車路線時，耶基斯都會保持冷靜，直到他的潛在競爭對手投入鉅資，接著他就開始操作競爭對手的股票，在證券交易所散布破壞性的謠言，並發起瘋狂的、牽強附會的訴訟。他的競爭對手每每屈服。

耶基斯在芝加哥的規模愈大，他為其路線乘客所做的事就愈少。他無視於老舊路面電車的設備、公共便利和安全，以至於一八九〇年代，芝加哥的報紙上充斥著對其系統的抱怨。他的路線因骯髒和不通風的車廂、有缺陷的馬達、頻繁的事故和貴一倍的票價而臭名昭著。當他的股東們質問他車廂過度擁擠的問題時，他厲聲回答：「你們的股利就來自這些站客！」儘管他控制著芝加哥所有方向的大部分路線，但他拒絕加以整合，好讓他在芝加哥境內的每條路線都可以單獨收費！耶基斯對公眾安全漠不關心，當行人被他的路面電車撞倒時，他還會要求他們在免責表格上簽字，然後才讓傷患被帶去治療！

冷靜而深沉的耶基斯，無視於自己敗壞的名聲。他嘴上留著精緻的白鬍子，穿著昂貴的西裝，過著奢華的生活，還收藏藝術品，其東方地毯收藏遠超波斯國王。除了利潤與他當晚追求的女子之外，其餘他一概不關心。有趣的是，娶了前任情婦之後，他反而覺得對方很無趣，便開始源源不斷尋求新歡。

當然，提起市政廳，也會讓耶基斯抬抬他那精修過的眉毛，因為政治是

他成功的核心。耶基斯建立帝國的關鍵技巧，就是對市政廳的政治操縱，好讓他可以保持對路面電車路線的壟斷。要落實路線，他就需要取得並控制城市街道使用的公共特許經營權。沒有專營權，耶基斯擁有的路線就毫無價值了。他成了腐化政治和操縱立法的高手。市議員們在耶基斯的賄賂下發家致富，反過來，他們投票讓耶基斯取得低成本、短期的特許經營權，並通過對他系統有利的地方法律。

然而，耶基斯對政治公然干預，最終也導致了他在芝加哥事業的敗亡。一切都始於他過於貪婪地推動通過一項州法案，讓他可以在不向市政府支付任何費用的情況下，續約特許經營權一個世紀。一八九八年，當市議員們準備投票通過該法案時，全市爆發了一場反對耶基斯的基層運動。改革派舉行了大規模集會和遊行，反對親耶基斯的立法，反對過去投票支持耶基斯的政客。市議員們被警告說，如果投票支持耶基斯，那就是在政治自殺。

在該法案進行投票的當晚，市政廳被數千名手持槍支和絞索的抗議者包圍，明確宣告耶基斯統御時代的終結。憤怒的人群輕而易舉擊垮了耶基斯一百萬美元的賄賂，法案最終遭到否決。幾個月後，耶基斯的黨羽經過投票被永久逐出市議會，一年之內，耶基斯以僅僅兩千萬美元的價格拋售了手中的電車體系，從芝加哥逃到倫敦。

在這之後，耶基斯似乎失去了動力。與第二任妻子分居後，他於一九〇〇年前往倫敦，以五十萬美元的價格收購了一家鐵路公司的特許經營權，並說服英國股東採行電氣化，從而進入了倫敦的交通系統。後來，耶基斯和一個財團開始改造倫敦地鐵，這是一項價值八千五百萬美元的專案，此前他擊敗了 **J・P・摩根**，獲得了對地鐵的控制權，但因罹患腎臟疾病，耶基斯在五年後瀕臨破產時去世，其祖國無人聞問。

眾所周知，芝加哥政壇長期以來歪風盛行，但耶基斯帶給我們的是一個更基本的概念。他是芝加哥最早的政治掮客之一。他透過公用事業和政治上的陰謀詭計，將金融與商業結合起來。只有在公用事業領域，你才能利用政治腐敗來壟斷商業。在公用事業領域，商業可以在完全的政治保護下作惡，

不受干擾。而在其他領域，市場競爭總是會將不良的商人淘汰出局。在全美各地，精明的商人濫用地方公用事業，把不那麼精明的政客當作自己的工具。耶基斯是早期將商業、金融和政治結合起來的純粹案例，甚至直到二十世紀末，都還有人可以效仿他的做法。

湯瑪斯・福頓・萊恩

開創美國第一家控股公司

湯瑪斯・福頓・萊恩堪稱是美國最後的強盜大亨之一，充滿野心的他以「偉大的機會主義者」為人所知。他不負其預言般的中間名，在一九二八年去世之際，已是世上最富有的人之一。除了在「牽引業」、菸草和保險等行業不擇手段地賺到約一億美元之外，萊恩還為美國創造了最受歡迎的企業工具之一，控股公司。

一八五一年，萊恩出生在維吉尼亞州的一個小鎮，他身材高大，長相出眾，是愛爾蘭天主教徒，藍色雙眼，方正臉型帶著酒窩顎，性格強硬。一八八六年，他成立了自己的控股公司，當時他才三十五歲，正在曼哈頓街道上建立他的路面電車王朝。他和一個財團組成了大都會牽引公司 Metropolitan Traction Company，持有各種營運公司，並透過它們收購小型路面電車路線、從事股票灌水，然後把這些灌水股換成更有價值的大都會股票。儘管控股公司對美國金融史的重要性與日俱增，但萊恩最初的成功主要依賴於政治——也就是說，很陰暗的那種手段。

「市長們都是他的工友，州長們都聽從他的調遣……坦慕尼協會 Tammany Hall 是他的獵犬，正如人們用韁繩駕馭馬匹，他用金錢的意志駕馭市議會。」一名專門報導醜聞的記者曾這樣描述萊恩。就像芝加哥的「牽引業」之王查爾斯・耶基斯一樣，萊恩的牽引事業生涯建立在政治腐敗之上，他賄賂曼哈頓的政客，來加強對該市路面電車系統的控制。政治在控制路面電車方面發揮了關鍵作用，因為需要使用城市街道，就必須透過政客以特許經營的形式來獲取權利。這個遊戲對萊恩來說太容易了，他在一八七〇年代成為

以腐敗聞名的坦慕尼協會之普通成員後，進入了牽引行業。事實上，正是他在坦慕尼的人脈，使他認識到在路面電車上可以賺到多少錢。

在華爾街擔任了十年的股票經紀人後，萊恩於一八八三年全力投入牽引行業，爭奪該市主要特許經營權之一的控制權。他奮力爭取，用數千美元的現金賄賂市議員，甚至動用到他專門為這場仗而成立的公司的股票；然而，他的競爭對手投下的銀彈卻更多。一向堅持不懈、還帶著詐騙藝術家精神的萊恩，在一年之內，向他的競爭對手發動了具殺傷力的訴訟與州級調查，讓競爭對手最終屈服於他這些可疑的策略。當立法機構厭倦了所有這些吵鬧不休，廢除了萊恩費盡心機才贏得的特權時，萊恩轉而與法院纏鬥兩年，來推翻這一項廢除命令。他參與遊戲，就是為了贏。

他成立大都會控股公司後，隨即就用刻意拉高的股息來操縱股價。他是最早讓投資人知道高得過分的股息可能是傻瓜陷阱的人。在這過程中，他成功地在一八九九年將該股股價推高至兩百六十九美元，隨後他和其他內部人士將股票拋售給渴切的公眾。

一九〇六年，就在大恐慌之前，萊恩退出了他遍及全紐約市、涵蓋地鐵系統的牽引事業，總共賣得五千萬美元的財富。當然，沒了他與他用鉅款換來的強大政治關係來維續壟斷地位，他的帝國就像紙牌屋一樣崩塌——剩下的只是他的個人財富。當大都會進入破產管理程序時，接管人抱怨發行三千五百萬美元債券的所得不見了。奇怪的是，其中一千五百萬美元始終下落不明；另外兩千萬美元則被查出是政治賄款！諷刺的是，美國第一家控股公司為貪腐所苦還最終破產，而後這種問題模式不斷被複製沿用，它卻始終存在。對於這項創新，還得歸功於萊恩。你可能會認為，人一生有這麼一次已經足夠。

但是，萊恩不但沒有退休，還一直活躍於商界。他不僅保住了自己的巨額財富，還成功將其翻了一倍；作為規則外的異數，他是在銀行、礦業、公用事業和人壽保險等他不熟悉的行業，讓財富翻倍的。在大多數情況下，當一名成功的金融家轉換領域，拋棄他的專長，最終都會損失一大筆錢，以傑

伊‧庫克的例子而言，他就丟掉了他的全部財富。

　　萊恩滿懷信心地繼續經營事業，尤其在菸草領域取得了巨大的勝利。根據當時媒體報導，一八九〇年代，當他還致力於牽引事業之時，就已幫忙組織了同業中最大的合併案之一，當時「合併」還是一個新詞。透過三家菸草公司的合併，萊恩協助組建了美國菸草公司 American Tobacco Company，使其資本達到兩千五百萬美元，之後一次又一次地資本重組，直到資本達到二‧五億美元。

　　他最冒險的一筆交易是應比利時國王利奧波德二世的邀請，投資比屬剛果的礦業。萊恩參與了一家國際公司的開發和融資，把富饒的非洲土地工業化，他也獲得了該公司四分之一的股份。當批評者指責這家剛果公司憑藉奴隸制度獲利時，萊恩在一次罕見的採訪中告訴記者，「我心安理得。」既然在剛果，那就要入鄉隨俗。他可真是位徹頭徹尾的強盜大亨！

　　他在私生活裡，正如他在多變的商業生涯中一樣，不論別人怎麼看他，萊恩都不畏懼去做自己想做的事。想瞭解這個人，可以從他在一九一七年再婚的事情中獲得解答，當時他六十六歲，第一任妻子去世僅僅兩週。這引發了他與長子艾倫‧萊恩 Allan A. Ryan 之間無休止的爭執。艾倫是一名股票經紀商，也是斯圖茨汽車公司 Stutz Motors 的總裁，他宣稱：「這是我聽說過最不尊重、最不體面的事。」

　　儘管受過父親的訓練，但艾倫似乎秉持了更好的商業道德。但在一九二〇年代，不知是出於驕傲還是為了利益（歷史記載不明），他試圖壟斷斯圖茨卻落得失敗下場，最終宣告破產。他的父親老萊恩就在一旁，看著兒子壟斷失敗還葬送職涯，一言不發也不給予金援，想必也關起了內心。湯瑪斯‧福頓‧萊恩死後，給他的妻子和其他兒子留下許多遺產，但可憐的艾倫卻只拿到了一對白珍珠襯衫飾釘。

　　萊恩留下了一筆財富、全美第一家控股公司的壯舉以及昭著臭名。很難看出，他實際上做了多少對世界有益的事。萊恩與他的精神前輩查爾斯‧耶基斯一樣，也是名狡猾的資本家，利用政治關係透過公用事業的形式，從腐

敗的政治中獲得利潤。也許，我們從萊恩和耶基斯這樣的人身上所能學到的
最大的教訓是，如果我們不曾接受市政當局有權從所有層面控制和監管公用
事業，他們就不可能做到他們所做的這一切。正如亞當・斯密始終知曉的那
樣，比起政客或湯瑪斯・福頓・萊恩，市場競爭其實並不算什麼。

33

RUSSELL SAGE

羅素・塞奇

總 能 持 盈 保 泰 的 智 者

傑出的市場操縱者羅素・塞奇是個恪守格言的人。「我靠格言賺了數百萬，其中最主要的是我父親最喜歡的一句話，那就是：『錢誰都能賺，但只有智者才守得住它。』」塞奇聽從父親的建議，像狗一樣緊守著自己的骨頭，無論景氣是繁榮還是恐慌，他都緊緊抓住自己的錢不放。在一九○六年去世時，這隻聰明的老貓頭鷹積蓄超過一億美元，是市場信賴的支柱，也是華爾街屹立不搖的智者。

身穿標誌性的廉價寬鬆的黑色西裝和破舊的銀行家背心，塞奇透過操縱鐵路、以近乎高利貸的利率放貸、開創期權買賣系統而致富，他實際上也是跨式 straddle 和價差 spread 等期權組合的最初發明者。作為一名精明的商人，他利用狡詐的信念和策略合作關係（有時是被收買的）從每一個機會中榨取最大的利潤。一八一六年，這位貧窮農民之子在一輛帶篷馬車上出生，從小就努力為自己爭取最大的機會——但有人問到他童年的理想時，這位謙遜的百萬富翁說：「我從小就下定決心的唯一一件事，就是我絕不做一名窮人。無論我做什麼事，我都要成功。我見過貧窮環繞著我，而我為之憂懼。」

塞奇貧困的時間並不長。十三歲時，他在哥哥於紐約州特洛伊市的雜貨店工作一年之後，就買下了自己的第一塊地。始終馬不停蹄的塞奇在掌握放貸給朋友來賺錢的技巧後，接著成為廣受歡迎的馬匹經紀商，還接手了哥哥的雜貨店，然後在一場反常的冰暴中靠著航運大賺了一筆。塞奇很快就學到小錢的價值，他自豪地說：「如果你管好每一分小錢，大錢自然隨之而來。」二十一歲時，已經很富裕的塞吉進入特洛伊市政府，在那裡他制定了未來在

鐵路方面的致富策略。

　　一八五二年，年僅三十六歲、身高五呎十吋（約一百七十八公分）的塞奇當選國會議員，在那裡，他不僅隨時隨地放貸給立法院同僚，更發現蓬勃發展的紐約中央鐵路公司，亟需他所在城市的特洛伊和斯克內塔第線 Troy & Schenectady 來進一步擴張。因此，當這家往常都獲利的公司股價開始神祕暴跌時，特洛伊公司找上它最喜歡的塞奇求援，真是好巧不巧，塞奇也是該線董事。在他敦促下，特洛伊以不到鐵路價值三分之一的價格（二十萬美元），將股票賣給了一家由塞奇私下執掌的虛設公司！等著它的，卻是暗中出賣！塞奇鐵藍色的雙眼彷彿嘶吼著「絕不留情！」一回頭就狡猾地把股份賣給了紐約中央鐵路公司，換來令人豔羨的九十萬美元和一個董事席位。鐵路就此成為塞奇最喜愛、但並不唯一的生財工具；他經常賄賂州政府官員，以獲得價值不菲的土地使用權。這有點像**海蒂‧格林**，也帶點**傑伊‧古爾德**之風，但更是塞奇本色。

　　塞奇的另一格言是：「如果一檔股票的價格高到足以賣出，那麼也就高到足以賣空。」連任兩屆之後，他離開了國會，用他在鐵路、放高利貸和囤積居奇所賺來的財富，掌握了金融市場。很快地，他就被稱為「史上最偉大的股票交易員」。當然，這樣的人有很多，他們隨牛市而來又隨牛市而去。儘管如此，塞奇躲在一個昏暗的三樓辦公室裡，坐在一把最初屬於華盛頓總統的轉椅上，利用他的賣權（看跌期權）put 和買權（看漲期權）call 系統，在一年內賺了一千萬美元——他聲稱，這系統幫助了那些想利用他巨額信貸運作的小型經紀商。

　　塞奇似乎從未想過要做慈善。他小氣又吝嗇！儘管他擁有巨大財富，但他秉持海蒂‧格林的風格，每天在西聯電報 Western Union Telegraph 享用免費提供的午餐，他是該公司的董事。他不花錢娛樂，因為他沒有娛樂：他喜歡工作和工作帶來的金錢成果——因為他幾乎沒有其他的東西。他有過兩次婚姻，但沒有孩子。操縱市場是他唯一的遊戲！

　　按照塞奇的說法，玩這遊戲的唯一方法，就是使用買權來保護空頭交易，

用賣權來對抗多頭交易。他急切地為他認為會上漲的股票提供賣權，並為那些預計會下跌的股票提供買權（還收取高額費用）；因為大多數時候，塞奇都操縱了他下單期權的股票！例如，一八七五年，塞奇以七十二美元的價格買進**康內留斯‧范德比爾特**的湖岸鐵路公司 Lake Shore Railroad，預期股價會上漲，賣出他所持有的買權（他從不透支），也賣出了賣權！隨著湖岸鐵路股價下跌，塞奇繼續出售賣權，因為在五十二至五十五美元之間，有大量期權都「賣給他」。當股價開始上漲時，他在六十二美元時賣出了自己的股票，為那些持有他的賣權合約的人，當然也包括他貪婪的小我，確保了利潤！

塞奇可能很貪婪——他一生中幾乎沒有施捨過任何東西——但他並不愚蠢。「冬天沒人要時買進草帽，夏天人人需要草帽時就把它們都賣掉。」這句出自他口中、簡單、如今卻很有名的諺語，後來證明對他而言也是無價的。在他的例子中，「草帽」指的是美元，「夏天」則意味著恐慌！他從頭到尾都是名冷酷無情的放高利貸者，再一次像守財如命的海蒂‧格林般，在蕭條時期承作貸款，經常用為人急需的現金拯救市場，只不過代價高昂。他很清楚手頭現金的價值——通常情況下，溢價會隨著情況的緊迫性而提高！一八六九年，塞奇作為「高利貸集團」的一員被捕，他承認有罪，但喃喃地說他只是在幫助他的同胞！（後來他透過關係逃脫了牢獄之災。）最終，塞奇運用買權躲過了放高利貸的罪名：他不是借錢給客戶，讓客戶以非法利率購買一百股股票；而是為客戶拿到賣權合約，買下了大宗股票，當他向客戶出售購買的股票的買權時，用賣權保護了自己。畢竟，當時沒有法律限制買權的價格！

作為一名商業流氓，他的個人生活不僅孤獨，相對來說也比較沒有醜聞。確實，他被一位曾受雇於他的廚娘控告，聲稱塞奇是她二十五歲兒子的父親；確實，他被一位女畫家控告，聲稱他一直在調戲她，而不是為他的肖像畫擺姿勢。有錢人總會招惹到為了錢而試圖誹謗他們的人，不過，他從未被判犯有這些指控中的任何一項。塞奇忠於自己的使命，那就是賺錢，其他的他完全不在乎。

曾有個瘋狂炸彈客試圖暗殺這位大亨未果，幾年後，塞奇於一九〇六年逝世，留下約一億美元遺產。或許正是這句簡單的話，「守住你已擁有的」，讓他不致因貪婪而蒙蔽他審慎的先見之明，順利度過了一八九三年他人生中最後一次的恐慌行情。又或許是命運，讓他僥倖躲過了一九〇七年那場毀滅性的大恐慌！

無論如何，塞奇可能會在他的格言清單上加上「保持專注」，因為他很少從工作中分心。就像他那句著名的「冬天買草帽」一樣，正是塞奇身上有的這種逆向投資精神，讓他成為不論何時都能持盈保泰的投資者，也是歷史上極少數在事業巔峰時離世的。

像塞奇這樣的人，會讓你懷疑人生是否有比賺錢更重要的意義。當你沒有朋友、親戚、愛情或其他不那麼貪婪的利益時，如此富有還有意義嗎？塞奇和海蒂‧格林、傑伊‧古爾德等人的相似程度令人恐懼，他們賺了很多錢，存了很多錢，但也很少把自己的東西給身邊的人。諷刺的是，塞奇去世後，他的妻子將他的財產分散給了無數的慈善機構。他在天之靈一定難以釋懷。

34

ROGER W. BABSON

羅傑・巴布森

創新的統計學家暨新聞通訊撰稿人

受到布克・托利弗・華盛頓 Booker T. Washington「專業化保證了成功」一說的啟發,羅傑・巴布森在近一個世紀前進入股票市場分析領域,當時這領域還不存在,他幾乎沒有競爭對手。在接下來半個世紀裡,他創造了最早的市場新聞通訊之一,引發了整個機構和散戶分析行業的發展,他也發明了自己的股票市場指數,據此預測了一九二九年的大崩盤。

一九〇〇年,二十五歲的巴布森在結核病休養期間,萌生了建立一個統計機構的想法;結核病突然打斷了他剛剛起步的華爾街職涯,迫使他待在通風的宿舍裡。值得注意的是,他的這個想法可是誕生於統計數據被廣泛接受之前:當時沒有國民生產總值的計算,沒有被廣泛接受的股票市場指數,任何形式的可靠統計也都很少。

在華爾街工作時,他指出,銀行、投資公司和證券交易所都聘請了自己的統計學家,從債券公司那裡收集統計資料。他認為,在他定製的新英格蘭通風住宅裡,他可以用更高效率和更便宜的方法為所有公司做這些工作。四年後,在自學分析和製作商業報表後,巴布森與結婚四年的妻子湊了一千兩百美元,買了一臺打字機、一臺加法機和一些辦公設備。然後,在以每月十二・五美元的價格取得八名訂戶後,他們成立了巴布森統計機構 Babson Statistical Organization, Inc.(後來,他為個人和機構投資者推出資料更詳盡細的服務,最終出售了這家公司,成為後來標準普爾公司的基礎)。

與此同時,到晚年長得超像肯德基桑德斯上校的巴布森,當時還窩居在麻州的韋爾斯利丘 Wellesley Hills,在那裡創辦了他的通訊《巴布森報告》

Babson's Reports。由於他還在與肺結核較勁,他定製的住家和辦公室的窗戶始終敞開,無論是在夏天,還是在新英格蘭寒冷的冬天!他那些為他工作時未曾患上肺結核的助手們,也被要求在相同的環境條件下工作。他們把自己裹在厚厚的羊毛毯裡,戴著笨重的連指手套,用帶橡膠釘的小木槌敲擊打字機的按鍵——這在如今的當代社會裡真的難以想像。雖然沒有明確的員工流失率紀錄,但他的員工流失率肯定非常高,這是一定的!

在寒冷、大雪、雨夾雪和大雨中,《巴布森報告》向讀者提供了買入和賣出什麼標的的建議。他積累了大約三萬名訂閱者,提出了保守的投資理念,並根據艾薩克・牛頓爵士的作用力和反作用定律,透過每週指數預測市場趨勢。巴布森親切地將該指數稱為「巴布森圖表」Babsonchart,他說,該指數是從他對一九〇七年大恐慌後市場交易的研究演變而來。作為一個綜合了農業、基礎材料、製造業、交通和貿易資料的圖表,它追蹤了各種形式的市場活動,是「對追隨表面狀況而非基本面趨勢者而言,不可或缺的修正手段」。

「我們對未來事件的預測是基於這樣一種假設,即作用和反作用力定律(牛頓定律)不僅適用於力學,也同樣適用於經濟學和人際關係。因此,我們假設異常的蕭條必然伴隨著異常的活動;價格下跌必然伴隨著價格上漲,反之亦然;不論是身處何種階級或身為哪一國家的國民,我們有付出便要有所得,在工作的同時也要壯大起來。」從本質上講,他的意思是:漲上去的就會跌下來,反之亦然。

巴布森圖表是巴布森具體投資計畫的關鍵,他在《為你的錢制定持續工作計畫》*A Continuous Working plan for Your Money* 一書中概述了這一點。該計畫呼籲採取「完整、持續、保守且具有建設性」的市場策略,包括追求利潤、收益和部分增長的三方買入計畫。盡責且要求極度精確的巴布森,向他的讀者們宣導要控制自己,抵制獲取罪惡的短期利益的誘惑。「與其說成功來自預測,不如說是來自在正確的時間做正確的事,並且要始終願意謹慎地保護自己的航向。」記住,他會跟你說,成功需要多年的積累!他甚至有一套自己的股市「十誡」:

一、把投機和投資分開。

二、不為名氣所惑。

三、小心新的推廣宣傳。

四、充分考慮市場能力。

五、在沒有確切事實的情況下不要買進。

六、經由分散風險保障投資安全。

七、不要試圖藉由購買同一家公司的不同證券來分散投資。

八、小公司應該仔細審視。

九、買得足夠心安，而非買得超多。

十、選擇你的經銷商並用現金下單。（巴布森討厭任何形式的保證金或
　　分期付款計畫，事實上，他聲稱自己從未借過錢。）

　　如今，對所有通訊 newsletter 作者來說，生存的關鍵是讓自己的名字留在
公眾的腦海裡。他們中的大多數人都是不折不扣的公關大戶。在過去的美好
時光裡，巴布森藉由撰寫無數雜誌文章和數量驚人的書籍——大約四十本
書——來保持自己的聲望，其中許多書被不斷修訂和再版。事實上，他的
名字在美國國會圖書館的卡片目錄中，占據了大約三個抽屜的空間！巴布森
寫了自傳《行動與反應》Actions and Reactions、《商業晴雨表與投資》Business
Barometers and Investment，以及《如何增加教會出席人數》How to Increase Church
Attendance 和《舊教會的新任務》New Tasks for Old Churches 等與教會相關的晦澀
專著。除了寫作，他還透過美國公益信託 American Public Welfare Trust 組織熱心
推廣衛生用品和竅門。他創辦了三所學院，進行了一項公開的「工業民主」
利潤分享實驗，並在一九四〇年以禁酒黨 Prohibitionist Party 候選人的身分競選
美國總統。

　　巴布森從不缺乏宣傳，特別是在一九二九年崩盤之前。早在一九二七年，
他就宣揚「任何重大走勢都應該是向下跌的」，並建議客戶，儘管牛市蓬勃
發展，還是要「保持手頭資金良好的流動性」。他的悲觀建言基本上都受到

客戶的忽視和嘲笑，直到一九二九年九月五日，他在自己的新英格蘭年度全國商業會議上再次重申了他的預測。這一次，他的講稿提前被洩露給了媒體。謠言四起，引發了市場瘋狂猜測。**傑西·李佛摩**召集了三十名經紀商，趁著市場大亂之際賣空了約三十萬美元的股票。報紙特別為傳奇經濟學家**歐文·費雪** Irving Fisher 保留評論欄位，來反駁巴布森預期要做的演講和預測，好安撫讀者。

果然，美國人被巴布森的話震驚了：「今天，借貸和投機的人比我們歷史上任何時候都多。遲早會有一場崩盤，即使是市場領先的股票也無法倖免，並會導致道瓊指數下跌六十到八十點。明智的投資者會提早還掉債務並保住老本。」廣播節目被中斷，媒體也停止播送他的預測。這消息像炸彈一樣震撼了華爾街。巴布森被貼上了「世界上最偉大的經濟學家之一」、「著名的金融預言家」甚至「虧損的先知」等標籤，引發了一場小小的恐慌，李佛摩押下的賭注成真了。投資者變得歇斯底里，開始瘋狂拋售。在兩天前達到三八六·一〇點的高點後，道瓊指數挾巨額成交量暴跌。**阿馬迪奧·賈尼尼**甚至在董事會上被人打斷，因為聽說全美集團 Transamerica 的股價暴跌了！

諷刺的是，這次暫時拯救了市場的歐文·費雪盲目反駁道：「我預計幾個月內股市將比今日上揚許多。」費雪的聲明對公眾起了預期的安撫作用，股市迅速反彈了。李佛摩甚至更快地回補了他的空單，並獲利落袋！巴布森堅持說這次反彈只是暫時性的，但沒有人會聽。當危機最終真的到來時，巴布森呼籲大家「要沉著、採用洞察力、審慎的勇氣，以及老式的常識」，但他的話再次被置若罔聞。

一八七五年，巴布森出生於麻州格洛斯特 Gloucester，是海員世家的後裔。他畢業於麻省理工學院的土木工程學系，這也是他熱愛牛頓的原因。工作之餘，他在主日學校教書，和妻子一起收集和研究牛頓的著作，一起整理花園，收集舊的航海地圖、郵票和福音類書籍。巴布森是一名古怪的發明家，被認為是世界上最大的等高線地圖的繪製者，也是湯瑪斯·愛迪生的朋友，他痴迷於健康、衛生和特種飲食，從不喝酒或吸菸。他是一位固執而堅定的人，

有很多話要說，活著的時候一直在工作，直到一九六七年以九十二歲高齡去世。雖然他活得很長，但很難想像他活得很盡興——也就是說有很多樂趣，或者讓他周圍的人感到愉悅。你會發現書中很多人都將他人視為自己的榜樣或導師，但沒有人會這樣看待巴布森。他與那些擁有吃喝玩樂心態的人完全相反，他抱持極度的不享樂主義，是一名標準的刻板、堅忍的新英格蘭人。在某些方面，他簡直就是一個苦悶的人。

然而，作為一名創新者，他堪稱是一流的人物。雖然他的書和文章都很重要，但改變金融世界的是他的創新。他是最早提供統計服務的人之一，也是第一位在這方面取得成功的人。他是第一批做時事通訊的人之一，也是第一位堅持繼續做下去的人。這些創新貢獻，都足以讓他躋身形塑市場的百位巨人。

湯瑪斯・羅維・普萊斯

為 人 熟 知 的 成 長 股 之 父

早在投資有前景的新領域以期趕上下個趨勢熱潮成為風尚以前,巴爾的摩的湯瑪斯・羅維・普萊斯在一九三〇年代末就已緊抓還「不流行」的領域不放。直到十年後,他開始實現驚人的業績,並在一九五〇年建立了 T・羅維・普萊斯成長型股票基金,華爾街才注意到這一點。又過了十年,拜普萊斯等人所賜,成長股席捲了整個華爾街,成為華爾街的重要趨勢。

在普萊斯之前,所謂的成長股都被忽視,因為華爾街認為所有股票都是週期股——這意味著它們會隨著經濟週期漲跌。但羅維・普萊斯是第一位持不同看法的人。在一九三九年,他寫道:「大多數公司的收益經歷一個生命週期,就像人的生命週期一樣,有三個重要的階段——成長、成熟和衰退。」

因此,他開始利用這三個階段來為自己獲利:「我認為,如果我們購買收益增長快於經濟增長的股票,我就可以保護自己和客戶免受通貨膨脹的影響。利用週期性波動的舊有投資理念,是做不到這一點的。」他聲稱,持有一檔股票的風險最小的時間——如果它符合他的嚴格標準的話——是在成長的早期階段。正是在這些早期階段,普萊斯鼓起勇氣和遠見,買入 IBM、可口可樂、傑西潘尼 J.C. Penney、陶氏化工 Dow Chemical、孟山都 Monsanto 和寶僑 Procter & Gamble 等剛起步、大家聞所未聞的公司的股票,一直持有,直到最終獲得回報。

對於頭腦冷靜的普萊斯來說,選擇合適的公司進行投資,可不是件簡單

的事。**班傑明‧葛拉漢**等基金經理選擇定量方法來選股,普萊斯卻譴責這種直接的數學方法過於死板,幾乎沒有為意料外的壞消息留下迴旋空間。相反地,普萊斯在有發展前景的行業中尋找一兩家業績最好的公司,這些公司即使在經濟週期的下行階段也表現出持續的單位成長和獲利。然後,正如約翰‧崔恩的《股市大亨》所描述的,他會考慮以下投資方針。普萊斯認為公司必須具備:

一、卓越的研究開發產品和市場。

二、不必介入殘酷的削價競爭,也明顯不受政府監管的影響。

三、傑出的管理。

四、總勞動力成本低,但員工待遇優厚。

五、從統計資料來看,投入資本回報率可達百分之十,持續的高淨利率以及每股盈餘卓越成長。

當一檔股票「成熟」的時候(通常是十年之後),正是拋售股票的時機。普萊斯相信長期持有,儘管他其實是個沒耐心的人。股票成熟的明顯預警信號,是單位銷售額、淨利率或投入資本回報率的下降,但普萊斯也會注意以下幾點:

一、管理階層換人且變得更糟。

二、市場趨於飽和。

三、專利到期或因新發明而導致價值降低。

四、競爭加劇。

五、立法環境惡化。

六、勞動力和原材料成本或稅賦跳漲。

到一九六〇年代中期,他有了一群邪教徒般的忠實追隨者,他們恪守

「T‧羅維‧普萊斯方法」，包括買入普萊斯最喜歡的、有「普萊斯股」之稱的股票，像是艾莫利快遞公司 Emery Air Freight 和佛利特伍德 Fleetwood。然而，他非但沒有感到高興，其自我本位的逆勢思維反而讓他愈來愈煩惱。突然之間，他的「發現」竟成了每個人投資組合的一部分！為了在未開發的領域上施展他的投資哲學，他成立了第三支免傭基金，名為「新時代」，投資於天然資源、房地產和黃金。到一九六〇年代末，隨著他的理論和思想變得過於主流而令他不適，普萊斯賣掉了他在普徠仕公司 T. Rowe Price & Associates 的股份，當時公司執掌的普萊斯成長型股票基金規模達十億美元。他賣掉股份獲得兩百三十萬，按照今日標準，這對一家如此規模和聲望的投資管理公司來說，是一筆微不足道的數目。在他的個人帳戶中，他削減了自己的成長型持股，並將他新取得的大部分資金，投資於他的「新時代」選股。

一九七四年，普萊斯的準備工作取得了回報，當時成長型股票暴跌，有些股票相較高點下跌了百分之八十。他的前公司損失了一大筆錢。這家公司不但從未聽從大師給他們的警告，事實上，它還繼續向客戶提供價格過高的「普萊斯股」。該公司並未意識到，自己促進成長型股票的交易，使得市場愈加飽和，從而助長了股市的暴跌。

一九七三至一九七四年的大熊市，使得「成長」一詞成為華爾街的禁忌，許多投資者驚慌失措，紛紛拋售手中持股。例如，那些以一百三十美元（過分的五十五倍本益比）買入雅芳 Avon 的人，現在以二十五美元（相對合理的十三倍本益比）拋售。當然，逆勢之王普萊斯意識到，既然成長型股票已經失寵，那就是時候重新開始買入這些股票了，不過不一定是一九七二年讓所有人都興奮不已的那幾檔股票。於是他買了，而他的選股，像是有線電視等，獲得了成功。

羅維‧普萊斯是個狡猾的人。這位生於一八九八年的馬里蘭州鄉村醫生之子，是一名真正的專業人士，總是照顧他的客戶，他相信：「如果我們好好服務客戶，客戶就會惠顧我們。」他是一名偉大的推銷員，每天都在上

衣翻領上別一朵花，對自己具有極大的信心——這是成為一名真正的逆勢投資者的必要條件。他非常敬業，除了辦公室之外幾乎沒有什麼朋友或興趣愛好。甚至他的妻子和孩子，似乎也都被排在投資之後。

個子瘦削，髮色鐵灰，鼻梁下一撮小鬍子，五〇年代風格的黑框眼鏡下有雙若有所思的眼睛，普萊斯畢業於斯沃斯莫爾學院 Swarthmore College，起先以成為研究化學家為目標。然而，在傳統投資者仍對重工業和商業週期抱持信心時，他在科學方面的訓練，卻讓他看到了即將到來的科技領域的機會。一九三七年，普萊斯斷絕了他在化學領域發展的念頭，成為一名投資顧問。接著，他成立了自己的公司普徠仕。

他嚴格自律，即使在退休後，照常每天早上五點起床。然後，他按照嚴格的排程每天工作，盡職地按照書面列出的順序完成每一項任務，也從不執行當天未列入日程表中的工作。「普萊斯先生」對待金錢和對待時間一樣自私。當他的公司從原來的普通辦公區搬到一個可以俯瞰巴爾的摩港的嶄新基地時，普萊斯已經退休但仍在工作，他留下來和相伴了五十五年的祕書共用一間更實際的、有兩個房間的辦公室。儘管普萊斯不是一個臭名昭著的吝嗇鬼，但他也從來不會慷慨大方，也不走成功商人的標準路線（也就是做慈善）。直到他以八十五歲高齡於一九八三年去世，他始終堅持自己堅定的工作方式，很少費心去幫助任何人。

在人們記憶中，羅維・普萊斯是個脾氣暴躁但可以原諒的老傢伙。《富比士》編輯詹姆斯・沃克・麥可斯 James W. Michaels（也是我在富比士集團的個人導師）在一次普萊斯追悼會中回憶道：「如果我沒能馬上理解他說的某些重點，他會突然說『你什麼都不知道，對吧？』之類的話。但在我背後，他為我和這本雜誌說了很多好話。」

儘管普萊斯古怪而且心胸狹隘，但他的貢獻卻相當驚人。他領導了一個思想流派，形成了一個巨大、新穎的投資思潮，這一思潮將會不斷發展並延續到後世幾代人。他是成長股之父嗎？嚴格來說，他並不是第一個採行這種思路的人。（很顯然的，我父親菲利普・費雪在美國西岸使用成長股投資法

的時間，比普萊斯早了五年，只是他著書立說的時間比普萊斯晚了許多。）
普萊斯是第一個明確闡述成長股投資模式的人，這種模式受到了全世界的歡
迎和效仿。為此，他造成了巨大的轟動，投資界都應該要好好感謝他。

36

佛洛伊德・博斯特維克・奧德倫

現 代 最 初 的 企 業 掠 奪 者

佛洛伊德・博斯特維克・奧德倫用了大約十五年的時間，把他三萬九千美元的投機資金池，變成了一個價值一億美元的巨型企業。他沒有找到成長股，也沒有建立新的證券分析學派，而是對那些在大崩盤後市值被低估的公司，以半價的行情收購再進行重組，接著清算資產，拿到現金，然後一而再、再而三地重複這個過程。他被譽為大蕭條時期成為百萬富翁之人，被**西德尼・溫伯格**暱稱為「五成」Fifty Percent，冷靜、泰然自若且低調的奧德倫，為華爾街做出了自己獨特的貢獻。在近年市場上，他的投資理念——現代企業突襲——與任何投資理念同樣重要。

奧德倫的阿特拉斯公司 Atlas Corporation 始於一九二三年，當時只是一時興起，他和一名朋友及他們的妻子一起集資，投入了一九二〇年代的牛市，並樂觀地把公司取名為「美國公司」United States Company。奧德倫一直在一家大型公用事業公司擔任律師，他利用自己的知識，一開始主要投機於公用事業證券。第一年，美國公司支付了百分之六十五的股息；到第二年，其股票價值已達到原始價值的十七倍。一九二八年，其他公司被允許投資該公司，一年後，它就成為了總資產六百萬美元的阿特拉斯公用事業公司。

不知怎麼的，一九二九年夏天，奧德倫感覺到事情不對勁。於是，他拋售了阿特拉斯大約一半的股份，發行了價值九百萬美元的新股，將所有收益都以現金和短期票據的形式保存，結果幾乎完全逃過了大崩盤。沒有債務負擔又有一千四百萬美元資產在手，阿特拉斯公司接下來採用了奧德倫鼓舞人心的收購計畫，從滿街都是的破產投資公司開始著手。要控制一家公司並清

算其資產，整個過程需要三週到三年的時間，但阿特拉斯積累了如此多的資本，大有條件可以慢慢等上從中搾取豐厚利潤的時間。華爾街上是這麼唱的：「小小投資公司你別哭，阿特拉斯公司不久就來。」

當龐大的公用事業公司成為新政改革的目標時，阿特拉斯公用事業公司也更名為阿特拉斯公司。奧德倫支持新政計畫，甚至為小羅斯福的競選活動做出了貢獻，他帶領阿特拉斯度過了這個時代，取得了巨大的成功。阿特拉斯發展到需要四十家經紀公司的服務。然而，儘管奧德倫與華爾街關係密切，但他從不認為自己是華爾街的一員。他聲稱自己看不懂股票行情表上的符號，還說自己沒辦法「在看價格的時候保持平衡」。他的方法很簡單：「你要在別人賣出時買進，在形勢看起來最好時賣出。」

奧德倫身材瘦長，有著淺棕色頭髮，牛角框眼鏡後有雙銳利的藍眼睛，臉上掛著洋洋自得的笑容，但動作快而緊張，說起話來低調且深思熟慮。在華爾街做生意時，他冷酷無情卻不失機智，親切熱心的同時也眼光敏銳。他是一名精明的談判者；在談生意時，別人很難知道他腦子裡在想什麼。在進行交易時，他有時會假裝無聊，把腳碰地一聲擱在桌上，把目光從來訪者身上移開。

奧德倫是個老菸槍，他通常都是喝牛奶，總是不喝酒、不吃紅肉和生水果。他喜歡冷笑話、壁球和他的大麥町狗「斑點」，也喜歡非正式的聚會和高爾夫。他收集十九世紀的風景畫，喜歡把自己想像成藝術家；為了放鬆精神，他會雕刻陶土，但最終總會把他的藝術作品壓成一團。到目前為止，奧德倫最著名的怪癖是透過一根加長的、像蛇一樣的電話線（他的另一招牌）談生意，同時還漂浮在他位於加州印第奧農場的奧運規格游泳池裡。為了緩解關節炎，他會泡在溫水泳池裡。當他主持董事會會議時，他們也在他的游泳池裡舉行。為了迎合奧德倫的每一個突發奇想，董事們脫掉了他們的三件式西裝，換上泳褲，跳到了齊腰高度的泳池中！

隨著新政開始施行，奧德倫的突襲機器就放棄了他最初專注於收購陷入困境之控股公司的方向，轉向更刺激的直接投資，例如銀行、鐵路、電影、

百貨公司、房地產，以及後來的石油和礦業。關於他的故事不勝枚舉。例如，他重建了紐約的百貨公司邦維特泰勒 Bonwit Teller，將其管理權交給了自己的首任妻子，也就是他兩個兒子的母親，她在一九三五年與他離婚，但仍然繼續經營這家公司。在他們離婚時，他並沒有解除妻子的職務，這充分說明了他的個性。與大多數男人不同，奧德倫顯然更能將情感的合夥關係與商業上的關係區分開來。他還重組了灰狗巴士 Greyhound，並使麥迪遜廣場花園 Madison Square Garden 獲利。他在花了三百萬美元買下雷電華電影的控股權五年後，以九百萬美元的價格賣給了霍華·休斯 Howard Hughes。

一九三六年，他與破紀錄的女飛行員珍·科克倫 Jane Cochran 結婚；十一年後，他買下了聯合伏爾提飛機公司 Consolidated Vultee Aircraft，也就是來的康維爾 Convair 的控制權，當時航空業正處於戰後的低迷時期，華爾街普遍認為「造飛機不是華爾街營運商該涉入的領域」。儘管在某些商業航空契約上的虧損比預期多出一千三百萬美元，但奧德倫用 B-36 轟炸機使康維爾擺脫了低迷，幸運的是，B-36 轟炸機成為了美國的主要進攻武器。後來，他在最高價賣出，使阿特拉斯投給康維爾公司的一千萬美元翻了一倍。根據這一經驗，奧德倫標榜他成功「接管」的規則包括：

一、在投資時要有固定的目標。
二、接掌管理階層。
三、堅持到目標達成。
四、當你離開時，給公司留下足夠多的錢，讓下一個投資者可以獲利。

一八九二年，奧德倫出生在密西根州一個衛理公會牧師家中，身為貧窮牧師之子，他是五個孩子中最小的一個。童年時，他做過許多零工，從摘漿果、挖溝渠、堆木材、照料芹菜，到挨家挨戶兜售地圖，他都做過。不過，他最喜歡說的故事是有一名集市裡的推廣人員雇用他，去騎鴕鳥和馬賽跑。小佛洛伊德輸掉了每一場比賽，但也飽餐了一頓蘋果派！

奧德倫在科羅拉多大學波德分校學習新聞科系，也修習法律。為了付得起學費，他在當地報社工作，經營學生洗衣店，管理戲劇俱樂部和女子歌劇院，夏天還經營四個兄弟會的宿舍，供給遊客住宿。他從不放過任何一個機會。與此同時，他在學校辯論隊待了四年，還成為一名撐竿跳的明星選手。他顯然比大多數人精力充沛。一九一五年，他獲得了法學士學位，並以最高分輕鬆通過了州律師考試。

　　接下來，這位雄心勃勃的律師展開他的冒險之旅去了鹽湖城，他只買了一張便宜的單程火車票，到了那裡，他開始在猶他電力和照明公司 Utah Power and Light 的法律部門工作，這是一家大型紐約公用事業控股公司電力債券和股份公司 Electric Bond and Share Corporation 的子公司。在鹽湖城，他娶了一名摩門教女孩，當奧德倫晉升到總公司時，他們一起去了紐約。奧德倫逐漸在公司裡獲得升遷，從事國內公用事業的整合工作，卻也患上了神經性消化不良。

　　他的下個階段很有趣，因為這情況在當時相當常見，現在卻不一樣了。本質上，他身兼二職。一九二六年，當阿特拉斯的前身美國公司正在順利開展時，他也被任命為其海外子公司美國和外國電力 American and Foreign Power 的董事長。他經營著自己新成立的美國公司，與此同時，他仍積極地為美國和外國電力工作，這在今天會被視為嚴重的利益衝突，但實際上，他是在一個共同的基礎上同時出任二職，直到一九三二年；此後他仍擔任美國和外國電力公司的董事會成員，一直到一九五〇年代。這表明了情況儘管存在衝突，但他們對這種關係都感到非常滿意。

　　奧德倫於一九七六年去世，享年八十四歲。就在去世前三年，八十一歲的他，還因為計畫在自己七百三十二英畝的牧場上，建造一座價值一億美元的公寓專案，而登上了頭條。他住了三十四年的房子將成為社區的俱樂部會所——事實上，他曾用以舉行水上董事會議的著名泳池已被抽乾，藝術品將被拍賣，傢俱會被搬到另一座未啟用的豪宅裡。

　　藝術品拍賣和空泳池聽起來非常啟人疑竇，但也許奧德倫只是在晚年變得悲觀了。同年，他告訴《紐約時報》：「對我來說，一切都糟透了。」他

預計在四到八年內會出現嚴重的暴跌。原因是什麼呢？政府赤字、通貨膨脹和商業道德的全面瓦解。商人「不像前幾代人那麼專注，因為他們對高爾夫球場、期權和退休金太感興趣，而不是為公司賺錢。」老到不行的男人常會這麼想，如今，他們對困擾奧德倫的相同事情，也往往有這樣的感受。因此，我們從奧德倫身上學到的一個教訓是，不要太認真地對待老年人的悲觀言論，因為這只是他們的偏見。

更根本的是，奧德倫展示了一種他人會效仿的精確藝術，特別是在一九八〇年代的牛市中。一九三二年股市出現市價大跌之後，股票在公開市場上的售價遠低於它們在私募市場上可以拆解的價格。他基本上展現了利用公開市場和私人市場之間的價差進行套利的能力。一九六〇年代末至一九八〇年代初的市場表現平平，加上大規模的通貨膨脹，創造了另一個時期，在這個時期，股票的買入價格通常遠遠低於私人市場上公司的解散價格，人們開始重新實施奧德倫的理念和策略。如今，從企業掠奪者到基金經理馬里奧・嘉百利 Mario Gabelli 這樣的投資者都在談論「私人市場價值」，彷彿這是個他們可以計算的精確數字。二十年後回頭看，如果我們來檢視他們是否能像他們的前輩奧德倫那樣，取得持續的成果，將會是一件很有趣的事情。

保羅・卡伯特

現 代 投 資 管 理 之 父

很久以前，過於謹慎的守舊派波士頓投資者喜歡模仿受託人 trustee，他
們的規則是永遠不投資任何無法從辦公室的窗戶往外看到的東西。你
覺得這有點誇張是嗎？也許吧，但即使在今天，波士頓的投資行業也還保有
相當多的地方特色，這曾是它勝出的品質。但保羅・卡伯特摒棄了這種狹隘
的心態，在人們認為普通股只適合投機客的時候就投資了普通股。債券一直
是波士頓投資者明智、謹慎和傳統的選擇，但卡伯特作為一位古板的波士頓
人，對傳統的關心卻很有限。在他的一生中，他就像是一座燈塔一般，吸引
著其他人現在就進入投資領域的驅動力，也就是機構資金管理的世界。

　　卡伯特和他那些裝腔作勢、一本正經、咬牙切齒的朋友們總是有點不同。
他曾是摩根公司董事會中最沉悶、卻最具影響力的董事。有一次，他來參加
董事會會議時，臉上有一個巨大、明顯的紫色瘀傷，額頭上還有一道傷口。
一位董事同事評論說，那一定是在獵狐時摔了一跤。「天啊，才不是呢！」
卡伯特在會議室裡大聲喊道：「你們這些混蛋就沒喝醉過嗎？」在另一次摩
根董事會議上，他問無趣的通用汽車大師艾爾弗雷德・普里查德・斯隆 Alfred P.
Sloan：「最近怎麼樣？」當斯隆開始喋喋不休談論公司政策和他的財務委員
會的事情時，卡伯特突然打斷了他：「不，不！才不是這個！我想知道的是，
你的公司什麼時候才能真正賺到錢？」

　　卡伯特出生於一八九八年，是位出身名門的波士頓人。一九二四年，
他以十萬美元和三・二萬股股票創立了美國首批共同基金之一的道富投資公
司 State Street Investments Company，這是他首次震撼了投資界。四年時間裡，

這檔股票從每股三美元左右漲到了二十四美元左右，基金規模也增長到了兩千四百萬美元。當然，一九二〇年代初對幾乎所有類型的投資來說都是非凡的年代——但卡伯特的故事與他創造的數字無關。事實上，他創造了現在很常見的第三方投資結構，這本身就是革命性的，而且他把自己剛剛起步的職業生涯置於危險之中。如果他的共同基金沒有成功，我們就永遠不會聽說保羅‧卡伯特了。

他靠的是推銷自己和他所主張的東西。儘管有自己的想法，但卡伯特仍是個哈佛人，也永遠都是波士頓「圈子」裡的成員，他已婚，有五個孩子，會打網球，和藹可親，渾身散發一股有格調且體面的氣質。最重要的是，他的外表、聲音、行為舉止、感覺，實際上都給人一種值得信賴感，他有著令人覺得親切的紅潤愛爾蘭膚色，緊實敦厚的身材，穿著灰色粗花呢西裝和背心，靠坐在一張又大又黑的桌子後方的舒適木椅上。甚至在後來的幾年裡，當道富投資公司進駐一座現代化的摩天大樓裡時，卡伯特的辦公室裡也只有幾把簡單的木椅，一個撐起他的羊毛外套和帽子的木衣架，一個大書架，以及一個固定在門內側的舊削鉛筆機，其他什麼都沒有。從各方面來看，卡伯特都是波士頓古板風格的產物。

二十六歲的卡伯特在成立他的共同基金時，對自己傳統、保守的哈佛教育和銀行經驗有所質疑，該基金從一開始就投資於股票。後來他回憶道：「你知道，當我剛入行時，沒有人相信普通股。人們認為普通股風險大，而且太奇怪了，不適合保守的投資者。債券才是正途。」當然，正如這本書所詳述的那樣，在卡伯特出現之前，許多人已在股市翻滾幾十年，但在波士頓就不那麼深入了，在美國的普羅大眾之中，幾乎沒有人介入股市，那些不認為自己是投機客的人更是絕不涉足。但卡伯特繼續他的計畫，透過投資股票，使其投資者的錢翻倍，有如強盜一般大賺了一票。

在重新考慮他的策略時，卡伯特並沒有完全拋棄老派的想法。例如，他本可以加入一九二〇年代的牛市行列，甚至在大蕭條期間做空股票，迅速賺取巨額利潤，但這在波士頓行不通，因為沒有人會把錢委託給他。最重要的

是，卡伯特是值得信賴的。他認為他所投資的公司，其品質是必須的，研究、常識和風險規避也是必須的。「最重要的品質，是有能力且誠實的管理階層。被**伊瓦爾‧克羅格**這種該死的騙子搞得身無分文，真是太容易發生了。其次你會想要投入一個繁榮的、真正被需要的產業。」從本質上說，卡伯特是一個現實主義者。「首先，你必須先獲得所有真實的資料，然後你必須面對事實。不要做白日夢。」好笑的是，卡伯特卻將自己的錢投資在高評等的市政債券。

一九四八至一九六五年間，卡伯特在母校哈佛大學擔任財務主管，他的風格獲得了實至名歸的認可。在波士頓的投資界，擔任哈佛捐贈基金的負責人，無論是過去還是現在，都是一件非常、非常重要的事，你怎麼想都不會覺得哈佛會任命卡伯特這樣一個違背常理的人。但他已經在他所做的事情上獲得了成功，哈佛想從中分一杯羹。雖然卡伯特是波士頓投資界的創新者，但他仍是徹頭徹尾的波士頓人。在波士頓以外的地方，他會被認為是一個古板的老古董。雖然他在某種程度上是一名思想上的激進分子，但他顯然很值得信賴，以至於古板的波士頓人都願意忽略卡伯特的激進特徵，儘管這些特徵在大多數人和其他局外人看來都是不討喜的。

卡伯特打破了傳統，在接手後的十年內，將哈佛的普通股持有量增加了一倍，達到總投資組合的百分之六十。在如今的機構退休金計畫、基金會和捐贈基金領域，這種對股票的配置非常常見；但在卡伯特的時代，這算是一種很新的現象，也是為卡伯特帶來響亮名聲的一個很大因素，儘管大多數人會認為這太過冒險。

如果你考慮到他在哈佛大學掌管股票的十七年，在那個市場牛氣沖天的時期，對股票的資產配置至少與選股同樣重要，特別是你像卡伯特那樣以持有高品質股票為主的話。在那些年裡，道瓊工業指數從一七五點左右上升到一千點左右，卡伯特對股票的大力投入，使他在他那原本古板的世界中成為了傳奇。

令人驚訝的是，當你回顧這段大牛市時，哈佛的捐贈基金僅僅從兩億美

元增長到十億美元，這還沒算入增資，這意味著其報酬率其實略低於百分之十。這數字還算可以，但如果以他經歷過大牛市而言，就不算太好了。以今天的標準來看，在牛市時期，每年百分之十的長期報酬率根本算不上好。但那是不同的時代。哈佛非常高興，捐贈基金的世界也發生了革命性的變化。

卡伯特不像**班傑明・葛拉漢**或**羅維・普萊斯**那類偉大的投資者。他沒有開創偉大的選股理念，也沒有創造石破天驚的報酬率。他所做的只是在美國最乏味的投資領域，注入了美國股票的刺激感以及長期相對安全性。這只有在當時的美國古板首府波士頓才能做到，也只有這麼一名值得信賴的波士頓人才辦得到。卡伯特就是那個人。捐贈基金、基金會和退休金計畫，再也不會和從前一樣了。在卡伯特的領導下，人們的態度已有轉變，更願意在保守的前提下積極冒險，去尋求更高的收益並承擔投資的風險。由此看來，卡伯特改變了世界。

卡伯特致力於共同基金和在哈佛的工作，他也開啟了一個行業，也就是第三方投資管理業。時至今天，第三方投資管理——無論是透過共同基金還是獨立帳戶管理公司——都代表了美國股票和債券的大部分資金。管理超過二十億美元資產的有三百多家，管理超過十億美元資產又有三百多家，管理超過一百億美元資產的也有三十多家。這是一個很大的行業，是一個建立在盡職調查和信任基礎上的行業。如果像卡伯特這樣的人在很早以前就搞砸了的話，那麼今天可能就不存在這個行業了，自然也不會以現在的形式存在。他是最早的從業者之一，可能是第一個因此出名的人，可以被認為是投資管理行業之父。

GEORGES DORIOT

喬治・多里奧
創 業 投 資 之 父

四十五年前，要讓創業投資領域成功啟動，就像要投入新行業一樣具有很大風險。這項任務必須要採取一種非常特殊的方式。勇氣、信心、幹勁、耐心、足智多謀和完全的奉獻精神，也是必不可少的要素，當然也少不了天才和創造力。喬治・多里奧將軍就是這樣的人，他接受了挑戰。一九四六年，他協助創立了美國研究與發展公司 American Research and Development Corporation，ARDC，這是第一家向公眾出售股票來為新公司融資的公開交易創投公司。為了證明他的想法是一種可以促進經濟成長和社會進步的可行方法，他把名譽和金錢都押上了。

很少有人批評這位土生土長的巴黎人，他喜歡把自己在創立和融資新公司方面的角色比作是名溺愛孩子的父親。他曾經培育過許多初創企業——他最著名的成功故事就是迪吉多＊，從懷孕到出生，一直到青年時期，最後他所能做的就只是「觀察、推動、擔憂和傳播希望」。他會鼓勵他的「孩子們」，但他也從不給他們施加壓力，這是大家都知道的。「當你有了孩子，你不會問你能期待得到什麼回報……我只希望他們都能在自己的領域出人頭地。如果他們做到了，回報就會跟著來。但如果一個人在努力的過程中，非常認真努力，而且忠於自己的目標，但卻無法實現所謂的良好報酬率，我還是會與他同在……如果我是一名投機者，我就會很重視回報的問題。但就我對投機

———

＊ 編註：Digital Equipment Corporation，早年知名的美國電腦公司，一九八〇年代時，以其迷你電腦系列產品聞名國際，後於一九九八年被康柏電腦（Compaq）收購。

者這個詞的定義，我不認為這具有建設性。我想要成就的是人以及公司。」

多里奧直覺敏銳又足智多謀，既像個嚴屬的法官，也最善自我批判。與此同時，他也是認真的聽者、細膩的顧問，是鼓舞人心的老師，也是個和藹可親的朋友。他生於一八九九年，父親是當初參與製造第一輛標緻汽車 Peugeot 的工程師。一九二〇年從巴黎大學 Paris University 畢業後，隔年就進入哈佛商學院學習當時全新的「企業管理」。他在一九二六年成為了哈佛大學的工業管理教授，並一直在哈佛待到退休。他會去短途旅行。在第二次世界大戰期間，多里奧擔任陸軍研究、規劃和發展項目的副主任，後來還晉升為准將。在他的職涯中，他所擁有的創新本能、獨立和要求嚴苛的個性，在五角大廈引起了不小的轟動。在他的餘生中，他被大家尊稱為「將軍」。對於不瞭解他的背景的人，可能會懷疑他與戴高樂 De Gaulle 並肩作戰過。

在華爾街上，學者親身發揮影響力的情況很少見，但多里奧卻是一個例外。他帶著學者的好奇心，老師的耐心，加上將軍的決心，使他能夠自由地嘗試自己的初創企業，而不會因為沒有立即產生利潤而感到沮喪。他曾用他濃重的巴黎口音說過：「我們的目標是培養有創意的人和他們的公司，資本收益算是一種獎勵，而不是目標。」實際上，多里奧認為立即的成功是「危險的」，他堅稱「這會讓人頭腦發熱」。

美國研究與發展公司開業後非常艱辛，它的第一個投資項目，去汙噴槍，就失敗了。在美國研究與發展公司成立的前八年中，收益微不足道，損失也相對較小，但是自一九五五年以來，它就一直都有獲利。到了一九六六年，美國研究與發展公司的資產達到了九千三百萬美元，成為了創業投資業界的典範。五年後，在多里奧的領導之下，該公司的資產增加到了四·二八億美元，並投資了大約四十六家公司。

多里奧在美國研究與發展公司最大和最引人注目的成功,是他在一九五七年首次為迪吉多提供資金。「當時有兩名年輕人來找我們說，『我們想做模組。』」多里奧確定這兩個人就是他心目中的「A 級」角色之後，他為他們的想法投資了六·一四萬美元。那一年，公司只有「兩個人和一張辦公桌」；

到了一九七一年，這家公司已擁有七千多名員工，銷售額達到一‧四七億美元。創始人兼數位部門主管肯尼士‧奧爾森 Kenneth Olson 表示：「多里奧並不急於將迪吉多推上市。他真心想要創造一些對社會有用的東西。」

多里奧讓迪吉多採用分期付款來償還借款，通常是可以購買股票的期權或認股權證。他藉由美國研究與發展公司購買具有投票控制權的政策來保護自己的投資。該協議規定，初創公司的創始人必須將公司百分之七十八的股份出售給美國研究與發展公司。如果該公司已經在營運之中，美國研究與發展公司會選擇買下不到百分之五十的股份。

總體而言，美國研究與發展公司表現不錯，但多里奧偶爾也有失敗的時候。舉例來說，該公司投資了一家有著管理問題的磁帶錄音機製造商，磁錄公司 Magnecord, Inc.。多里奧以他的耐心、冷靜與充分的自信，批准了一百六十萬美元買進其股票，相信該公司能解決自身的問題，結果它沒能做到。後來，他為自己投資不確定性標的的耐心辯護，說是：「當一個孩子發燒到華氏一百零二度（約攝氏三十九度）時，你會把他賣了嗎？」

多里奧身材高而瘦削，相貌端正，留著波浪狀的灰色頭髮和細小的鬍鬚，眼神犀利，散發出一種支配力。在課堂上，他會不斷挑戰他的學生，定出高標準，發出許多質疑，並以禮貌的諷刺口吻回答問題。多里奧經常給人的建議是：「你永遠要記住，在某個地方，有人正在製造一種產品，會使你的產品下架。」他當老師所取得的成果，完全不遜於他在華爾街取得的成就，他的許多學生後來都成為了華爾街的最高階主管。美國運通董事長詹姆斯‧迪克森‧羅賓遜三世 James Dixon Robinson III 表示：「多里奧教會了我，想要在商業上取得成功，就一定要敢於承諾，還要有責任感。」福特汽車公司前董事長菲利普‧考德威爾 Philip Caldwell 說：「我彷彿還能聽到他帶著法國口音說：『各位，如果你想在商業上取得成功，你必須熱愛你的產品。』」多里奧對創業投資付出了他的所有精力，直到一九七一年，他對後來的情況愈來愈感到厭惡，才發生了改變。到了當時，第二代創業投資家已經變成了追逐金錢的人，他們只為了錢，卻貶低了他所所支持和推動的一切。創業投資淪落為

純粹的投機，這違反了他的三個基本禁忌，變成了以財務為導向，而不是以管理為導向；急功近利缺乏耐心；同時也未能理解技術導向型企業的本質。在美國研究與發展公司 一九七一年的年度報告中，他寫道：「……隨著投機過度的增加，原本該有的理解和興趣都逐漸消失。當一項任務的真正意義被忽視和遺忘時，隨之而來的便是幻滅和醒悟。創業投資似乎已經從一項具有建設性的艱鉅任務，轉變為一種新的投機手法。」

多里奧的創業投資品牌與當今存在的任何創業投資都大不相同。他相信人才是最重要的，創意次之。他經常說：「一個 A 級人才帶著 B 級創意，要比一個 B 級人才帶著 A 級創意更好，」又說：「當有人提出一種從未嘗試過的創意時，你唯一可以評判的方式，就是看你面對的人的品質。」他在優秀人才中希望找到的特質是「足智多謀、有感知力、有勇氣、對自己誠實，以及對事業完全投入。」

一九七一年，七十一歲的他決定退休。當美國研究與發展公司無法找到接替他的人時，他安排了與**羅伊爾．理特**旗下德事隆集團的合併。自一九五九年以來，美國研究與發展公司一直是德事隆電子部門的股東，多里奧則擔任該公司的董事。退休很久之後，多里奧開始後悔合併，覺得企業的規模扼殺了美國研究與發展公司的創造力。（一九八五年他去世後，德事隆將公司賣回給了其經理人。）

除了在華爾街和哈佛工作，多里奧還喜歡攝影和繪畫。他和妻子於一九三〇年結婚，住在波士頓豪華的燈塔山 Beacon Hill。退休後，他仍然精力充沛，於是便把自己旺盛的精力投入到波士頓法國圖書館 French Library of Boston 擔任其負責人。八十二歲時，他說：「我現在不看創業投資了。我已經完全退休了。這次是完全、絕對，而且是永久地退休了。」

很難想像創業投資曾經是一個驚天動地的概念。但在多里奧之前，像摩根這樣的人創立了新的公司，他們自己籌集資金，建立起一家新的公司，然後把公司推上市，這是傳統的資本主義做法。多里奧是第一個從事現代創業投資的領頭羊，這現在已經成為現代傳統資本主義的一部分。他像摩根一樣

以人為本，認為項目的可行性取決於人才，但他卻更超前。他創造出將創業初期和企業培育形式化為一項業務的概念，旨在向創業者提供資金，以促進社會的快速增長，並為消費者提供新公司的產品。這是他成功的公式，也是今天為新產業和所有產業注入活力的標準公式。

ROYAL LITTLE

羅伊爾·理特

企 業 集 團 之 父

　　九六〇年代，羅伊爾·理特讓美國企業界相信，企業集團 conglomerates 是利用股東資本的最佳方式。他喜歡將之稱為「非相關多角化」，可以避開煩人且會耗盡利潤的商業週期、司法部門的干預，以及經濟繁榮時期的過度擴張與隨後蕭條時期的大砍成本。十年後，企業集團成為「一種最可靠的途徑，可以比普通單一行業的公司更快實現高速的增長」。

　　理特於一九八七年去世，享年九十一歲。他在去世前表示：「在淨資產回報率和普通股每股收益的累積增長率方面，非相關多角化策略會勝過任何正常的單一行業公司。」然而，他也首先承認，自己在一九五〇年代所做的事放在今天無法實現，因為現在的價格「實在太高了。那時候，我買的公司價格是本益比的八倍。」一九八〇年代末的收購專家們，通常得支付十五到二十倍的本益比來進行收購。

　　理特將個人奢侈的行為視為是「一種浪費資本的做法，因為這些資本本來可以被用到更積極的作為」，稱得上是商人中的商人。他生活簡樸，經常說：「經營大生意的人，生活不應該過於招搖。」他為人和藹，言談機智且健談，個性迷人、熱情，總是充滿青春活力，他從不把自己看得太嚴肅。他非常尊重別人，也喜歡別人以同樣的方式對待他。

　　理特的生活經歷說明了「一個人不必活成一名心機重重的人才能在商界成功」，曾有人如此評價他。理特身材修長，有對明亮的藍眼睛，戴著眼鏡，喜歡划船、打網球、滑雪，甚至在四十六歲時從飛機上跳傘！他於一九三二年結婚，養大了兩個孩子後，在一九五九年離婚。之後不久，他退休了，重

新開始打高爾夫球（他妻子不喜歡高爾夫球），並擔任三十家公司的董事會成員，經營一家名為納拉甘西特 Narragansett 的小型企業投資公司，每年還會到非洲進行攝影旅行。他曾說：「一個人除非能做出些有貢獻的事，否則他就會對生活失去興趣。那些只會打高爾夫球的人都會無聊死。」

理特一八九六年出生於麻州的韋克菲爾德 Wakefield，是著名的化學顧問亞瑟・迪宏・理特 Arthur D. Little 的侄子。他畢業於哈佛大學，從事紡織行業。二十七歲時，借了一萬美元的貸款，創辦了自己的公司特殊紗線 Special Yarns，並於一九四四年更名為德事隆 Textron。雖然第二次世界大戰帶來了大規模的業務擴張，卻也讓理特發現：紡織業發展太慢，來自專業公司的競爭太過於激烈，受商業週期的影響也太大。幾年後，在一九五二年，理特修改了公司章程，讓他得以收購紡織業以外的公司，於是第一家企業集團很快就誕生了。

理特收購電子和航太領域的公司，並最終在一九六三年出售了德事隆的紡織業務。到一九六〇年代中期，德事隆擁有約七十家不同的公司，涵蓋約三十七個不同的行業類別。理特希望收購的公司顯然都是業務停滯不前、規模較小、在各自領域處於領先或第二的地位。理特避開了那些在大型行業競爭的公司。他認為：「當你和那些產業巨頭競爭的時候，你根本毫無機會可言。」

他當年曾經犯下無數的錯誤，所有這些都記載在他的自傳《如何虧掉一億美元以及其他寶貴建議》How To Lose $100,000,000 And Other Valuable Advice 中，描述得十分詳盡且幽默。理特也學到要避免讓個人的興趣左右自己的商業決策。就理特自身來說，那就是高爾夫，而這項錯誤就發生在他後來的人生中。在他於一九五九年退休前三年，他成立了納拉甘西特，並透過這家公司資助了全美高爾夫公司 All American Golf。該公司計畫在美國各地興建一系列讓山姆・史尼德 * 揚名的三桿短洞迷你高爾夫球場，但最終卻像球打到了長草區，

----

* 編註：Sam Snead，美國高爾夫球名將，他在一九六〇年贏得美國名人賽的首屆三桿短洞表演賽（Masters Tournament Par 3 Contest）。

陷入困境。從此，他再也不會讓個人喜好影響自己的商業決策。雖然從來都不是特別暢銷，也沒被廣泛閱讀，但他這本書卻是筆者最喜愛的二十本商業類著作之一。任何能揭露自身錯誤的人都擁有自己的優點。但如果一個人犯了價值一億美元的錯卻還能取得成功，那他一定也做了很多對的事。而且，理特透過失敗向你展示他的成功，這是他獨有的風格。大多數人都會對自己的成功沾沾自喜，理特卻不是這種格調的人。

總的來說，理特非常成功。德事隆在航空航太行業聲名顯赫，擁有四家飛機和飛機零件公司，以及以直升機聞名的貝爾飛機公司 Bell Aircraft。一九六五年，航空航太和國防業務占德事隆銷售額的百分之三十五；工業產品占百分之二十；消費品，如賀曼賀卡 Hallmark 占百分之十六；金屬製品占百分之十七；農用化學品占百分之十二。

說到經營企業集團，理特說：「大多數人沒有意識到你必須依賴部門經理。我總是要確定他們具有真正的動力去做好工作。」德事隆的部門經理通常也擁有公司的部分股份，他們在經營公司和日常營運方面都享有自主權。理特瞭解到，來自公司總部的干涉，只會讓大家想要跳槽尋求別的發展機會。因此，理特不去管他們，而是關注公司的財務狀況。「不要試圖告訴他們如何經營企業，」他宣稱：「你不可能坐在總部就能管理好一個企業集團。」

一向謙遜的理特對於自己發明了現在很常見的企業結構，也就是現代企業集團這種成就，採取非常低調的態度。「作為一名商人，我所做的一切就是把人和錢結合在一起。我只是非常幸運地選擇了一些對的人。」當然，與一九六〇年代末企業集團全盛時期相比，如今人們已經不那麼迷戀企業集團型式了。企業集團的架構明顯降低了管理的專注度。對於一家大公司的一個小部門來說，很難像一家規模相當的獨立公司那樣從事激烈競爭，因為在獨立公司中，公司的高階管理人員擁有著股東權益。儘管如此，還是有很多成功的大企業集團，它們的結構和正確經營方式都是直接效法羅伊爾‧理特的做法。

銀行家和中央銀行家

BANKERS AND CENTRAL BANKERS

沒有銀行家,就沒有投資銀行

華爾街的歷史記載了銀行業的歷史，因為最終，銀行業的歷史透過直接和間接的方法與證券價格聯繫在一起。直接地說，利率和債券價格之間呈反比關係。這也間接地影響了股票的價格。

當聯準會決定增加貨幣供應時，它會購買美國債券，從而減少債券供應。隨著貨幣供給的增加，利率——有時被稱為貨幣的「價格」（實際上是租錢的價格）——就會走低。所以現在，如果你有一檔股票和一支債券，收益率都是百分之十，當債券的價格上升，它的收益率會隨著利率下降，比如百分之八。同樣收益率為百分之十的股票，此時看來會比收益率為百分之八的債券要好得多，因此，相對於債券，市場對股票的需求會比以前更大。供需法則將其轉化為更高的股價。如此一來，隨著聯準會放鬆銀根，股價就會上漲。

最重要的是：中央銀行控制貨幣供給，也控制了利率，而利率對華爾街影響很大。因此，以下故事追溯了銀行業和中央銀行的歷史，這些正是華爾街演變的關鍵。這就像中樞神經系統與情感的關係一樣——它們都是緊密相關的。

時至於今，央行體系是出了名的值得信賴的存在。當你拿著一張二十美元的鈔票去商店時，你相信你能買到價值二十美元的好東西。你短期內絕對信任貨幣。但在央行尚未形成機構之前的時代，貨幣不太穩定，經濟也大不相同。「貨幣」在不同的地方意味著不同的東西，很少受到普遍的信任。

諷刺的是，從概念上講，央行一點也不值得信賴。央行之父約翰・羅就是浮誇的代表。他放蕩好色，衣著出格，揮金如土，曾在一場爭奪共同情婦的決鬥中殺了人，兩次險些因此被絞死。他自鳴得意地和生意夥伴的妻子上床，他是名天生的賭徒，靠著自己的小聰明過活。在引入世界中央銀行制度的過程中，羅在法國引爆了臭名昭著的投機密西西比泡沫事件，泡沫在他面前破滅，事件結束時，他成了一個貧窮孤獨的老人。但他也永遠地改變了銀行界。

羅所遺留下的央行制度，最終透過亞歷山大・漢彌爾頓 Alexander Hamilton 傳到了美國。漢彌爾頓是另一個不值得信任的人物，他承擔起了支持這個很

有爭議的中央銀行概念的任務。他是名私生子，有一名已婚的情婦，情婦的丈夫後來勒索他。一八〇四年，他在一場決鬥中被殺。誰能想到，一個有著如此狂野個性的人，會帶領美國人進入如今這個嚴肅呆板的央行領域？

尼古拉斯・畢多 Nicholas Biddle 是傳承中的第三位，他實際上是位值得信賴的人，但在當時卻沒有被認可。畢多是一位貴族，當時是唯一的富豪。他聰明、博學多才、英俊，並一手掌控了貨幣供給。人們嫉妒他也懷疑他，沒有任何方法可以贏得他們的好感。因此，當他所掌控的中央銀行在一八三七年的恐慌中倒閉時（當時他已經退休），畢多仍然承受了大部分的指責，成為金融史上又一名央行壞蛋。作為一位富有且幹練的城市銀行家，他成為了傑克遜時代大雜燴民粹主義的一個絕佳替罪羊。

中央銀行在漢彌爾頓和畢多時代受到的譴責如此猛烈，以至於直到一九〇〇年代初期，中央銀行才能再次出現在美國；這一次，它以現在的沉穩和值得信賴的形式出現。如果沒有我們所知道的現代中央銀行，華爾街將會大相徑庭。首先，為了實現整個計畫，一九〇七年的恐慌讓大多數人相信，美國需要一個統一的銀行體系。很少有人希望在未來還要依賴像摩根這樣的人物，他可能會、但也可能不願意在必要時再次挽救美國。問題是如何做到。保羅・沃伯格 Paul Warburg 有一個計畫，它成為了一九一三年《聯邦儲備法》Federal Reserve Act 的藍圖，該法案則創立了今天的聯準會。

一九一四年，小班傑明・史壯 Benjamin Strong 成為金融體系中最大的地區性銀行紐約聯邦儲備銀行 Federal Reserve Bank of New York 的首位首長。他也具有典型的自信，既專注又有動力，甚至得到摩根財團的認可。史壯將聯準會轉變為世界經濟政策制定中的一支有影響力的力量。遺憾的是，他在大崩盤前一年就去世了；如果他還活著，聯準會在大崩盤期間的表現就可能不會那麼愚蠢，後果也不會那麼嚴重。

在股災期間，善良、踏實的喬治・哈里森被留下來填補史壯的職位。他沿襲史壯可能會採取的方式，實行寬鬆的貨幣政策，向疲弱的貨幣市場注入數十億美元，恢復了市場的一些信心。這是正確的決策。但是，政府當局收

緊財政政策的決定逆轉了哈里森的行動，導致嚴重的通貨緊縮，將嚴重的經濟衰退變成了嚴重的蕭條。哈里森沒有足夠的實力來頂住政治風向，這在危急時刻是聯邦儲備系統的職責。儘管如此，哈里森因在危機時期打開了聯邦儲備系統與華爾街之間的重要關係而被銘記。

央行和華爾街之間的中間人是銀行家。他們為購買證券提供融資，並透過聯準會當前利率決定融資成本。詹姆斯・斯蒂爾曼 James Stillman、法蘭克・范德利普 Frank Vanderlip 和喬治・貝克 George Baker 在危機之前和期間領導了華爾街最大的商業銀行。他們直接或間接地鼓勵了一九二〇年代的牛市，在大崩盤前的二十年左右，他們讓自己的銀行參與證券承銷和銷售。

斯蒂爾曼個人性格古怪，是一位堅定、保守的銀行家，他負責讓國民城市銀行 National City Bank 在一九〇〇年代初期成為最大的商業銀行。由於過於保守，斯蒂爾曼無法親自從事證券交易，他給予副總裁范德利普足夠的資金和影響力去執行業務。

范德利普沒有那麼保守，因此更願意做以前被認為是禁忌的事，他會做其他人不會做的事來增加銀行的利潤和影響力，例如：更積極招攬新客戶，以及承作大規模的證券銷售和承銷業務。他以經紀商的熱情招攬新客戶，給予銀行個性化的體驗。他是一名外向、很有活力的業務員，也是最早讓自己的銀行參與證券業務的人之一。這是一種極為不同尋常的做法，因此很奏效，事實上，這種做法在各大商業銀行都很流行。一九〇七年，第一國家銀行的喬治・貝克投入了自己的三百萬美元，為該銀行的證券子公司提供資本。

查爾斯・米契爾 Charles Mitchell 與阿爾伯特・威金 Albert Wiggin 是一九三三年政府禁止投資銀行和商業銀行合併的主要原因。華爾街兩家最大銀行的負責人，他們各自擴大自己的證券子公司，導致氾濫的內線交易、強行推銷和欺騙性的銷售技倆，以及銀行股票被操縱和狂熱的投機行為。這種情況一直持續到股市崩盤，直到政府介入，引入了新政改革派 New Deal Reformers。

並非所有銀行家都是華爾街的巨頭。也有像娜塔莉・蘭比爾這樣處於劣勢者，她是華爾街第一位為其他女性打開大門的著名女銀行家。還有阿馬

迪奧・賈尼尼，他打入大眾客群，建立了自己位於舊金山的美國銀行 Bank of America 和全美帝國。為了不讓賈尼尼專美於前，華爾街送給他一個真正的定時炸彈——以利沙・沃克 Elisha Walker，他試圖肢解賈尼尼的組織。但沃克沒有成功，最終返回了華爾街；他終究沒有賈尼尼擁有的基層支持。

最終賈尼尼是對的。銀行業關注的是普通人，而非銀行家。它提供了大眾和大機構之間的仲介，這些大眾有著少量的儲蓄和借款需求，而與他們相對應的，則是那些具有財務信譽且能大量借貸來建設我們的產業和技術的大型機構。銀行家只是這行業中的工具，但這些銀行家塑造了銀行業，使其在幾十年的時間裡不斷演變，有時迎合華爾街，有時也迫使華爾街為之屈服。

銀行或中央銀行的發展與華爾街的演變密不可分。即使到了現在，仍然有一股趨勢，要使銀行和經紀業務重新合併在同一家公司下。華爾街之所以演變成今天的樣子，部分原因在於銀行業的發展方式。以下人物，是推動華爾街演變的主要銀行家。

約翰・羅

不 太 像 好 爸 爸 的 央 行 之 父

約翰・羅不知何謂平庸——追求某件事物時，他就是全力出手。當他擲起骰子，你就知道賭注一定很大。當有個男人死在爭奪同一名情婦的決鬥中，你知道羅就是凶手。而當法國從路易十四統治後的破產階段，僅四年時間就落入徹底衰頹，你不難想像羅是幕後推手。在臭名昭著的密西西比泡沫事件中，羅正是始作俑者！對這位蘇格蘭人來說，這是一項相當驚人的壯舉，但並不令人意外，他還曾因為決鬥兩次差點被處絞刑。作為一位數學天才，羅在歐洲遊走了二十年，希望能實現他腦裡的計畫，那就是：建立中央銀行。

羅在當時那時尚浮華的年代是一名相當具吸引力且穿著奇特的人。當時假髮風行，男人們也會搽腮紅，他的穿著打扮風格在這樣的年代顯得非常融入。他於一六七一年出生，是一位金匠兼銀行家的兒子，十四歲時就進入父親的帳房工作，同時在學校學習銀行準則。十七歲時，他的父親去世，留下一筆遺產和頭銜。於是，繼承勞里斯頓城堡的羅，決定出去看看這個世界。

經歷決鬥和兩次因決鬥判處的絞刑卻還是倖存下來，擅長玩弄女人和紙牌的羅選擇了他認為較安全的職業，銀行業。憑藉著自己的聰明才智和賺錢的伎倆，在追求銀行家們樂於被追求的妻子的同時，他也獲得了銀行業的知識。有個女人被羅健壯的外表迷住了，先是把這個流氓帶進了自己的臥室，而後又帶到了她丈夫營生的核心，取得了他銀行的國際聯繫關係，這後來成為羅致富的關鍵。羅在掌握了資訊後，便在義大利、比利時、蘇格蘭和法國尋找新的機會，也自此遺棄了這位銀行家孤獨的妻子！

羅放蕩的生活方式經常受到眼紅他的員警盤查，他在蘇格蘭安定了下來，結了婚，並觀察他家鄉可憐的經濟狀況。蘇格蘭的經濟因一次失敗的中美洲探險（即達連計畫 Darien scheme）引發的投機行為而崩潰，羅認為這是檢驗他理論的最佳起點。他建議政府採用向富人徵稅獲得的資本來發展貿易，從而增加國家財富，但蘇格蘭人迅速拒絕了這一計畫，讓羅失去了試驗場。但他並未失去全部。當你沒有得到你想要的東西時，你得到的是經驗，羅還是有所收穫。

在整理了《關於法定貨幣和貿易的思考》 Considerations on Legal Tender and Trade 等小冊子後，他帶著家人前往倫敦，創辦了以土地為基礎的銀行。但當有人把他的「土地銀行」比作「沙洲」，說其經濟肯定會隨時運變化而沉淪時，他的構想注定再次失敗。與此同時，羅利用他的內線洩露給他的消息，得知法國計畫熔化貨幣以重新鑄造大量含賤金屬的新硬幣，在交易所投機大賺了一筆。羅再次引起公眾的注意，並在警方的追捕下被迫逃離。

始終躊躇滿志的羅最終被召至法國，他確信自己在那裡一定會成功，此時正當一七一五年國王臨終之際。羅得到了新君的支援，提議建立一家皇家銀行來管理法國的貿易、徵收稅賦，並使國家擺脫因路易十四喜愛宮殿、嬪妃和戰爭而欠下的債務。這樣一個暗淡的國家有這樣一幅光明的圖景，卻還不足以吸引來支持者，羅於是承諾，如果這項計畫沒有成功，他便捐出五十萬里弗爾，這項承諾推動了這項交易，一七一六年，羅的「總行」終於開張。

羅的銀行以六百萬里弗爾為資本，分為一千兩百股，履行銀行通常有的職責：向持票人發行即期票據，貼現商業票據和匯票，接受個人和商家的存款，轉移現金或信貸。但這家銀行之所以突出，是因為它的票據有固定的價值，不像國家票據的價值是面值的四分之一。他的貨幣愈來愈受歡迎，到了一七一七年，政府實行了以銀行票據納稅，使得紙幣發行開始昌盛，並藉由吸收大量貶值的硬幣提高了國家的信譽。所有人都開始發財致富，包括羅也是，他在大街上受到了歡呼：「上帝保佑國王和羅大人！」

但麻煩事已經開始醞釀，儘管一開始看起來完全沒事，但羅被要求要為

大幅貶值的國家紙幣尋找其他用途。也許羅是過於自信，他在一七一七年成立了密西西比公司來開採寶藏，這些寶藏其實應該是要等著美國的探險家來開採，比如一個需要二十二個人才能扛得起的巨大綠寶石！羅忘記了家鄉因達連計畫而遭禍的往事，他取得密西西比盆地的獨家貿易權，以一億里弗爾的資本成立了該公司（一家獨立於銀行的實體），每股為五百里弗爾。一場聲勢浩大的宣傳活動宣稱：「野蠻人會用大塊金銀換取歐洲商品。」一位曾到過那地區的老兵聲稱這些故事是假的；但在引起太多懷疑之前，他就被送到了巴士底獄！

　　羅信心十足，帶領他的公司勇往直前，以不菲的價格收購了政府的菸草專賣企業，令股東們大為高興。他買下了九年的鑄幣權。他先後還購買了鹽礦和農業稅的徵收權、東印度公司、塞內加爾奴隸貿易公司。到了一七一九年，他幾乎壟斷了法國的全部對外貿易，股票價格也飛漲了！為了讓生意持續下去，羅增加資本來取得每家新事業的控股權，在市場上以每股五百里弗爾的價格發行了超過一百萬股新股，並宣布下一年將會有百分之六的分紅。為了吸收大量的國家紙幣，他拒絕以鑄幣支付，而熱情的人們卻以高達五千里弗爾的價格購買價值僅十分之一的股票！

　　與此同時，真正落實到密西西比的開發很少，願意去的人就更少了。因此，他們從法國監獄中的妓女、乞丐和流浪漢中，強行配對了大約四百對，將他們趕出監獄，扔進了羅的這場玩笑，到了密西西比。與此同時，羅家受到了皇家般的待遇。高階官員們簇擁到羅的房子裡，為了讓他們的名字被宣揚於世，他們還支付了巨額賄賂，但羅很少出面會見大批訪客。一名女子還叫她的座車司機一頭撞到牆上，不知是想吸引約翰‧羅的注意還是同情。巴黎所有女人為了染指密西西比的股票，全都願意付出一切，羅也經常利用這一點！這根本就是一團混亂和道德淪喪。各種的交易和賭博，以及任何可以揮霍金錢的事情大行其道！甚至生活用品都有用金銀製造的。

　　隨著投機泡沫的升級，公司股票以其原始價值的四十倍瘋狂交易，羅注意到貨幣流失的問題，於是宣布了黃金溢價，並讓貨幣貶值。但政府迫使

羅將銀行和公司聯合起來——儘管銀行的資本幾乎不足以支付自己的票據。因此羅禁止任何人持有超過五百里弗爾的貨幣，並試圖取消銀行貸款，但到一七二〇年八月，銀行已經資不抵債。當他試著降低股票價格時，恐慌隨之而來，那些曾尊敬他、現在卻陷入瘋狂的人群紛紛湧向銀行門口，引發了踩踏事件，造成十五人死亡。羅仍然信心十足地斥駁道：「你們全是些下流胚子！」然後退到他的一處鄉間莊園，希望之後會被召回。但這希望未能實現。羅的財產被沒收，還被迫離開法國，他在三名士兵的保護下離去，但他的妻子卻被迫留下來。

退休後，他住在威尼斯的一套廉價公寓裡，靠賭博來賺取微薄收入，他已無法再下高額的賭注，羅仍然眷戀他的法國計畫，並寫了《羅先生的計畫與英國對南海公司的影響比較》 Comparison of the Effect of Mr. Law's Scheme With That of England Upon the South Sea Company，講述了英文版的密西西比泡沫。

當羅所住的公寓因缺乏購買燃料所需的錢而結凍時，他穿上薄底拖鞋，閒逛到當地的賭場，帶著錢回來，卻因此咳嗽導致了肺炎。一週後，他在一七二九年孤獨地離開了人世——但他並未被遺忘。直到他去世，他一直受到那些追求他的構思「祕密」的人所追捕。

在這本書中所有獨特的人物中，沒有誰能像羅這樣完善地構成一部煽情電影的中心人物。他完全無法將他的商業冒險與私生活方式分開，這使他的生命變得豐富多彩，超越了尋常人的生活，因此，他所激進推動的事，也比一般保守的尋常人產生了更大效應。如果他個人更傳統或保守些，他很可能可以避開那些最終導致他破敗的興衰週期。然而，與此同時，如果他更傳統一些，不那麼用力把人生推向極限，他可能就不會對金融界產生如此強大的終極影響——這種影響簡直令人震驚！儘管現代聯準會主席都不願承認，羅根本就是世界各地的中央銀行之父。從這名放蕩好色之徒的頑劣手法和他無所不用其極的行事風格中，已播下了央行的種子，這些種子則長成了現今中央銀行無止無盡的保守格局和傳統模式。

41

ALEXANDER HAMILTON

亞歷山大・漢彌爾頓

美 國 金 融 教 父

有些人認為，所有央行首長都該被槍斃。亞歷山大・漢彌爾頓還真的如此；他在一八〇四年的一次決鬥中被阿龍・伯爾 Aaron Burr 所殺，死得不能再死了。漢彌爾頓不僅僅是政治人物。他對我們金融市場的影響，從精神意義上來說，是很宏大的。然而，他的一生卻充滿諷刺。想像一下，我們現在的中央銀行——聯準會——的精神教父，幾乎是從七十五年前那位名聲狼藉且揮霍無度的歐洲中央銀行家約翰・羅的創新思想中直接汲取靈感的。這有什麼諷刺的呢？漢彌爾頓本人就是個私生子！

但在他中了伯爾的子彈而倒斃在地上之前，漢彌爾頓為美國的經濟、金融市場甚至我們的工業革命奠定了基礎。如果沒有他或他的同類人物，所有出現在十九世紀經濟上的一切就都不可能發生。

漢彌爾頓承繼羅的遺緒，幾乎一手創建了備受爭議的聯準會前身美國銀行 Bank of the United States, B.U.S，建立了美國的信貸，並宣導嚴格的稅賦政策。漢彌爾頓被稱為我們的經濟教父和美國的第一任財政部長，他是一位有遠見的人，他熱愛資本主義，預見到幾十年後以農業為主的美國將演變為一個偉大的工業國家，這也是在工業革命之前的幾十年。

漢彌爾頓最令人印象深刻的任務是組建美國銀行，這是他在一七八九年所提出提高公共信用的建議。獨立戰爭之後，美國欠下了大約七千九百萬美元。美國的信用被摧毀了，雄心勃勃的漢彌爾頓以他身為財政部長制定了財政政策。因此，漢彌爾頓利用債務工具作為信貸的基礎，透過外國貸款、關稅、戰時大陸美元退款和利用國家銀行統一貨幣流通的計畫，要求償還全部

戰爭債務，包括外債、國內債務和國家債務。他的計畫是基於這樣一種觀念，即公共債務將有利於經濟，進而有利於人民——這與羅早期的歐洲理念完全不同。

然而，人們不可避免地發現，中央銀行的理念有所爭議——這並不奇怪，因為它在歐洲已遭受嚴重打擊，這與中央銀行推動的南海泡沫和密西西比計畫帶來的災難性後果有關（詳情請參閱約翰·羅）。自由派譴責說，政府特許銀行是違憲的。（在那些日子裡，他們說的自由派，是我們現在所說的保守派；我們現在說的自由派，他們稱為「聯邦主義派」。漢彌爾頓是聯邦主義派，傑弗遜 Thomas Jefferson 是自由派。）但漢彌爾頓說服了前軍中同袍華盛頓總統，讓他相信，美國銀行在羽翼未豐的政府中會發揮關鍵作用。

他敦促說：「這一普遍原則是政府定義本身所固有的，對美國政府所取得的每一步進展都至關重要。」漢彌爾頓設想由一家銀行為國庫發行貸款，存入政府資金，流通統一的彈性貨幣，協助稅務事宜，並透過商業貸款刺激貿易和勞動力投入。雖然漢彌爾頓是山姆大叔的堅定支持者，但他在一七九一年要求美國銀行由私人經營，其運作正如他所期許。該行以特許形式經營了二十年，資本額為一千萬美元，其中兩百萬美元是政府透過外國資金認購。剩下八百萬美元的美國銀行股份，則在一小時內就被民眾超額認購買走了！

在美國銀行之前，美國幾乎不存在投機行為。人們普遍認為，對土地或企業進行投資較為合適，因為這可能帶來未來社會的共同利益；在湯瑪斯·傑弗遜等多數正直的人看來，貪婪地購買股票，然後以更高價格轉售，這似乎貪婪、無益，且有點不像基督徒該有的作為。

但漢彌爾頓允諾回收大幅貶值的大陸貨幣 Continental dollars，以建立美國的信用，引發了一輪投機活動。精明且瞭解內情的貪婪投機客，爭先恐後地從那些不知道漢彌爾頓意圖的人（消息傳播得很慢）那裡廉價買下「大陸」。他們與政府進行交易，獲得了可觀的利潤。大陸貨幣和美國銀行股票都為美國第一批真正的金融投機客提供了出口。（順便一提，那些投機客，包括漢

彌爾頓的財政部長助理威廉・杜爾 William Duer，利用內線消息取得了可觀的利潤。）這種投機與以前從事土地、國庫券和股份公司交易者不同，也標示出我們金融市場的起源。然後，市場為我們新興的債券市場奠定了基礎，接著是我們的股票市場，所有這些都是我們工業革命的必要準備。

要知道，美國的工業革命落後於英格蘭五十多年。你有想過為什麼嗎？主要原因是，當他們開始時，我們沒有金融市場來為此前難以想像的大規模工業化提供資金，工業化後來在世界各地相繼爆發。漢彌爾頓的行動為它們的進化播下了早期的種子。他能看到英格蘭正在發生的事情，沒有理由認為這些無法在本地勃興。

在制定美國經濟計畫的同時，漢彌爾頓還建立了一個規模不大的鑄幣廠，以淘汰西班牙銀元等外國貨幣。美分和半美分的硬幣，也讓窮人家可以進行小額購買。隨著美國銀行和鑄幣廠的建立，漢彌爾頓開始將美國從僅能糊口的生存型態和純農業社會強加的限制中解放出來。漢彌爾頓顯然是個走在時代前面的人，他狂熱地鼓吹工業化，深信工業化對經濟和人口可以帶來好處。他宣稱，將農業和工廠結合起來，可以減少進口、吸引移民和雇用更多工人（包括婦女和兒童）來增加人口，從而創造一個獨立的國家。在這方面，他甚至可以說是女權主義的精神之父。至於他助長了一個後來被用剝削童工的制度，就這點來看他是否殘酷，想來他不會認同。

一七五五年，漢彌爾頓出生在英屬西印度群島一座直徑僅五英里的島嶼上，是其母瑞秋・福塞特・拉維恩 * 的私生子。拉維恩與商人詹姆斯・漢彌爾頓一起生活了十五年，直到他收拾行李離開。（約翰・亞當斯 John Adams 常稱他為「蘇格蘭小販的私生小鬼」。）十三歲時，年輕的漢彌爾頓開始為聖克魯斯島 St. Croix 的一家糖出口公司工作。四年後，他的老闆對他的工作十分稱賞，把他送到曼哈頓的國王學院 Kings College（現在的哥倫比亞大學

---

*編註：Rachel Faucette Lavien，娘家原姓巴克（Buck）。在與丈夫約翰・拉維恩（Johann Michael Lavien）婚後數年，她選擇拋家棄子，逃往英屬西印度群島生活。由於並未與丈夫正式離婚，她也無法與詹姆斯・漢彌爾頓正式結婚。

Columbia University）讀書。這算不算是早期工業世界對童工的剝削呢？大概沒有太多孩子都比得上漢彌爾頓一絲半毫。

這位堅強、白手起家的大師預測，新的城市即將出現，將可安置許多的工廠和工人，並提供農民更多的市場，從而消除生產過剩的情況。為了創立這個體系，資本家漢彌爾頓倡導由政府支持企業家，藉此來鼓勵承擔風險。

令人啼笑皆非的是，這名私生子搭上了一名有夫之婦做他的情婦，後來這位情婦的丈夫勒索了他——這是他一生傑出品格中唯一的汙點。至於他與伯爾的致命決鬥呢？我們把這個問題留給許多傳統的歷史書，或者任何百科全書，它們都能充分地講述這個故事。這個人的一生告訴我們，只有一個容忍投機的環境，才能允許金融市場的存在，才能允許我們所生活的工業世界的存在。也許另一個教訓是：如果你想要長壽、健康的生活，就不要去當央行首長。

42

NICHOLAS BIDDLE

尼古拉斯・畢多

文明人打不過海盜

對於中央銀行家們，你可以這樣說：他們緩緩地從流氓演變成文雅克制的政治家。最初的中央銀行家**約翰・羅**生性狂野。然後是**亞歷山大・漢彌爾頓**，他是一名私生子。尼古拉斯・畢多是華爾街演進史中第三位重要的央行首長，但他正如後來者一般古板。他有良好教養，談吐得體，聰明、英俊，還很愛國。作為這樣一位正統而博學的人，他為央行做了令人驚訝的辯護，儘管央行予人的形象就是有些拙劣無章。畢多幾乎為我們創造了一個永久性的中央銀行，類似於今天的聯準會，但時間卻是在美國能夠永久制度化這一概念的一百年前。

畢多的奮鬥始於一八二三年，當時他三十三歲，成為美國第二銀行 的第三任總裁。一七八六年，他出生在費城一個顯赫的家庭，十三歲畢業於長春藤名牌大學，娶了一位女繼承人，學習法律，在海外為外交官服務，編輯過路易士與克拉克 Lewis and Clark 遠征的日誌，還擔任過州參議員和第二銀行董事長的董事，後來他成為了該行的總裁。但對於即將面臨的這場戰鬥，他什麼都沒有做好準備。

當時，總部位於費城的美國第二銀行幾乎沒有任何公眾形象可言，因為它的第一位領導人為了政治目的濫用了它的權力。它的第二任領導人在試圖扭轉損失時，過快地收回了太多的貸款，導致分支機構關閉。這絕對不是一家對客戶友好的銀行。

畢多說服了該銀行，為財政部、商業銀行和金融界服務，履行了今天聯準會的大部分職責。在他當選總裁的六個月內，商業貸款增加了兩百多萬美

元，儘管他對貸款申請人很挑剔，有時也會拒絕向朋友貸款。在涉及銀行的問題上，他始終保持高標準，制定了一個「不變的規則」，自己不向銀行借款，也不向任何機構背書貼現票據。他是一位富有創造力的銀行家，但在日常事務上，他極其保守。

這家銀行最重要的職責是藉由發行和管理國家紙幣來維持國民經濟。畢多對貨幣供應量進行調節，銀行可以調節國內和外匯的供應率，引導國有銀行發行貨幣，因此獲得政府的歡心。沒有這個概念。我們今天所知道的華爾街永遠無法避免巨大的繁榮與蕭條週期。就連人們也開始喜歡這家銀行，因為它的貨幣政策對整個美國都很好。畢多和這家銀行提供信貸緩解了美國在一八二五年的財政壓力，在幾年裡都很受國民的歡迎。但就在他的奮鬥似乎已經結束的時候，政治勢力卻因為安德魯・傑克森 Andrew Jackson 總統的當選，而把它醜陋的一面伸了進來。

傑克森憎恨也不信任所有的銀行，尤其是畢多的銀行和他的紙幣。因此，自然地，他不能坐視銀行這家繁榮。他發起了瘋狂的指責，認為銀行不僅違反憲法，而且是不負責任的壟斷機構，利用公共資金讓少數富人中飽私囊。到了一八三〇年代，傑克森對銀行發起了一場全面的戰爭，這惹惱了畢多，因為他當初把票投給了這個人！

畢多可能太過理性，以為華盛頓的人也都是同樣的理性，認為他可以輕鬆打贏這場仗。他呼籲在美國銀行執照到期前四年重新給予特許——這是他犯的第一個錯誤。雖然政府的大多數人支持他的想法，但傑克森有權力否決該項特許——而且他真的這樣做了。但畢多並沒有屈服。相反地，他開始承作貸款。反過來，傑克森停止了政府在該銀行的存款。然後，畢多承作了更多的貸款，傑克森提取了所有的政府存款。這是他犯的第二個錯誤——他向總統宣戰！畢多覺得，為了中央銀行，他必須冒險一試，但他的努力卻落敗了，讓美國陷入了被稱為「畢多恐慌」的信貸緊縮局面。

銀行承擔了債權人的信任和存款，無法承受持續不斷的負面批判，沒有什麼比與總統槓上更會產生負面宣傳的了，即便總統顯然是錯誤的一方，情

況亦然。人們對該行的信心不斷下降，再加上失去了聯邦政府的特許，導致存款在一年內減少了一千七百萬美元（百分之二十七）。在此期間，中央貨幣體系崩潰，利率攀升，公司倒閉，工資下降，失業率上升。整個情況給人民留下一種不良印象，大家開始感覺到，也許傑克森是對的，也許美國銀行太強勢了。當然，這家銀行並未消失。它現在已成了一家大型的「正規」州立銀行。畢多讓銀行的頭寸不再「緊俏」，即使沒有政府存款，貸款也在第二年回升到了以前的水準。

但每一個關於央行的好事跡，都至少會發生一個轉折。畢多在一八三六年藉由州特許使得銀行得以繼續經營，銀行改名為賓州美國銀行 The United States Bank of Pennsylvania。與此同時，由於傑克森的政策和暫停貨幣支付，一八三七年的恐慌爆發了。畢多揮舞著他的新武器，美國銀行，幾乎單槍匹馬把美國暫時從恐慌中帶了出來。他利用銀行的資源來恢復市場價格，為支付和收款提供了管道。由於棉花的價格對美國在國外的信貸至關重要，他組織起一個商業聯盟來囤積棉花。計畫成功了，他的棉花生意賺了八十萬美元的利潤！他自我感覺良好，而且恐慌事件也證明了他之前在銀行做的事是正確的。五十三歲時，他從銀行辭職，相信銀行本身已經安全可靠。但是，隨後第二次的棉花壟斷卻失敗了，銀行損失了九十萬美元，最終導致了這家銀行的關閉！

值得注意的是，一八三七年的大恐慌導致了美國歷史上規模最大、持續時間最長的經濟衰退之一。基本上，當時經濟一直在穩步下滑，直到一八四四年，諷刺的是，這也是畢多去世的那一年。長達七年的衰退時間，成為了美國歷史上第二冗長的衰退，其持續時間僅次於一八七〇年代和一八八〇年代初期的衰退。很難說衰退的程度有多嚴重，當時留下的紀錄並不完善，幾乎不可能量化當時原本的經濟狀況，及其與後來發生更複雜的後工業革命時期的衰退和蕭條之間的差異。但情況顯然很慘重，並在公眾心中造成了非常糟糕的印象。

這家美國銀行的失敗反映出畢多和央行表現糟糕。總得有人因此受到責

備，而畢多正是首當其衝。他在公眾的羞辱中死去，但他的經濟狀況優越，這只會加劇公眾對他的仇恨。由於畢多和第二中央銀行帶給大眾這麼多的痛苦，中央銀行體系在近一百年裡沒有再捲土重來。雖然你無法衡量從未發生的事情有多重要，但在旁觀者眼裡看來，在那段時期沒有央行存在，讓華爾街和美國因此付出了數倍於畢多恐慌帶來的損失。

詹姆斯‧斯蒂爾曼

領 導 全 美 最 大 銀 行 的 靈 能 者

如果詹姆斯‧斯蒂爾曼允許自己成為聚光燈下的焦點，記者們可能會對他採訪到十足盡興，但由於他的職責是必須領導一家國家銀行，他必須守口如瓶。這真是太讓人掃興了，他本可以成為頭條新聞的，標題會這樣下：「銀行家相信自己能通靈。」當斯蒂爾曼用他那雙深褐色的眼睛看著一個人時，他聲稱他能讀懂這個人的心思，他超強的第六感能從謊言中辨別真偽。雖然斯蒂爾曼的「第六感」可能只是敏銳的觀察和傾聽能力，但他贏得了無所不知的銀行業之神的封號。當他把一家不起眼的銀行轉變為一家可與摩根財團匹敵的大型銀行時，人們在他莊嚴的尊前都會不自由主地顫抖。

　　儘管斯蒂爾曼擁有許多特質，他在管理曼哈頓的國民城市銀行 National City Bank 方面是極端保守的。銀行家有兩種客戶：存款人和借款人。他算是存款人的銀行家，而不是借款者的銀行家。一八九一年，四十一歲的斯蒂爾曼接掌該行時，衣冠楚楚的他右手戴著一枚方形切割的祖母綠大戒指，穩穩地以保守的貸款方式將銀行帶上安全之路。藉由這種經營方式，他增加了銀行手頭資金的部位，也提高了銀行的可信度。他推斷以此方式經營，商家在他那裡存錢會感到更為安全。結果，商人們真的成群結隊地去存錢了。

　　這個策略源自於他具有頑固驕傲的個性。他剛開始在銀行工作時，不知怎麼搞的，他就是無法讓自己去做所有業務員都必須做的一件事，就是開口要生意。「要求訂單」是做業務必須的基本步驟。但斯蒂爾曼認為這很俗氣。斯蒂爾曼銀行的副總裁法蘭克‧范德利普 Frank A. Vanderlip 評論說：「為了給銀行開個好帳戶，斯蒂爾曼先生會冒上他的生命危險，但他永遠不會用語言

說明他的目的……當時的慣例是，任何人都無法有尊嚴地要求客戶開戶。」

在一八九三年的金融恐慌中，他借了數百萬美元大賺一筆，兩年之內，他的誠信使得銀行存款幾乎翻了一番。國民城市銀行已成為紐約最大的商業銀行，擁有全美最大的現金儲備。**湯瑪斯·勞森**妒火中燒，曾把這種情況稱為「斯蒂爾曼的金錢陷阱」。當然，它並不是摩根財團那樣的承銷業界巨頭。

斯蒂爾曼是一個真正的冷血動物，他的摩根競爭對手給他起了個綽號叫作「陽光吉姆」。這位臉色陰沉、留著八字鬍的銀行家對國民城市銀行的投入是如此之大，以至於他排除了一切干擾，包括他的妻子在內。他不需要她。對斯蒂爾曼來說，女人只是阻礙。他常說：「永遠不要諮詢女人的意見，告訴她們怎麼做就行了。」因此，在斯蒂爾曼結婚二十三年並擁有五個孩子之後，他毫無眷戀地把妻子送到了歐洲，以避免發生一場轟動各界的離婚訴訟官司（或者，就像他之前的一位僕人曾經說的那樣，他只是為了要利用孩子們迷人的保姆為他照顧小孩）。不管什麼原因，當社交圈子發現他妻子失蹤時，斯蒂爾曼編造了一些傳聞，說老婆有吸毒習慣和精神疾病。然後，他禁止妻子與他們的孩子們聯繫，也禁止孩子們永遠不許再提起他們的母親。他在孩子們小的時候很少和他們說話，這是少有的一次。

如此嚴肅的舉止，你會認為斯蒂爾曼更像強盜大亨**丹尼爾·德魯**或**康內留斯·范德比爾特**，他們都殘酷無情地利用人民和財產。這在他的個人生活中的確是如此，但在商業方面卻不是這樣的。使斯蒂爾曼免於聲名狼藉的，正是商業銀行所必需具有的文明性質。他具有謹小慎微、沉著、安靜的特質，是一名銀行家，在工作時間會把自己的情緒和怪癖隱藏起來，所以很少有人注意到他——也就是說，他一直沉潛直到自己與知名人士和大筆的交易有了聯繫。

他的第一筆大交易是一八九七年為摩根的競爭對手庫恩羅布公司和**愛德華·哈里曼**支持聯合太平洋鐵路公司 Union Pacific Railroad。作為擁有美國最大現金儲備的銀行，國民城市銀行可能是除了摩根財團之外唯一能夠籌措所需的四千五百萬美元資金的銀行。這讓大人物 **J·P·摩根**憤憤不平多年，不過兩

人後來在一九〇七年各自的鐵路公司合併時談和了（詳情參見**詹姆斯·希爾**）。

令人驚訝的是，在這樣一個競爭激烈的行業，斯蒂爾曼從來沒有建立過長期的商業上的敵人。他有兩條相關的原則：

一、「一個人永遠不會富有到可以樹敵的程度。我們必須要能安撫敵人。」
二、「競爭絕不能激烈到傷害對手或機構的尊嚴。」

但他致力於事業，甚至願意為此犧牲家庭。例如，斯蒂爾曼擴大了他的業務，包括投資銀行，為洛克菲勒家族承銷股票。為了維持這種關係，他安排把兩名女兒都嫁給了洛克菲勒家族。畢竟，對斯蒂爾曼來說，女人並沒有多大價值，為了在人生的棋盤上移動，她們很容易成為他的犧牲棋子。對洛克菲勒家族和哈里曼來說，他以低價格買入未售出的股票，參與洛克菲勒家族的牛市團隊，操縱股票，推高股價，然後把股票倒給散戶——這些都是當時的標準手法。很諷刺的是，他從來沒有為自己的個人帳戶購買過股票。他仍然謹守典型的保守銀行家風格，只持有人員穩固、前景看好和有獲利潛力的公司債券。

斯蒂爾曼出生在一個新英格蘭的棉花商人家裡，十六歲就開始了自己的職業生涯，他沒有上大學，而是進入了父親的公司工作。後來他接管了公司，賺了數百萬美元，他利用這筆錢在羅德島的紐波特買了一棟豪宅和一艘遊艇——這是那個時代一名年輕的華爾街富豪必備的所有財產。更重要的是，這數百萬美元，加上他恭敬、安靜的風度和善於傾聽的能力，為他贏得了芝加哥、米瓦奇和聖保羅鐵路公司董事會的席位。在那裡，他第一次遇到了另一位董事威廉·洛克菲勒，他無疑是他後來成功的關鍵。

涉足鐵路後，斯蒂爾曼被提升為國民城市銀行的董事，洛克菲勒是該銀行的大股東。他很快就當上了銀行總裁。一八九四年，美國財政部出人意料地向摩根要求五千萬美元，摩根為了達成這筆交易，向斯蒂爾曼尋求幫助，這時，斯蒂爾曼知道自己已經成功了！當大佬找上你的時候，你自己肯定也

已經非常出色。

　　具有諷刺意味的是，斯蒂爾曼生命中的另一個里程碑是再次幫助摩根——這一次是幫助華爾街走出一九〇七年的恐慌。儘管斯蒂爾曼在摩根的陰影下黯然失色，但他在紓困計畫中發揮了影響力，主張藉由強大的銀行來支援較弱的銀行。兩年後，身為四十一家公司董事的斯蒂爾曼從國民城市銀行總裁的職位上退休。他的餘生都生活在法國。他於一九一八年死於心臟病，同年國民城市銀行的資產首次達到十億美元。值得一提的是，在斯蒂爾曼的兒子詹姆斯‧亞歷山大‧斯蒂爾曼 James A. Stillman 的指導下，國民城市銀行的資產達到了十億美元，這也是他生命中唯一可能與家人親密的記號。

　　斯蒂爾曼在他的銀行生涯中是一個古怪的角色。比如，他覺得對銀行事務保密非常重要，所以他把自己的檔案都放在一個密碼和密碼金鑰的保護下，這個密碼和密碼金鑰只由他的副總裁**法蘭克‧范德利普**和他自己持有。當斯蒂爾曼旅行時，他從未離開過保存密碼的手提箱。

　　但在家裡，他絕對是個怪人。他每天要刮三次鬍子，穿衣服要花一個小時。他對自己的小腳很自負，自以為很精緻。他一口一口地用餐，每道菜都按百分位數排名——如果評分太低，他就會大發雷霆！吃早餐時，他有時會退回幾十個雞蛋，只剩下四個符合他標準的雞蛋！

　　至於他會通靈和所謂的讀心術，好吧，一般不太精明的普通人也能注意到他明顯的特徵，不過是比較感性罷了的。讀心術可能只是斯蒂爾曼編造來騙外界的謊言，目的是用來嚇唬不靠譜的借款人。這樣一位成功且保守銀行家，不太可能真的聽到了大腦裡的聲音，這會讓他發瘋，而且容易在工作時間做出瘋狂的事情。我的猜測是，他有點像是夏洛克‧福爾摩斯，只是善於觀察，並且能揣摩出敏銳的結論。例如，斯蒂爾曼曾聲稱，頂著一頭大捲髮的男人虛榮且狡猾——好吧，他可能是對的，但這並不意味著他有通靈能力。銀行家們不會花時間去注意髮型、肢體語言，也不會說，有著詭詐眼神的人很容易會變成不良貸款的倒債戶，斯蒂爾曼不會這樣的。

FRANK A. VANDERLIP

法蘭克・范德利普

所 有 想 進 軍 華 爾 街 之 人 的 榜 樣

法蘭克‧范德利普從未想過自己會成為一名偉大的銀行家。一八六四年，他出生在伊利諾斯州奧羅拉的一座農場上，三十三歲之前，他在機械車間工作、為報紙做報導等各種工作來養活自己。就在那時，在做了一段時間的財經編輯後，他被任命為財政部長助理。從那時起，他的金融天才展露無遺。他職業生涯的亮點包括在財政部任職期間為美西戰爭提供資金，並在一九一九年將曼哈頓的國民城市銀行（現在的花旗銀行）建設成為美國最大的商業銀行。他富有創新精神和創造力，最重要的是，他敢於將當時具有革命性的理論付諸實踐。

要達到他的思想能夠產生影響的地位，需要雄心壯志和對工作的強烈奉獻精神。在財政部工作了大約四年後，范德利普發行了兩億美元的美西戰爭債券，引起了國家城市銀行總裁**詹姆斯‧斯蒂爾曼**的注意，他認為范德利普是一名像他一樣勤奮且敬業的人員。《星期六晚郵報》有一篇傳記性文章，題為〈從農場男孩到金融家：我在華爾街的開始〉From Farm Boy to Financier: My Start in Wall Street，范德利普在該文中承認：「我沒有玩樂過。我從來沒學過怎麼玩樂。我想出國，但總是帶著一個強烈的目的，想要去瞭解更多世界商業的潮流。」

范德利普的努力得到了回報。一九〇一年，當時他看上去就像一名典型的銀行家，具有出眾的外表，戴著眼鏡，蓄著中分的小鬍子，成了斯蒂爾曼的門生，也晉身成為銀行最年輕的副總裁。這是他大放異彩的機會。國民城市銀行當時是一家規模不太大、作風老派的銀行，根據斯蒂爾曼古怪的想法，

他認為像范德利普這樣的人，可以為它帶來新的、富有想像力的想法，使它成為一家世界級的超強銀行！

他首先透過招攬新開帳戶來建立城市銀行 City Bank，這聽起來並不太具有革命性意涵，但它對銀行的資產產生了巨大影響。斯蒂爾曼太膽小，不敢招攬新客戶，而是依靠該行穩固的聲譽來吸引客戶。另一方面，范德利普卻覺得銀行的好名聲值得拿來炫耀，所以他很自豪地到處招攬新客戶。雖然這種做法被認為是非正統的手法，但斯蒂爾曼從未發出異議，因為范德利普做出了成績。第一年，范德利普就招攬了三百六十五個──「一年中的每一天，都創造出一個新帳戶！」精明的范德利普驕傲地說：「在我離開這家銀行之前，存款從兩千萬美元增加到了十億美元的不可思議數字！」

范德利普還將城市銀行引入了投資領域，並從政府債券著手。在此之前，城市銀行拒絕了此類業務以及可以賺到的相關傭金。因此，范德利普成立了國民城市公司 National City Corporation，這是一家普通的債券公司，賺的錢卻和銀行本身一樣多！「這也是那個時期沒有一家國家銀行做過的事情。這是私人銀行希望我們不要從事的事情。（最終，在一九三〇年代**查爾斯・米契爾和阿爾伯特・威金**的時代，山姆大叔也得出了同樣的結論。）後來，他每月發布一份通函，解釋並宣傳城市銀行承作的政府債券業務，這成了該行的一種聲音，因為斯蒂爾曼從來沒有為這家銀行做過宣傳。

范德利普與妻子和六個孩子住在紐約北部，他帶領城市銀行進入外國市場，為現今的美國投資者開啟了門路。他刺激了對外貿易和國際融資，同時遊說改變禁止銀行在海外開設分支機構的規定。由於他的努力，他協助起草了一九一三年的聯邦儲備法 Federal Reserve Act，第二年，城市銀行成為第一家在布宜諾斯艾利斯 Buenos Aires 開設外國分行的美國銀行。

儘管范德利普幾乎違反了斯蒂爾曼提出的所有銀行業禁忌，但他對銀行貢獻卓著──斯蒂爾曼很尊重這一點。因此，當老派的銀行人員向老闆抱怨范德利普時，老闆只是說（還竊笑了幾聲）：「我控制不了那個年輕人。」范德利普說：「他說這話的時候，聲音裡帶著一絲驕傲。大抵而言，我使用

我自己的判斷，做了我認為正確和有益的事情，這也是他希望我做的，因為他希望我有所成長。」

范德利普自一九〇九年起擔任銀行總裁，由於與董事會鬧翻，他於一九一九年辭職。他一九三七年在《紐約時報》上的訃聞重申了華爾街傳言，說董事會指責他在外國投資中遭受了巨大損失，特別是對剛剛經歷革命的俄羅斯的貸款。還有傳言指責范德利普在一些尚未做好準備的領域擴張過快。范德利普和董事會都否認了所有的謠言，他離開的公認原因是健康狀況不佳和需要休息。

范德利普除了工作之外沒有其他事情的計畫——他一直忙著，直到一九三七年去世，從外交政策到廢除禁酒令，他的工作無所不包。范德利普辭職後在歐洲和日本各地到處旅行，主張結束美國的孤立主義政策，並敦促與日本建立友好關係。後來，他組織了「公民聯邦研究局」Citizen's Federal Research Bureau 調查貪汙問題。在離開商界八年之後，他以特殊合夥人的身分加入了一家華爾街公司，涉足汽車股票，賺了三百萬美元。范德利普還和他的兩名兒子涉足房地產，其中包括小法蘭克·范德利普 Frank A. Vanderlip, Jr.，他們在紐約北部重建貧民窟，並開發加州的帕洛斯弗迪斯 Palos Verdes。范德利普七十二歲時死於腸道併發症。

他是一名積極進取的業務員，一名企業的創立者，具有世界級的遠見，一名善於「交易」的人，一位奉獻給公民責任的人，甚至到達聯邦層級，同時他也是一名顧家的男人。雖然在他的商業生活中，並非每一件事都能達到盡善盡美，但大多數都有良好的成果，范德利普可能是屬於那種安靜做事，就能達到戲劇性成功的代表性人物，在金融世界中，如果採用真正保守並能賺錢的做法，打破常規就會成為慣常之事。對於任何有金融天賦的人來說，范德利普都是一位很好的榜樣，可以與浮誇的享樂主義者的壞榜樣成為對比。那些將自己的個人生活和事業生活調整成范德利普這類風格的人，而不是**吉姆·布萊迪**或**弗雷德里克·奧古斯都·海因茨** F. Augustus Heinze 那種類型的人，無論他們最初的財務基礎和精神層面如何，都能藉此提高自己成功的機率。

喬治‧費雪‧貝克

三思而後行是值得的

還記得龜兔賽跑的故事嗎？兔子不計後果地猛衝，帶著盲目的自信跑在前面，但後來卻又在路上瞎耗時間，還打了個盹，烏龜則是慢吞吞地爬並獲得了勝利，而兔子則仍在睡覺。有時，緩慢而堅定地前進是可以獲益的。喬治‧貝克做事就很像烏龜：很有耐心，也很執著。從一八七七年到一九三一年去世為止，貝克一直是紐約第一國家銀行 First National Bank 背後的驅動力，他始終仰賴著他對美國經濟的信心，也始終保持樂觀態度。在那個飽受戰爭和恐慌困擾的時代，貝克總是未雨綢繆，並且三思而後行，因此躲過了最壞的情況。

貝克身材魁梧，留著一撮絡腮鬍子，由於他穩健、可靠的舉止和清白的品格，他成為了一位受人尊敬的紐約銀行家，偶爾還會成為 J‧P‧摩根的商業夥伴。在他去世後，就連《紐約時報》也特別提及到：「在業界充斥著醜聞的時期，他的個人誠信卻是「無可挑戰」。難怪他被認為是一名「老派的」銀行家！貝克的另一個特點是沉默寡言，這或許可以解釋為什麼他的財富遠遠超過他的名氣。當有人要求貝克利用他的權力來支持某個特定的事業時，他婉拒了，他表示：「只要我不試著運用我的權力，我就能擁有很大的力量。」

貝克出生於一八四〇年，父親是紐約州特洛伊的一名鞋商，後來成為州議員。十六歲畢業後，貝克開始了自己的銀行界生涯，在紐約州銀行部門當了七年的職員。他的金融天賦讓紐約金融家約翰‧湯普森 John Thompson 大吃一驚。一八六三年，當美國需要資金為內戰提供金援時，湯普森希望成立

一家銀行。二十三歲的貝克受邀加入這家銀行，他將自己三千美元的全部積蓄投資於三十股銀行股票，並一取得一個出納員職位和董事會席位。很快地，這家銀行開始從事利潤豐厚的業務，出售政府債券，為內戰提供資金，這項任務為銀行提供了堅實的信貸基礎。僅僅兩年的時間，第一國家銀行就成為了美國最大的政府和公司債券承銷商，貝克也是銀行的代理負責人。在一八六九年，他結婚了，堅持用自己收入的一半和妻子生活，以便用剩下的錢去投資！後來，他們養育了三個孩子，其中一個小孩，也就是小喬治，後來繼承了父親的衣缽。

貝克的第一項重大成就發生在一八七三年，當時主要的銀行傑伊·庫克公司倒閉，引發了銀行擠兌。總部位於華爾街的第一國家銀行也受到牽連，面臨倒閉的威脅，但貝克在一片銀行倒閉及工廠關門的混亂中保持了冷靜，並維持了美元的流動性，他聲稱如果銀行拿出準備金來，就可以平息恐慌。「當我們止付的時候，那是因為我們的錢櫃裡已經分文不剩了，或者是我們完全拿不到錢了。」從那時起，貝克再也沒有恐慌過——他發誓永遠不出賣任何借貸者，在經濟景氣時則是不斷積累利潤，以便度過不景氣時期。他宣稱：「這是個廉價的保險策略，卻可以讓銀行保持強大！」

一八七七年，三十七歲的貝克成為第一國家銀行的總裁，直到六十一歲成為董事長。那一年，第一國家銀行淨賺七十五萬美元，並宣布股息高達百分之六十。股東們都歡欣鼓舞，尤其是貝克，他一直在穩步增持他的銀行股份！他毫不掩飾地支持銀行必須要賺錢的動機，多年來穩步提高股息，定期增加銀行盈餘和資本。

與此同時，就像當時流行的那樣，貝克也投資鐵路，他加入銀行團聯貸，取得了破舊鐵路的控制權，然後對其進行改造並出售其股份以獲取利潤。他重振了里奇蒙—丹維爾線 Richmond and Danville line（後來成為了南方鐵路 Southern Railway 系統），一八八二年以每股五十一美元的價格買入，七年後以兩百四十美元的價格出售。當然，在購買任何東西之前，貝克都會很認真地參加檢視該路線的旅行，之後，如果新的所有者破產了，他的團隊就會回購

並重組這條路線。一八九六年，貝克已經相當精通鐵路，他以每股三十美元的價格收購了澤西中央鐵路 Jersey Central，並以一百六十美元的價格賣給了摩根，然後摩根將其改造為雷丁鐵路 Reading line。貝克在他的事業中一直都很成功，他以他的天賦成為眾多公司董事會追逐的目標，事實上，他在五十多家公司任職（其中大約一半是鐵路），包括摩根的美國鋼鐵公司和幾家紐約的競爭對手銀行。他成功的祕訣是什麼？他會小心地把眼光放長遠，把資產建立起來作為投資，也絕不會為了短期的投機利潤而殺雞取卵！

喬治・貝克以鐵腕治理著第一國家銀行，他很有遠見，也有建設性的計畫。有人說貝克就是這家銀行，因為這兩者似乎密不可分。一九○七年，他身穿著暗色服裝、戴著平頂禮帽，把自己的三百多萬美元交給了這家銀行，當時他正在成立第一證券公司 First Security Co.，這是一家由銀行持有的證券控股公司。他以鋼鐵般的意志確保銀行在恐慌期間仍能保有實力，這也賦予了其他人力量。例如，在一九○七年的金融恐慌期間，他每晚都在摩根把圖書館改造而成的辦公室裡與摩根會面，制定經濟救助計畫。

但是一九二九年的股災讓貝克措手不及。他當時已經八十九歲，個性變得有點固執己見，拒絕聽從兒子的警告，將估值已經過高的股票出清，說年輕人就是「不理解」。他和他那一代的所有人都幾乎一樣，七十多年的經驗告訴他，股價上漲接著就會下跌，然後會再向更高的價位上漲。（後來，貝克意識到「市況會不一樣」）因此，儘管他的證券暴跌，但貝克仍然保持樂觀認為會迅速復甦。儘管如此，據說他在一九三○年的美國鋼鐵公司董事會會議上承認：「我真是個該死的笨蛋。」貝克繼續以「寧可磨損，不可生鏽」的理念經營公司，他一直擔任第一國家銀行的董事長，直到以九十一歲高齡去世，他留下了大約七千三百萬美元，大部分都留給了他的兒子，不過在他生命的最後幾年裡，他大約把兩千兩百萬美元捐給了各個慈善機構。貝克在全盛時期被譽為美國第三富有的人，他感到很慰藉能夠捐款給哈佛商學院和紅十字會等機構；因此，他後來被譽為「表面最強硬，心地卻最柔軟」的人。

雖然以任何人的標準來看，九十一歲都已經算是相當高齡了，但貝克的

生命因「股災」的悲劇而縮短，也是可想而見的；當時他得了肺炎，在睡夢中離世。大崩盤的嚴重程度可能澆滅了他原本樂觀的精神。大多數最大財富的積累過程，都是像貝克一樣，透過緩慢而仔細的計畫而來的。也許其中我們可以學到的教訓是，在投資和建立長期目標方面應該持有堅定態度，不因對經濟衰退的恐懼而放棄手中優良的資產，但同時也要警惕市場出現罕見且令人措手不及的轉捩點，並應該時時保持警覺。貝克或許是一隻烏龜，但如果他能夠做到應變和逃脫，對他可能更有益處。

46

AMADEO P. GIANNINI

阿馬迪奧·彼得·賈尼尼

將 華 爾 街 的 脈 動 帶 出 紐 約

一九〇六年地震後，大火席捲舊金山，當地的傳說是，一名男子冒著火勢率先搶救出他銀行的貨幣和證券。阿馬迪奧·彼得·賈尼尼迅速把貨物裝上兩輛蔬菜車，飛快地穿過他煙霧瀰漫的家鄉，急切地分發協助重建這座城市的貸款。三十六歲時，這位義大利移民的兒子正處於他輝煌銀行業生涯的起步期。在他接下來的歲月，直到一九四九年去世時，賈尼尼藉由後來成為全球性機構的美國銀行控制了從加州到紐約的五百多家連鎖銀行。

賈尼尼身高六呎二吋（約一百八十八公分），體重超過兩百一十五磅（約九十八公斤），有著白頭髮和白鬍子，他在一九二〇年代成為了真正的銀行界傳奇，他最初所經營的義大利銀行 Bank of Italy 差點就毀在這場大火中，但隨後便迅速地發展了起來。借助加州蓬勃發展的電影、石油和房地產行業，賈尼尼進行了一次又一次的收購，試圖建立起第一個全國性的銀行分行系統。他是一位真正有遠見的人，把舊金山納入版圖，作為淘金熱以來的第一個金融中心，

而且還改革了銀行業。「未來的銀行會是一種百貨商店，以銀行、投資和信託服務的方式提供人們可能需要的所有服務。」他是一名驕傲的，從不貪婪，他想要建立正當的事業，而不是只為了名利：他想要幫助「一般平民百姓」。華爾街只為少數精英服務，而美國銀行則為數百萬客戶服務，也就是「那些只需要一點錢的小老百姓」。他不想為「兩萬名銀行人員」填滿口袋，而是想要把「財富和快樂廣為分配給一般民眾」。

阿馬迪奧·彼得·賈尼尼是加州的英雄，他就像他經常提到的那些平

民百姓一樣，只是擁有比他們大的成就。他是一位和藹可親、公正、善解人意、熱情的本地年輕人，住在聖馬刁郊區的一個小鎮上。他出生在聖荷西，一八八二年開始為他繼父的舊金山農產品公司工作。十二歲時，他就凌晨兩點一直工作到上學時間。七年後，儘管他的教育程度很低，他還是成為了公司合夥人。他在三十一歲時結了婚，而且有錢到可以退休了。但他卻沒有退休，把精力投入到銀行業，一九〇四年，他帶著十五萬美元和三名合夥人，開了自己的第一家銀行。這家銀行位於舊金山的義大利區北海灘的一家經過改造的酒館裡，主要服務當地的商人和工人。賈尼尼的銀行採用了當時算是非正統的經營方法，在街上招攬存戶，推出引人注目的廣告，開創小額貸款的先河，這些手法真的取得了成功。賈尼尼深信大銀行才是安全的銀行（由於一九〇七年大恐慌中有許多銀行倒閉），因此他建立了第一家分支機構覆蓋全州的連鎖銀行，到了一九一八年已擁有二十四家分行。

賈尼尼一直都很足智多謀，他為他的分支機構提供資金，並且經營得輕鬆如意。他只需出售控股公司的股票，然後用這些資金購買未來分支機構的股票，而且交易都是按著他的條件達成。賈尼尼從來都不是他公司的大股東，他首先成立了義大利銀行公司 Bancitaly Corp.，投資於美國和歐洲的銀行，然後在一九二八年用全美集團 Transamerica Corporation 取代了它。這也許只是巧合，但也許也有些諷刺，現在在 今天舊金山最高的兩座建築就是美國銀行大樓 Bank of America Building 和全美金字塔 Transamerica Pyramid。賈尼尼自己就是建造金字塔的專家。在很多方面，這個人在金融領域方面具有遠見卓識。無論是小卡車農民的庫存還是北加州的供水系統，無論是當地的股票經紀公司還是全州範圍的連鎖公司，賈尼尼都為加州提供了資金，而且他是在當地承做這些業務的。

到了一九二九年，他的金融帝國分支機構已經超過四百家，資源超過十億美元。最重要的是，賈尼尼是靠自己的力量建立起來的，他總是採取雙管齊下策略，為的是要領先華爾街一步。雖然華爾街控制了美國的鐵路，以及西部大部分地區，但賈尼尼大部分致力於將加州的企業管控好，培育起企

業家精神，這種精神是資本主義的核心，而且也獲致了成功。緊隨賈尼尼之後，在他建立起地方金融的結構之後，出現了前所未有的州增長率，以至於今天加州的經濟規模實際上還超過了英格蘭。

在當時那個時代，華爾街差不多都會認可大公司，賈尼尼的非凡成就並未在紐約獲得稱賞，特別是他的義大利銀行還入侵了紐約的銀行領域。華爾街的同行感到苦不堪言，事實上，還派了一個代表去設法報復，並在賈尼尼的組織內製造動盪。一九三〇年，**以利沙‧沃克**接替賈尼尼成為全美集團總裁，並立即開始拆散該公司，將一些分割出來的分支機構分配給他的華爾街盟友，全美集團因此損失慘重！當他意識到發生了什麼時，原本已退休的賈尼尼在支持者的力挺下重新出山。賈尼尼陣營聚集了足夠多的委託書來驅逐沃克並挽救他帝國的殘餘部分。儘管華爾街耍了花招，政府祭出了新的壟斷法規，但賈尼尼還是一如既往地屹立不搖。就連華爾街股災也沒有能阻絆他，因為美國銀行贏得了競標，為賈尼尼的新朋友和大眾共同支持者小羅斯福領導下的大型水壩建設專案提供資金。

一向謙虛的賈尼尼在確定自己的商業帝國再次穩固後，讓跟他一樣謙虛的兒子勞倫斯‧馬里奧‧賈尼尼 Lawrence Mario Giannini 來管理公司。這位此前至少兩次宣布「退休」的董事長在一九三六年說：「我會以一種父親般的警覺守在一旁，作為家庭事業的看門狗，我隨時準備在發覺任何外部危險跡象時發出咆哮，如果我發現有任何偏離公司創立理念的行為，我也隨時準備對你怒吼。」他的兒子在一九一八年開始在父親的公司做職員，在二十四歲時，馬里奧主要負責銀行的海外業務，一九三二年成為資深副總裁，四年後成為總裁，在父親去世後接掌大權。

賈尼尼是美國最偉大的銀行家之一，將古老的國家銀行概念應用於今天的社會。銀行業界和商界人士可能會因為他的控股公司、行銷策略、大膽的擴張行徑和萬無一失的成功祕訣（「享受你的工作，不要涉入非本業的冒險」）而記住他，而客戶肯定會因為他富有吸引力的個性而記住他。可能沒有其他銀行家能夠收到源源不斷的粉絲來信了。他與其他紐約的競爭對手不

同，他揚棄了摩根財團閉守的管理風格，對內對外都採取開放的經營策略。與其他銀行不同的是，他每天要接待五十到一百位訪客，其中大部分是「尋常百姓」，他還用洪亮的嗓音毫不拘束地向媒體發言。他鼓吹大家：「要避免投機，在工作中尋求成長，生活中少些憂慮，多些樂趣！」

　　關於賈尼尼，我們必須要記住的一個關鍵點是，即使在華爾街比現今更排外的年代，一名有遠見和具有獨立氣概的人也可以在不屈從於同儕的情況下取得成功。賈尼尼一生都沒有醜聞，熱愛自己的工作，愛護自己的客戶，他代表了最好的銀行家典範，因為他以自己的能力為那些本來不會擁有權力的人帶來了權力。華爾街的繁榮一度只局限於紐約。而今，它的網絡已遍及世界各地，在紐約以外的地方和在紐約之內一樣多。賈尼尼是推動加州發展的關鍵因素，這點始終不變。哦，對了，他去世的時候身價只有六十萬美元。他把其餘的財產都捐出去了。我猜他知道他無法在天堂花用這些財富。

47

PAUL M. WARBURG

保羅‧沃伯格

現 代 美 國 央 行 的 創 始 人 與 批 評 者

九〇二年，保羅‧沃伯格從德國來到美國，他認為美國的銀行體系已經過時，迫切需要改革。當時的銀行體系既分散、無組織，而且也無法承擔起一個日益增長的工業國家的需求。認真而堅定的沃伯格開始推動一項源自他的祖國歐洲中央銀行的計畫。大約十年後，這位投資銀行家看到他的努力得到了回報，一九一三年通過了《聯邦儲備法》，建立起了我們現在的中央銀行體系，也就是聯邦準備系統。在這個過程中，沃伯格有時被尊為聯邦準備系統「之父」，同時也是美國最重要的銀行業權威。

一八六八年，沃伯格出生在一個銀行世家，在他的成長過程中，他是家中一個可憐的、被人欺負的醜小鴨。為了彌補這一點，他憤慨地埋頭讀書，學習銀行業務，最終成為了一名自信、且學究氣十足的銀行家，但卻帶有一種自卑情結。二十三歲時，他加入了曾祖父七十年前在漢堡創立的 M‧M‧沃伯格公司 M.M. Warburg and Company。十一年後，他離開了家族企業，娶了當時剛去世的美國銀行業巨頭所羅門‧羅布 Solomon Loeb 的女兒。他很快就加入了他妻子的父親以前的公司，也就是臭名昭著、幾乎無所不能的庫恩羅布公司。

作為一名投資銀行家，沃伯格非常富有遠見，他曾經為日本、巴西、中國、阿根廷和古巴發行主要鐵路債券和政府債券。但作為一名關心國家的公民，沃伯格執著於改革美國銀行業，經常撰寫小冊子，爭取編輯支持並與所有願意傾聽他講話的人交談——當時主要是銀行領域的學者。在一九三〇年出版的《聯邦準備體系》 the Federal Reserve system 一書中，沃伯格詳細介紹了

聯準會的創立過程，共分為兩卷。他說，銀行體系的主要缺陷之一是缺乏領導力。這本書主要寫於一九二〇年代末期，正好趕上了現代資本主義最大的經濟崩潰。當時的體系是如此寬鬆和分散，以至於當金融災難來襲時，他預言不會有任何政府或私人權威出面來承擔領導權。他聲稱，沒有人「有實際權力在汽車開得太快且奔向懸崖時能夠即時踩煞車。」到一九三二年，不論大家是否知道沃伯格是誰，所有人都知道他全都預料中了。根據大多數現在的說法，聯準會實際上讓大蕭條更為惡化。

但最初，在世紀之交，沃伯格和他所持的銀行業改革計畫面臨了三個不利的情況。第一，銀行業者們不願承認有一個需要大家關注的問題；第二，他們對央行體系抱持著懷疑態度；第三，作為一名剛剛來到美國的新人，沃伯格的批評言論並不受人歡迎。沃伯格回憶說，當時，批評中央銀行體系的人擔心，這個體系不可避免會落入政府或華爾街的手中。央行的敵對方傾向於選邊站，他們要麼是華爾街的朋友和政府的敵人，要麼是支持政府監管的人，要麼是反對華爾街的人。因此，任何一方都不會承諾會一直支持下去。

最終動搖所有人的是一九〇七年的金融恐慌，正如沃伯格之前預測的那樣，沒有領導人出面來阻止由此產生的災難。是的，**J・P・摩根**挺身而出拯救了世界，但如果這位老海象不能或不願意這樣做，所有人都知道，在這個瘋狂的時代，沒有其他人握有力挽狂瀾的力量。不久之後，沃伯格取得了銀行業者和政界人士的關注，他的計畫很快就獲得了支持。

沃伯格為人和藹，總是一臉愁容，有著暗沉的膚色，蓄著海象鬍子，頭頂半禿，喜歡撰寫悲傷的詩。沃伯格起草了一個「美國聯邦準備銀行」的初步藍圖，立法人員據此部分制定了《聯邦儲備法》。儘管沃伯格本來希望建立一個擁有地區分支機構的中央銀行，但他對於這個由中央委員會治理十二家地區性銀行的美國版聯準會體系也表示支持。

他對新成立的聯準會唯一的不滿是，總統被授予選擇聯邦準備委員會主席的最終權力。沃伯格與他之前的所有央行主席一樣，認為政治代表了「體系面臨的最嚴重的危險」。他擔心政治最終會玷汙聯準會的獨立性，並將其

變成「政治足球」，以至於「原本是一種很出色的保護工具，可能因此變成了危險的干擾因素」。結果將會帶來大災難：「聯邦儲備系統變成政治八爪魚，一個國家級的坦慕尼協會，這個國家政治機器不僅會侵擾會計事務所，還會侵擾全國每一座農場和茅舍。」確實如此！

威爾遜總統任命沃伯格為聯準會最初的五名董事會成員之一和副主席時，他其實曾有機會執掌聯準會。有一份報告稱，威爾遜希望他擔任主席，但沃伯格相當謙虛，只接受副主席的職位。

在第一屆董事會任職是一項難以置信的責任，沃伯格並沒有掉以輕心。他從獲利豐厚的庫恩羅布公司職位上退休，辭去了各種董事職務，專注於自己的工作。由於該委員會將地區銀行統合起來成為一個中央銀行，沃伯格認為其成員有責任維護其操守，使其免受特殊利益，特別是政治利益的影響。遺憾的是，在第一次世界大戰結束四年任期後，作為一名身居高位的德裔美國人，沃伯格感到他受到了強烈的怨恨。因此，他在一九一八年辭去了他的職位，拒絕了確定會再給他的派任。當然，這並未能阻止他繼續活躍於金融領域。年僅五十歲的沃伯格回到了私人領域，他沒有製造出任何頭條新聞，但專注於國際銀行業務，同時他在聯準會的諮詢委員會任職，一直到一九二〇年代中期，這讓他以以掌握聯準會的問題。

在一九二九年股市崩盤的前一年，富有洞察力的沃伯格預測，在他稱為「毫無節制的投機狂潮」之後，經濟將會陷入低迷和困厄局面。他預測，這將會「導致一場波及整個國家的大蕭條」。華爾街仍處於牛市的激情，他們有一段時間不斷嘲笑他的預測。雖然沃伯格大可吹噓自己的先見之明宣稱：「我告訴過你吧。」但他選擇了他特有的建設性路線，呼籲聯準會內部要進一步相互扶持，聯準會旗下的各家銀行之間也要更密切地合作。

沃伯格是一名遙遙領先於同時代的人。他可能永遠都不會受到人們的理解，因為從聯準會創立的第一天起，它就具有一種沃伯格從來不想要的政治基調。儘管如此，他建立起聯準會，並引領其早期的發展方向，他對於美國金融市場的影響至為深遠。我們可以從沃伯格吸取教訓。如果聯準會可以完

全擺脫政治任命和干預，它的運作效率會更高。鑒於銀行體系最近在政治干預之下陷入了諸多疑難雜症，我們都應該希望聯準會能夠擁有自主權並把自己的工作做得更好，讓我們擁有一個更好的銀行體系。沃伯格一定會很樂見這種局面的。

48

班傑明・史壯

若他始終健壯，美國經濟或不會垮

儘管經歷了各種困頓，包括健康狀況不佳、悲慘的家庭生活、政治上的繁雜瑣事和經濟動盪時期，班傑明・史壯在一九二八年英年早逝前，仍舊成為美國當代最偉大的中央銀行家之一。當聯準會還是個有待商榷的概念時，他領導了聯準會系統的紐約分行，並以此在一九二○年代創造了一支在世界經濟決策中有影響力的力量。

史壯成就斐然。他出生在紐約北部的一個普通家庭，央行業務早已融入他的血液。他的曾祖父曾在美國央行誕生初期，在**亞歷山大・漢彌爾頓**轄下擔任過職員。史壯起初在華爾街管理銀行信託公司。而後，在一九一四年以四十二歲之齡出任其聯準會職位的七年前，他在一九○七年的金融危機中，幫助 **J・P・摩根**重振了美國經濟。由於他與頗具影響力的摩根合夥人亨利・波默羅伊・戴維森的關係，以及他在信孚銀行 Bankers Trust Company 的職位，他被選中領導一個小型委員會，決定哪些銀行機構值得摩根提供資金。通常情況下，摩根不會注意細節，而是依賴史壯的結論來做出決策。

一九○七年的恐慌使得史壯在華爾街銀行界的聲名大噪，他也順利進入摩根合夥人之列。他是這份工作的完美人選，長得高大英俊、聰明討喜、機警敬業、不屈不撓，而且深獲摩根器重。史壯也是戴維森的好友，因此，當聯準會成立，戴維森被找來協助挑選領導人選，史壯與摩根的合夥關係就此擱置，好讓他能出任聯準會的職位。

但史壯和華爾街的許多人一樣，也反對聯準會的結構，並且一開始便拒絕了這項任命。這個體系的結構是這樣的，地區性的分行要對坐在官僚核心

的董事們負責，也就是在華盛頓的那夥人！史壯身為央行歷史愛好者，他知道這最終將無法避免地產生政治方面的影響，而政治影響反過來又會導致該體系的消亡。然而最終，由於戴維森的緣故，他讓步了，接受了這個職位，並將他的餘生奉獻給了中央銀行。

除了上述內容外，史壯幾乎沒有其他有利條件了；他的家庭生活是場實打實的悲劇。一開始還是相當美好。他在一八九五年結婚，婚後育有一女二子，舉家搬到紐澤西州的恩格爾伍德，在那裡與摩根建立起了聯繫，並與妻子打入了郊區的社交圈。那是一段美好的十年——直到他的妻子自殺（有消息稱，她因生產而變得脆弱）。戴維森把史壯的孩子們帶回家，兩年後，史壯娶了一名比他小十五歲的女人。他們育有兩個女兒，但這一次，他的第二任妻子在一九一六年帶著女兒們離開了他，兩人於一九二〇年離婚。

更讓人心碎的是，就在第二任妻子棄他而去的同一年，史壯染上了肺結核。先是侵襲了他的肺，然後是他的喉部，讓他在餘下的十二年生命中，有超過三分之一的時間都無法工作。由於健康因素，他至少兩次提出辭職，但其他董事們都拒絕了，因為史壯「就是」聯準會——即使他臥病在床，也仍是如此。

在史壯沒有臥床不起時，他就在努力建設一個強大的聯準會。他經常拜訪歐洲各國央行領導人，尋求彼此聯手合作，讓這些央行在國際貨幣事務上能擁有一個自己的大本營。他虔信這些事務應由央行自行負責，而不是被政府操控。「中央銀行應該只與中央銀行打交道，而不是與外國政府打交道。」雖然這在現在是一個普遍接受的理念，但在當時卻是一項開創性的概念，當時大多數古典經濟學家認為，每個國家自身都是一座經濟孤島。（正如我在我的第二本書《華爾街的華爾滋》中所指證的那樣，這個概念從未成真。）然而，直到最近，它仍存在於人們的腦海中。史壯幾乎比任何人都早看穿了經濟孤島的概念。如果當時其他人就已理解了史壯的理念，就可以藉由各國中央銀行提供市場流動性進行全球性貨幣合作，進而閃躲過一九三〇年代的大蕭條。

然而，在當時，史壯致力於合作的最終目標是將歐洲從戰後的金融蕭條中解救出來，他深知聯準會是無法單獨成事的。史壯有時和他最好的朋友，英格蘭銀行行長蒙塔古・諾曼 Montagu Norman 一起合作，有時則是與一群中央銀行首長攜手，幫忙穩定了比利時、義大利、羅馬尼亞、波蘭和法國的局勢。通常，參與穩定融資的華爾街金融家們會等待史壯先點頭，然後才會考慮核准貸款。他使聯準會在戰後時期發揮了國際影響力，這讓所有人，尤其是華爾街人士感到驚訝。

儘管史壯在推動央行在國際經濟中的地位方面發揮了重要作用，但他在一九二五年將英格蘭恢復到原來的四・八六美元匯率水準以及在此之後發生的事件而聲名狼藉。聯準會和摩根財團在史壯的敦促下，分別向英格蘭提供了兩億美元和一億美元。與此同時，史壯在美國發起了寬鬆貨幣政策，將貼現率從百分之四降至百分之三・五。史壯最為，美國的低貼現率可以阻止英格蘭黃金持續外流，從而捍衛英鎊的新地位。

他的行動協助恢復了國際流動性，但到了一九二七年，懷疑論者指責他的寬鬆貨幣政策助長了股市投機。史壯的寬鬆貨幣政策降低了利率，從而降低了拆款的價格，進而引發了更多的證券購買風潮。從一九二七至一九二八年，在一年內，經紀人貸款從三十二・九億美元飆升至四十四・三億美元！一九二八年股市繁榮，等到聯準會理事會將貼現率提高到百分之五（此時史壯已經病入膏肓，無法做決定）時，已經太晚了。利率從百分之八飆升到十二，但人們並不關心他們為借款花了多少利息，他們預期所賺到的獲利將遠遠超過必須付出的利息費用！

從這一刻起，史壯的健康狀況使他無法為聯準會的政策做出貢獻。他不斷地受到肺炎、流感、帶狀皰疹和受損的神經系統的重擊。去世前不久，他在給朋友的信中寫道：「面對過去，老實說，我懷疑自己還活著。當我回顧或整理我必須扛起的事情時，央行內部事務、理事會、國會、理事委員會和各種會議、財政部、外國銀行、複雜的計畫、所有的個人決策、我們不按牌理的成員、敵意、疾病──在我腦海中，這是一部讓我震驚的高速電影──

這整個經歷讓我幾乎崩潰。」

他於一九二八年十月去世，享年五十六歲。因憩室炎引起的膿腫，他一度動了手術，病情看似有所好轉，卻又於一週後復發，最終死於嚴重的繼發性出血。在他去世前不久，他很有先見之明地說：「我認為問題不一定是證券價格或可以取得的信貸額度，甚至也不一定是貼現率的問題。這實際上是一個心理問題。這個國家人民的心態一直是高度投機的，價格上漲是基於對國家富裕和繁榮的認知，因此市場傾向投機成了更難以處理的問題。」

對於像班傑明·史壯這樣的鬥士來說，如果他活著面對股市崩盤，卻無法採取行動，也對此無能為力，那麼死亡肯定會讓他感到相對輕鬆。對於一九二七和一九二八年的股市榮景，史壯究竟會如何應對，我們永遠也不會知道。或許是老天的安排，他當時已不在其位，而是由**喬治·哈里森**主政。如果史壯有機會出手，他或許能減輕市場跌勢，特別是他具有這般心理洞察力的情況下。隨著市場崩盤，如果當時史壯還健康的話，他很可能會放鬆貨幣政策來減緩衝擊，而由於這事件是全球性的，他也會讓他的外國央行夥伴們一起行動。如此一來，世界性的大蕭條可能也會減輕許多。

49

喬治・雷斯里・哈里森
不，不是披頭四裡的那位

在事情說有多瘋狂就有多瘋狂的一九二九年大崩盤期間，舉止溫和、談吐文雅、和藹可親的中央銀行家喬治・哈里森，以自己的方式達成了任務。這時正該是他大展身手的時候，而他也確實在每一個不為人知的地方拚盡全力，除了那過往備受溺愛的證券交易所大廳。長期擔任紐約聯邦儲備銀行副行長的他，並非最可能成為當時英雄的人，但他在協助緩解美國不堪負荷的經濟重擔的同時，還是贏得了此殊榮。相對於不在華爾街的金融機構，當時華爾街享有的權力要比現在大得多，紐約聯邦儲備銀行總裁當時也比現在更有權力。在那時期，哈里森基本上掌有聯準會的全部權力。

他說：「十月二十四日市場崩盤的第二天，我知道經紀商的貸款會被銀行大量收回，市場將會徹底崩潰。實際上，除了銀行以外，其他機構也收回了二十二億美元的貸款。任何貨幣市場都無法承受這樣的抽銀根規模。」儘管哈里森在童年的一次事故後需要倚賴拐杖行走，此時，他卻竭盡其所能地快速行動。

起初，他參加了摩根合夥人**湯瑪斯・拉蒙特**和其他紐約頂級銀行家在交易所交易大廳地下舉行的祕密會議，這些銀行家籌集了二・四億美元來支撐下跌的股市。但這些錢遠遠不夠，一些紐約證券交易所的公司在破產的邊緣搖搖欲墜，而經紀商則從摩天大樓的窗戶跳下尋短。他們都和哈里森一樣害怕銀行貸款被收回。銀行家們再度聚會，這次哈里森發言了：「證券交易所應該不惜一切代價保持開門狀態。各位，只要我的董事們同意，我已準備好要提供所有可能需要的準備金，讓紐約的銀行接管外地銀行的贖回權。」這

是銀行業界最大膽的舉動了。

哈里森利用公開市場操作來減輕紐約商業銀行的負擔，使交易所即使在面對市場肆無忌憚的拋售壓力時仍能保持運作。這意味著聯準會必須購買銀行正在拋售的政府債券，為銀行註記入帳金額，並向紐約貨幣市場注入了急需的金援。由於聯準會本不應該救援破產的投機客，哈里森在當天深夜才獲得了董事會的批准，第二天一早就展開行動，立即購進了價值一‧六億美元的政府債券。哈里森每天購買一億美元的大量證券，讓銀行「拿到錢」；他增加了這些銀行在儲備銀行的信貸額度，使得大約四十億美元注入了枯竭的貨幣市場。市場因此保住了流動性，並維持住了股市大崩盤前的利率——他拯救了銀行結構。在接下來的幾個月裡，哈里森還將重貼現率從百分之四‧五降至三‧五。他的短期「寬鬆貨幣」政策，加上公開市場操作，在大崩盤後立即挽救了銀行，並在短期內盡可能多地恢復了市場信心。這為後來一直持續到一九三〇年春季的股市反彈奠定了基礎。

當然，從長期來看，市場仍然持續頹勢，而且沒有人有能力阻止其走勢。哈里森和聯準會後來因為其所做的事情而受到抨擊——首先來自華盛頓，政府仍然擔心這會造成央行干預，他們認為他的寬鬆貨幣政策過度了，還有主張實施貨幣控制政策的人士，他們認為他做得不夠。華盛頓當時的保守觀點不贊成央行和寬鬆的貨幣政策，這很快導致聯準會重新採取限制性政策，這會導致貨幣供應實際上減少，與哈里森推動的方向正好相反，實際上造成大蕭條比原本更為嚴重。

但哈里森當天採取了大動作，程度也十足慷慨。他並非像一九〇七年時的摩根，是為了捍衛自己的資產。他負有受託責任，背後還有聯準會的董事們。他所代表的機構只有十五年歷史，當時仍然受到高度懷疑，也還沒有得到現在聯準會的信任和權力。

哈里森的行動為後來聯準會華爾街的合作開創了先例。在一九八七年的恐慌和股市崩盤期間，當時的聯準會主席艾倫‧葛林斯潘 Alan Greenspan 向華爾街注入資金，防止了市場繼續崩跌。哈里森有知，一定會高興得歡呼，因

為這一次，在類似的情況下，這招真的發揮了完美的功效。

雖然一九二九年的崩盤可能是哈里森在聯準會工作二十年的最大亮點，但他還有很多其他值得驕傲的成就。在一九三〇年代早期，他在穩定美元方面發揮了重要作用，當時小羅斯福（他沒有什麼經濟學方面的天分）開始大量購買歐洲的黃金。最終，信奉「穩健貨幣」的哈里森說服總統停止購買，緩和歐洲人的情緒，也讓美元不受影響。

哈里森還見證了聯準會經歷兩次世界大戰。第一次世界大戰後，他充當了某種外交官的角色，擴大了聯準會的信貸，以穩定飽受戰爭破壞的國家的貨幣體系。在第二次世界大戰之前，他再次發起了公開市場操作——這一次是為了防止政府證券價格下跌，從而恢復對政府的信心。

哈里森是舊金山人，一九一〇年畢業於耶魯大學，一九一三年畢業於哈佛大學法學院。為了回報自己所拿到的優厚獎學金，他曾為最高法院大法官奧利弗・溫德爾・霍姆斯 Oliver Wendell Holmes 擔任書記員，然後進入新成立的聯準會擔任助理法律總顧問，後來成為法律總顧問。到了一九二〇年，三十三歲的他被選為紐約聯邦儲備銀行的副行長，一九二八年成為最高主事人（直到六年後，他的頭銜才正式變為行長）。

哈里森愛抽菸斗，打高爾夫球、下西洋棋也玩撲克牌，後來他從聯準會辭職，在一九四一年擔任起長期由摩根控制的紐約人壽保險公司的負責人。有人猜測哈里森一直是摩根的一枚棋子，這份年薪十萬美元的工作就是他的報酬。在我看來，這聽起來像是小肚雞腸的評論家所說的酸言酸語。這一點沒有確鑿的證據。無論如何，哈里森促使紐約人壽採取行動，大大增加了投保人的數量和他們的平均保單成本。在哈里森的領導下，該公司擴展了團體保險，並開始為團體和個人提供事故和健康保單。在總體經濟增長最為和緩的十年裡，哈里森將公司的資產從一九四〇年的二八・六九億美元增加到一九五三年、也是他在公司最後一年的六八・九五億美元。

不過，說到底，哈里森代表了在華爾街恐慌時期，我們的央行第一次涉足了市場干預。這足以讓他躋身於「形塑市場的百位巨人」之列。

50

NATALIE SCHENK LAIMBEER

娜塔莉・申克・蘭比爾

華 爾 街 首 位 著 名 女 性 專 業 人 士

在過去，女性為華爾街做出的貢獻要麼是支持丈夫在商業職涯上嶄露頭角，要麼是滿足大亨的許多願望，但到了一九二五年，一位名叫娜塔莉・蘭比爾的女性突破了阻礙女性發展的障礙，開啟了女性在華爾街穩步發展的進程。蘭比爾是一位喪偶的社會名流，她選擇在銀行業留下自己的印記，幾年後，她成為華爾街最大、最保守的商業銀行的第一位女性銀行主管。雖然**海蒂・格林**早在蘭比爾之前就在華爾街上擁有強大影響力，但格林個性真的太異於常人，她在市場上操作的也只是自己的帳戶。蘭比爾則是一位專業人士，在這方面，她為幾十年來的女性開闢了道路。

蘭比爾並不是真的想在華爾街留下自己的印記。一九一三年，她的第二任丈夫，也就是一名華爾街人士，死於車禍，導致她一度處於頹廢狀態，之後她決定去工作。她的丈夫為他們留下了很好的經濟基礎，但她希望讓孩子們繼續過著他們已經習慣的富裕生活——畢竟，蘭比爾家族已經完全融入紐約社交界。

在第一次世界大戰期間，這位土生土長的紐約人在美國食品管理局 U.S. Food Administration 志願為罐頭食品制定計畫，後來又做了關於家庭經濟學和廚房電力用處的講座。事實上，《紐約時報》很快就指出，蘭比爾「從來沒有做過一項賺取工資的工作」，但這似乎沒能防礙到她。她依舊幹勁十足。

蘭比爾後來如此說道：「風度迷人，笑口常開，性格討喜，和藹可親，這些特質都可以幫助你發展，但前提是，你必須有頭腦和野心做為你的後盾。」這些她應早已知曉，一九一九年，她已準備好在銀行業有個好的開始。

儘管蘭比爾從來沒有為自己的商業職涯做過準備，但她對金融的興趣根植於她的童年，當時她的祖母會帶她去銀行，讓她剪下亮橙色債券的息票。後來，在她十五歲的時候，她為美國紅十字會籌集了共值二·五萬美元的一角硬幣，用於資助古巴的一個冰廠的建設！

她在銀行的第一個職位主要是文書職位，擔任美國抵押貸款和信託公司 U.S. Mortgage and Trust Company 婦女部門的經理。當時，女性客戶和高層管理階層中的女性一樣稀少，所以這家公司專門成立了女性部門，用來專門服務為數不多的女性客戶。蘭比爾的工作是負責銀行中所有與女性客戶有關的業務，為她們提供有擔保的貸款，並為她們開設新帳戶。不到六個月，她就被任命為助理祕書，負責曼哈頓分行新成立的婦女部門。

一九二五年，華爾街最大的銀行國民城市公司 National City bank 賦予蘭比爾有史以來第一個給予女性的行政頭銜（助理出納），並由她全權負責新成立的女性部門。雖然其他一些女性也擁有類似的頭銜，但國民城市銀行卻是最負盛名的，也是最後一家允許女性擔任銀行高階主管的華爾街頂級銀行。很諷刺的是，雖然《紐約時報》意識到她的成就在頭版新聞上頗具重要性，但卻選擇聚焦於她的社交圈關係，以及她的新辦公室的裝潢「更像是個家，不像是辦公室」，而不是詳細介紹她在銀行界的成就或描述她的商業頭腦。蘭比爾說：「（婦女）正在接受試煉。她們覺得自己必須為他人的需求付出雙倍的努力，才能在她們征戰職場時能夠立穩腳跟。」儘管她為女性敲開了華爾街和其他傳統上由男性主導領域的大門，但女性在這個行業中真正被接受的時間，還在數十年之後。即使是現在，人們也還是不清楚女性是否真的已被接受。但早在那時，蘭比爾就參與共同創立銀行婦女協會 Association of Bank women（隸屬於美國銀行家協會 American Bankers Association，是專為女性高階主管而設的組織），努力為其他婦女敲開大門。

「我相信，未來銀行業最大的發展將是女性在銀行業中的發展。」該組織在一九二五年有一百一十名成員。在那個時期，銀行和投資銀行是密不可分的（例如**查爾斯·米契爾**），因此，當伊萊恩·加筍瑞利 Elaine Garzarelli 這

樣的女性以她的市場觀點登上頭條新聞時，大抵來說要歸功於蘭比爾及其追隨者所開創的影響力。

　　蘭比爾的職位只維持了很短的時間，因為她的健康狀況，迫使她在一九二六年辭去職務。然而，她並沒有被人們所遺忘，而是再次成為金融寫作的先驅。一九二八至一九二九年期間，她擔任《描繪者》 The Delineator 的財經版編輯，並經常為《紐約世界報》 New York World 撰稿。一九二九年，她因心臟病發作在紐約去世。

51

查爾斯・愛德溫・米契爾

驅 動 咆 哮 二 〇 年 代 的 引 擎 活 塞

投資銀行長期以來一直被認為是私人銀行公司的地盤，比如查爾斯・米契爾出道時的摩根財團；的確，也許那樣會比較好。但米契爾不在乎傳統。他年輕、勇敢、自信，是一名鬥士，有足夠的勇氣入侵這片神聖的領土，在一九二〇年代，他為自己剛剛萌芽的國民城市銀行帝國奪取了一大塊土地。然而，隨著肆無忌憚的擴張，隨之而來的是更離譜的濫用——到了一九三三年，當時美國政府不得不動手把每家大銀行都有的商業及投資銀行組合給拆開。

毫無疑問，米契爾的個性很有吸引力。他高大魁梧，肩膀寬闊，笑容英俊，下巴挺拔，雄心勃勃，永遠精力充沛，很受歡迎——甚至那些不同意他的人也都喜歡他。一八七七年，他生於麻州切爾西，父親是一位商人兼市長。一九一六年，當他三十九歲時，他清算了自己的小型投資銀行公司，重組了國民城市銀行的「銀行附屬子公司」，也就是國民城市公司。在五年後，米契爾同時擔任了公司和銀行的董事長。

銀行子公司是米契爾成功的關鍵，也是他最後失敗的關鍵。雖然摩根、庫恩羅布這樣的私人銀行家，長期以來一直將投資銀行業務和簡單的存貸款業務結合在一起，但一般平民百姓往來的獨立商業銀行直到一九二〇年代初才開始涉足投資銀行業務。國民城市公司是國民城市銀行和米契爾繞過法律開展證券業務的工具，因為根據法律，銀行不可以做這項業務。

在米契爾的領導下，國民城市公司第一次涉入了有問題的業務活動，產生了源源不絕的獲利。毫不奇怪，它在全國引發了一波銀行採用子公司的浪

潮，包括**阿爾伯特‧威金**的大通國家銀行——普通老百姓因此蒙受了銀行償付能力與證券價格捆綁在一起的風險！起初，這種做法看來還不錯。物價上漲的時候，很多壞事看起來都是好事。到了一九二〇年代中期，大量的投資銀行業務都是由銀行擔保的。到一九二〇年代末，單僅國民城市公司一家每年就發行了十到二十億美元的證券！

米契爾雄心勃勃，不滿足於僅僅承銷債券發行，所以他把公司變成了一家真正的證券工廠，向銀行存款戶及其銷售團隊可能接觸到的所有容易上當受騙的人，推銷股票和債券。隨著銷售數量愈多，品質就愈下降。儘管祕魯的風險眾所周知，但米契爾還是發行了價值九千萬美元的祕魯債券，最終全數違約。而只要債券被賣了出去，米契爾就有辦法安然脫身。請注意，投資銀行要成功進入商業銀行業務，與商業銀行要安全、順利地進入證券業務，有很大的不同，且前者也比較容易。但米契爾可不是典型的謹慎銀行家。

米契爾專注在銷售業務上，他的業務人員也切實展現銷售能力。本就是一名非常具說服力的業務員的他，雇傭了數百名咄咄逼人的推銷員，然後用鼓舞人心的話語和殘酷的銷售競賽來激勵他們。這種競賽採用計分制度——業務人員賣出去的證券風險愈高，他能獲得的分數就愈多！

當然，正如一九三三年美國參議院銀行和貨幣委員會 U.S. Senate Committee on Banking and Currency 聽證會上的證詞所揭示的那樣，這種壓力最終會反映到客戶身上。有一個例子恰好便是如此：一名叫愛德格‧布朗 Edgar Brown 的體弱多病的小散戶持有十萬美元的美國債券，他被一條巧妙的廣告引誘到這家公司的分支公司，廣告聲稱「會為你的投資提供密切指導」。布朗對投資知之甚少，他只知道一九二〇年代最熱門的事情就是投資。他被告知他把錢放在美國債券上「全是錯誤的」，因此，他聽從了他那位業務員「銷售能手」的話，抱著大批令人眼花撩亂眼花的維也納、智利、萊茵、匈牙利和祕魯債券離開了辦公室。事實上，這位業務員告訴他，這些債券是非常值得買進的，布朗理應再加碼投資。

布朗被說服向這家子公司的母銀行借款，因為手續很方便，最後他買下了二十五萬美元很有問題的債券。當債券價格下跌時，他發出了抱怨，業務員把他的債券換成了琳琅滿目的股票（特別是國民城市銀行的股票）。當股票下跌時，他要求這家公司賣出他的部位。整個辦公室的業務員都倒吸一口冷氣，跑到布朗身邊，把他團團圍住——然後說服他，他完全是在犯傻！布朗再次愚蠢地聽信他們的話，當股市崩盤來臨時，他所有的投機性持股都化為烏有，讓他一貧如洗。絕望之下，他向國民城市銀行申請貸款——但他們用一封冷冰冰的制式回函直截了當地拒絕了他，說他沒有足夠的抵押品！

　　在金融危機後、華爾街席捲著一片渴望改革的風潮，米契爾的策略在此時徹底失敗了。他成為一九三三年轟動一時的參議院聽證會的主要目標，儘管他在股市崩盤期間為支持國民城市公司的股票而欠下了三百萬美元的債務。在證人席上，他講述了自己領有國民城市公司百萬美元的薪水及其在投機銅股票組合和股票操縱中所扮演的角色，震驚了全國，甚至華爾街。他還透露，在一九二九年藉由虛偽交易逃掉了八十五萬美元的所得稅，也就是說，他以大幅造假的價格將一萬八千股銀行股票出售給他的妻子，聲稱損失了三百萬美元。他面臨刑事指控，卻逃過了必須償還稅款和巨額罰款的懲罰。就在他作證五天後，米契爾從國民城市公司辭職，不久之後，《格拉斯－斯蒂格爾法案》開始瓦解他推動的整個體系，將商業銀行業務與投資銀行業務分離開來。與此同時，米契爾在一九三四年、五十六歲時成立了自己的投資諮詢公司，並在第二年成為一家投資銀行公司布萊斯 Blyth 的董事長，從而擺脫了債務。二十年後，他因血液循環問題去世，享年七十八歲，留下了一個女兒和一個兒子，華爾街也因此獲得大幅改革。

　　在華爾街需要受到節制的時候，米契爾卻是一個咄咄逼人的業務員。如果當時華爾街能多一點自我約束，或許就不會受到政府祭出監管大刀來約束了。米契爾成為了華爾街錯誤的象徵，成為了華爾街所有濫用行為的替罪羊，而不僅僅是扛下他旗下業務員實際所做的行為。縱觀歷史，無論是從米契爾還是最近的麥可・米爾肯（他實際上只因為他巨額交易中的一小部分就被罰）

身上，我們得到了一個教訓。是什麼教訓呢？只要我們稍微克制一點，就能走得更遠。另外一個可以學習的是推銷技巧的力量。即使在非常公開的國會聽證會上，米契爾的公眾形象很糟糕，但這位銷售大師仍然透過他的推銷術在華爾街取得了一個非常安全和顯赫的未來。也許比「稍微克制一點，就能走得更遠」更切中要領的說法是，我們可以把這句話修正成：「一點推銷技巧加上一點克制就能走得更遠。」

52

ELISHA WALKER

以利沙・沃克

差點成了美國史上最大銀行搶案

美國銀行在一九三〇年幾乎被盜。 這可能是歷史上最大的銀行搶劫案——強大的美國銀行將其創始人從其領土上拖了下來！雖然這起「搶劫案」從未真正成功，但其策劃者以利沙・沃克仍因為付出了極大的努力而在歷史上留下豐碑。而且，這個時機對於金融史的演變非常重要。

這一切都始於**阿馬迪奧・賈尼尼**，這家總部位於舊金山的銀行的創始人年事已高，他也是其大型控股公司全美集團的負責人，當時他正打算收購一家投資公司，以此來擴大他價值數百萬美元的銀行帝國。當時，賈尼尼不得不選擇與華爾街切斷聯繫，但他正在走向全國化經營，並希望走向國際市場。他為自己的事業制定了宏偉的計畫，但華爾街對此深惡痛絕。

在華爾街，賈尼尼認為他找到了自己想要的人選，那就是四十九歲的紐約本地人以利沙・沃克，他是布雷爾公司 Blair and Company 的負責人，這是一家一流的私人投資銀行公司，在影響力上僅次於摩根和庫恩羅布公司。沃克被認為是華爾街的新星，但最重要的是，賈尼尼喜歡他。沃克是五個孩子的父親，對於這位習慣了義大利大家庭的義裔加州人來說，他看來很隨和。他們幾乎在一夜之間就達成了協定，布雷爾被納入了全美的「大家庭」中。

在那一刻，沃克敏銳的頭腦開始旋轉，賈尼尼應該要走！沃克認為，藉由掌控全美集團，他可以迅速提升自己的地位，甚至還同時賺到一些錢。因為他的華爾街同黨會非常想要將他們以普羅大眾為主的經營方式，轉變成華爾街的模式。因此，沃克同意了賈尼尼對全美集團的願景，迎合了高層的歡心，並最終在賈尼尼一年後（一九三〇年）退休時接管了公司。對於一個在

短短一年時間內跳槽進任何公司的外來者來說，這都是一個相當大的舉動。但沃克只是表面上的逢迎。「我可以保證，我們會盡最大努力追隨賈尼尼的腳步，」他嘴上如此說，卻暗暗地在背後交叉手指：「我這樣做並不是為了（我的）個人利益，而是為了公司利益。」

他利用美國經濟萎靡作為藉口（這可能是一個相當合理的藉口），沃克立即減少全美集團的股息，這在賈尼尼的眼中是一個嚴重且不可饒恕的錯誤，特別是在經濟很差的時期。但是沃克卻占到上風，因為現在他是董事長。隨後，在沃克的領導下，房地產抵押貸款業務被賣給了與摩根有關聯的人壽保險公司，丟棄了老客戶。公司營收和財務前景都比先前預期的情況還差（這可能只是當時局勢的一個跡象）。結果，股票價格從每股五十美元下跌到三十美元以下，使公司價值被腰斬！漸漸地，賈尼尼與沃克之間產生了緊張關係，特別是當沃克拒絕在市場空頭時保衛全美集團的股價。

沃克在沒有股東批准的情況下，不計後果地把全美的資產賣給極為飢渴的華爾街業者！例如，他很快就砍掉了該公司在紐約的分支銀行，贏得華爾街大人物的讚賞，這些人憎恨賈尼尼在華爾街的存在，主要是因為賈尼尼沒給他們帶來業務，事實上，還搶走了一些。

這些做法疏遠了客戶，也忽視了股東，這家銀行已經不是賈尼尼領導下的銀行了——這讓成千上萬的股東感到不安，他們原先是把自己的信任和存款寄託在這家銀行及其創始人身上。因此，正如沃克可能預料的那樣，股東們開始拋售他們的股票。全美集團股價暴跌，後來觸及約僅有兩美元的歷史低點！現在沃克可以輕鬆地買股票了，他也下手買了，成為公司最大的個人股東。這讓賈尼尼感到震驚，他從未在自己的公司擁有過大量股份，而是透過數千名信任他並將代理權交給他的小投資者來掌控公司。

沃克一點一點地拆分了這家龐大的公司，讓全美集團離他幾個月前宣誓效忠的目標愈來愈遠。賈尼尼非常憤怒，譴責自己這位繼任者的計畫是摩根預先籌畫的陰謀。「J‧P‧摩根公司從來就不喜我們從龍頭企業獲得實質利益 substantial interest，也不願我們進入歐洲拓展業務並發行旅行支票，反對最

烈的就是信孚銀行（隸屬摩根旗下）。」

　　賈尼尼挺身而出，對沃克和他的華爾街支持者發動全面戰爭。每當這樣的戰爭發生時，根據過往歷史，華爾街幾乎必勝—**羅伯特・揚** Robert R. Young、**塞繆爾・英薩爾** Samuel Insull 和**查爾斯・莫爾斯** Charles W. Morse 等人的遭遇都是如此。賈尼尼的情況看起來同樣令人沮喪，因為他差點破產——要記得，賈尼尼從來不是全美集團的大股東，始終仁厚的他還把攢下的許多錢都捐給了慈善機構。但他擁有沃克所沒有的股東支持，最終證明這是關鍵因素。與此同時，在一九三二年這令人沮喪的大蕭條時期，沃克難以在華爾街找到盟友。

　　沃克被描繪成華爾街的「敲詐者」，試圖欺騙他的股東，事實證明，面對賈尼尼在人民和媒體中的聲望，他顯得無能為力。這場鬥爭最終以一場在紐約的人氣競賽達到高潮，地點就在一九三二年的股東大會上。賈尼尼以壓倒性優勢贏得大多數代理人票，沃克則遭到驅逐。沃克及其支持者的殘餘勢力就此撤出全美集團，加州自此再也沒有他的消息。

　　在舊金山飽受憎恨的沃克逃回了他在紐約的朋友那裡，在那裡他的印象分數獲得了回報——他成為了庫恩羅布公司的合夥人，並一直待在這家公司，直到一九五〇年七十一歲時去世，在此期間他一直默默無聞地隱居在長島。大家相安無事各營其生。只是，沃克在被賈尼尼擊敗後，就再也無法成為一股令人畏懼的力量了。全美集團基本上是他成名的唯一原因。只要你在書中看到他的名字，你肯定很快就會讀到賈尼尼，而且總是緊隨其後。

　　典型的華爾街高階主管通常是共和黨人、耶魯大學或麻省理工學院畢業、精力充沛、自信、人脈寬廣，但卻也有被小老百姓擁護的人打敗的例子。當然，這是一個時代的標誌。沃克在一九三〇年代以前代表華爾街的典型人物，當時華爾街幾乎總是為所欲為。在賈尼尼之前，幾乎沒有人能挺過其反對的力量，但到了一九二〇年代，一些聰明的企業家開始嘗試。英薩爾和揚都嘗試過，但最終因為沒有華爾街的資金支持而落敗。賈尼尼是第一批成功推翻華爾街圈內稱霸稱王的人之一，但他並未尋求其他同樣強大的華爾街盟

友的協助。雖然這次事件的風險很高，但賈尼尼成功地擊敗沃克卻具有其象徵意義。

　　一九三〇年代，美國經歷了巨大的變革，使得普通百姓的市場變得比華爾街更為重要，而且在許多方面，這兩大客群也是首次被分離開來。正如《格拉斯－斯蒂格爾法案》將商業銀行與投資銀行和經紀業務分開，以及在一九四〇年代，美林證券因為以美國小投資者為基礎而成為市場巨頭一樣，沃克在與賈尼尼的爭戰中落敗，也許是權力從華爾街轉移向普通百姓和新興的「小額投資者」的第一個重要象徵，這將會主導未來四十年的金融世界，直到一九八〇年代槓桿巨擘的再次崛起而結束。

阿爾伯特‧威金

做 了 不 該 做 的 事

威金是山姆大叔為什麼通過格拉斯－斯蒂格爾法案（一九三三年的銀行法）的一個很好的例子，該法案將商業銀行與投資銀行分離開來。在法案推出之前，這兩個職能基本上是連結在一起的，就像一對連體雙胞胎，共用最高管理階層、分享他們的命根子客戶，甚至內部資訊。這使得像威金這樣既聰明又貪婪的人，很容易利用他們的地位為惡，而像他這類的人為數頗多。

威金曾被稱為「華爾街最受歡迎的銀行家」，他領導大通國家銀行，並在一九三〇年將其塑造成世界上最大的商業銀行。同時，他還領導著大通的投資銀行子公司大通證券公司 Chase Securities Corporation，這使他能夠全面獲取有關大通股票交易的有價值內幕資訊。如果威金沒有利用這些資訊，也沒有將自己崇高的職位用於個人利益，他可能會帶著自己的威望完整地留名青史，但是威金卻無法抵擋將手指伸入餅乾罐的誘惑。

儘管威金個性冷靜、保守、很有商業頭腦，也似乎能以保守的方式管理銀行，但在處理他的個人財務狀況方面，他有種瘋狂的投機傾向，消耗了他的精力。在一九二〇年代中期的某個時候，他籌組了六家私人家族企業（比如他的薛曼公司 Shermar Corporation）來進行不正當的操作，並保密自己的身分。投機絕對不是非法的，但他當然不希望自己的名聲被這類交易張揚的本質所玷汙！畢竟，威金在國際上受人尊敬，也是華爾街銀行業精英中的重要一員，他應該要不贊同這種事。

因此，威金在盡可能保密自己的活動的同時，他讓大通證券在其操作中

砍掉他的個人公司，比如從股票組合中剔除，這成為一種常見的做法。就其本身而言，這既不違法也不算不道德，但這也代表了他會出問題的開始。例如，一九二八年和一九二九年，當大通證券加入由著名的市場作手**亞瑟·卡滕** Arthur Cutten 操盤的辛克萊石油公司 Sinclair Consolidated Oil 投資案時，威金的薛曼公司也切了進來。

該投資案是以每股三十美元的價格購買了約一百萬股辛克萊股票，然後等待以炒高的價格出售，而卡滕則操縱了股價。這檔股票賣得非常好，因此他們得以又倒了七十萬股給散戶，價格在三十五美元到四十五美元之間。這個案子總共實現了約一千兩百萬美元的獲利！大通獲得了百分之十五的分成，收到了約一百八十萬美元，而威金以其薛曼公司的名義獲得了約百分之七點五，約八十七萬美元——這對他來說已經很不錯了！神不知鬼不覺。我們必須再強調一次，這在當時並不違法，因為他把自己的錢和其他人的錢一起投入到一項有風險的資金集中操作中，這並不算是特別不道德，但卻是他從事祕密交易的開端。

那些知道威金行動的人都很聰明，他們閉上了嘴。威金在華爾街備受推崇，揭露他是個投機客而不是一名真誠的銀行家，在這圈子裡會被認為是件不禮貌的事。此外，精明又善盤算的威金從不放過任何機會，他策略性地把知道他活動的銀行員工安插在他公司的「偽」董事會上。這樣，他們就和他所做的勾當產生了密切的聯繫，這樣，他們就不能背叛威金而仍獨善其身了！

到目前為止，威金最可怕的行為是在一九二九年的股災中投機他自己銀行的股票！在崩盤前後的短短三個月裡，威金利用他薛曼公司的名義賣空了超過四萬兩千股大通股票，在補倉時獲利約四百萬美元。同樣，沒有人懷疑他。從表面上看，威金仍然是一名保守且受人尊敬的銀行家，他甚至加入了**湯瑪斯·拉蒙特**領導的一個被大肆宣揚的銀行家集團，以支持股價。諷刺的是，集團成員們擁有完美無瑕的聲望，他們成功地在很短的時間內穩定了市場，但當然，大崩盤對任何人來說都是難以應對的。市場和大通股價下跌得

愈多，威金就愈繼續賣空！作為一家公司的掌門人，本應盡最大努力保護股東利益，他卻在做空股票，這顯然是已違反了信託關係中應有的道德行為。

與此同時，大通證券也有自己的資金集中操作，旨在支撐該行股價。因此，儘管這家附屬公司很方便地向大通股票注入了資金，來暫時維持其股價，但威金卻毫不手軟地賣空，甚至拋售了五千股給這家公司！當然，在這過程中的每個節點上，他都清楚知道銀行的買單在哪裡，這樣他就可以相應地做空。毫不留情！

最重要的是，威金甚至不是用自己的錢投機，而是用大通的錢！該銀行自然慷慨地向威金的公司提供貸款，有時在一週內就拿出五百多萬美元——威金興高采烈地把這些錢用於投機。這本身就明顯違反了道德規範。銀行不應該在不完全公開的情況下借錢給自己的主管人員。正如你所記得的，正是同樣輕率的違反信託行為將伯特‧蘭斯 Bert Lance 逐出了吉米‧卡特 Jimmy Carter 總統的政府班底。

不管銀行多麼慷慨，威金還是繼續利用自己的優勢。一九二九年十二月，他借了八百萬美元補倉大通股票，並且賺了四百萬美元！這個時候，他已經遠遠超過了從一開始只是單純地參與隱祕但誠實的投機行徑。他已然毫無顧慮，接著，威金利用在妻子和自己的公司帳戶中轉移股票來逃避所得稅，因此賣空的股票實際上從未以他的名義交易。這是他最後的敗筆。

威金的詭計和交易最終在一九三三年開始的美國參議院委員會銀行和貨幣聽證會上浮出水面，當時他剛剛從大通銀行辭職。很諷刺的是，他的辭職引起了很大的轟動。他獲得了每年十萬美元的巨額養老金，並因其無私的奉獻受到了眾多讚譽。新的管理階層寫道：「大通國家銀行在很大程度上是他的能量、智慧、遠見和品格的紀念碑。」事實上，如果威金擁有瑞士銀行帳戶的話，這會是一個更合適的紀念碑。

當威金站在證人席上時，他仍保持著尊嚴、冷漠的表情，但看來有點憔悴，他的所有交易都被揭露，他的聲譽也被毀了。參議院委員會的律師費迪南德‧培哥拉 Ferdinand Pecora 在他的《宣誓下的華爾街》 Wall Street Under Oath

一書中講述了威金較令人難忘的證詞。例如,威金拒絕使用「資金集中操作」這個詞,因為它激起了「那種感覺」。他還拒絕為自己在大通股票的交易道歉,他說:「我認為,銀行的高階主管們應該對銀行的股票感興趣,這是非常可取的做法。」

在他作證後,大通對威金撒手不管,他放棄了退休金。由於他的逃稅行為在聽證會上也被宣布出來,他被指控欺詐政府稅款,並被要求補繳超過一百萬美元的稅款和罰金。他打了三年官司,一直打到美國最高法院,但最終敗訴,一九三八年以一筆未公開的金額和解。

威金和他在一八九二年結婚的妻子以及兩個已婚的女兒遠離金融界,默默無聞地度過了餘生。請注意,如果是在現代,他幾乎肯定會進監獄。但在那個年代,華爾街人士不會被關進監獄。他一九五一年去世,享年八十三歲。到他去世時,大通證券公司早就被解散了。

威金遭遇的基本問題,最近讓伊凡‧博斯基和其他人關進了監獄。他未能在思想上將短期的貪婪與長遠的利益區分開來。對騙子而言,要遵守道德實在難以想像。從長遠來看,貪婪和道德相伴相隨。如果威金總是把股東的利益置於自身利益之上,這名本就能幹的人自能致富,去世時也能受到所有人尊重。相反地,他將自己的短期貪婪欲念置於受益人的利益之上,反使他失去了一切。騙子的轉變,經常是從受人尊敬、位高權重的職位開始,然後才濫用權力,他們很少一開始就成為壞人。就像威金一樣,他們做了些簡單且相對無害的交易,然後慢慢地,一步一步演變成愈來愈嚴重地濫用特權。威金教導美國人,每一種信託關係都是潛在的利益衝突,所有人都應心懷敬畏地處理,完全不可以藏私。

新政改革者

NEW DEAL REFORMERS

不比他們鄙視的人好多少

新政改革者領導了一九三〇年代的股市監管革命，其中最引人注目的是創建了證券交易委員會 Securities and Exchange Commission，SEC。他們是在政治上野心勃勃、渴望權力的官僚，透過立法和執法不斷影響著我們的金融市場體系。在這方面，他們造就了現今的金融市場。

改革者最初是在一九二九年經濟崩潰和隨之而來的大蕭條的廢墟中崛起的，大蕭條讓美國在經濟上感到恐懼，並對任何自由市場體系普遍抱持懷疑態度。投機、資金集中操作、內線交易、保證金借款、投資和商業銀行結合等曾經被視為常規的行為，現在則會被視為濫用職權、近乎犯罪，甚至在所有情況下實際上都算是非法的行為。

群眾心理將困難時期歸咎於投機濫用職權的行為。為政者推動改革，宣布新的法規和立法，旨在永久消除濫用職權行為。但是，這個被廣泛接受的平臺，也是後來幾代人用來改革的基礎，其實是存有缺陷的。

我們完全不清楚，如果改革者受到遏制，金融市場會如何演變，但市場會以某種方式演變，而且明顯不同於現在。同樣不清楚的是，我們是否需要以現在這種方式來進行改革。

首先，與輿論相反，大蕭條並不是對一九二〇年代投機行為的不良反應。雖然幾乎所有人都相信（當時也深信不疑）投機是罪魁禍首，但事實並非如此。這個世界總是需要一個替罪羊，來為大家所不理解、也無法理性解釋的事情負責。而富人和貪婪造就了一個邪惡的形象，讓我們在情感上和道德層面都很容易相信。

但事實是，經濟崩潰和大蕭條是全球性事件，始於國外，最終傳入美國。第二，由於我們自己的中央銀行糟糕的貨幣政策和策略，整個混亂局面惡化了。聯準會從一九二八年到一九三八年將我們的貨幣供給減少了百分之三十。多數認真研究的經濟學學生相信，如果一九二九年聯準會是放鬆銀根而不是緊縮貨幣，其造成的後果將不會如此嚴重。一些人認為，其後果不會比一九八七年類似規模的市場暴跌（當時聯準會採取了更大的智慧和戰術能力）後發生的情況更糟。最後，大蕭條是全球對國內外政府強制設置的貿易

壁壘的明顯反應。一九二〇年代的投機行為是一九三〇年代的罪魁禍首嗎？非也！政府才是禍首。可笑的是，山姆大叔認為自己的職責是指責商界，然後為華盛頓特區造成的弊端開立藥方。

因此，很難知道我們是否真的需要對這種演變形式進行監管。首先，旨在改革的立法在緩解全球經濟下行壓力方面收效甚微。其次，作為防範欺詐的措施，監管的作用更弱。無論是一九三〇年代改革之前還是之後，騙子和行騙藝術家從來就不缺。濫用職權的行為和濫用者將永遠存在，法律愈多，那些試圖規避法律的人就愈聰明。誰能說濫用純粹是負面的呢（正如你在閱讀有關「騙子、醜聞和無賴」的篇章時所看到的那樣）？

政府似乎總是莫名其妙地相信，如果不是它讓我們誠實，我們就會互相欺騙。不是這樣的。如果沒有改革者，我們的市場會進化——只是進化的方式不同而已。是的，一些被騙的人可能不會被騙。但話說回來，如果沒有美國證券交易委員會，其他被騙的人可能就不會被騙了。在某些方面，證券交易委員會和政府改革為許多人提供了一種虛假的安全感，使他們容易受到濫用職權之害。這些人，例如低價股作手和當前龐氏騙局的受害者，如果不是政府的監管讓他們相信沒有太多騙子，他們的境況顯然會更好。勒斐佛在一九三四年的《星期六晚郵報》上正確預見到了這一點。

如果改革者受到另一種政治束縛，市場將以我們現在永遠無法完全理解的方式演變。事情並沒有以這種方式發生。顯然，會有更多的自我監管的規則和自我監管的當局，如果聯邦政府少做些監管工作，可能會有更多州政府加強監管。結果就不一樣了。

但在某些方面還是一樣的。透過亞當・斯密所說的「看不見的手」，到頭來，競爭才是真正監管市場的力量。正如我們最近在東歐看到的那樣，沒有競爭，政府就會分崩離析。金融市場上的競爭最終會淘汰那些表現差者，而有利於表現優異者。

諷刺的是，改革者本身就是些糟糕傢伙。溫斯羅普・奧德里奇 Winthrop Aldrich、老約瑟夫・甘迺迪、詹姆斯・蘭迪斯 James Landis 和威廉・奧維爾・

道格拉斯 William O. Douglas 都過分狂熱和野心勃勃，想從政治中汲取個人權力。愛德華・亨利・哈里曼・西蒙斯 Edward Henry Harriman Simmons，E.H.H. Simmons 不是。是的，他也有改革思想。但作為他們的前輩，他早在一九二四年便敦促業界自我監管以控制欺詐行為。而當大崩盤到來（當時他正在度蜜月），無知的公眾憤憤不平，只想著血債血還，他相對溫和的方案自然也就不曾被認真考慮了。

奧德里奇幫助起草了一九三三年的《銀行法》，該法案將商業銀行業務從投資銀行業務中分離出來。他領導的這家銀行解散了賺錢的投資銀行分支機構，成為第一家堅持銀行業改革的機構，為華爾街其他銀行樹立了榜樣。這是個好主意嗎？顯然不是，因為我們現在正在拆解他的傑作。與所有其他監管機構一樣，奧德里奇最後試圖利用他在監管工作中贏得的聲望，想要取得駐英國大使這一更崇高的政治職位。

甘迺迪是個混球，一個充滿野心的攀高枝者，結果猜猜怎麼了？他最終還當上了美國駐英大使。就是這傢伙娶了市長的女兒，毫不留情地欺騙她，玩弄幾乎所有的金融騙局，這些騙局很快就被宣布為非法。他為民主黨做出貢獻，換取了社會聲望和小羅斯福的青睞。他在擔任證券交易委員會第一任主席一年後，成為了駐英大使，與政界要人交好，並看著他的三個兒子爬上了政治階梯，而且爬得非常高。

他的繼任者蘭迪斯利用他在證券交易委員會的職位作為工具，在著名的學術和公共行政職位之間來回變換。然而，在此過程中，他逃漏稅並被判有罪，坐了牢，被禁止從事法律工作。作為一名行騙高手，他的手腕應該更高明一些。他到底是不是自殺的，答案永遠無人知。

最後，在擔任證券交易委員會第三任也是最為活躍的主席之後，極具野心的道格拉斯，被任命為最高法院的法官！這位自由主義派的寵兒也是一名好色之徒，他自豪於自己親手調配小羅斯福的馬丁尼，以及娶了一大堆一個比一個年輕的妻子。毫無疑問，道格拉斯利用他的職位吸引了小羅斯福的注意，並確保了自己的前途；他沒有商業、經濟或華爾街的正式背景或經驗，

也很少考慮他所做的事情對於經濟的長期未來到底是好是壞。

　　這些以自我為中心的人對我們的市場體系造成很大影響嗎？當然！他們的貢獻比查爾斯‧道、查爾斯‧美里爾或班傑明‧葛拉漢多嗎？絕對不是！儘管他們做了所有基本上算是善意的努力，來打擊野心勃勃的騙子，但從長遠來看，監管並不能與競爭產生的影響相提並論。無論如何，如果我們沒有改革者，我們不知道我們的市場現在會如何運作。會更好嗎？還是會更糟糕嗎？誰知道呢？我當然不知道，因為我不能對歷史瞭若指掌。這充其量只是見仁見智的問題，但如果沒有他們，情況肯定會不一樣。出於這個原因，改革者也必須名列「形塑市場的百位巨人」。

54

愛德華・亨利・哈里曼・西蒙斯

過度管理的種子之一

在一九三〇年代，嚴厲的聯邦法規衝擊了華爾街，讓狡詐的機會主義者一番踉蹌，這在一定程度上是由於愛德華・亨利・哈里曼・西蒙斯發起了一場滿懷雄心的反欺詐運動。一九二四至一九三〇年期間，西蒙斯擔任紐約證券交易所總裁，創下長達六年的歷史最長任期紀錄，在此期間，他努力建立一個新的、更值得信賴的華爾街，以取代舊的、充斥著肆無忌憚的投機客、騙子和不可靠投機公司的華爾街。

作為正直的鐵路業者**愛德華・亨利・哈里曼** E.H. Harriman（西蒙斯名字裡頭幾個字母就是哈里曼的名字）的侄子，西蒙斯堅信，華爾街已然無力自行清理門戶，為了保護美國經濟，他和政府當局首先必須保護投資者。他主張：「不誠實的企業，是誠實企業的最大敵人。」他的看法再誠摯不過，儘管有些天真。

「如果我能夠接觸到美國所有的投資者——現在還有誰不是投資者呢？——我會試著讓他們深刻認識到投機商人和證券騙子的威脅。」他在一九二五年一篇典型發自肺腑之言的社論中如此寫道。在他擔任總裁的第一年，注重個人品德且富有道德意識的西蒙斯，在全國各地招募商會和報社編輯，幫助他向尚不知情的投資者傳達典型的騙子行徑。他自己寫文章，發表演講，拉攏政壇人士，提倡更嚴格的法律和更嚴謹的執法。他說，很多時候，政治的力量會讓受歡迎的股市罪犯獲得無罪開釋。

西蒙斯的主要攻擊目標是從事投機的公司，這種商號幾乎不給投資者任何獲利的機會，卻被社會當作是一種虛擬機構而接納。**傑西・李佛摩**在一九

○○年代初期透過投機買賣賺到了他的第一個一百萬美元，但他是個罕見的例外——大多數人都損失慘重。（參見李佛摩章節，以瞭解更多關於投機公司的詳細描述。）西蒙斯稱這些公司是未被察覺的「公民、道德和經濟癌症」。當時，投機公司在社會上非常普遍也根深蒂固，就像現在的場外交易一樣，大眾和執法官員很少把它們視為威脅。儘管西蒙斯在接下來的十年裡一直提到這些公司，但直到一九三四年，《證券交易法》才宣布它們為非法公司。

推銷虛假股票的業者都被西蒙斯修理了，比如那些出售偽金礦和資不抵債的佛州地產者。他與州和聯邦當局合作，消滅了這類騙子，並大膽地鼓勵其他股票市場成員告發可疑的同事。他宣稱：「任何時候都必須維護機構的榮譽及其成員的名譽。要做到這一點，最好的辦法就是遵守並符合交易所的規則。」

西蒙斯基本上是一個普通的老派警察，他喜歡看到正義得到伸張，而碰巧他就在華爾街工作。他出生於紐澤西州的澤西市，一八九八年畢業於哥倫比亞大學，一九○○年在證券交易所買下一個席位。他成為經紀公司魯特與克羅斯公司 Rutter & Cross 的合夥人，並在一九○九年成為交易所的理事。此後，他迅速晉升，一九二一年成為交易所副總裁，一九二四年成為總裁。他兩度結婚，兩次喪偶，在交易所成員、媒體、法律官員和投資者中很受歡迎，他們都把他視為可以信任的人。

在此情況下，紐交所迅速發展起來。在西蒙斯的領導下，交易所經歷了歷史上最大的擴張，營業額超過了所有以前的紀錄。這在很大程度上要歸功於一九二○年代繁榮的證券市場。但無論如何，他還是擴大了交易所的實體設施，採用了新的股票交易系統，增加了兩百七十五個會員席位，並擴大了與外國證券交易所的聯繫。在倫敦，有人稱他是「世界上最忙的人」，因為當他在倫敦度假時，也還是在研究倫敦的金融業務。

股市是他的一切，然而諷刺的是，當他的總裁任期結束時，並沒有出現你可能期待的璀璨光彩。當然，當時還是有表揚儀式之類的，但西蒙斯在

一九二九年股災期間休假離開交易所後，也離開了他的職位。五十二歲時，他正在檀香山度蜜月，當時股市崩盤，副總裁**理查‧惠特尼**成為代理總裁。惠特尼利用他暫時的權力，使他在接下來的一年晉升為總裁，而西蒙斯則回歸私人生活。這並沒有給西蒙斯帶來不好的影響，事實上，他幾年後又回到交易所擔任副總裁。

西蒙斯於一九五五年去世，享年七十八歲。在他的一生中，他儘量保持自己謹慎的私生活，儘管他永遠無法掩飾自己激烈的價值觀和道德準則。一九二六年，他向即將進入股市的實習生發表演講，他在該演說中展現了他的高尚道德。西蒙斯敦促他們，無論工作看起來多麼瑣碎，都要全心投入自己的工作。他說：「這實際上意味著，你的工作做得很好，達到了良知的要求，為依賴你的人積累了讓他們感到舒適的能力，從而帶來的稱心感和滿足感……。」

他呼籲大家要善用聰明才智努力工作，並警告不要「只為當下而活」。他是一位具有遠見的人，告誡大家說：「不要把你的智慧束縛在書桌上，把你的思想綁在書本上……讓你的思想和智慧走出去，放眼世界，研究形勢，看看你能如何改進。」

很容易理解，為什麼西蒙斯會看到放任市場操縱繁榮的資本市場體系是很危險的，以及為什麼他努力改變這一點。但很難理解為什麼他沒有預見到政府干預對商業可能產生的風險。如前所述，他聲稱：「不誠實的企業是誠實企業最大的敵人。」現在回想起來，人們會懷疑他是否意識到，雖然不正當的商業是一種危險，但過度的政府控管則是一個更糟糕的敵人。

55

WINTHROP W. ALDRICH

溫斯羅普・威廉斯・奧德里奇

出 身 豪 門 的 霹 靂 火

與那些一直統治著華爾街直至一九三〇年代初，會互相吹捧、互相幫忙
的老好人相比，溫斯羅普・威廉斯・奧德里奇是完全相反的一種型。
他是那種以「僵硬、冷漠的步伐」徑直走向辦公桌的銀行家，而不會在辦公
室裡到處閒逛；那種銀行家不贊成花上漫長的時間在午餐上，除非有重要的
業務需要討論。因為他不想玩他們的遊戲，所以他缺乏耐心去做這些事。
因此，在一九三三年，當金融界從一九二九年的崩盤和隨之而來的大蕭條中
恢復過來時，奧德里奇給了「兄弟會」致命的一擊，呼籲將商業銀行和投資
銀行分開。他激進的改革觀點被納入了一九三三年具有里程碑意義的《格拉
斯－斯蒂格爾法案》，即《銀行法》中，成為新政府管理下的一大里程碑，
導致了華爾街百年來的精英銀行界兄弟邦被廢除，這是新政策管理下的一大
成就。

　　奧德里奇矜持、冷漠、極具道德意識，他常說：「我從不在運河街以南
微笑。」（當然，華爾街就在運河街以南——這暗指他在華爾街從來不笑。）
作為五月花先驅的後代，他於一八八五年出生在羅德島的普羅維登斯。他是
一位有影響力的參議員之子，在十一個孩子中排行第十，一九一〇年二十五
歲時畢業於哈佛法學院。他的妹妹嫁給了小約翰・戴維森・洛克菲勒 John D.
Rockefeller, Jr.，這點幫助他進入了著名的華爾街律師事務所，他在一九一六年
與曼哈頓一位著名律師的女兒結婚，幾乎保證了他的平步青雲。

　　奧德里奇滿足於他蓬勃發展的法律事業，這是源於好運，也是由於洛克
菲勒的關係，當公平信託公司 Equitable Trust Company 的總裁突然去世，他接掌

了公司總裁大位。「我不是銀行家，」他抗議道：「我是一名律師。」——但這番抗議無濟於事。他有著驚人的記憶力、冷靜的理性和敏銳、迅捷的頭腦，成了一名出色的銀行家。因此，當公平信託公司於一九三〇年與大通國家銀行合併時，他成為了大通的新總裁。在這裡，奧德里奇開始在個人和道德層面上，與憑藉大通的資本而行事張揚的大通董事長**阿爾伯特·威金**發生了衝突。

威金認為，他的銀行資金可以透過證券子公司投資於投機性證券，這在當時的大型商業銀行很常見，但奧德里奇堅持採用更保守的做法。當大蕭條的衝擊席捲美國時，他贏得了其他關心此事的董事的支持，他們突然比以前更能理解奧德里奇的保守思維方式。在他們的支持下，他罷免了威金，並最終在一九三三年接替他擔任其後二十年的董事長之職。

奧德里奇曾說：「想到過去十年發生的事件，我們不得不得出這樣的結論：商業銀行和投資銀行之間的密切聯繫幾乎不可避免地遭致濫用。」他立即著手用自己的「新政」改革來整頓銀行業——他開始瓦解這個體系。（關於該體系及其運作方式的進一步描述，可以在描述國民城市銀行董事長**查爾斯·米契爾**和阿爾伯特·威金的章節中找到。）現有的體系允許主要商業銀行利用內線消息、董事間的關係、對主要證券承銷的實際壟斷以及現成的市場——銀行客戶——來拋售證券——藉由一九二〇年代的瘋狂牛市獲利。奧德里奇發現這個體系很荒謬，讓威金、摩根等人感到恐懼的是，他公開反對這個體系。

奧德里奇臉色陰沉，一雙藍色的眼睛冷冷的，拒人於千里之外，他喊道：「商業銀行的管理階層應該要根除掉投機精神。」在一九三三年三月八日發表的著名演講中，他呼籲對銀行業進行全面改革，這讓他的同事們大吃一驚。在預覽了尚未通過的《格拉斯—斯蒂格爾法案》後，他譴責該法案不夠嚴厲！除了該法案已經呼籲將商業銀行與投資銀行分開外，奧德里奇的要求還包括：

一、任何合夥企業或公司吸收存款都必須遵守與商業銀行相同的規定。

二、任何經營證券的公司都不能接受存款。

三、從事證券交易的合夥企業的高階經理人或成員都不得在任何銀行任職（反之亦然）。

　　奧德里奇的每一個觀點都是想要減少銀行業對資本主義體系的控制。根據他的說法，商業銀行的投機行為會被消滅，內線消息會更難取得。例如，第三點將禁止摩根的合夥人在大通國家銀行董事會擔任董事。過去，摩根董事和大通董事會可能會分享他們共同客戶的內線消息，並利用來獲取自己的利益。

　　諷刺的是，大通是由奧德里奇領導的機構，卻違反了他的每一項令人髮指的改革。因此，他勇敢地開始讓大通銀行跟著他的新規則清單走——他的股東們欣然接受了他的遊戲規則。他興高采烈地解散了大通證券子公司，撤掉了投資銀行部門，只保留了政府證券業務。在整個艱難的過程中，他從來不試著去贏得同行的認可，也從未試圖贏得對手的支持。他只管全速前進，從來不顧別人的想法：華爾街對他恨之入骨，小羅斯福政府則全力鼓勵他。奧德里奇在白宮受到了紅毯級的待遇，他的建言則被載入了史冊。

　　在他擔任大通董事長的第二十年，奧德里奇切斷了他的商業關係，接受了四年的駐英大使職位。歷經美英關係的掙扎之後，他於一九五七年回到美國，重新投身商界，管理他和洛克菲勒家族的財務事務。除了銀行和金融，奧德里奇還抽出時間在國際商會 International Chamber of Commerce 任職，並涉足其他一些公民事務。他是一位著名的慈善家，參與了幾乎所有的慈善組織，包括各種醫院、女童子軍紐約分部、塔斯基吉學院 Tuskegee Institute 和美國癌症協會。他領導了二戰中最大的救濟工作，盟軍救濟基金 Allied Relief Fund，並在後來獲得了哥倫比亞大學、喬治城大學、哈佛、柯蓋德大學、布朗大學和其他幾所大學的榮譽學位。奧德里奇喜好在世界各地旅行，會到巴哈馬群島拿索過冬，他在一九七四年去世時留下五個女兒和一個兒子，在世時他一直相當活躍。

如果一個團體的全體成員都反對改革，你就不可能對這個團體進行改革——在這種情況下，你所能做的就是把整個團體的成員都關進監獄。要改革一個群體，你必須從這個群體中分離出一些作為改革領導者的派系。這就是奧德里奇所做的。由於出身高貴，他不像華爾街許多白手起家的大亨那樣渴求金錢。他的整個背景，從出生到就讀法學院，再到與洛克菲勒的關係，讓他的行事都更傾向於保持地位，而不是建立地位。對奧德里奇來說，道德正直是保持自己地位的正確途徑。當時他正確地解讀了政治風向。沒有奧德里奇，「改革」後的證券和銀行業可就不是現在這番模樣了。

56

老約瑟夫·派翠克·甘迺迪

美國證券交易委員會創始主席

當你想起老約瑟夫·甘迺迪時，你會想起他作為政治巨頭所遺留下來的東西。然而，華爾街所關注的卻是一位投機家，他靠著努力和奮鬥賺取了大約五億美元，以及隨之而來額外的福利，比如一個受人尊敬的名字。但是，華爾街應該記住他作為美國證券交易委員會的創始主席的角色。

他的故事要從他爭奪百萬美元開始說起——那個揮舞拳腳、為生存而戰的部分。甘迺迪冷酷無情，肆無忌憚，是個好色之徒，經常為了自己的虛榮而攀附社交名流。無論是娶市長的女兒為妻，還是為總統的競選活動捐款以換取一兩個政治任命，甘迺迪總是擁有一些策略性的招數，讓他得到想要的一切。

他的進取心一直是一件值得驕傲的事。這位出身於波士頓的愛爾蘭小政客的兒子想要進入波士頓的上流社會——當然，對於一名出身貧寒的人來說，這是不可能的。也許這就是他如此渴望的原因——因為那是遙不可及的夢想。這種渴望造就了一個有動力的人，他不允許任何事情阻礙他的雄心壯志。甘迺迪從哈佛畢業後，差點就去打職業棒球，但他卻透過父親的政治關係一頭栽進了銀行業。一九一三年，二十五歲的他在父親創辦的一家小銀行裡，成為美國最年輕的銀行總裁。

甘迺迪很有領袖魅力。當他高興的時候，你一定會感覺到。他會露出一個開懷大笑，展示他那強健的牙齒，明亮的眼睛透過圓形眼鏡瞇成一條線。甘迺迪的性格充滿活力，和藹可親，一臉雀斑，在進入華爾街之前，他建立了一個龐大的人脈網路，為他帶來了各種工作機會。首先，他的婚姻很好，

娶到了波士頓市長的女兒。然後，他在當地經營一家當鋪，涉足房地產，管理伯利恆鋼鐵 Bethlehem Steel 造船廠，在一家公用事業公司的董事會任職，最後，為海頓斯通公司 Hayden, Stone and Company 管理其經紀商辦公室（很久以前便已合併入謝爾森 Shearson）。

一九二三年，甘迺迪自立門戶，自稱為「約瑟夫·派翠克·甘迺迪，銀行家」，儘管他也與銀行團合作，但他很快就成為了華爾街的獨狼。甘迺迪沒什麼良知，但卻有一顆精明的頭腦，他會「利用交易股票來宣傳這檔股票」。當散戶開始買入時，他會推高股價，然後賣出；然後，甘迺迪在股價回落至正常價格時賣空。他是一名有著非凡技巧的操盤手。甘迺迪曾告訴一位朋友：「在這個市場上賺錢很容易。我們最好在他們通過法律禁止之前就進場！」

這是甘迺迪的典型做法，但對大多數人來說並不尋常。當黃色計程車的股價遭到空頭襲擊，從八十五美元跌到五十美元時，甘迺迪出手還了個人情給一位黃色計程車的高階主管。身為該股的金主爸爸，甘迺迪在華爾道夫酒店開了一家公司，來為股價提供支撐，並警告他的朋友說，這可能會花上五百萬美元。華爾道夫酒店對他身邊不間斷的女伴來說，是個方便的幽會地點。他在那裡裝了一臺股票報價機，在床邊買賣黃色計程車公司的股票，並使用不同的經紀商來掩蓋他的交易部位。他接連將這檔股票壓到四十八塊以下、拉到六十二塊、跌到四十六塊，然後穩定在五十美元，以此來迷惑空頭。在此過程中，實際花費的費用遠低於五百萬美元，成本其實相對低廉，甘迺迪卻為自己攫取了可觀的收益。

他總是以他深愛家庭的形象來操縱公共關係，故作天真地說：「一天早上我醒來，筋疲力盡，我意識到我已經七週沒有離開過那個酒店房間了。我的寶貝派特（派翠西亞）出生，已經快一個月大了，而我甚至還沒見過她！」這就是未來美國總統父親的風範。派特可能從來沒有注意到父親的缺席，但可憐的蘿絲一定很想知道丈夫在哪裡，在做什麼。大概不只是黃色計程車的股票操作讓他在那張床上精疲力竭。幾個月後，當這檔股票再次神祕地下挫時，甘迺迪被他以前的朋友指責造成股價下跌，並威脅要打他的鼻子！當時

的假設是，甘迺迪憑藉他對股票和市場的瞭解，重返市場，並透過賣空造成股價下跌。從來沒有人知道是否真是如此。但這是有可能的。

由於受到社會排斥，甘迺迪於是進軍好萊塢，而這在一九二〇年代之前很少有華爾街人士涉足。在他發展電影事業期間，他為一家連鎖電影院提供了資金。後來他以五十萬美元的價格將其出售給了美國無線電公司，並拍攝了兩部電影，其中包括與演員女友格洛麗亞‧斯旺森 Gloria Swanson 合作的一部成本高昂的默片。雖然斯旺森實際上承擔了損失，甘迺迪卻享受著免費的宣傳，對自己的百萬美元損失一笑置之。他真正失去的是一名女友，但他總是能找到另一名。

一九二八年，甘迺迪採取了一個不可思議的舉動，以五百萬美元的價格出售了他的電影股票（為了幫助創立雷電華電影），並以同樣的方式出售了他的其他證券，為艱難時期做好準備。甘迺迪說，有了令人驚訝的好時機，「只有傻瓜才會堅持要持有到最高價」，當股市崩盤時，他早已安全退到場外觀察市場，還保住自己的完整財富。在一九二九年大崩盤時，雖然他持有的股票也受到衝擊，但他放空同等數量的部位，其價值上漲剛好可以抵銷這些股價損失。這次股災讓他毫髮無損。有一個傳說，可能是他當時自己宣傳的，他在股災時大量做空，大賺了一筆。這不是真的——只是傳說。他的賣空是一種對沖，他沒有從大崩盤中獲得實質性利益。只是保住老本而已。

與此同時，他對自己的生活進行了評估。現在他已經發了一大筆財，他想讓這筆錢變得更體面一些。但實際上他在這方面並不太成功。要想真正挽回他的名聲，還得靠他的兒子們，他的名聲一點也不光彩。至少他努力了。他開始使用他所知道的唯一方法，也就是建立更多的人脈聯繫。但這一次，他直接上到最高層，向有望成為總統的小羅斯福獻媚，對他的競選基金注入超過十五萬美元的資金，這在當時是一筆不小的數目。當然，錢再多也不嫌多，隨著甘迺迪和小羅斯福家族的關係愈發親密，甘迺迪向小羅斯福的兒子借了一筆錢，在禁酒令廢除之前，爭取到英國著名的蘇格蘭威士忌特許經銷權。而且，在法律真正上路之前，他以某種方式獲准以「藥用」目的運輸酒

精！在甘迺迪一生的這段時期，他被貼上了「走私販」的標籤，這對他的財富和生活都沒有什麼可怕的影響，但對他的形象卻有所損傷。

當小羅斯福當選時，一九三〇年代中期成為這位自稱「總統締造者」最喜歡的年代。他被小羅斯福選中，並當選為新成立的證券交易委員會主席。民主黨人厲聲斥責甘迺迪的當選令人憎惡。他們認為，甘迺迪不會採取任何措施來妨礙他在華爾街的老朋友們的活動。這一任命被比作放狼牧羊。但小羅斯福對甘迺迪承諾遠離市場感到滿意，總統若有似無地說，他「知道這個行業的所有把戲！」據說，小羅斯福曾對批評甘迺迪的人咕噥過一句話，大意是：「以賊抓賊。」令人驚訝的是，迷人的甘迺迪在證券交易委員會任職的一年裡，認真地禁止了他用來積累財富的大多數方法，並贏得了最嚴厲批評他的人的支持。據說，甘迺迪對如何操縱股票的瞭解，正是新政版本如何改革證券業的核心。實際上，我認為他被選中是小羅斯福為了回報他為他所付出的努力和金錢，顯而易見的是，他在證券交易委員會擔任主席不過是敷衍了事。儘管如此，甘迺迪在證券交易委員會的任期還是大大改善了他的形象。這讓小羅斯福得以將他推向一個更有聲望的職位——美國駐英國大使——對於一位在成長過程中自視甚高的愛爾蘭人來說，這正是他所需要的！

隨著第二次世界大戰的結束，小羅斯福時代也結束了，甘迺迪衰老了，行動也變得遲緩，他再次轉向商業，但這一次專注於房地產。他最主要的投資是世界上最大的商業建築——芝加哥商品市場 Chicago's Merchandise Mart——他在一九四五年以一千三百萬美元的價格買下了它，二十年後價值七千五百萬美元，每年產生一千三百多萬美元的現金。在一九六〇年代中期，對他的淨資產的各種估計都在兩億到四億美元之間。

在某種程度上，一九六〇年代是他人生中最輝煌的時期，因為他的兒子約翰當選為總統。但從情感上和身體上來說，這也是他人生的終點。他的心臟開始出現問題，一九六一年他中風了。後來，約翰的死就像陰雲籠罩在他的心頭。一連串的心臟病發作，讓他生平第一次喪失了行動能力。一九六八

年羅伯特被暗殺也只讓情況更差。為了避免山姆大叔課稅,他將自己的財產轉移到為子孫後代設立的複雜的信託基金中,並於次年去世。

　　甘迺迪是個謎樣的人。他努力往高處爬,是一名好色之徒,會瘋狂地攪局,也是一名市場作手,一位電影大亨,扮演政府監管者的角色,出任過大使,是一名房地產大亨,也是一位總統的父親。你很難簡單概括出他到底是什樣的人。但每當我想到甘迺迪,我就會想到他早期所做的許多事情,這些事情在後來的時代都是禁忌,還有他遵守當時社會和法律道德的能力。你得記得證券交易委員會的創始主席提醒你,必須要尊重法律。但你也會想起,甘迺迪的生活方式和商業風格不斷變化,今天被視為是合法和可接受的東西,在十年或二十年後可能會變成嚴重觸法。保持靈活性是在金融市場上生存的必要條件。

57

詹姆斯‧麥考利‧蘭迪斯

執 法 之 人 卻 鋃 鐺 入 獄

有一位精明、勤奮、嗜酒如命的法律教授出身的證券監管者，迫使頑固的華爾街為一九二九年後的巨變做好準備。作為一九三三年《證券法》Securities Act of 1933 的主要策劃者和首批執行者之一，詹姆斯‧麥考利蘭迪斯界定並指導了這一變化，還幫忙塑造了一座新的、受到監管並且改革過的華爾街。

蘭迪斯是個菸鬼，也是一名工作狂，喜歡開快車，熱愛杯中物，看起來就像是一名堅定、嚴肅、過分熱心的員警，隨時準備去抓他的要犯。他身高五呎七吋（約一百七十公分），頭髮稀疏，嘴唇緊抿，下巴寬大，天生帶著一張臭臉；他穿著邋裡邋遢、套著皺巴巴的西裝，雙手總是塞在褲子口袋裡。每天喝著黑咖啡，抽上兩包「幸運香菸」Lucky Strikes，因為他自信又自大，無法接受批評，因此被人戲稱為「自信爆棚」蘭迪斯。

蘭迪斯以獨立思考的能力而聞名，一九三三年他離開了在哈佛的教席和劍橋的家，奉召到華盛頓幫忙制定證券法案。他起草了嚴格的執法條款，包括將不遵守傳票視為刑事犯罪。他呼籲對所有涉及銷售詐騙證券的各方，包括公司董事到承銷商和律師，全部施以罰款和監禁。蘭迪斯還設計了一個「停止令」，使得證券委員會可以凍結看起來可疑的證券。這項立法受到渴望改革的新政派人士的歡迎，使得蘭迪斯在上流社會的資本圈中名聲大噪。但在華爾街，媒體表示蘭迪斯象徵著「一個新政派的智囊，有些激進傾向，有可能會在聲勢浩大但不切實際的改革上草率行事。」

無論是否切實可行，大部分華爾街業者都採用了新的證券法，該法案

於一九三三年七月七日正式生效。那一天，四十一家公司向聯邦貿易委員會 Federal Trade Commission, FTC 證券部門提交了聲明，該委員會是第一個執行這項法律的機構。這些公司一共支付了八千美元的註冊費用，在二十天後發行了八千萬美元的股票。這是一個嶄新華爾街的開始，而蘭迪斯留在華府來確保新法能夠持續執行。

一九三三年，就在他準備返回哈佛大學時，蘭迪斯被小羅斯福總統任命為聯邦貿易委員會委員。他日以繼夜工作，甚至在辦公室裡放了一張小床，來加緊制定執行證券法的規則和條例。就在那一年，他成功阻止或暫停了三十三個非法證券的發行。一九三四年，當一位參議員的修正案創立了證券交易委員會來取代聯邦貿易委員會時，蘭迪斯也被任命為其委員。他在第一任委員會主席**約瑟夫·甘迺迪**的領導下撰寫了大部分該會的首份意見書。

一年後，一九三五年蘭迪斯在他三十六歲生日前一天接替甘迺迪成為年薪一萬美元的證券交易委員會主席。他承諾要盡可能維持甘迺迪與華爾街的合作關係，同時發誓要起訴所有的股票詐騙行為。例如，他將股票作手**麥可·米漢** Michael Meehan 從三家主要股票交易所中除名，原因是他被指控藉由「虛買虛賣」操縱勃蘭卡飛機公司 Bellanca Aircraft 股票。自由派媒體對他讚譽有加！多年後，他曾表示：「證券交易委員會必須根據情況打擊不法，同時也配合發展。我不認為我們有任何軟弱的行為。」

然而，蘭迪斯的任務不僅僅是起訴個人違法者，還包括解構當時的「企業經營方式」，也就是控股公司。一九三五年充滿爭議和極度不受歡迎的公用事業控股法案要求巨大的控股公司切除所有在地理或經濟上並無關聯的子公司。為了既能充當好人，又能維持政府和企業之間的合作，蘭迪斯「建議」控股公司「自願」切除它們的子公司。但華爾街憎恨他，也許不是沒有理由。所有資本主義的基本概念都是基於自由，這在極端情況下意味著任何人都可以為所欲為，華盛頓施加的壓力會造成限制，因此對華爾街構成了威脅，而華爾街在過去一百年一直是金融自由的堡壘。控股公司從立法到通過法案一直反對這項法案，所以他們不會在沒有發動一場重大的法律戰鬥的情況下就

自願割除任何子公司。

蘭迪斯選擇以一種大規模的震撼方式來說服他們，拿全球最大的公用事業控股公司電氣債券和股份公司 Electric Bond and Share Company 做為殺雞儆猴的對象。首先，他給該公司最後一次機會在一九三五年十二月一日之前向美國證券交易委員會註冊。然而，這家公司絲毫不肯妥協，沒有成功。然後，在最後期限過後的兩天，該公司的總裁親自拜訪蘭迪斯，宣稱將起訴證券交易委員會！然後就是蘭迪斯開始行動的時候了：當傲慢的總裁走出蘭迪斯的辦公室時，蘭迪斯拿起電話，展開了一場他在訪客到來之前就已經預先安排好的訴訟，搶在電氣債股行動之前。蘭迪斯贏了。到了一九三七年一月，法院支援證券交易委員會，要求控股公司遵守立法。蘭迪斯得意洋洋地宣布，這是失敗者「自取滅亡」。

到了一九三七年，蘭迪斯感到緊張又疲憊，幾乎沒有家庭生活可言。他的妻子經常獨自參加華盛頓的社交活動，如果有人問起她的丈夫，她會回答：「什麼丈夫？」他的婚姻已是岌岌可危，同時也忽略了兩個女兒。他對工作和酒精的執著使得自己的健康受損，他多次患上流感，醫生於是要求他減輕工作負擔。

儘管他非常不喜歡這個建議，但蘭迪斯於一九三七年辭去了證券交易委員會的職務，回到哈佛法學院擔任院長。不幸的是，為了幫助小羅斯福，他繼續擔任證券交易委員會主席，跳過了一個需要的假期，逗留在職位上，結果因為當年度經濟嚴重衰退而遭受了批評。股票價格跌至自大蕭條以來的最低點，紐約證券交易所主席公開指責證券交易委員會。蘭迪斯為了報復回嗆說，此次危機是因為投機客受到繁榮的紐約市場吸引回流所引起的。究竟哪種情況會比較好呢？股市呈現榮景，但存在一些不誠實的投機者，還是市場蕭條全無獲利機會，但每個人都很誠實呢？這讓人不禁想知道，也許蘭迪斯更喜歡大蕭條時期的世界。

在政治方面，蘭迪斯被認為是一位現實主義者，他不期望快速改變。他透過起草立法和遵循法規，期待能夠逐漸推展改革。他認為，只要改革不要

變得一成不變和僵化，就可以自然而然產生規則，不會對經濟過程造成傷害。

蘭迪斯是一名謹慎且耐心的策劃者，但他的生活卻非常不穩定。除了他在證券交易委員會的職涯外，他在某個時期做過以下事情：擁有自己的律師事務所（約瑟夫·甘乃迪是他的頭號客戶）；擔任民用航空委員會主席；重組並指導民防局辦公室；撰寫了幾本法律書籍；在國家能源政策委員會任職；為小羅斯福總統的第三個任期競選造勢；一段時間內，他還積極參與當地學校的政治活動。他的感情生活同樣緊湊。在婚姻狀態下，他在哈佛工作時愛上了自己已婚的祕書。最終，他們雙方都和各自的伴侶離婚，然後兩人便結婚了。

蘭迪斯於一八九九年在東京出生，是長老會傳教士的兒子。一九一二年，他來到美國就讀私立學校。一九二一年，他在普林斯頓大學擔任治安官，由此開展他的工作，一九二五年在哈佛大學獲得法律學位。在為知名最高法院法官路易士·布蘭迪斯 Louis D. Brandeis 擔任書記員後，他進入哈佛大學擔任法律助理教授，並在二十六歲時成為哈佛歷史上最年輕的正教授。從哈佛大學出發，他開始了他的華盛頓的職涯。

蘭迪斯於一九六四年去世，享年六十四歲。他被發現時是在自己位於紐約威斯特徹斯特郡有十個房間的住宅內，面朝下浮在四十英尺（約十二公尺）長游泳池中，血液中還殘留著酒精。儘管他每天都會去游泳，但有（不實）謠言指出他是自殺的。就在幾天前，蘭迪斯因為一年前的所得稅逃稅罪名，被判處在紐約暫停執業一年。想想看！警察局長竟然違法了。在一九六三年，蘭迪斯承認未提交一九五六到一九六〇年的聯邦所得稅申報表，他被判入獄三十天，並支付大約九萬兩千美元的稅款和罰款。他表示他並沒有惡意，只是太忙了。如果那些在證券監管方面與他打交道的公司和人也使用同樣的藉口，他們可能不會有什麼好下場。

蘭迪斯幫忙訂定了證券法規，有讓世界變得更美好嗎？大多數人都認為有的。但我認為沒有人能夠確定。現在距離第一次新政證券立法已經將近七十五年了，這世界從根本上已經變得大不相同了，因此我們無法斷言如果

小羅斯福政府和國會閉上眼睛、轉頭走開，避開定證券法規，直到證券市場自然回歸到更高價位時，市場會如何發展。紐約證券交易所曾經說過，有證券交易委員會的存在，股價可能更快回到一九二〇年代的水準。但是誰知道呢？股市現在就是這樣，部分原因也是因為蘭迪斯在扮演華爾街員警時扮演了嚴肅的角色。

58

WILLIAM O. DOUGLAS

威廉・奧維爾・道格拉斯

華 爾 街 的 最 高 法 院 法 官 ？

威廉・奧維爾・道格拉斯是歷史上最具爭議的最高法院法官之一，諷刺的是，他擔任這項職務三十六年，讓人們幾乎忘了他曾擔任第三任證券交易委員會主席。但他之所以能進入法院工作，主要原因就在於他曾任證券交易委員會主席。作為一九三七至一九三九年間擔任十九個月的證券交易委員會主席，道格拉斯引發了一場「金融道德革命」。他在前任詹姆斯・蘭迪斯所打下的基礎上繼續進行改革，使得他在任職期間成為證券交易委員會歷史上最具雄心壯志的主席之一。

身為領先的自由派主義者，道格拉斯譴責股市是一個「私人俱樂部」，帶有「賭場元素」。儘管早在一九三〇年代初期就有了立法，例如他稱之為「十九世紀立法」的《證券交易法》，但道格拉斯仍試著要促使市場更為開放，避免遭到內線人士的濫用。他對「該死的銀行家」抱持著深刻的敵意，希望在投資銀行業激起更多的競爭，以防止銀行家壟斷。他還繼續落實執行蘭迪斯的《公用事業控股公司法》，並試圖統合證券交易委員會對店頭市場的執法。他這些努力並非每項都成功，但他已為下一代改革者建立起一致且可行的政策。道格拉斯表示，他這樣做是出於對「維護資本主義」的關切。是啊！對的！政府也在這裡幫助你。要同時關心資本主義，又要把銀行家視為「該死的」，這真是非常困難。

道格拉斯是一名政治自由派人士，他於一八九八年出生在明尼蘇達州的緬因 Maine，他的父親是一位貧窮的長老會牧師，在道格拉斯年幼時就去世了。他的母親帶著家人搬到華盛頓，他幾乎死於小兒麻痺症。從兒時起，他

就身體虛弱，缺乏元氣，於是便將所有精力投入到學業中。他藉由挑戰登山來恢復身體體能，並努力投入學業，於一九二〇年畢業於愛達荷州的惠特曼學院 Whitman College，他在夏天時到移民農場工作來賺取學費。後來，他結束了短暫的教學任期，和流浪漢一起搭乘前往紐約的貨運列車，進入了哥倫比亞大學法學院 Columbia Law School 就讀。三年後，他在二十七歲時以第二名的成績畢業，加入了聲望極高的哥倫比亞大學法學教職群，在一家實力雄厚的華爾街律師事務所短暫工作過，然後於一九二八年轉到耶魯大學。

在一九二九至一九三二年間，道格拉斯與商務部 Department of Commerce 合作進行各種金融研究，例如破產重組，這個話題在大蕭條期間變得非常流行。很快地，他成為了金融法律專家，並於一九三六年被任命為證券交易委員會第一任主席**約瑟夫・甘迺迪**的下屬。儘管他在陌生人面前顯得疏離和害羞，但甘迺迪和小羅斯福總統都立即喜歡上了道格拉斯，他很快成為總統的「顧問、朋友和撲克牌友」。他以幫小羅斯福調製馬丁尼而自豪。華爾街人士可能認為他正在練習為華爾街提供不同形式的靈丹妙藥。

一年後，小羅斯福提拔他擔任證交會主席的職位。當時華爾街的狀態特別脆弱：紐約證券交易所總裁**理查・惠特尼**剛剛因為挪用了約三百萬美元而被判有罪，這一醜聞給金融領域帶來了嚴重打擊，當時正值大蕭條以來最糟糕的經濟環境。道格拉斯強調他將領軍進入「一個行動時期」。

道格拉斯的「行動」政策比甘迺迪與企業的合作和蘭迪斯採取的穩定、耐心的談判，獲致了更多的實績。他利用惠特尼被定罪對政治面產生的影響，要求紐約證券交易所自我改革，否則證交會將要親自動刀替他們進行改革。他要求的不僅僅是表面的改變。在惠特尼被逐出交易所的幾個小時內，他表示，「交易所的重組不應該只是一個表面假像，而應該是實際上徹底且完整的改革。交易所前任主政者的理念不僅應該只是在檯面上被廢除，而且應該從實務上徹底拋棄。」

道格拉斯是否能夠以威脅來實現他改革紐約證券交易所，仍然持疑，但交易所不想冒這個風險，於是便照他的要求執行。交易所加入了一個由道格

拉斯推動的十三點改革方案，包括對會員公司進行頻繁且詳細的稽核；禁止與公眾有業務往來的經紀人持有保證金帳戶；建立經紀人負債和營運資金必須保持十五比一的比率，並且增加一項新要求，強制會員向其他會員報告所有未抵押貸款。

在店頭股票市場監管方面，道格拉斯盡了最大的努力。然而，一九三八年約有六千名經營店頭股票交易的經紀人和經銷商尚未準備好被集中管理，因此道格拉斯理所當然地認為，證券交易委員會想要直接監管這些分散且獨立的代理商是「不切實際、不明智且無法想像的」。他說了一句非常著名的話，對業者產生了一些約束力：「政府會準備好散彈槍，躲在門後，裝好子彈，上好機油，把槍擦好，隨時可以動用，但希望永遠不必開槍。」道格拉斯是否真的有準備好這樣一把「藏在門後」的武器，仍是個疑問。作家羅伯特・索貝爾 Robert Sobel 認為，像甘迺迪和蘭迪斯一樣，道格拉斯缺乏執行政策所需的資金、人力和權力，但業界已經充分理解他的觀點了。

一九三九年，路易士・布蘭迪斯法官從最高法院辭職時，道格拉斯要求他的朋友去遊說小羅斯福提名他接替。他回憶說：「過了些時候，我接到了小羅斯福的電話，當我到達白宮時，我以為他要徵召我擔任當時陷入困境的聯邦通訊委員會 Federal Communications Commission。他跟我開了幾分鐘玩笑，然後提出要我擔任法院的工作。」道格拉斯以六十二票對四票的投票結果獲得參議院通過，成為自一八一一年以來最年輕的法官，異議人士認為他是華爾街的反動派！在他擔任法官期間，紐約時報稱道格拉斯「捍衛了異議權利」。在一九七五年底退休之前，他在破產、定價、合併和證券法方面都做出了重要的決策。

道格拉斯是位熱情的言論自由倡導者，後來因在《花花公子》雜誌發表一篇關於保育主義的文章，公開反對越南戰爭，譴責政府在一九五〇年代所謂的「獵巫」中迫害共產主義者而受到批評。甚至他的個人生活也受到譴責，因為他先後和年紀比愈來愈年輕的四位妻子結婚。他的第一次婚姻持續了三十年，期間和妻子育有兩個孩子，第二次婚姻僅維持九年。他的第三次婚

姻是在一九六三年和一位二十三歲女子結婚。在一九六六年，他離婚不到一個月後，就以六十七歲之齡娶了一位二十三歲的金髮藍眼女大生為妻！我猜他真的是很自由主義派。順帶一提，那是在他安裝心臟起搏器兩年之前！

有人認為，由於他的監管成功，恢復了投資者的信心，為戰後的一九五〇年代牛市鋪好了路子。但是，當時的華爾街人士認為，他的所有行動只是打壓了人們的投機慾望，從而導致一九四〇年代低迷的股市。這取決於你和誰在談論。自由派認為道格拉斯是擊敗壞人的英雄，而保守派則只把他視為是個自由派的流氓。誰知道他的四個妻子怎麼看待他。作者傾向於認為，法律在短中期內對華爾街有很大的影響，但長期而言卻只有表面的影響。道格拉斯顯然在這方面發揮了巨大的影響力。我們現在還能感受得到嗎？這一點並不清楚。不過，民主黨最初對華爾街發動攻擊，必須要有人來收尾，而道格拉斯正是這個人。

騙子、醜聞和無賴

CROOKS, SCANDALS, AND SCALAWAGS

社會大學裡的終極占有人

騙子、醜聞和無賴其實都是好的。各種形式的騙子讓我們獲得了一種扭曲的教育。他們是讓華爾街不斷發展、避免發生停滯的關鍵因素，因為如果沒有他們，我們永遠不會學習到過度貪婪和盲目信任，往往必須付出高昂代價的教訓，從而帶動改變和革新。就像一個孩子學會不去碰熱騰騰的爐子一樣，股市有時必須藉由一次又一次教訓，才能學會對那些聽起來好到一點都不真實的投資機會，和推銷它們的人抱持懷疑態度。因為所有騙局的根源——貪婪，是人性所固有的，無論華盛頓採取了多麼激烈的預防措施，也永遠不乏這類騙子和詐騙遊戲。因此，與其譴責這些騙子，我們可以很容易地從他們的故事中汲取教訓。

　　一開始，很難看到詐騙具有什麼益處。想想那些受害者——一名被騙走退休儲蓄的寡婦或是辛苦工作的父母把孩子的大學基金押注在一個保證可以翻倍卻敗光了的投資上。這是多麼令人心碎啊？也許是吧——但對於大多數想要在一夜之間翻倍致富的人來說，他們所遭受的只是輕微的財務損失、自尊心受損以及失去對人性的信任。

　　詐騙可能會教會他們在被騙的過程中犯了什麼錯誤。更重要的是，也更可能的是（因為許多人無法從自己的錯誤中學習），它可能會教會受害者的親戚、朋友、鄰居、同儕和同事。對於每一名受害者，身邊都會有很多人觀察並且學習到教訓。這些人是騙術的受益者。當他們把這些新發現的經驗和教訓收入囊中，繼續過他們的生活時，他們會學到要抱持更多的懷疑精神，如果他們足夠聰明，也會變得少一點貪婪——這是每個人都能夠學到的一課。

　　詐騙事件和詐騙遊戲貫穿整個股市歷史的時間跨度。回顧十九世紀，你可能會把像約翰·雅各·阿斯特、丹尼爾·德魯和康內留斯·范德比爾特這樣的恐龍視為騙子，但他們在當時是否被認為是騙子還是存疑。每個人都是利用欺騙手段來達到目的的，而這些手段在今天被視為是高度非法和不道德的。但是在當時，他們的手法被廣泛接受為市場常態，這只是因為當時還沒有證券法。他們的行為為現代股市倫常的最基本開端設下了先例。當德魯引入了「稀釋股份」的概念，出售他所控制的公司的新股，卻沒有透露這些是新股

時，他邁出了第一步，教導大眾如何對「內線人士」操縱股票市場提高警覺。儘管這個教訓不是每個人都學到了，但我們可以看看過去一百五十年來採取的所有標準做法，是如何保持遊戲的公平性的。如果沒有騙子和詐騙者，道德永遠不會在我們的資本主義金融市場中成為根深蒂固。但是，他們的確發揮了作用。

從一九二〇年代到一九五〇年代，這一節中出現的許多無賴分子已被視為是犯罪或接近犯罪，顯然我們已經有了一個可供遵循的道德規範，而且隨著時間的推移變得愈來愈嚴謹。只是這些人選擇無視這些規則。查爾斯・龐茲 Charles Ponzi、伊瓦爾・克羅格 Ivar Kreuger、塞繆爾・英薩爾、麥可・米漢、理查・惠特尼、羅威爾・比雷爾 Lowell Birrell、華特・泰利爾 Walter Tellier 和傑瑞和傑拉德・雷 Jerry and Gerald Re，他們要麼繞道規避開法律，或者像恐龍一樣發現了一個沒有明確法律的利基。這些人都引發了道德或法律改革上的呼聲。

例如，查爾斯・龐茲的名字現在已經成為違法的零和金字塔騙局的代名詞，他在一九一〇年代晚期首次將詐騙遊戲帶到了華爾街。他向受害者承諾九十天的回報率，這種回報率實在是好到不可置信。實際上，確實是太好了，當受害者把他們的錢和信任寄託在他身上時，龐茲動用其中一部分錢支付投資者假利息，而把其餘的錢放到他的個人銀行帳戶中！第一筆豐厚的利息支付完之後，他利用毫不知情的受害者作為宣傳向更多的受害者推銷他的計畫。他的方法並不太複雜，成為月現代詐術的典範，以某種形式一再重複至今。現在，我們在一般的連鎖信中還會看到類似變形的手法。然而，如今大多數人已都知道龐氏騙局就是一種詐騙的遊戲。

正如尤吉・貝拉 Yogi Berra 所說：「有時候你只需要看一眼，就能看到很多東西。」然而，當涉及自己的財務時，許多人由於貪婪或恐懼而選擇不去仔細看。伊瓦爾・克羅格和塞繆爾・英薩爾兩人都陷入了醜聞，並給我們帶來了一些永久的債務教訓——他們都建立了負債累累的金字塔式帝國，在股市崩盤摧毀無數資產後的一九三〇年代初期，他們的債務變得過於龐大以致

於傾覆。他們都因此遭到譴責，因為他們造成投資者數百萬美元的損失。但隨著他們的帝國倒塌，他們詐騙了投資者，隨之而來的醜聞顯示，邪惡的力量會在巨額債務反噬借款人時，迫使人們超越正常道德規範。在一九八〇年代許多造成反噬的槓桿式收購中，我們再次看到這些教訓。但這些教訓早已經存在了，任何想要正視這些教訓的人放眼就能看到。

在一九五〇年代中期，麥可·米漢公然忽略了當時剛創立的美國證券交易委員會的權力。因此，當他繼續像在一九二〇年代所做的那樣，公開地操縱股價時，他成為第一個被美國證券交易委員會抓住的人。這真是太光榮了！

理查·惠特尼在一九三〇年代中期的詐騙行為是挪用公款。這種罪行並不新鮮，但它發生的背景──就在紐約證券交易所之內──絕對震驚了華爾街，成為其歷史上最驚人的醜聞。突然間，人們意識到，如果像惠特尼這樣地位崇高的經紀人都會是騙子，那麼沒有任何權力或具有威望的地位能夠保證其道德行為，你只能懷抱強烈的金融懷疑主義來確保自己不會受到傷害。

在一九四〇年代和一九五〇年代，華爾街時有醜聞發生。羅威爾·比雷爾向保險公司推銷毫無價值的證券，而美國證券交易委員會卻無權干預！華特·泰利爾大量生產毫無價值的水餃股 penny stocks，採用極具吸引力的價格來推廣，並通過高壓銷售策略無情地向公眾推銷。傑瑞和傑拉德·雷在美國證券交易所銷售非法未上市的股票，損害了股票交易員的聲譽，其遺害至今猶存。

在每一個案例曝光後，市場立刻就會席捲一股改革浪潮，消除掉愈來愈多法律漏洞。違規者則被控以各種罪名，並被判入獄或無罪開釋。有些人逃到里約，有人自殺，還有一些人從此消失了。那些受害者呢？是的，他們受到了傷害，但人們則從這些情況中學到了東西。如果不是這些人和其他效仿他們的人，我們的貪婪和信任可能還是會不受約制。因為這種有啟發性的貢獻，這些人必須被納入「形塑市場的百位巨人」之中。

查爾斯・龐茲

龐氏騙局

我相信查爾斯・龐茲並不是華爾街上第一位前科犯，但他卻是其中最成功的一位。在他的快速致富計畫被揭露為詐騙技倆之後，他成功地使自己的名字變成與「詐騙」詞彙同義！在此期間，他藉由將投資者的資本轉移來轉移去，騙取數百名投資者的數百萬美元，創造了一種現今經常出現的騙局——「龐氏騙局」。

　　龐茲出生在義大利，他的背景是本書中最不典型的——可以說是獨一無二的。他不僅受教育程度低，這在當時是很多人都需要克服的問題，而且在四十二歲之前，他一直是擔任勞工、雇員、水果商販、走私和侍者之類的工作。直到那時，他才決定嘗試從事金融活動。龐茲身材矮小，僅略高於五呎（約一百五十二公分），但他相貌英俊，身材纖細，打扮時髦得體，自信機智，然而真正讓他成為傳奇的是他流利的口才。

　　他在一九二〇年初開始詐騙活動，投入了一百五十美元用於廣告，成立了老殖民地外匯公司 Old Colony Foreign Exchange Company，聲稱會在四十五天內支付百分之五十的利息，在九十天內支付百分之百的利息。龐茲選擇的時機非常好——正值「咆哮的二〇年代」的開始，人們有一些閒錢可以花費，並且願意抓住看起來好像有搞頭的機會。他具有超級推銷員的風采，口若懸河地宣傳自己的計畫，使其聽起來毫無風險。

　　龐茲提出要透過在海外購買國際郵政聯盟 International Postal Union 回郵券來支付投資人如此可怕的高額回報。然後，利用操縱外匯報價，他會在幣值膨脹的地方兌換這些回郵券，賺取差價。

每個人都寄錢給他，包括股票經紀人、他們的雇員、寡婦、女繼承人。錢源源不斷地流入，一開始只是小額，但是當報紙發現這位新冒出頭的金融天才並對此進行報導時，錢就像從桶裡倒出來一樣湧進來。起初，這些錢被塞進龐茲位於波士頓的小辦公室抽屜裡，但是之後每週的流入速度超過一百萬美元！鈔票從廢紙簍的頂部溢出，然後覆蓋整個地板，深及腳踝！有一股源源不斷的現金流——足以支付渴望回報的投資者。

源源不斷的現金流正是龐茲實施計畫所需的，但由於愈多的錢湧進來，他就負債愈多。他最終只好用後來投資者的錢支付最初的投資者，再用更晚的投資者的錢支付後來的投資者，以此類推。但只要錢繼續湧入，他就繼續履行承諾，這樣就不斷地循環下去。

龐茲意識到他遇上好運道了，於是開始計劃開設分支機構，並提及想要建立一系列銀行和證券公司。他收購了漢諾威信託公司 Hanover Trust Company 的控股權，自己當上了總裁，然後買了一座大房子並雇了傭人。他甚至控制了他以前的雇主的公司，還解雇了他的前老闆！他非常擅長花錢——但是他的投資者後來發現，他實際上並沒有投資這些錢。他是以搬運東家的錢來還西家的債。

當人群追隨著他高呼「你是最偉大的義大利人」時，波士頓地區檢察官辦公室和《波士頓郵報》 Boston Post 開始私下展開悄悄的調查。龐茲表現實在是太好了，好到於令人難以置信。到了一九二〇年夏季中期，也就是在他剛開始幾個月後，人們發現每年正常印刷的回郵券僅為七萬五千美元，而在一九一九年，僅印刷了大約五萬六千美元的回郵券。但龐茲卻已經收了數百萬美元。他不可能將這些錢都花在未印刷的回郵券上。然而，很少有人想通了這一點。下一步造成他垮臺的是波士頓郵報揭露，龐茲曾在十三年前在蒙特利爾以化名參與匯款詐騙。

當謠言開始流傳，本應引發他的「投資者」恐慌時，龐茲只是加大了賭注，輔以口若懸河的話術。他否認了指控，承諾要加倍支付利息！直到八月初，即使波士頓郵報宣布他已無力償還債務，投資人的錢仍然繼續流

入龐茲的口袋。兩週後，波士頓郵報得知老殖民地外匯公司根本沒有任何資產，負債卻超過兩百萬美元！在短短的八個月內，龐茲已收取了約一千萬美元，發行了超過一千四百萬美元的票據，但是從他的帳戶中僅回收了不到二十萬美元。

龐茲從投資者那裡騙來的錢都用在了什麼地方呢？其實他沒做什麼！他的生活奢華，但沒有證據顯示他實際上把積累的財富藏起來了。其中很多錢只是退回給早期的投資者，他們實際上沒有損失任何東西。就像現代的連鎖信一樣，最後投入資金的人會遭受損失。龐茲可能沒有想到他的印鈔機器會像現在這樣很快就崩潰，而且他是開山始祖，他可能甚至沒有完全明白這種做法最終將會全盤潰決。他可能相信自己可以永遠地挖東牆補西牆。無論如何，龐茲本人也是這個計畫中的主要受害者之一。龐茲承認了盜竊和使用郵件欺詐的指控。

無論他的意圖是什麼，無論他的金融造詣水準是高還是低，他顯然是個騙子。在等待上訴的保釋期間，他在佛羅里達州銷售了水下地段，在優惠券騙局入獄服刑十二年之前又賺了一筆小財富。一九三四年他出獄後，立即被驅逐回義大利，他說：「我希望開一家旅行社或者酒店。我在美國所建立的關係使我特別適合這種業務。」但他什麼都沒有做。相反地，他加入了法西斯主義者，獲得了政府的影響力，並成為里約熱內盧 LATI 航空公司的商務經理。可以想像，他想用誠實的方法謀生，卻不順利。他最終以教授英語為生，收入微薄，一九四九年他在里約去世，失去了部分視覺並因腦血栓癱瘓。這位偉大的騙子落魄而終，他在里約的一家慈善醫院病房裡去世，身上只有七十五美元，這是他從巴西政府的一個小養老金中設法存下來的。

龐氏騙局是現代大規模欺詐的一個標準特徵。無論是臭名昭著的連鎖信——幾乎每個人都曾經收到過——承諾每個人都能獲得巨大的財富，還是最近各種的保險欺詐，承諾人們可以拿到高額且安全的年金收入，而實際上

推銷者背後都很少或根本沒有業務（例如 Z 最好[*]、鮑德溫聯合[†]或股權融資公司[‡]），只要我們最強大的特點（也就是基本自由）存在，龐氏騙局就不太可能從社會中消失。愚蠢的投資者總是因為過於貪心，追逐不實際的高額回報率而自取滅亡。在某種程度上，你可以把龐茲看作是一種貪婪的人道主義者，藉由欺騙無知的貪婪者，以噁心的形式存在，龐茲和他的其他同類不斷地重新教導社會這句老話：「牛市可以賺錢，熊市也能賺錢，惟有貪心的人最後倒大楣。」。

---

* 編註：ZZZZ Best，一九八二年成立的地毯清潔修復公司。創辦人貝利‧米克（Barry Minkow）為維持公司營運發展，多次涉信用卡詐騙，更偽造建築維修保險合約，長期向銀行詐貸並吸引投資，甚至成功在那斯達克上市。相關弊案於一九八七年爆發，公司倒閉，米克也因詐欺入獄。
† 編註：Baldwin United，原是成立於十九世紀中的美國知名鋼琴製造商，一九六〇年代末進軍金融業務，銷售年金保單。然因過度擴張而無力償債，於一九八三年宣告破產，成為當時最大的破產案。
‡ 編註：Equity Funding Corporation，成立於一九六〇年的金融保險公司，宣稱投資公司基金即獲壽險保障，藉此偽造保單轉售並詐取死亡撫恤。後遭解聘員工舉報，於一九七三年宣告破產。

60

塞繆爾・英薩爾

小瞧華爾街的他，為此付出代價

有人把塞繆爾・英薩爾描繪成一名騙子、傻瓜或天才，但他其實最有可能只是個替罪羊。在一九二〇年代，英薩爾精通電力領域，將其轉化成一種方便且有利可圖的商品，但是卻在試圖挑戰華爾街後被自己的電壓給擊垮了。當他價值數十億美元的電力金字塔倒塌時，投資者蒙受了數百萬美元的損失，他的作為被從頭到腳檢視，並遭到指責，基本上是因為牽涉到巨額數字。他在電力演化中的角色為電力產業（事實上也為美國）所取得的成就，都被遺忘了，還被貼上了欺騙天真大眾的騙子標籤。

英薩爾在他的一生中建造了很多東西，但他卻沒有建立起在華爾街的銀行業務關係，結果讓他失去了他的事業帝國。他擁有一些基本上很好的想法，其中之一是建立一個龐大的消費者基礎，以便能夠自然而然地降低電費並增加利潤。最終，他的電力公司擁有二十五億美元的資產，為四百五十萬客戶提供服務，幾乎占一九三〇年美國電力的百分之十！電費合理，利潤巨大。到目前為止，一切都很好。

在發展他的想法時，英薩爾需要源源不絕的資金來增加發電量。因此，他在一九一二年成立了他的第一家控股公司——中西部公用事業公司 Middle West Utilities，並由銷售股票來籌措資金，然後使用這些資金來擴大業務——而不是納入自己的荷包。對於英薩爾來說，融資對他並不是個問題——但這就是他犯錯的地方。他沒有向摩根財團這類一線華爾街投資銀行尋求幫助，與它們建立起牢固的關係，而是運用當地芝加哥銀行的貸款和在地的小型投資銀行家來承銷證券。為什麼要去紐約籌集資金呢？答案很簡單。當事情進展

順利時，在當地籌資就可以運作得很好，但是當時機艱難時，無論是因為經濟不景氣還是因為公司自身的內部問題，情況就不那麼理想了。頂級的融資來源可以在困難時期支撐公司，如果公司與它們建立起了堅實的往來關係，它們就可能會這樣做。而低劣的融資來源則沒有能力在艱困時期為任何人提供融資。

不幸的是，正如英薩爾後來學到的，當他以金字塔為基礎的業務變得愈來愈龐大、負債愈來愈多，遇到困難時期時就更容易崩潰，也成為了第一線金融家攻擊的有價值目標。他本應該與這些融資方建立起像盟友一樣的關係，但這些人卻捉到了他的弱點，並將之當成是一個可以利用的機會。**小摩根**長期以來便對英薩爾不使用他提供的服務感到生氣，終於可以藉此報復英薩爾。

英薩爾出生於一八五九年，是一名窮牧師的兒子，他的性格嚴謹、工作勤奮且自信，留著小鬍子。他二十一歲時從倫敦來到美國，與他的偶像湯瑪斯‧艾爾發‧愛迪生一起工作，直到他四十歲才終於有時間結婚（他後來與一位女演員結婚，並且生了一個兒子小塞繆爾‧英薩爾 Sam, Jr.，後來也加入了他的事業行列）。儘管英薩爾說話帶有濃重的倫敦土腔幾乎難以理解，他卻長期擔任愛迪生的私人祕書和業務經理。三十歲時，英薩爾被選為愛迪生奇異公司 Edison General Electric Company 的負責人，但四年後，當 J‧P‧摩根接管了這家公司並組建了奇異公司時，英薩爾卻被剔除了。摩根派系聲稱英薩爾借貸過多，這也解釋了為什麼英薩爾在尋求融資時從未想到摩根財團！

英薩爾並不容易氣餒，他投資了一家小型電力公司，發誓要使其成為全國最大的電力站，他藉著業務擴張在兩年內實現了此一目標。接下來是他的控股公司中西部公用事業公司，這擴大了英薩爾在他選中的家鄉芝加哥的影響力，他向好的客戶提供貸款並且支援當地參議員候選人。他成為芝加哥最著名的市民之一，這種情況一直持續到他的帝國開始傾頹。

由於英薩爾採用控股公司的結構，他在每家控股公司中都擁有少數股

權。因此，當克利夫蘭銀行家**賽勒斯‧伊頓** Cyrus Eaton 和摩根財團開始彼此爭奪肥沃的英薩爾證券時，英薩爾開始感到擔憂，加倍地抽著雪茄，他認為要保護自己的股票不受攻擊的唯一辦法就是建立一個金字塔結構，將他的資產糾結纏繞成一團！儘管他對股票操作知之甚少，但他相信透過金字塔式疊加，他和他的朋友可以將他們的公用事業股權交換成一家無所不包的控股公司的股票，來掌控他的所有公司。

一九二八年，他創建了英薩爾公用事業投資公司 Insull Utility Investments，旨在「使英薩爾公用事業集團現有管理永續存在」。薩爾以往總喜歡凝視他的辦公室窗外，看著城市的燈火漸次亮起，現在他將他和他的合夥人的股權轉移給了 IUI，以換取對 IUI 的控制權。IUI 的股票以每股十二美元的價格向公眾發行，在首日交易中收盤價達到三十美元，並在六個月內達到了一百五十美元，成為了首次公開募股最熱門的股票之一。同樣地，他金字塔結構中的其他公司也瘋狂了起來——其中一家公司的股價從兩百零二美元漲到了四百五十美元，而中西部公用事業公司的股票則從一百六十九美元漲到了五百二十九美元！

英薩爾不喜歡這樣過於樂觀的市場，這使得他的個人財富在帳面上就達到了一‧五億美元。他認為這個泡沫必將破裂。但是，就像每個人手邊有一個餅乾罐時一樣，在等待的同時會忍不住嘗一些看看。他利用投機狂潮為中西部公用事業公司進行了再融資，將其股票以十比一拆分並償還其債務。然後，他又創立了另一家與 IUI 股權相糾結的頂層金字塔公司，希望再次將他的帝國的控制權推到外人難以觸及的地方。但他的金字塔太大了，現在已成為華爾街的主要目標。

英薩爾受到一九二九年的股市崩盤的影響，被迫不斷保護他的證券免受襲擊，這耗費了大量現金和信用，於是被迫借貸四千八百萬美元，其中包括一些現在對他不那麼友好的紐約的銀行，例如摩根銀行，並以他的股票作為抵押品。現在他不僅把手伸進了餅乾罐，而且還卡在了那裡。當股市在一九三一年再次崩潰時，摩根集團的人故意做空英薩爾的證券，他的股票最

終潰決了，銀行家們則拿走了他們的抵押品。當所有人都拒絕提供進一步的信貸時，英薩爾的頂層企業進入了接管狀態，他手上已是空空如也。

英薩爾被指控郵件詐騙和挪用資金，他的兒子也因某些指控而被通緝。但他的傳記作者福里斯特・麥克唐納 Forrest McDonald 慈心仁厚地指出，他逃離芝加哥前往歐洲，據稱是為了放鬆身心。但我懷疑他是否真的能夠放鬆。當他穿越法國和希臘時，政府試圖引渡他。羅馬尼亞曾經要給他一個內閣級別的職位，擔任電力主管，但他不知是夠幸運還是夠聰明，居然拒絕掉了。最終，土耳其政府在他從郵輪下船時在伊斯坦堡逮捕了他。被引渡回美國後，他受審了，雖然最終被判無罪，但他的聲譽已毀，他最終病倒、身心崩潰，成了替罪羊。

塞繆爾・英薩爾的生涯中有很多值得我們學習的教訓。首先要注意，許多人認為，如果他們是產業的主要推手，他們也可以征服華爾街，但根據英薩爾的例子，很少人能夠成功。普通的市場交易都算是直截了當的，但華爾街卻是高度棘手的。第二，債務總是一個危險因數，但如果你不能掌控華爾街，那麼你的債務就加倍危險。第三，如果你要借大筆款項和賣股票，你真的值得花些代價與頂級融資公司建立好關係，這樣他們就不會在你欠錢時轉而攻擊你，並把你生吞活剝。債務既是華爾街的誘因，也可以成為攻擊武器。

最後，英薩爾的生涯中還有一個小小的諷刺我個人深有體會。英薩爾在一九二〇年初就想退休了。如果他那時候就退休了，他就會成為一位富有的英雄，而不是在後來幾年裡成了聲名狼藉的騙子。為什麼他沒有退休呢？他最終決定要在事業上堅持足夠長的時間，好把他的帝國交給他的兒子。這個決定讓他聲譽蕩然無存。（我曾經在我父親的公司工作，但最終決定不這樣做，因為這樣會對他比較好，而且也更容易處理事情。如果一個兒子或女兒足夠優秀，他或她無論如何都能在父親的公司之外或父親離開後上升到頂層，而不是以特權的身分拿到權力。身為父親應該在自然的情況下就離開公司，並將權力交給最優秀的經理人，無論經理人是否是自己的家人。如果後代自己做到了這一點，他會對自己感覺更為自豪，也不會懷疑自己之所以能

夠上升到公司頂端，靠的是否是自己的能力。但是英薩爾採取了許多人常用
卻並不自然的方法，將他的事業交給了他的兒子，並在此交棒期間滯留在原
位上過久。這使得他和他的兒子付出了一切代價，只差沒賠上老命。）

61

IVAR KREUGER

伊瓦爾・克羅格

火 柴 玩 到 引 火 燒 身

火柴，是價格便宜、容易取得，也是日常必需品，同時也構成了二十世紀最複雜且最有利可圖的金融計畫的基礎。瑞典火柴大王伊瓦爾・克羅格在全球策劃了一項計畫，從美國人那裡借錢，再向歐洲國家貸出數百萬美元，以換取他們的火柴特許經營權。在一九二〇年代末期，他控制了全球百分之七十五的火柴製造業，形成一種實質上的全球壟斷！最終，由於缺乏流動性、過多的祕密，加上粗心大意造成的錯誤，導致其事業崩潰，因此於一九三二年朝自己胸口開槍自殺，以此逃避公眾的審查。他曾被譽為是金融天才，歷史學家們至今仍舊很想知道，他究竟是先驅、瘋子還是騙子。

克羅格計畫的關鍵在於他的外表和偽裝。從一開始，他的目標就是要從華爾街獲取美國借貸來源的信任。他有著灰綠色的眼睛，蒼白、多孔的皮膚和一個緊閉的嘴巴，符合華爾街對一位受人尊崇的商人的所有期望。他知道，如果他的儀表舉止得宜，他就會取得信貸。克羅格穿著昂貴且始終如一的西裝，手拿拐杖，戴著黑色帽子遮蓋住他的禿頭，看起來非常得體。他沉默寡言，但口才很好，有教養，舉止得體，略帶強勢。他向華爾街示好，最終贏得了頂級投資銀行家的青睞，他們對他所謂實力雄厚的公司提供了數億美元的資金——在那個時代，數億美元可是很大的數字。但他們卻不知道他根本就是一個騙子，外觀與實質充滿了矛盾。

在克羅格去世後，華爾街對於這位冷靜、可敬的火柴大王的看法被擊碎了。首先，克羅格飽受多次勒索的困擾，原因不明。其中至少有一些可能是由於他有許多名情婦——他在幾乎每個歐洲主要城市都有一情婦，並給予其

中十多位定期的津貼！而這還不是全部。克羅格在十五歲時與比他年長兩倍的女人（他母親的朋友）開始了他的第一次戀愛，他擁有一本小黑簿，上面寫滿了女人的名字，每個女人都有自己的一頁，詳細描述了她的個性、喜好、厭惡和花費的金額，以及她是否值得他的付出！

他為他的一夜情關係準備了滿抽屜的昂貴胸針、菸盒、金色錢包、手錶、絲綢和香水。如果他厭倦了一個人，他會扔給對方一個裝滿股票的信封！克羅格聲稱自己仍是單身，因為婚姻和蜜月需要「至少八天，而我沒有那麼多時間」。

後來的稽查結顯揭示，他的商業實務同樣令人震驚。他獨自為他的帳簿做調度，即使他的總部、位於斯德哥爾摩的控股公司克羅格和托爾公司 Kreuger and Toll 正在朝國際化經營，他也在腦海中操縱著數字。克羅格以自己的帳戶進行業務，來消除或建立資產和負債，並將它們從一家公司轉移到另一家公司。

就像他的帳簿一樣，克羅格對收購火柴工廠和特許經營權熟練至極。通常，為了奪取一家工廠，他會在目標工廠的所在地以現價銷售自己更高品質的火柴，不打削價戰就占領了當地市場。然後，一旦他打擊了當地供應商，他就派遣假的「獨立」買家，以荒謬的低價向工廠提出出售要約，這會使業主們感到沮喪。之後，當這些要約被拒絕時，他會提出自己更好的報價，這些報價現在對業主來說看起來就很有吸引力了。一旦便宜奪取了工廠，他就會再次降低當地市場上的火柴品質。

他以低廉的利率向法國和德國等國家貸款數百萬美元來取得特許經營權，以此確保長期的火柴特許經營權。有時對準目標官員進行偶爾的賄賂就可以推動合約達成。他最大的一筆交易之一是在第一次世界大戰後，向法國貸款七千五百萬美元，利率為百分之五，當時像摩根財團這樣的美國金融家正在收緊他們的荷包。他還購買了大量的法國債券來穩定法郎的匯率，並為自己取得了法國火柴壟斷地位！藉由賄賂必要的政客，在一九二七年，這筆交易得到批准，他獲得了一項為期二十年的特許經營權——這比他的壽命還

要長。

　　為了保持投資者對他的公司的信心，克羅格會確保他的證券始終會支付高額股息。有時，他會悄悄購買旗下一家火柴公司的股票，然後將它們賣給他信託中的另一家公司，以提高它們的價值，在此過程中獲取利益，並使他能夠宣布更高的股息。為了不失去華爾街的信任，即使克羅格幾乎無法承擔高額股息，也會一直支付下去。每次他發行公司股票時，股票的價值總是基於誇大的業務量。也就是說，他通常會捏造會計帳。據說他在一九一七到一九三二年之間，誇大了二・五億美元的收益！

　　克羅格出生於一八八○年，接受過工程師的培訓，在他明瞭自己「無法相信我注定要為二流人物賺錢一輩子」之前，他曾擔任橋梁建造商、房地產經紀人和鋼鐵銷售員。一九○八年，他成立了建築房地產公司克羅格和托爾公司，五年後成立了其子公司——聯合火柴廠 United Match Factories，並接管了他父親和叔叔擁有的兩家火柴製造廠。很少進食、認為吃東西會使他變懶惰的克羅格，在四年內吞併了瑞典最大的火柴公司。他建立了一個垂直信託，其證券被認為是極具價值。

　　在他的職業生涯中，克羅格始終保持著外表迷人的形象，但是到最後，他內心中那種令人不安的冷漠開始從他的外表下滲透出來。他變得緊張不安，微笑虛弱到麻木的程度，與人握手時手掌變得濕黏。他衝動地花錢，收集皮革手提箱、手杖和相機，而不是像百萬富翁們那樣收集藝術品。他花費大量資金，進行了絕望的投機交易，試圖挽回他陷入絕境的局面。這種投機傾向在深陷麻煩的騙子中相當常見。

　　一九二九年的股市崩盤，標誌著克羅格的末日開始了。儘管他的證券相對來說經受得起股市崩盤的考驗，但他借出和借入的金額過多，而股市崩盤導致資金流動緊縮。他沒有削減股息或收回貸款來保存現金，因為他認為這樣做會引發致命的謠言，而是繼續在稽核人員稱之為「金融冒險狂歡」的道路上前行，其中最著名的是他的偽造計畫。他印刷了四十二張義大利政府債券和五張本票，總價值達一・四二億美元。他一收到這些債券，就把自己鎖

在私人頂層的斯德哥爾摩火柴宮 Stockholm Match Palace 中，並偽造了義大利官員的簽名，其中一名官員的名字他拼寫了三種不同的方式，使得證券看起來很「真實」。隨後，他的會計師在帳冊中登記了這些假債券。

到了一九三二年三月，克羅格的狀況已經支離破碎。他神經崩潰，無法入睡，他會去應答幻想出來的電話和敲門聲，對不存在的現金餘額支支吾吾地答話，最後把錢和證券轉移到親戚的名下。他寫了幾張便條，其中一張寫道：「我把一切都搞砸了，我相信這是對所有人最好的解決方案。」

然後，克羅格以自己一貫的商業風格，穿著整齊的衣服躺在床上，解開了細條紋上衣和背心的扣子，左手拿著前一天購買的手槍，槍口對準了絲綢繡有他的字母的襯衫。他扣動了扳機，幾乎瞬間死去。

這位火柴大王在他的王國倒塌之前從美國投資者那裡騙取了約二‧五億美元。然而，在他的帝國高度槓桿化的營運下，他成功地建立並經營了長達十五年的時間。在很多方面，一九二九年的股市崩盤只是他故事中的附帶事件。作為徹頭徹尾的騙子和欺詐者，即使未曾遭遇崩盤，他很可能不久就會走上同樣的道路。你無法永遠維持一個舉債來運作的虛假紙牌屋的穩定。從來沒有人能做到。他只是那些狂野、奢侈、沉迷於女色的華爾街人士之一，他注定會因為過於熱愛賺快錢以及金錢所能買到的東西，而忽略了實際地投資、擁有和經營企業的過程，最終走向失敗。

理查・惠特尼

華 爾 街 最 勁 爆 的 醜 聞

　　一九二九年十月二十四日，即「黑色星期四」那一天，高大、傲慢的華爾街知名股票經紀人理查・惠特尼，趾高氣昂地走過紐約證券交易所的交易大廳，來到美國鋼鐵股票專業交易席位上，喊出了證券交易所歷史上最著名的一句話：「我以二○五的價格買進一萬股美國鋼鐵。」當時股價正在暴跌，而美國鋼鐵公司的股價已低於兩百美元，但惠特尼以前一次成交的價格喊價，在當天為交易大廳注入了市場急需的信心。人們認為，如果美國鋼鐵股價不跌，其他股票也許也就不會跌了。

　　憑藉摩根聯盟提供的數百萬資金，惠特尼繼續以前一次交易的價格大手筆購買其他藍籌股。短短幾分鐘內，他下達了價值約兩千萬美元的買單，市場因此暫時反彈。報紙頭條寫道：「理查・惠特尼叫停恐慌。」

　　隔天，擔任紐約證券交易所代理主席的惠特尼一夜成名。媒體報導他的一舉一動，他曾經喊出著名叫價的紐約證券交易所席位被從交易大廳中撤下，並隆重地贈送給他。此外，惠特尼更當選為證券交易所的主席。他成為了華爾街的代表人物和受人尊敬的政治家，必須維護自己的卓越聲譽。

　　惠特尼對他的新角色感到非常開心。他從小就在格羅頓學校就讀，後來又進入哈佛大學，一直知道自己注定會成就非凡。作為波士頓一家銀行總裁的兒子，惠特尼有著無可挑剔的人脈關係和天生的領導才能。他帥氣、肩膀寬闊、穿著得體，讓人感到信心滿滿。

　　他是曼哈頓最尊貴俱樂部的成員之一，與妻子過著奢華的生活，至少有一名情婦，擁有市區和鄉間的別墅，吃喝高檔食物，花費毫不手軟。有一次

由於理髮師很安靜地幫他刮鬍子，他心血來潮，便賞了他一次到佛羅里達的旅行。在大蕭條期間，每月仍然花費五千美元的生活費用，這使得惠特尼成為眾人議論的焦點，而他卻樂此不疲！

然而，直到為時已晚之前，媒體始終忽略了一件事，那就是惠特尼無法負擔他的生活方式。儘管經歷大崩盤後，他「對我們這非凡的國家更具信心」，但他自己也變得一貧如洗。多年之後，他透露自己在大崩盤中損失了兩百萬美元，但他從未有大量個人財產可倚仗。他擁有的理查‧惠特尼公司 Richard Whitney & Co. 開銷高昂，卻只為一小部分精英客戶提供服務，主要是 J‧P‧摩根公司。它賺取的是聲望而非金錢，年獲利僅為六萬美元。（正如摩根圈子裡的傳統，惠特尼是個精英主義者，較不喜歡接觸一般公眾，更不用說幫他們處理證券交易了。）

那麼，當一個揮金如土的人缺現金時該怎麼辦呢？惠特尼投入了股市，希望能夠收回自己的部位。他進行了幾筆交易，全部都很不實際。他投資了佛羅里達腐殖質公司 Florida Humus Company，該公司試驗以泥炭腐殖質作為商業肥料，如果他投資真正的有機肥料，結果可能好些。他身為四屆紐約證券交易所主席，卻是出奇地容易被騙。更糟糕的是，惠特尼不知道該如何止損，相反地，他卻不知停止還愈買愈多，把錢都投入到這些毫無前途的大計畫中。

到了一九三一年，他公司的淨資產約為三萬六千美元，不包括他從自家兄弟摩根合夥人喬治那裡借來的一百多萬美元。從那時起，他的處境便一落千丈，他向 J‧P‧摩根公司借款，持續向他的兄弟借錢，然後他陷入了更深的困境，向次級經紀商、交易所裡的交易商，以及任何願意根據他以往的良好聲譽而融資給他的人借錢。但大多數人並不瞭解，他的借貸程度到底有多嚴重。

惠特尼保持樂觀，對蘋果白蘭地（一種農村風格的酒）充滿信心！不，他沒有沉溺於酒精之中，相反地，他準備迎接禁酒令解除，並接管了一家紐澤西州的蒸餾廠。一九三三年，他和一位證券經紀夥伴建立了蒸餾酒公司 Distilled Liquors Corporation，生產「紐澤西閃電酒」New Jersey Lightning，他們認為

這可能成為美國的下一個風潮。在等待風潮興起的同時，惠特尼說服他的債權人延長貸款期限，並從他幾乎不認識的人那裡借了更多的錢。此時，銀行已經無法提供協助，因為他沒有任何擔保品。

當禁令被解除，他以十到十五美元的價格購買的蒸餾酒公司股價，飆升至四十五美元。如果惠特尼當時賣掉，除了他的兄弟喬治之外，他可以先償還所有債權人，之後再來還喬治。但他有賭徒般的狂熱精神和奇糟無比的判斷力，因此堅持不賣。可預見的是，由於該股缺乏買氣而後表現疲軟，惠特尼的好運到頭。隨著股價跌跌不休，惠特尼拚命找錢來支撐股價，但僅僅只能撐在十美元以上。

此時他已經非常絕望，倘若股票跌價，他所欠的銀行貸款將因為抵押品不足而被追償，絕望的人會因此做出絕望的事情。一九三六年，因為已經沒有人可以借錢給他了，而且他的財務狀況傳開了，惠特尼變成了一個詐騙者。他仍然是紐約遊艇會 New York Yacht Club 的財務主管，於是他拿走了該會價值超過十五萬美元的債券，作為抵押品，以欺詐的手法取得了一筆二十萬美元的銀行貸款。他在一九二六年曾用類似的手法行騙，從岳父的遺產中「借」走債券，三年後再把它們換回去，沒有人發現。

在理智盡失的情況下，惠特尼盜用了紐約證券交易所饋贈基金（一項為已故成員家屬提供數百萬美元的互惠計畫）。這很容易。他是基金的六名受託人之一，也是其經紀人。因此，當該基金決定出售三十五萬美元的債券並購買同等數額的其他債券時，惠特尼賣出了債券，在新債券上下了單，購買了債券，但隨後他沒有將新債券交給饋贈基金，而是將債券作為個人貸款的抵押品拿到銀行！他一遍又一遍地重複這種詐騙行為，不到九個月，該基金失去了超過一百萬美元的現金和債券！

到了一九三七年，饋贈基金的理事們發現證券失蹤了。他們要求歸還自己的財產，惠特尼卻以一個牽強附會的文件工作延誤交付的藉口拖了幾天，最終勉強歸還了贓物。此時，他的兄弟喬治實際上幫他救了急，他不得不向摩根的合夥人**湯瑪斯‧拉蒙特**借錢。在隨後的調查中，喬治‧惠特尼說：「我

問他他怎麼會這樣做……他說他沒有什麼可解釋的。」

最終，證券交易所發現了惠特尼的詭計，調查了他的帳簿，發現了他的不法交易。但即使在那時，他還是抱持著希望。他向證券交易所訴求，承諾出售他在紐約證券交易所的席位，以換取撤除指控。「畢竟，我是理查·惠特尼。對數百萬人來說，我的名字就代表著紐約證券交易所。」最終，完全無視什麼是對是錯，惠特尼從他公司的帳戶中提取了超過八十萬美元的客戶證券，在四個月內動用一百一十一筆貸款籌集了約兩千七百萬美元。他甚至向證券交易所的陌生人伸手，要求借錢，甚至包括之前的敵人！

《國家》雜誌 The Nation 總結道：「即使 J·P·摩根在聖約翰神明大教堂 Cathedral of St. John the Divine 的奉獻盤中自行取用獻款，華爾街也不會更尷尬了。」惠特尼被判處在新新懲教所 Sing Sing 服刑五到十年，並頒布禁令，永遠禁止他進入證券行業。在被判刑時，他顯得憔悴，手不停地顫抖，當他被稱為「背叛公眾者」時，他的臉紅了。

惠特尼事件的後續更加可悲。在他服刑期間，蒸餾酒公司破產了，他曾經出任地位崇高的美國鋼鐵專家職位（他因對該股出價而聞名）被拍賣，僅僅賣了五美元。獄友們稱他為惠特尼先生，並且找他簽名，惠特尼也總是樂於滿足大家的要求。他是一名模範囚犯，於一九四一年獲得假釋，然後住到親戚家中。有一段時間，他管理著位於麻薩諸塞州巴恩斯特布爾的家庭乳業農場，然後就永遠沒有音訊，於一九七四年在女兒家中去世，享年八十六歲。他的兄弟幫他償還了所有的債務。

作為證券交易所主席，惠特尼對於由政府引導的股市改革毫不意外地採取反對立場，稱交易所是一個「完美的機構」。他說，會員們有「勇氣去做正確的事情，無論它們在當時有多不受歡迎」，因此，他們有能力自我監管。這顯然非常失真，很諷刺的是，我們從惠特尼的例子就可以獲得實證。這讓我想起一位老木匠曾經告訴我的話：「如果你有好的把關，就可以讓大家保持誠實。」

63

麥可・約瑟夫・米漢

第 一 個 被 美 國 證 券 交 易 委 員 會 逮 到 的 人

麥可・米漢並不是什麼不尋常的人物，但他卻在一九二〇年代創造了一個瘋狂的時代，並在此後將一種新的恐懼帶入華爾街，讓業界對證券交易委員會產生恐懼。這位狡猾且容易激動的紅髮人嫻熟於操縱股票，使得當時的時髦女子、祕書和擦鞋童都渴望賺快錢，競相買進他高漲的股票。一旦他們買進，米漢就拋售，幾乎一夜之間，股價就回落到原來的價位。透過這樣的交易，米漢可以賺進五百萬至兩千萬美元，但就像咆哮的二〇年代一樣，他終歸煙消雲散，在一九三〇年代禁止股票操縱的法律通過之後，他那明目張膽的手段便被禁止了。米漢缺乏適應時代的遠見和靈活性，成為第一個被證券交易委員會驅逐出紐約證券交易所的交易員。曾經身為紐約證交所最重要的交易員之一，他去世時卻幾乎沒有引起華爾街的注意。

米漢於一八九二年出生於英格蘭，成長於曼哈頓，就讀公立學校，並成為一名信差。他非常積極進取，後來開始在一家位於華爾街的小型售票處工作，銷售劇院門票。十九歲的時候，微胖的米漢便在為摩根、雷曼和高盛等大公司的合夥人爭取百老匯最佳座位，每賣出一張門票就為自己的未來打下了基礎。六年後，一九一七年，他這些很有勢力的客戶幫他取得了在場外交易所 Curb Exchange 的席位，他便從此處開始飛黃騰達。到了一九二〇年，他已經存下了購買紐約證券交易所席位所需的九萬美元，於是他辭掉了售票處的工作，並創立了 M・J・米漢公司 M.J. Meehan and Company。

米漢的時機再好不過了，他的公司隨著一九二〇年代的牛市而起飛。他很快成為了金融界的寵兒，專門經營一九二四年首次在交易所上市的美國無

線電公司股票。作為一名超級業務員，米漢深受尊敬，他使得美國無線電公司成為市場上最熱門的股票之一，透過他的操盤和推廣，該股在市場上廣受歡迎。米漢很神經質，工作認真，笑容滿面，他花費超過兩百萬美元購買了八個證券交易所席位，比當時任何其他公司都多，他在市場上進行如此大量的股票交易，每天單單從美國無線電公司就能賺進一萬五千美元的傭金。

作為美國無線電公司的專家，米漢被聘來監督投機基金，這些基金負責推高這家不支付股息公司的股票價格，從一九二五年約八十五美元推升至一九二九年的最高點五百四十九美元。其中一支基金包括**約翰・拉斯科布** John Raskob 和查爾斯・施瓦布（是「鋼鐵界」的施瓦布，而不是那位現代的折扣經紀商）等工業巨頭，共交易了一百萬股美國無線電公司股票，當時價格為九十美元。米漢以他一貫的方式操縱美國無線電公司股票，大量交易來創造活躍的假像，將價格推高至一百零九美元。該基金倒出股票，讓股價回落至八十七美元。米漢在這次操盤中賺取了五十萬美元的利得潤，而該基金則入袋五百萬美元。

米漢在一九二九年的股市崩盤之後，仍然過著好日子，他幾乎沒有受到隨後的大蕭條的影響。在股市崩盤之前，他定居在曼哈頓豪華的荷蘭雪梨飯店 Sherry-Netherland Hotel，用小牛皮裝訂的莎士比亞書籍來裝飾他的辦公室牆壁，並開設了九家分支券商，包括在曼哈頓北部和豪華冠達郵輪 Cunard 上開設的券商！他慷慨地花錢，送給他的四百名員工每人一年的薪水作為一九二七年的聖誕節禮物。在股市崩盤之後，米漢關閉了一些分支機構，但後來又花了十三萬美元，為他的兒子在紐約證券交易所買下一個席位，作為他二十一歲的生日禮物。關於他在股市崩盤中蒙受損失的傳言，顯然不是真的。

然而，如果米漢從一九二九年的股市崩盤中沒有學到什麼，美國政府卻已學到了，而且還為此採取了一些行動。一個參議院銀行委員會成立了，以調查股市崩盤前操縱股票的做法——很快地，「投機基金」這個詞成為了一個所有華爾街人士都不敢提及的汙穢名詞。一九三四年通過了證券交易法，

禁止了投機基金和股票操縱的做法——這些正是米漢建立起市場聲名的核心！但是，無論是他還在忙於享受美好的時光，還是單純不相信美國政府真的會嚴格執法，華爾街已經產生了變化，米漢完全忽略了新法律，回到了市場，並採用他標誌性的炫耀式交易手法。

一九三五年，米漢試圖透過所謂的「相對委託」來操縱勃蘭卡飛機公司的股票，他積極地買進和賣出股票，來創造巨量推動股價上揚的表像。這創造了大量交易的錯覺，實際上卻只是一小群人在互相交易股票，藉此來吸引公眾的注意，而公眾出於貪婪的心態，相信他們找到了一支熱門的股票。當公眾大量購買該股票，推高了股票價格時，該投機基金就安靜地賣出了它的持股。米漢在幾個月內就輕輕鬆鬆地取得了驚人的成果，成功地將勃蘭卡從一·七五美元推高到五·五美元，並保持在這個價位，讓他和他的同事能夠把數十萬股票倒給散戶。當他完成了這些操作之後，股票就會回落到原來的價格，此時他才發現美國政府會認真執法。

在一系列大肆宣傳的聽證會之後（畢竟，除了政府以外，沒有人認為米漢是罪犯），證券交易委員會決定以米漢為例，將他從他所屬的每一個交易所開除，包括紐約證券交易所、場外交易所和芝加哥交易所。這是證券交易法防制股票操縱條款下的第一項行動，對華爾街帶來了深刻的改變。米漢也感到震驚，有人說他進了一家療養院，好治療神經錯亂，有人說他是為了逃避法律制裁。米漢在一九四八年五十六歲時突然去世，留下了他的妻子和四個孩子，儘管他在華爾街失敗了，但他的家人仍然可以過上不錯的生活。

在證券交易法實施之前，操縱股票和投機基金操作是合法的，對於華爾街人來說，這是一個相當老套的作式。對於任何人，尤其是米漢來說，很難想像這些是非法的。事實上，米漢的朋友們為他辯護，說他的行為是「使他成為柯立芝 Coolidge 時代交易界炙手可熱的人物類型」。但是時代在改變，法律也在改變，你必須遵守法律。政府往往藉由對一些違法者實行嚴厲的新法律來警戒廣大群眾，而米漢就是這些違規者之一。

作為一九二〇年代的投機客，米漢取得了成功，但並不值得被納入這本

書中。在郵輪上開設券商幾乎不算是創新的金融做法。他沒有積極地推動華爾街或整個金融領域的發展。但是他卻被逮到了。在這方面，他算是這類違法者中的第一個，他讓我們所有人，甚至是那些從未觸犯法律的專業人士，對證券交易委員會的權力非常尊重。時代在變化，對華爾街來說，無論是市場趨勢、新產業，還是像米漢的情況一樣，對於社會的需求和不斷演變的法律，都需要保持靈活性。

64

LOWELL M. BIRRELL

羅威爾・比雷爾
最 後 的 現 代 股 市 大 作 手

　　一個小鎮長老教會 Presbyterian 牧師和衛理公會 Methodist 傳教士的兒子，是如何成長為華爾街最冷酷、最狡詐、最多采多姿的操盤手之一，這絕不是什麼難解之謎。在比雷爾偶然發現一種充滿誘惑、可以擊敗市場的「萬無一失」之法時，他已是一名聰明、貪財、極具魅力的年輕律師。憑藉著無懈可擊的記憶力，比雷爾能夠記得證券交易委員會的每一道條款、甚至是每一個逗號；他開始透過一個複雜的網絡，非法地以誇大的價格將未註冊的股票拋售到市場上，換取合法的股票和現金。據說當證券交易委員會在將近二十年後終於逮到他時，比雷爾已經「比本世紀任何一個美國人都搞垮了更多公司，欺騙了更多投資者，策劃了更多資金盜竊案」。證券交易委員會承認他是「現代企業操縱者中最聰明的一個」，這絕對足以使他躋身形塑市場的百位巨人之一。

　　比雷爾在一九三八年三十一歲時，進行了他的第一宗詐騙交易。他向一位百萬富翁雪茄製造商的寡婦借錢，用以收購一家位於布魯克林的釀造廠，生產費德里奧 Fidelio 啤酒，但他感興趣的不是啤酒。比雷爾將釀造廠轉換為一家控股公司，並將其與其他公司合併後用於後來的交易。這並不違法，但為了籌措收購資金，他發行了一系列價值高昂且未註冊公開銷售的股票，為了規避法律，比雷爾和他的夥伴們將這些股票視為「長期投資」，實際上卻在市場上拋售以換取現金。

　　六年後，比雷爾進行了一項複雜的保險詐騙，他將自己一些估值過高的保險公司股票集合成一群，就像**傑伊・古爾德**和**吉姆・菲斯克**的手法一樣。

這項詐騙始於一九四四年，當時他使用灌水的釀造廠股票收購了克勞德霓虹燈 Claude Neon，這是一家在場外交易所（美國證券交易所*的前身）上市的霓虹燈製造商。他對這家公司的產品完全不感興趣，他只是想要讓該公司享有在場外交易所掛牌的良好名聲，讓他更容易在股票灌水，然後在市場上出售時也不會引來太多的問題。比雷爾立即讓克勞德霓虹燈發行了大量的股票，並收購了幾家小型保險公司的控制權，這是證券交易委員會無權管轄的行業。

　　一名聲譽不佳的保險老手幫助他建立了一家公司，為他的保險公司集團「挑選」投資。對於這項服務，該公司收取所有公司淨收入的百分之二十五。也就是說，他正在從他控制的公司中吸出錢來。但真正的詐騙卻是這樣的：比雷爾以市場價格購買了大量便宜的證券，以虛高的價格將它們賣給克勞德霓虹，然後讓保險集團從克勞德霓虹那裡購買這些證券，用於他所控制的投資組合。由於投資組合看起來價值飆升，保險公司承作了更多的業務，而比雷爾的收益也隨之膨脹。如果對你來說有一點困惑，請注意，真正頂尖的詐騙手法總是很容易讓事情混淆——這就是它們成功的原因。比雷爾是一位擅長製造混亂、足以矇騙過所有人的詐騙大師。

　　比雷爾這樣的詐騙行為持續了約五年，直到他的董事會質疑他們所銷售的股票價值。到了一九四九年，比雷爾被揭發出來，被迫放棄對保險投資組合的控制權。但他並沒有受到起訴，可能是因為他的董事會希望這件事情能夠保密。雖然比雷爾不再正式掌控這些公司，但這些公司又被利用來從事另一次詐騙行為。一九五三年，他透過新收購的紐約證券交易所上市的製造商聯合染料化學公司 United Dye and Chemical Corporation，發起了一場類似的保險詐騙行為。他把聯合染料化學公司的資產灌水，在此過程中詐騙了該公司約兩百萬美元，並在兩年內出售了該公司。

　　比雷爾就像是一種以宿主的血液為食的病毒。他從控制的公司中吸取生

＊編註：American Stock Exchange，現稱 NYSE American。

命力，維持著一種墮落的生活方式。他擁有曼哈頓的套房、哈瓦那的公寓，以及他的終極派對總部——位於賓夕法尼亞州巴克斯郡的一個占地一千兩百英畝的莊園，裡面有很少會掉出錢來的老虎機、餵食蘇格蘭威士忌的小象，以及他為他的三位妻子之一買下的閃亮紅色消防車。在那裡，他會舉辦兩三天的狂歡派對，用美酒和最昂貴的妓女來招待賓客。他習慣了按自己的方式行事，並樂意為此付出任何代價。畢竟，錢對他來說很容易賺到。只有一次，當一名模特拒絕了他拿一千美元的報酬，要求她在一群記者面前脫衣，並在比雷爾的油井噴油下淋浴，才讓他受挫。

當比雷爾不在賓州狂歡時，他通常會和曼哈頓的社交名流一起玩樂。比雷爾身高五呎八吋（約一百七十八公分），體重約兩百磅（約九十一公斤），臉上有些浮腫，雖然不帥氣，但他那些流氓式的特質卻讓朋友和情人們眼花繚亂。他穿著昂貴的定製藍色西裝，口若懸河。他晚上只睡不到三個小時，大家都知道他經常會在電話亭和夜店桌上打盹！他會一直喝到深夜，但總是在第二天早上九點前警覺地醒來並準備好生意。你可以說他天生就很適合這樣的生活。

比雷爾於一九○七年出生於印第安納州懷特蘭 Whiteland，在十八歲時從雪城大學 Syracuse University 畢業，然後在二十一歲時從密西根大學 University of Michigan 法學院畢業。他曾在一家聲譽卓著的紐約律師事務所工作了五年，然後在協助一些當地公司重組和再融資後，就自己創業開始探索華爾街。如果按照其那些會受人崇敬的路線走下去，以他的卓越才智，他可能會成為一位傳奇性人物，但比雷爾卻有更遠大的抱負，最終詐騙了所有他能詐騙的對象。他還有一些更為卑劣的行為，包括詐騙他年邁喪夫鄰居的土地，以及狡猾地掌控他垂死的有錢朋友的財產。他可真是個好傢伙啊。

然而，他最登峰造極的詐騙事件是「斯旺芬奇石油－杜斯金」Swan Finch Oil-Doeskin 詐騙案。他因被控六十九項重大竊盜、逃漏稅和股票欺詐罪名而被起訴，被指控偷走了兩家公司價值一千四百萬美元的股票。像所有比雷爾交易一樣，這一交易也很複雜，包括交錯的董事會、虛假的帳戶、過高的股

票價值以及一系列其他詭計，都為了繞過證券交易委員會的法律監控。早在一九四七年，比雷爾利用出售價值兩百萬美元的高估證券，然後以其所得收購具有控制權股東的股份，藉此取得了上市公司杜斯金製造 Doeskin Products。實質上，他是用公司自己的錢買下了該公司！當其他股東對發行給紐約皮克斯基爾 Peekskill, New York 比佛利山墓園公司 Beverly Hills Cemetery 的可疑公司債券提出抗議並提起訴訟時，比雷爾被迫支付微不足道的二十萬美元。與兩百萬美元相比，這只能算是九牛一毛。

一九五四年，他以極低的價格控制了斯旺芬奇石油集團 Swan Finch Oil Corporation，並因此獲得了在美國交易所的交易特權。這樣，比雷爾就可以通過斯旺芬奇的股票進行交易，而不必揭露財務資訊。透過他的虛設公司，比雷爾發行了大約兩百萬股新建但未註冊的「摻水」股票，來設立這些公司（參見丹尼爾‧德魯，瞭解這項技術原本是如何運用的）。當時，斯旺芬奇公司是一家工業油脂製造商，隨後收購了天然氣田、鈾礦租賃、穀物儲存倉庫，最終收購了比雷爾已經控制的杜斯金股票。然後，他利用《紐約時報》上的五則造成轟動的成功廣告將這個企業集團推向公眾。最終，一開始只有三萬五千股普通股、僅僅價值一百萬美元的不知名公司，成為了一家受歡迎的公司，擁有超過兩百萬股、價值超過一千萬美元的股票。

斯旺芬奇在一九五〇年代的牛市中成為一個成功的故事，也許人們是受到誤導而如此相信。一旦股票受到關注，比雷爾便想盡辦法以各種詭計間接地將他的股票倒給散戶，例如他會把股票出售給不同的經紀人，然後由他們轉售到市場上。他還透過加拿大的人頭帳戶出售股票，雇用臭名昭著的美國紐約證券交易所股票作手專家傑瑞 Jerry 和他的兒子傑拉德‧雷 Gerald Re，在紐約證券交易所交易大廳出售股票。他最巧妙的方式是將股票作為一百五十萬美元貸款的抵押品。當他像一開始就計畫好的那樣違約不償還貸款時，貸款人便將股票賣到市場上。

在一九五七年初，斯旺芬奇的大量股票活動終於引起了美國證券交易委員會調查員的注意，法院幾乎立即就下令禁止非法股票銷售。當比雷爾在十

月份接到傳票傳喚時，他就人間蒸發了，留下他的第三任妻子搭乘飛往哈瓦那的飛機。他一直待在古巴，直到斐代爾・卡斯楚 Fidel Castro 掌權。那時，他飛往巴西里約熱內盧，該國與美國沒有引渡條約。然而，里約警方認為他們手上有一名著名的美國罪犯，因為他用造假的護照旅行，因此便將比雷爾關押在監獄中長達八十九天。最終，警方發現比雷爾有很多現金可以花用，便任由他自由地過著如同以前一般的豪華奢侈生活！

比雷爾喜歡牛飲伏特加酒加蘇打水，跳森巴舞。他在里約熱內盧的頂級夜總會過夜，每晚花費兩百美元在食物、飲料和女人身上。有一個晚上，他甚至招待了中央監獄 Central Prison 的獄卒，當時官員們正準備將他驅逐出境，但此案卻起不了作用。有些偏執的比雷爾雇用的員警，在不值勤的時間擔任他的保鏢，他身上只攜帶少量現金，還利用公共電話來做生意。畢竟，巴西不僅是他的度假藏身之處，還是一個充滿機會的國度。「這就像是一個渴望糖果的孩子在糖果店裡，你不知道該從哪個盒子挑選起。」他涉足旅遊業，因為他對美國有種懷舊感情，他從事出口寶石和蓖麻油生意，並且進口牛精液，還申請了一項木製平衡玩具的專利。

一九六四年，比雷爾如他一直所說的那樣回到了美國。美國政府使用他們在一九五九年從他被棄置的辦公室中搜查到的大量文件，準備好起訴他的案件，把他關押到監獄中長達十八個月。最終，一名法官裁定用來定罪的證據，也就是比雷爾的文件，是非法搜查到的，因於沒有特定的搜查令，因此比雷爾逃過了被進一步起訴，此案於是登上了媒體的頭條新聞。這讓證券交易委員會、證券監管機構以及普通大眾都感到很受挫。之後，比雷爾便從大眾眼前消失了。

在十九世紀，比雷爾的任何詭計都不會有太大作用。他只是一名作惡的人，遇到同樣的壞分子，他還得與他們一較高下。但在一九五○年代，他這類的違法者已經不多了，他也算是大時代最後的作手。幸運的是，我們永遠

不會再看到他這樣的人了。然而，無論是羅伯特・維斯科 *、貝利・米克還是其他許多不那麼重要的詐騙者，羅威爾・比雷爾都是其中最大尾的，也是現代最好的例子，提醒我們始終得保持警惕之心，提防騙子。

---

* 編註：Robert Lee Vesco，美國知名金融罪犯，他惡意收購多家公司並挪用數億美元公司資產，更曾試圖透過對尼克森總統的政治獻金逃避指控。後逃往中美洲各國，二〇〇七年於古巴逝世。

華特・F・泰利爾

水 餃 股 詐 騙 之 王

不諳世故的投資者對華特・泰利爾和他的詐騙集團毫無抵抗力。他們採用高壓銷售策略和精選的傻瓜名單,使得泰利爾精心構建的機制得以運作,該機制產生了數百萬份毫無價值、卻又極具吸引力的「水餃股」,像是一些鈾礦和阿拉斯加電話線路等「千真萬確」的投資機會。當泰利爾最終被抓住,騙局破滅時,投資者損失了大約一百萬美元,再次遭受到華爾街醜聞的衝擊。

泰利爾出生於一九〇〇年左右,最初他只是一名來自康乃狄克州哈特福的化妝品推銷員,後來在一九二〇年代大牛市中推銷證券。當一九二九年的股市崩盤來臨時,他依靠「現在買,以後再付款」的計畫吸引了只有微薄儲蓄卻胸懷巨大夢想的薪水階級工人投入。到了一九三一年,他卓越的銷售技巧獲得了成果報,泰利爾使用幾千美元就開了自己的公司,並為華爾街的經紀公司分銷各種證券。兩年後,他為其服務的其中一家公司建議他開設一家紐約分公司。他照做了,生意蓬勃發展,於是他關閉了哈特福的辦公室,搬到了紐約從事專門向經紀商批發證券的業務。但他剛剛在新辦公室安頓下來,就被控陰謀罪和郵件詐騙罪,但這個案子後來被撤銷了。

泰利爾說話輕柔但態度積極,行事低調,合法銷售證券(大概吧),賺取合度的金錢;直到一九五〇年代的牛市出現,讓他充分利用了這個機會。當時他開始向新手投資者推銷水餃股,這是華爾街最近重新發現的一個市場,因為這個市場的投資者容易被誘惑,眼中充滿熱情,容易上當,盲目地忠於他們的投資,並且渴望奇蹟出現。像**查爾斯・美里爾**這樣的人以及整個

華爾街都很喜歡這些投資者，因為他們可以帶來大量的傭金收入，因此把他們伺候得很好。但泰利爾過分宣揚奇跡了——只要每股十五到五十美分就能創造奇跡！泰利爾同樣伺候這些投資者，只不過是當成嘴裡銜著顆蘋果的烤乳豬。

他的「奇跡」是否真實存在，是另一個話題，你可以在下面列出的其他來源中瞭解到，但他向公眾推銷這些「奇跡」的方法才是更值得探索的故事。泰利爾並未發明出騙局，但他善加利用了騙局，就像《華爾街的看門狗》*The Watchdogs of Wall Street* 一書所描述的那樣。騙局跟其他任何詐騙行為並沒有什麼不同，只不過是以華爾街的名義進行詐騙而已！這些騙局通常設在陰暗的閣樓中，距離任何外人的視線有幾層樓梯之隔，房間內的傢俱都是匆忙搭建起來的，有些地方是用盒子當長凳，用豎立起來的膠合板當作會議桌，有些地方只有狹小的隔間和騙子用的電話，光線昏暗，窗戶用厚紙板封住。電話另一端的受害者以為他們正在和一位美國頂級金融領袖通話，而對方正坐在華爾街某個舒適的辦公室中。

這些在陰暗密室做生意的人通常是曾經因嚴重罪行入獄的惡棍；而那些低階工作則都是由那些想要賺取學費的大學生來擔任。在酷熱的環境下，這些初階的騙徒或「雞球蟲病」coxeys 者會脫下領帶和襯衫，與客戶進行第一次接觸，從可能被騙的笨蛋名單中進行電話行銷。有些人已經收到過泰利爾的直郵信件，因此在接到電話時已經知道泰利爾的名字。為了給客戶留下良好的第一印象，他們會說自己是「華爾街」的某某公司，然後開始強勢推銷水餃股。「某某先生，只要購買一些些股票，您就會看到我們能為您賺到什麼。」這樣的電話行銷可能會帶來五十美元到一百美元之間的收益。

接下來，名單會被移交給更有經驗的「加工人」，他們是老練的詐騙者。他們的工作是找出目標被詐者實際上有多少財富，也就是說，如果他抵押房屋並向每一位朋友和家人借錢的話，能夠拿到多少錢。如果這個人持有藍籌股，負責加工的人會說服他賣掉這些股票，換成泰利爾的股票。最後，這些名為「超級加工者」或「爆破手」是詐騙集團成員中薪水最高、最具說服力

的人，他們甚至能說服目標受害者去偷竊，來購買熱門股！他們會假裝機伶地透露一些「從交易所剛得知的」或「在會議室裡得到的」熱門消息。

在雪茄菸霧和菸蒂的包圍下，僅在一九五六年，這些密室交易就讓成千上萬的受騙者失去了大約一‧五億美元。而這些詐騙者則從他們的努力中獲得了很好的報價：一位業務經理可能會從他轄下的密室中獲得十五萬美元，一名加工者曾在六個月內賺到七‧五萬美元。當這些密室大量生產產品時，泰利爾則在忙於曲解證券法規來保護自己，而不是保護受害人，比如一九三三年《證券法真相披露條例》的全面披露規定。在這種情況下，如果發行價值低於三十萬美元，法律允許該批發行可以免於進行全面登記，而這恰好適用於水餃股騙局。因此，他的發行股票總額通常為二九‧五萬美元。

他還積極進入廣告行業，在廣播電臺和紐約時報等主要日報上宣傳他的股票發行。他的印刷廣告中還印有可以剪下寄出以獲得更多資訊的優惠券，看似無害的促銷活動實際上為他的密室交易員工提供了可以詐騙者的名字和位址。後來有人說，在政府逮捕他之後，泰利爾還把他臭名昭著的笨蛋名單出售給了一家投資諮詢公司。

但在被逮捕之前，泰利爾仍然昂首闊步，表現得極為體面。在北美證券監督者協會的會議上，參加的官員原本應該要監管泰利爾這類人的活動，但他卻大張旗鼓舉辦起豪華的雞尾酒派對，甚至成為會議的亮點。他成了一位生活在紐澤西州豪華的恩格爾伍德體面且有家室的男人，該地多年來一直是摩根合夥人的所在地。他加入了威徹斯特鄉村俱樂部（他出售了一些股票給俱樂部的員工），裝潢了豪華的辦公室，駕駛著一輛凱迪拉克。泰利爾稍微有些禿頭，對自己的外表非常在意，喜歡穿著讓人印象深刻的服裝。

到了一九五六年，他完全不顧證券交易委員會監管的行為引起了聯邦大陪審團的注意。儘管他聲稱由於他在水餃股這行的傑出地位而成為了「世界上最常被調查的人」，但在第二年，泰利爾的公司被關閉，泰利爾被禁止在紐約和紐澤西州進行股票交易，他的大多數受害者也都住在這兩個州。他被指控在銷售鈾礦和阿拉斯加電話證券方面進行欺詐性股票推廣活動，該活動

詐騙了投資者約一百萬美元。在審判期間，他試圖以二十五萬美元賄賂一名政府證人，但未成功。一九五八年，他被判入獄四年半，罰款一・八萬美元。此後，這位水餃股之王就此銷聲匿跡。

在大多數水餃股騙局中，都存在著一個共同的現象，那就是：承銷該股票的證券公司是你唯一可以買入或賣出該股票的地方。這讓該公司得以控制市場。例如，在通常的證券交易中，由主承銷商組成一個聯合銷售團，每個聯合銷售團成員都擁有整個交易的一部分。然後，各個聯合銷售團成員同意在交易完成後為該股票「造市」，相互競爭買賣該股票。在這個市場和其他市場中，競爭可以確保彼此的誠實。在正常的市場上，你可以從經銷商 X 購買一支股票，然後透過經銷商 Y 賣出該股票。如果你不喜歡 X 或 Y 經銷商，還有 U、W 和 Z 等其他經銷商可以選擇。但在水餃股詐騙中，沒有其他市場可供你運用。原始交易中沒有聯合銷售團，也沒有互相競爭的經紀公司構成售後市場，只有第一個向你推銷該股票的人。因此，當他在一個月內以一・五美元的價格賣給你時，你可能會發現你只能在下個月以四分之一的價格對同一個人賣回該股票。你沒有其他的選擇，你買的股票並不存在競爭的市場。

水餃股騙子的另一個把戲是將整個國家甚至一個州分成不同的地理區域，在其中一些地區開始銷售該股票。幾個月後，他們開始以低於原價價格買回該股票，同時在另一個地區以較高的價格向新的受害者銷售，通常價格甚至高於原始發行價格。他們告訴這些新的受害者，該股票自發行以來一路上漲，因為它非常熱門。泰利爾透過密室開創了所有這些詐騙技法。

泰利爾引領了水餃股騙局亂象，自那以後，這種騙局幾乎沒有間斷地重演，而且主要形式都與泰利爾當時創造的形式基本相同。最近新起騙局的主要區別在於，交易的房間看起來就像標準的證券公司辦公室，騙子們也學會了如何打扮。他們會像商場人士一樣穿著正式服裝，能夠面對面地進行詐騙，增加了受人尊重的形象，讓他們得以進行更大規模的詐騙。泰利爾應該足夠聰明，能夠看到這點，但他是先驅，每個行業都會隨著經驗的積累而變得愈來愈高竿。

無論是羅伯特・布倫南在全國電視上宣傳其位於紐澤西的第一澤西證券騙局，還是眾多以科羅拉多州為基地的小規模詐騙大師，或是新的「詐王」邁爾・布林德 Meyer Blinder 及其忠實的推銷員軍團（也在科羅拉多州，現在已被驅逐出美國，在海外進行同樣的騙局），水餃股市場已經演變成為現代證券世界中，徹頭徹尾的騙子施展魔法的主要地方之一。泰利爾地下有知，應該會感到自豪的。

66

JERRY AND GERALD RE

雷氏父子

幾 粒 老 鼠 屎 壞 了 一 鍋 粥

股票專家 * 為他們代言的股票「造市」：他們將買方和賣方聚集在一起，在繁忙的交易場所監督交易。他們被禁止向公眾出售，只能在市場買盤很少的時候，利用自己的帳戶買入證券，而當市場沒什麼賣盤時，就出售自己的股票，以此來保持市場的穩定和流動性，並達到平衡供給和需求關係。本質上，他們不僅安排著股票交易所的「拍賣」交易，而且不時以買家和賣家的身分參與其中，以便在參與者不足時維持市場的運作。這是一個崇高的職位，對於股票交易所的營運至關重要。股票專家需要擁有詳盡的技術知識和敏銳的證券價值判斷能力，並且能夠捕捉價格趨勢。但最重要的是，他們必須尊重並為他們知道的內線知識保密。

換句話說，他們必須具有廉正的品格。

由傑瑞和傑拉德・雷這對父子組成的股票專家團隊卻缺乏誠信。在一九五四至一九六〇年間，他們在市場上非法倒賣股票多年，支付回扣給幫助他們的經紀人，賄賂記者來大肆炒作他們的股票，利用內線消息進行操作，通過假帳戶進行交易，數十年的時間都在欺騙毫無戒心的投資者，包括美國證券交易所 AMEX 的總裁！而所有這一切幾乎就像證券交易委員會完全不存在一樣。

這對父子利用自己的聲望，在市場上拋售了超過一百萬股非法股票。他們操縱市場，在賣給投資者約一千萬美元的非法證券的同時，自己拿到的收

---

* 譯註：臺灣稱為「造市者」、「造市商」。

益超過三百萬美元。根據正式指控，他們在交易中詐騙投資者高達一千三百萬美元。有一位股票交易專家說：「大家都知道傑瑞‧雷的操作手法有點怪異，但這只是一般的感覺。」當證券交易委員會終於在一九六一年打擊這對父子的不法作為時，這是該委員會近三十年來首次對股票專家採取行動。在我剛進入投資行業時，人們總是開玩笑說，要成為美國證券交易所專家的主要條件就是必須要有犯罪背景。無論他們是否知道真相為何，他們都在開這對父子的玩笑。

傑瑞出生於一八九七年，是義大利移民的兒子，他在曼哈頓長大，很有些小聰明，但缺乏正式教育背景。在街頭上，他發現了「場外市場」Curb Market，當時這種市場就在金融區的人行道上運作，風雨無阻，無論是下雪還是下雨，夏天或冬天都照常開市。一九二〇年，他買下了一個場外會員資格，二十年後，他成為了一位業務繁榮的股票交易專家，有著穩固的社交關係，而且還結婚成家了。傑瑞個子矮小，身材粗壯，眼睛凸出，還有個大鼻子，聲音洪亮，笑聲開朗，是個和藹可親的人，喜歡與紐約市重要人物（城市包括政客、棒球明星、參議員、法官和餐廳老闆）交往（和欺詐他們）。他愈來愈富有且顯赫，與有影響力的朋友一起在博卡拉頓 Boca Raton 過冬，在紐約州北部買了一座夏季農場，在格林威治村 Greenwich Village 保有一間公寓。

當場外市場在一九五三年變成美國證券交易所時，傑瑞已經在交易所擁有一定的地位。因此，他自動成為了美國證券交易所首要的股票專家，專門負責約十七檔股票。他的兒子傑拉德出生於一九二三年，於一九四四年加入場外交易所，多年來已成為他們的專業公司雷氏與薩加雷薩公司 Re, Re & Sagarese 的重要成員。傑拉德長得像他的父親，但沒有他那麼大膽，他的父親認為他們應該因為其所從事的工作而獲得獎章。傑拉德說話聲音較輕柔，他曾經說過：「我和我父親對於我們在市場上擔任優秀的專家（造市者）並且獲得聲譽感到非常自豪，或許我們把這項職能發揚光大了，但我們還是會盡力掌控所有狀況，並付出全力以達目標。」

他們非法活動的幕後主謀似乎是傑瑞，他可能仍然記得自己年輕時，在

證券交易委員會成立之前從事的那些牽強附會的做法。事實上,傑瑞從未認可改革後的市場,也沒有履行他應該要遵守新規則的職責。例如,他違反規則讓股價下跌,並曾告訴證券交易委員會:「我們的成功在於人們來找我們,想把股票賣給我們,因為他們知道我們會支撐他們的股票價格。我們會買兩萬、三萬、四萬、五萬股股票。我們不會害怕縮手。」

事實上,他們經常從企業高階主管或主要股東手中購買大量股票,這些人想要出售股票,但又不想在市場上壓低股價。因此,這些公司內部人員就以折扣價格向他們出售股票,而他們的任務則是以更高的價格和較小的股票數量分批售出給大眾。有時,他們會透過「長期投資者」進行交易,如此可以不必向證券交易委員會登記交易,有時則是將股票分散給十幾個不同的經紀商,來掩蓋他們對股票的獲利。有時,傑瑞甚至會「私下給經紀商每股十美分」的酬勞來推動某支股票的交易(當然這是針對非常大的交易量);然後他們會在市中心會面,並以現金支付。證券交易委員會從來未曾逮捕過任何專家,因此他們可能認為自己永遠不會遭到攔截。

他們的違規行為可以列成一張長長的清單。他們漠視了已是業界標準的簿記程序,並採用「作假交易」的手法。作假交易是一種被禁止的做法,也就是在交易所的帳簿上放空股票,做法是借進股票,同時將它們掛出。然後,「人頭」帳戶買進這些股票(如此便規避了平倉的風險),使該股票看起來交投很活絡——而實際上這筆交易是完全造假的。這些交易從未實際發生過,只是在專家的帳簿上進行紙上作業罷了。他們的公司還接受全權委託單,這對於操縱股票價格至關重要。有了這些為「親朋好友」設立的委託單,他們可以在關鍵時刻進行購買,來哄抬股價,並使得該支股票的交投看起來比實際情況更活絡。這些手法與一九二〇年代的情況非常相似。

當他們最終被揭發時,證券交易委員會將他們從美國證券交易所除名,並吊銷他們的經紀牌照。他們因在一九五四年至一九五七年間操縱市場加速出售一千萬美元的斯旺芬奇石油集團股票而被起訴。他們的律師說,為他們辯護只是浪費時間(暗示他們沒有辦法逃脫)。在一九六三年的審判中,證

券交易委員會試圖重新贏回公眾對證券行業的信任,檢察官傳喚了七十六名證人,並使用一系列三‧五乘六英尺(約一張單人床大小)的圖表來講述用於將非法股票賣到市場上錯綜複雜的過程。當六十六歲的傑瑞和四十歲的傑拉德被指出是騙子,並被貼上標籤,指稱他們只是主導斯旺芬奇案的**羅威爾‧比雷爾**的傀儡時,比雷爾從他流亡到巴西的居處回應說:「那太荒謬了。他們不是什麼小魚小蝦。他們處理過巨量的股票。」我相信雷氏父子會對來自大咖的證詞感到十分開心。

自從雷氏醜聞爆發以來,人們對於專家職能便一直存在懷疑。對美國證券交易所也存在質疑。美國證券交易所從未重新獲得其曾經擁有的聲望和地位,還不斷受到場外交易市場(這些交易員市場沒有專家設置)和更具有聲望的紐約證券交易所持續的壓力和競爭。對專家角色的譴責一度甚囂塵上,最終,作家理查‧內伊 Richard Ney 對此做出了絕佳的批評,他指出,華爾街是一場為專家利益而設定的遊戲。

傑瑞‧雷算是一個例外。除了他之外,專家這個職務幾乎沒有什麼可被訾議的。然而,就是因為有像雷氏父子以及最近違反內線交易規則的這些人,證券交易委員會一直無法將證券市場的監管工作交給行業本身去管理。由於有他們的壞榜樣,雷氏父子也算是幫忙形塑了市場現在和未來的面貌。一粒老鼠屎就可以壞了整鍋粥。

技術派、經濟學家和
所費不貲的專家

TECHNICIANS, ECONOMISTS, AND
OTHER COSTLY EXPERTS

華爾街的巫醫

技術專家、經濟學家和其他身價高昂的專家有兩種動機，他們要麼讓你獲得力量，要麼讓自己獲得力量。那些讓你獲得力量的專家提供工具或課程，讓你可以自己學習使用，這樣你在未來將比以前更強大；那些讓自己獲得力量的專家則是出售無形的東西，比如他們的聲譽或預測，但沒有基礎支撐和可重複使用的經驗教訓，對你來說沒有持久的影響力。

韋斯利·克萊爾·米契爾 W.C. Mitchell、約翰·馬吉和威廉·彼得·漢密爾頓都是賦予他人力量，而非賦予自己力量。他們處理統計和技術資訊，向追隨者和讀者提供知識，讓他們能夠自己進一步學習，而不是直接收取顧問費。例如，作為「技術」派股票市場分析的先驅，漢密爾頓藉由數百篇《華爾街日報》社論解釋如何使用道瓊平均指數來預測未來，授予人們知識的力量。米契爾作為統計學的先驅，完成了許多研究工作，推動了現代經濟和金融統計學的發展，這是現在每個人都在使用的。而馬吉則是撰寫了書籍，但你可以相信，金融書籍的版稅都相當微薄。在這些書中，他清晰地陳述了自己的觀點，任何人都可以學習。

相比之下，伊凡潔琳·亞當斯 Evangeline Adams、威廉·江恩 William Gann、拉爾夫·尼爾森·艾略特 R.N. Elliott、羅伯特·瑞亞和歐文·費雪主要是為了讓自己擁有權力。如果他們擁有某種技巧或股市「祕密」，除非可以收取某種費用，通常是訂閱郵件費，否則他們不會揭諸於世。而且，這些資訊會以其他人無法真正理解的方式出售；真正能應用這些的必須是大師本人（這重情況就像是只有伊凡潔琳本人會運用某些特定技術）。例如，瑞亞跟比較慷慨的大師漢密爾頓不一樣，他自稱是道瓊指數的理論派專家，並在他的通訊中銷售他個人對該理論的看法。但他的很多著作都很含糊，他的方法也不太清楚。兩個人看同一個圖表，在閱讀了瑞亞的方法之後，對同一支股票可能會形成完全相反的觀點，這是因為很多瑞亞的觀點都只存在於他的腦中，普羅大眾無法理解和應用。

那些賦予自己力量的人最容易受到關注現，因為他們靠著自己的名聲為人所知來謀生，即使沒有什麼值得炒作的東西，也會大肆吹噓自己的聲譽。

通常，他們會炒作自己的形象，而且往往因此而致富。例如，歐文‧費雪當初是一位典型的經濟學家，與其他人沒有什麼區別，但他一直都很老練地推銷自己。憑藉著卓越的學術背景和在貨幣理論方面的強大學術貢獻，費雪在現實世界的預測方面並不同於其他人。但儘管他犯過幾次錯誤，還是成功地躋身「世界最偉大的經濟學家」之列，因此變得富有。在一九二〇年代，他非常引人注目，不斷預測經濟繁榮。他沒有預測到一九二九年的股市崩盤，然後在趨勢反轉後，更進一步堅持說股市榮景和股價高漲即將到來。很諷刺的是，他在股市崩盤和大蕭條期間把自己的錢投在他最強力鼓吹的標的上，最終變得一文不名。伊凡潔琳‧亞當斯也是為自己賦權，她是最早採用通訊信的江湖郎中之一，他在一九二〇年代的牛市期間發布並出售股票選股，收取相當高的訂閱費用。她之前就已經擁有了身為占星術師的優越聲譽，所以在股票市場上推展自己的名嘴角色就更加容易了。她所採用的花招是占星術，這是如此晦澀、含糊且靠不住，實際上不可能教導其他人她的技巧。因此，她很樂意以這些娛樂性大於可獲利性的通訊來賺錢。

威廉‧江恩銷售他的通訊，是為了推銷他所創造的理論，這個理論對大多數人來說過於複雜，難以自行理解，這種手法幾乎和亞當斯的手法一樣新穎。出售客戶無法輕易自行完成的東西，就像出售無形的虛假聲望一樣，純粹只是讓自己擁有權力。即使在今天，仍有人把自己喻為江恩理論的後期詮釋者，但沒有一個明確的知識體系是江恩的粉絲們能夠一致應用的。

拉爾夫‧尼爾森‧艾略特從未主動推銷他的股市循環理論來為自己賦權……是那些想要重振他威望的人這樣做的！在一九八〇年代初，艾略特這個名字和他的理論突然在書籍、財經雜誌和客製化的通訊中出現，負責宣傳的人熱衷於利用他剛剛獲得的聲望來炒作。像其他人一樣，艾略特的理論過於模糊、太含糊不清，無法精確應用，而他的粉絲們也在爭論如何根據他的理論解釋事物，而這些都源於他是藉此獲取自己的利益。

並非參與股票市場體系的每個人都是出於自身利益。如上所述，韋斯利‧克萊爾‧米契爾分享他多年來對商業週期和市場指數的深入研究，使他人獲

得了力量。如果他願意，憑藉他所贏得的崇敬，他本可以兜售些無稽之談，但他的作為卻超越了這些。約翰·馬吉提供了一種簡單易懂的圖表解釋，大家都可以從大多數圖書館免費取得。漢密爾頓本來可以透過一份包含主觀預測的通訊來銷售他的知識，類似於瑞亞的手法，從而賺取可觀的利潤，但他並沒有這樣做。當你看著到處都有的全國專家銷售服務的選單時，你應該問自己關於其中專家的第一個問題是：「與這位專家的互動是否讓我之後能夠自行採取更好的決策，還是這只是讓我離不開這位大師？」如果你得到的僅僅只是一些預測，那麼這位專家的費用八成收太高了。

當然，也有例外。然而，在大多數情況下，這些例外足夠罕見，得以證明規律的存在。大量的研究表明，經濟學家的預測總的來說，是非常離譜的（關於這些研究有個很好的引介，請參閱大衛·德雷曼 David Dreman 的《新的逆向投資策略》 *The New Contrarian Investment Strategy*）。沒有研究指向相反的方向。

然而，每個人都是獨一無二的。以經濟學家約翰·梅納德·凱因斯 John Maynard Keynes 為例，他的經濟理論在當時和現在都受到保守派的憎惡和詆毀。然而，他是一位真正能夠成功交易股票的經濟學家，同時創立了他的激進理論。他成功達成交易使他比保守派理論家費雪更加可信，費雪無法將自己的理論付諸實踐。不知何故，凱因斯比費雪更加融入「現實世界」。另一個很好的例外是埃德森·古爾德 Edson Gould。在他的職業生涯中，他一直是一個默默無聞的預測家，準確率簡直就是神奇。他沒有自我宣傳，從不吹噓自己的預測甚至自己的技巧。很諷刺的是，他一直默默無聞，直到他快要去世時，才被發現是一位七十多歲的老市場先知。

任何規則都有例外。生活充滿了奇詭的事情，華爾街也不例外。就大多數情況而言，金融大師不值得你花上這些代價。他們中的大多數要麼是虛偽的，要麼就是含糊其辭。要知道他們中的任何一位是否真的能夠為你帶來「附加價值」，最好是透過觀察來衡量，看看你從他們的教導中，是否可以獲得比在和他們開始互動之前更好的成果。

67

WILLIAM P. HAMILTON

威廉·彼得·漢密爾頓

率先採用技術分析的業內人士

威廉·彼得·漢密爾頓是一名記者，他決定致力於發展道氏理論 Dow Theory，這並不是偶然的。他認為市場波動有其明確的原因，並且可以使用道氏理論相當精確地加以預測。他曾經說過：「股市是國家甚至全球商業的晴雨錶，（道氏）理論教我們如何閱讀。」從一九〇〇年代初期到他一九二九年去世，漢密爾頓致力於研究、解釋、發展和確立道氏理論，為未來的世代提供了一個基礎，使技術分析得以蓬勃發展。

道氏理論植基於一個信念，即股市總是反映出三種不同的波動：

一、四年或更長時間的主要趨勢。
二、大約兩週到一個月的次級反應。
三、日常波動。

主要趨勢被比喻為海洋的潮汐；次級反應則被比喻為波浪，有時會在潮汐落潮時湧上海灘，或在潮汐漲潮時退回海面；而日常波動則被比喻成漣漪和飛濺，它們本身不重要，但必須在整體情況下加以考慮。當一個高點的平均值超過之前的高點時，主要趨勢被稱為看漲，就像當波浪高峰彼此接連時，波段被稱為上升。

漢密爾頓說：「這項理論承認它有高度的人為和明顯的限制。但它可以坦誠地指出，它擁有其他商業紀錄所無法企及的預測品質。他對道氏理論最重要的貢獻之一就是在廣受歡迎的《華爾街日報》和《巴倫週刊》社論中

使用它來進行預測。**查爾斯·道**很少做預測，但他也許應該這樣做，因為漢密爾頓編輯的預測成績令人印象深刻。他在一九〇〇到一九二一年之間應用該理論，預測了一九〇七年的恐慌、第一次世界大戰前市場的疲軟以及一九一七年的熊市，總共六次主要的牛市和熊市。

他最著名的預測是在一九二九年十月二十一日發表於《巴倫週刊》的社論中，題為「股市多空轉折點」，在股市崩盤之前給投資者「明確的看跌警告」。自一九二七年以來，他三次表明了一九二〇年代大牛市的結束，但這一次跡象是不會出錯的。九月三日，道瓊工業指數達到三八一·一七點的高點，鐵路指數達到一八九·一一點的高點。一個月內，工業指數下跌了五十六點，而鐵路指數通常波動非常小，卻也下跌了超過二十點。「從年度高點到出現最嚴重的反應只有一個月的時間。鑑於這種投機活動具有全國性的特點，這似乎是一個危險的短暫時期，無法推斷公眾情緒會完全反轉。三天後的那一天，被稱為黑色星期四，恐慌席捲華爾街。幾週後的十月，他去世了。

漢密爾頓於一八六七年出生於英國，自稱是「無可救藥的報業工作者」。他總是把頭髮、鬍子梳理得很整齊，戴著眼鏡，二十三歲時進入新聞業，先在倫敦和歐洲各地工作。一八九三年，他報導了南非馬塔貝萊戰爭 Matabele War，然後留在約翰尼斯堡擔任財經記者。他是一位熱情洋溢的記者，相信「辦公桌上的人必須知道他處理的新聞和記者寫的新聞一樣多，甚至更多。」三十二歲時，漢密爾頓來到曼哈頓，並於一八九九年加入《華爾街日報》，與道密切合作。九年後，他為**克拉倫斯·巴倫**工作，接手了社論版的編輯工作，一直擔任這個職位，直到六十三歲去世。一九二一年，他成為新創刊的《巴倫週刊》的執行編輯。

在此期間，漢密爾頓於一九二二年著作了《股市晴雨表》The Stock Market Barometer，詳細解釋了道氏理論。這本書最初是一項報社的任務，但逐漸發展成為一份兩百七十八頁的道氏理論教義。這本書非常成功，卻又具有爭議性，為道氏理論帶來其迫切需要的曝光率，因為許多人仍然對它存有懷疑。

漢密爾頓還修訂了這一理論，認為在對市場變化做出任何預測之前，鐵路和工業平均數都必須相互印證。他是第一位「製作線條」的人，就像現代的技術分析師在股票圖表上建立起「支撐」和「壓力」線一樣，這些線應該代表股票的底部和上限。當股票價格在狹窄的範圍內波動並維持在他的「線條」內時，除了股票被累積或分配之外，很少有其他意思。但當時還不清楚會是哪種情況，是累積還是分配。買賣似乎相對「平衡」。只有當這兩個平均線突破其線條並上升到其高點以上時，這個波動預示著市場看漲；當這些平均線下跌到高點以下時，這是一個看跌的信號，因為市場顯然已經飽和了。

「市場就像是一個晴雨表。在市場中的每一個動向都有其意義，有時這個意義要等到很長時間之後才會顯露出來，但更多的情況可能永遠都沒人知道。」

漢密爾頓在新聞業中的角色雖然偉大，但不足以讓他被列入本書所記巨人之列；然而他在創立技術分析這一領域所產生的影響就足夠了。有些人專精於思考，有些人則是付諸實踐。道透過思考創立了一個指數，並加以仔細的琢磨。而漢密爾頓則將它運用為一個實用的工具，他是第一位以嚴謹的態度精確地根據先前的市場波動來預測未來股票行情的實踐者。同樣地，他根據市場預測經濟的能力也非常出色。市場是經濟的領先指標之一，即使不完美，這已是一個公認的事實。在當時，沒有人關注市場變動在這方面的作用，其表現肯定比現在市場專家對市場的每一個動向都留心觀察時來得好。漢密爾頓不僅是一位知識先驅，而且願意冒著被他人嘲笑的風險，把他的想法和聲譽都押上。然而，從來沒有人能夠抨擊他。

伊凡潔琳‧亞當斯

觀 天 象 而 成 明 星

咆哮的二〇年代很是瘋狂，自然每個人都想投入其中，拿到一份屬於自己的巨額利潤。有些人動用微薄積蓄謹慎投資，有些人則是利用他們本已豐厚的財富投機，希望富上加富。但無論是富有還是貧窮、聰明還是愚蠢、經驗豐富還是新手，大多數人都在尋找一個可以確保成功的方法。許多聰明的推手熱切提供了海量的「不敗」策略。有些人認為，只要該月名稱裡沒有「r」，牛市行情就不會中斷；有人依賴太陽黑子來做預測；也有人根據月球週期來推算。還有一位自封的市場大師，聲稱他有來自上帝的終極內線消息！甚至還出現了牡蠣理論 Oyster Theory，認為市場會在牡蠣產季期間達到頂峰。這些理論的瘋狂程度是一山還有一山高，而且每個理論也都有自己的追隨者。每個瘋狂的臆想，都有許多傻瓜追隨。

迄今為止最著名的非傳統投資方法，是伊凡潔琳‧亞當斯所創。據傳她是前美國總統約翰‧昆西‧亞當斯 John Quincy Adams 的後裔，在其一份要價五十美分的通訊中，她會預測未來市場活動，訂戶高達十二萬五千人。一些貨真價實的富豪和名人，經常到她位於卡內基音樂廳的工作室找她服務。**J‧P‧摩根**、鋼鐵巨頭查爾斯‧施瓦布、電影明星瑪麗‧畢克馥，甚至英王愛德華七世都曾是她的客戶。她的祕訣？占卜！

亞當斯可能沒有為女性在投資界鋪平道路，但她曾讓華爾街停下腳步，聆聽她的聲音。世紀之交時已是著名占卜者的她，顯然無法提前預測到二〇年代的大牛市，但到了一九二七年，她看到一個良機並隨即行動。於是乎，她的名聲隨著牛市的最後一波上漲飛速飆升。她受到投資者的崇拜，並因行

銷自己的預言而致富。她的月刊通訊標榜著「保證擊敗華爾街的一套方法」，透過行星位置的變化來預測股票活動。占卜一次二十美元，她會為你預測道瓊工業指數的走勢。隨著她收費愈高，反而愈受歡迎！大約有四千名粉絲每天寫信，向她詢問他們在股市中的未來。

亞當斯被譽為「華爾街的奇蹟」和「股市的先知」，工作室裡擺滿了體面經紀商的辦公室裡應有的道具。首先，她以標誌性的方式展現自己，身穿商務風格黑色套裝，戴著眼鏡，嚴厲的嘴形，自信的聲音，給人精明嚴肅的感覺。在等候室裡，穿著毛皮大衣的女士和穿著套裝的男士們聚在一起，一起聊著自己的股票和美好的未來，等待著進行個人諮詢。一臺行情紙帶機盡責地吐出報價，《華爾街日報》擺在顯著的地方供人閱覽。牆上掛滿了她最著名的客戶的畫像和照片，包括英王愛德華、施瓦布、畢克馥，當然還有摩根。

摩根在亞當斯的心中占有特殊地位，亞當斯在摩根心中亦然。據說在亞當斯指出摩根的太陽星座——牡羊座——位置良好時，他貸給了她一億美元，並對她的預言十分信任。有傳言說，他從這筆貸款中獲得了可觀的利潤，之後，摩根帶她乘坐自己的遊艇進行「科學調查」，研究她的神奇能力。這次「調查」的結果從未對外公開！

亞當斯的預言準度並不出奇，但這並未阻止人們根據她的預測行事。在牛市中，人們會相信所有聽到的事情。事實上，當她在一九二九年二月十五日預測了市場會出現「劇烈上漲行情」時，她的訂閱量也猛烈上漲。在一九二九年五月，她精確地預測了當月的暴跌；但到了美國勞動節當天，她在自己的廣播節目中聲稱「道瓊指數可能直衝天堂」。這可能是她最著名的預言之一，因為她說出這句話時，是在某個星期五傍晚，假日週末前的尖峰時段，無數通勤者都打開了他們的汽車收音機。

當大崩盤終於到來，據說她早在二十四小時前就準確預測了市場上午會達到頂點。那個黑色星期四的晚上，她被迫舉行大型諮詢會，來應對門外大排長龍的客戶！市場會恢復嗎？應該繼續持有股票嗎？我們應該補足保證金

嗎？人們感到恐慌，希望在伊凡潔琳的聖言中找到庇護——她沒有讓他們失望。亞當斯安慰了她的粉絲們，向他們保證市場會回升，並收取了諮詢費。那天晚上，當她的經紀商告訴她她虧損了十萬美元時，她告訴經紀商，隔天一早的第一件事，就是立即賣出她的部位。

亞當斯的生年在一八六八至一八七二年之間，生於紐澤西州澤西城的她，在麻州安多佛 Andover 接受教育。她研究占星術，並在一八九九年預言了一場災難而成為明星：她的占星術告訴她，應當在一八九九年三月十六日前往曼哈頓。於是，她入住溫莎酒店，當晚便為酒店老闆占星。「我急忙警告他，他處於最糟糕的行星組合之下，這些星星構成令人恐懼的不善狀態。」第二天，酒店被燒成了灰燼，老闆的家人也不幸罹難。幸運的是，有人（可能是她自己）記得告訴報紙媒體亞當斯驚人的先見之明，這使得伊凡潔琳成為家喻戶曉的名字，特別是在社交、政治和戲劇界的顯要圈子中更是出名。

外表老成莊重的她，於一九二三年與她曾經的占星術學生結婚。她藉由重大預測來維繫名聲。她正確預測了林白 Lindbergh 第一次橫跨大西洋飛行的時間，誤差僅二十二分鐘；預測了當紅明星魯道夫・瓦倫蒂諾 Rudolf Valentino 的死亡時間，誤差僅幾個小時；還預見了一九二三年的關東大地震，會在幾天內發生。一九一四年，她贏得一場法庭訴訟，該訴訟質疑她以占星師為業的合法權利。作為神祕學的愛好者，亞當斯寫了幾本有關占星術的書，並在一九二六年出版了自傳《天鉢》 The Bowl of Heaven 。

她於一九三二年去世。伊凡潔琳・亞當斯告訴了我們兩個簡單的原則。首先，如果你對許多怪事進行預測，並對那些兌現了的預測大肆宣傳，人們只會記住成功的部分，而不會去關注那些失誤的，還會將你的成功歸功於知識或技術，而非只憑運氣。其次，在牛市中，人們渴望所有「可以確定的事」，無論有多瘋狂。她很明顯就是個江湖術士，沒有真正的投資知識。其他江湖騙子也總是無所不在，只是他們相較下沒有亞當斯做得那麼極致。在任何時代中，總有一些大騙子成功利用大眾媒體，做出對華爾街漲跌的預測，而且總是帶著極端戲劇性的風格。

最後，伊凡潔琳可以被視為現代股市應用占星術之母。很難想像有什麼比這更愚蠢的了，但請記住，世上就有費尼爾司‧泰勒‧巴納姆 P. T. Barnum 這種人，而且總有許多傻瓜願意相信。時至今日，仍有一小部分的江湖郎中能夠藉由占星術，成功地向公眾銷售毫無用處的投資服務。有些人就是永遠學不乖。

69

ROBERT RHEA

羅伯特・瑞亞

化 理 論 為 實 務

羅伯特・瑞亞將一個尚待改進的道氏理論發揮到極致,將其轉化為一個升級後、有著明確和系統化的股市指南,並激發了將此理論付諸實踐。在這樣做的過程中,他將**查爾斯・道**和**威廉・漢密爾頓**相對抽象的想法和應用轉化為「一本手冊,供那些想要用它來投機的人使用」。當他於一九三九年去世時,他留下了一個容易為人理解的理論,讓那些虔誠的道派後裔們繼續發揚光大。

瑞亞於一八九六年出生在納什維爾,他的父親擁有一家密西西比河船公司,熱愛股市並多次經歷繁榮和蕭條。當他仍在上學時,他的父親交給他漢密爾頓在《華爾街日報》上發表的深奧社論,告訴他「要精通裡頭的內容,否則就要挨打」。雖然這對一名十幾歲的少年來說不是一件容易的事情,但年輕的瑞亞卻熱切地遵從了他父親的吩咐!

瑞亞短暫上過大學,接著便接續他父親的腳步,開始經營自己的河船公司,幾乎使他老爸的公司倒。瑞亞起初是把賺到的利潤存起來,後來他的父親建議他把現金交給華爾街的亨利・克魯斯 Henry Clews(也是一位作家),買些安全的股票。瑞亞聽了老爹的話,以十四美元的價格買入了十股美國鋼鐵,自此他就像他的父親一樣著迷於股市,經常關注自己在《華爾街日報》上的股票資訊。接下來,他遭遇了一些不幸,像是染上了肺結核,但他康復得很快,於一九一七年入伍空軍,卻因飛機墜毀而重傷。墜機導致螺旋槳的一塊碎片刺穿了他的肺,使瑞亞終身臥床成為了一名殘疾人士。

對大多數人來說,人生可能就此完結了,但對瑞亞來說,這只是開始而

已。他在科羅拉多泉 Colorado Springs 定居，將研究經濟趨勢當作是自己唯一的娛樂方式，這種娛樂方式「足以抵過較幸運的人所享受到的樂趣。」他工作得如此專注，並發現自己可以藉此忘記了痛苦，而在一天結束時他會感到非常疲憊，這樣他晚上就可以更容易地入睡了。經由對道瓊指數波動的詳盡研究，瑞亞推斷道瓊指數是預測市場動向的唯一可靠方法，他認為這項理論值得他一生投入研究。

瑞亞的臥室成了一個名副其實的統計學工廠，他製作出平均數和道瓊指數圖表，對於堅持採用道氏理論的交易者來說至關重要。瑞亞本人也涉入一九二〇年代的牛市中，取得了不錯的成果，他就是根據自己的圖表來進行買賣的。他後來回憶道：「我有可能是受惠於道氏理論，也有可能只是純粹交上好運，我在一九二一年股機洽好的時候買進了一些股票，並在一九二九年的末升段清空了所有部位。此外，道氏理論或好運道讓我在股市崩盤後的兩年中我持有一個小比例的空頭帳戶。因如，我的研究可說已取得了回報……。」

到了一九二〇年代末，他已經成為一個備受推崇的道氏理論派人物。因此，在當時的道派專家漢密爾頓預測一九二九年股市崩盤後幾週去世時，瑞亞取代了他成為道瓊斯理論的「最高祭司」。當年，《巴倫週刊》刊登了他的一些「筆記本」，但人們渴望讀到更多他寫的資訊。於是瑞亞寫了《道氏理論》 The Dow Theory 一書，起初遭到出版商的批評。當時沒有人願意接受他的「白象」white elephant（意指成本過高但回報少），他於一九三二年自己出版了這本書。這本書是瑞亞最著名的作品，在發行後的六年中就賣出了驚人的九萬一千本。

瑞亞對道和漢密爾頓的著迷和敬畏之情在這本書中體現無遺，其中包括漢密爾頓在《華爾街日報》上發表的兩百五十二篇社論，這些社論開始形塑道的理念。瑞亞對待這個理論十分謹慎，特別是要保護它免於遭到投機失利者的輕蔑。他指出：「把這個理論應用在股票投機的過程中，可能面臨的最大危險在於剛剛起步者的運氣可能很好，試用幾次就獲得了正面的成果，然

後認為自己發現了一種可以打敗大盤的可靠方法，事實上卻是對信號做了錯誤的解讀。或者，更糟糕的是，他可能在不對的時間卻做對了。在這兩種情況下，道氏理論通常會遭到指責，而造成錯誤的原因卻在於交易者缺乏耐心。」（實際上，這種「不要歸咎於理論，而要歸咎於解釋的方式」的聲明，已成為現代技術分析師如**約翰‧馬吉**等人預測錯誤時，就會引用的一種座右銘。）

　　瑞亞從來沒有說運用道瓊斯理論是容易的事，只是你需要多些耐心，而且要深入理解許多東西。他說：「道氏理論和代數一樣，並不是你隨意找一本這方面主題的課本讀一讀就能輕易理解的。」這個理論也不是「一種完美無缺可以完勝大盤的系統。作為一種投機的輔助工具，你必須以嚴肅的態度深入研究，而且不偏不倚地總結出一項證據，才能成功運用它。絕不能讓你的想法被欲念所主導。」他認為，只要具有一般的市場感知和經歷過完整市場週期的交易者，就有七成把握可以成功。瑞亞建議在測試道氏理論時要記住以下幾點：

一、預期愈少，從道氏理論中獲得的利潤就愈高。

二、這個理論並不是可以擊敗市場的可靠方法，這樣的理論或系統也永遠不會存在。

三、根據該理論所指的平均數做公正解讀並據以進行交易，經常會導致淨損失，但在合理範圍內，獲利將會超過損失。

四、不要過度使用這個理論。

五、不要嘗試注入創新點子，除非它們已經在過去三十七年的平均數據紀錄中獲得了驗證。

六、不要同時使用薄利的交易和道氏理論。

七、如果你認為這個理論值得嘗試，那麼你就得做些研究工作，你得學會形成自己獨立的觀點，並多向那些經歷過幾個牛市和熊市週期並且學會使用道瓊方法的人請教。

八、不要讓你在市場中的部位或當前的商業統計數據影響你對平均數據的解讀。

顯然有超多的人願意嘗試道氏理論，因為粉絲信件堆得滿滿的在他的床腳下。在瑞亞不知不覺之間，他已經擁有了一批忠實的粉絲，他們都聽從他的建議。由於他無法逐封回信，於是便在一九三〇年代中期發出通知，指出如果他有話要對廣大粉絲說，他會把這些內容列印出來，發給任何想要的人。但他並沒有說這些會是免費的。到了一九三八年，有二十五名助手在他的臥室裡工作，幫他向五千名訂戶發送《道氏理論評論》*Dow Theory Comments*，訂戶每人每年要支付四十美元的訂閱費。他自稱為道氏理論家，似乎已經決定要利用他作為道和漢密爾頓理論繼承人的地位從中獲得經濟利益。

瑞亞就像漢密爾頓一樣，也做過一些成功的預測，比如在幾天內預測了一九三二年熊市的谷底，以及預測了一九三七年的熊市和一九三八年的牛市。但瑞亞在他的通訊中提供持續性投資建議的職涯太短，無法真正測量出他的預測效力。他的健康狀況不佳，肺部只剩下一邊可用，同時還有心臟問題，最終於一九三九年去世，享年五十二歲。他迅速地吸來超大量的訂戶，但他們收到他的評論也只有幾個月時間。

在某些方面，瑞亞早早便去世，使得其形象如同瑪麗蓮‧夢露或約翰‧甘迺迪一樣被強化了。如果他活著並持續對大眾做出錯誤的建議，道氏理論的做法可能很快便消失了，但他的死亡使得他所寫下的紀錄無法撼動，幾十年來，投資者對道氏理論的重視程度比現在還更高。即使在今天，它仍然受到相當大的關注。就在他去世前，他把通訊交給一位較資淺的合夥人佩里‧格林納 Perry Griner，格林納繼續推廣道、漢密爾頓和瑞亞的概念，使得道氏理論得以延續。但格林納與瑞亞不同的是，他和後來的道氏理論派人士從未能將這個概念推向新的領域，也沒有使它比之前更發揚光大。事實上，人們在瑞亞去世後五十年仍然繼續閱讀他的著作並遵循道氏理論，這是對他的成就的一種證明，也是他對市場影響的明確證據。

儘管如此，他同時也一位從未真正經由時間獲得驗證的市場通訊作家。幾十年來，傳承他的理論者一直不乏可用的材料，由瑞亞解讀的道氏理論現在被視為是完全可以適用的理論。遺憾的是，他們所建議的並未像瑞亞期望的那麼令人滿意。如果瑞亞活著並自己做出錯誤的預測，也許他也會經受同樣的命運。雖然在過去幾十年中，道氏理論已經影響了很多投資者和市場，但一個理論能否經得起驗證，在於它如何從一代從業人員傳承到另一代從業人員，並且不斷地代代相傳。從這個標準來看，瑞亞的成就並沒有完全經得起市場的考驗。在我看來，近幾十年來，道氏理論派的投資者表現真的很糟糕，經常做出非常落後大盤的預測。

　　瑞亞算是有點遠見，他改善了道和漢密爾頓的觀點。他也是一位通訊作家，但如同大多數通訊訂戶的情況一般，他的訂戶在我看來，沒能夠從中獲益。作者才是最大的受益者，而我們從瑞亞的人生中所學到的就是：在發行刊物和書籍中撰寫有關理論的東西，使這個理論變得普及，就可以讓讀者獲得知識並自行去運用。金融刊物和書籍的作者很少從中獲得利益，只有獲得威望、尊重和名聲，重要的是，當讀者閱讀完之後，真正能夠從中汲取到一些可用的東西。但通訊作家通常銷售的是結論和娛樂，同時還可以藉此獲得很多金錢收益。他們通常無法賦予訂戶自行運用這些資訊的能力。因此，對於通訊這種東西最好抱持懷疑態度，因為很少有通訊讀物真正物有所值。

70

歐文・費雪

你 不 該 聽 從 經 濟 學 家 （ 特 別 是 偉 大 的 那 些 ） 的 原 因

經濟學家歐文・費雪在數理經濟學、價值和價格理論、資本和貨幣理論以及統計方面留下了豐富的著作。事實上，他似乎之所以被吹捧為偉大的經濟學家，僅僅是因為他有很多話要說。他至少寫了十本重要的書籍，並在耶魯大學授課三十五年以上。但是，你具有某些資歷並不總是意味著你說的就是對的。事實上，在費雪的情況下，他的資歷使他在一些重要的假設上犯了錯誤，例如對一九二九年股市崩盤的預測，然後在事發之後用修訂的行話扳回劣勢。顯然，費雪對華爾街最大的貢獻是他自己的負面例子，這應該作為一個永久的警告，提醒所有關心金融市場和經濟學的人士避開經濟學家的言論。自費雪以來，各種研究已經證明，經濟學家所說的，經常錯的比對的還要多。

在他一生中，歐文・費雪倡導許多經濟和社會議題上，他於一九四七年去世，享年八十歲。他被稱為社會哲學家、改革家、教師、發明家和商人。他提倡採用嚴格的健康和衛生規則、禁酒、世界和平和優生學（一種透過基因達到社會自我改善的種族主義觀念）。他探索計量經濟學，可能知道探索一個全新領域是獲得認可的最簡單方式。費雪甚至與五位總統交往，採用像**伯納德・巴魯克** Bernard Baruch 一樣的方式，成為總統顧問並藉此來宣傳自己。費雪喜歡獲得自我認可，並拿到許多的證書來提高自己的知名度。

在經濟學界，他最著名的是他在貨幣理論方面的早期工作，但這一理論已被近年來「芝加哥學派」經濟學家的貨幣理論所取代。對華爾街人士來說，費雪仍然受到經濟學家和經濟史學家的高度評價，這實在令人感到諷刺。華

爾街的歷史學家通常認為這是對經濟學家和經濟史學家的譴責，證明他們什麼都不知道。費雪在預測方面顯然不夠準確。如果一名經濟學家無法正確預測，那他還有什麼用呢？

毫無疑問，他最大的錯誤是在一九二九年的股市崩盤和隨之而來的大蕭條中犯下的。一九二八年，費雪花了許多時間倡導如何達成永續的繁榮，完全沒有預見到股市崩盤會發生。即使當其他人開始懷疑會發生崩盤時，他仍然否認會有這種可能，正如《展望雜誌》 *Outlook Magazine* 的一篇諷刺文章所指出的那樣。一九二九年九月五日，費雪聲稱股價不會太高，並堅稱不會發生崩盤。

他曾說：「股票價格可能會出現衰退，但不會像崩盤那樣。股票的股息回報率正在上升。這不是由於股票價格下跌，也不會因為任何「預期」崩盤而加速，我沒有看到這種可能性。」在十月份，他反駁了**羅傑‧巴布森**的悲觀預測，聲稱股市已經達到一個永久性的高原期。就在崩盤前約一週，當市場開始出現動盪時，他將股市急劇下跌歸咎於「那些試圖利用保證金投機的瘋狂分子」。也許他才是那些瘋狂分子之一。

在十月二十三日，費雪認為「大眾瘋狂投機」並非導致長期牛市的主要原因。他仍然不認為市場會出現像巴布森所預期道瓊工業平均指數下跌六十至八十點，或許指數會出現百分五至十二的振盪，然後便會恢復。但道瓊工業平均指數後來下跌了百分之四十八！當黑色星期四爆發後，他預測錯誤就變得顯而易見，費雪有時會試圖說其他人也被同樣誤導，藉此來合理化自己所犯的錯誤。現代的經濟學家也是會犯同樣的錯誤。如果他們都同樣錯了，他們會認為大家都犯錯，所以可以視為是正常的。

在市場崩盤後不久，但在一九三〇年股市繼續下坡段並在一九三二年到達谷底之前，費雪迅速撰寫了《股市崩盤與其後》一書，將他的所有失誤集結成一本明顯充滿尷尬內容的文集。這是一本最好的讀物，因為它顯示世界頂尖的經濟學家也可以完全錯得離譜。這是一本令人讚嘆能夠從理性出發點去正視負面現象的書。從中你可以學習到什麼是你永遠也不該相信的事（你

可以在主要圖書館中找到這本書）。

　　費雪的書籍章節中詳細描述了未來的美好前景，其中包括「樂觀的前景」、「禁酒的回報」和「矯治和預防恐慌的方法」。他列出了政府和私人部門的「矯治和預防恐慌的方法」，這些方法將共同協助拯救「市場免於遭到進一步的災情」。

　　費雪甚至稱一九三〇年股市大跌為「投資者能夠撿到便宜股票的絕佳時機」。他聲稱：「儘管一九二九年的恐慌期間給普通股帶來了巨大損害，但投資信託使得投資普通股比以往任何時候都來得安全。」他在書中總結道：「至少在不久的將來，股市的前景是很光明的。」

　　費雪錯得不能更離譜了，很快地，前景變得更暗淡了，特別是對他自己的個人財務而言。可惜的是，他遵循了自己的認知！他最終失去了他從發明可見卡片索引系統中賺取的財富。他在股市崩盤後，將最後的一百萬美元投資於雷明頓蘭德公司 Remington Rand 的股票上。他以每股五十八美元的高槓桿買進股票，以為自己就要大賺一筆了……但後來，股票價格暴跌至一美元，他破產了。

　　費雪的財務狀況從此一蹶不振，直到去世之前，他經常不得不向家人借錢。這對一個應該是世界上最偉大的經濟學家的人來說，相當令人唏噓。在他臨終的時候，他又被一個很明顯就是騙子的人拐騙了最後一筆錢，費雪把自己比作是個為所有人製作精美鞋子的鞋匠，卻從未為自己赤腳的家人做過一雙鞋。

　　他的兒子歐文・諾頓・費雪 Irving Norton Fisher 於一九五六年寫了一本傳記《我的父親，歐文・費雪》My Father, Irving Fisher，在書中，他用他父親所開的車生動有趣地描述他的財富。在早年，他開的是一輛道奇和幾輛別克。當財務狂飆時，他有一輛由司機開的林肯、一輛時髦的拉薩爾 La Salle 敞篷車和一輛史丹斯－奈特 Stearns-Knight。當市場觸底時，費雪的財務被徹底摧毀，豪華車消失了，一輛福特又重新出現了。他最後開的車是一九三八年買的一輛二手別克！

雪有著灰色的頭髮，留著小鬍子，戴著圓形眼鏡，看起來就像一名知識分子。他出生於一八六七年，地點在紐約卡茲奇山 Catskill Mountains，他的父親是耶魯大學畢業，擔任牧師工作。他在耶魯大學教書，藉由自己的努力於一八九一年獲得了經濟學博士學位──這是耶魯大學有史以來授予的第一個純經濟學博士學位。兩年後，他娶了一位出身富裕的羅德島家庭的女生，並開始瘋狂地寫作。當人們對他所完成的工作量感到驚訝時，費雪說他只是遵循自己的公式：把可以委託的事情交給他人，並且保持健康。他在一八九八年感染肺結核後，就對自己的健康變得非常偏執。康復後，他戒菸戒酒，遵循嚴格的飲食規定，並且執著於禁酒運動──這或許再次證明了為什麼如果你想在金融市場上賺錢，就不應該聽從經濟學家的話。

　　時代在變化，江山代有才人出。技術不斷進化，社會也變得更加繁榮。美國人變得愈來愈富有。經濟學家繼續發出預測。「他們經常預測錯誤但從不懷疑自己的能力」，經濟學家對你的財務未來會造成損害。人們往往會相信他們的預測，但這些預測卻很少是正確的，特別是在重要的轉折點上更是如此。歐文・費雪是第一位被市場認真看待的大名經濟學家，也是第一個在公眾面前失敗的經濟學家。他開啟了一個趨勢。從那時起，市場會去聽一名不斷發出預言的經濟巫醫的言論，然後否決他們的意見。個人而言，當人們問我是否與歐文・費雪有關時，我總是感到尷尬。但我總是很自豪地告訴他們，我與他毫無關係。

71

WILLIAM DELBERT GANN

威廉‧江恩

為天真交易員開闊視「角」的另類大師

威廉‧江恩在研究股市時，藉由占星術來看星象，來保持冷靜、專注和冥想的心理狀態。他在一九二〇年代創造的複雜新時代風格交易方法，要求全神貫注，因為它是植基於數學、哲學、神祕主義和自然法則的混合物。雖然許多華爾街人士覺得江恩的系統太奇怪了，包括我在內，但他長期以來一直是非常另類的市場交易員的導師，這些人幾乎都是技術分析師，他們透過江恩的教導，感覺自己真正與市場的內部運作相連。江恩的追隨者感覺自己很自由，不受基本面和技術分析的約制。在他去世三十五年後，他們仍然傳頌江恩的教誨，彼此交換著眼神，帶著一種近乎邪教的神祕感。

江恩於一八七八年出生在德州拉夫金，他的父親是一名棉花牧場主人，他從小就對棉花和其他商品市場抱持尊重之心。他進行了第一次棉花期貨交易，並且還賺了錢，由於他有著好奇心，還具有開放的心態和數學天賦，於是便在二十四歲時進入了股票市場。幾年之內，他在德州已經非常出名，當地報紙甚至還刊登他對棉花的預測。但即使在那個時候，江恩也時常注視著星空，他於一九〇八年離開家鄉前往紐約，希望能夠擁有更廣大的觀眾。

江恩從他華爾街的辦公室起家，擔任分析師、股市通訊作家和股票經紀人，一開始他的工作不算太起眼，如此持續到一九一九年。不過，他至少算是一名業務員，這一點很重要，因為你會觀察到他的人生的進展和他逐步形成的形象。一九一九年，他開了自己的顧問公司，出版了自己的通訊名為《供需情況》 *Supply and Demand*，提供股市圖表服務，研究市場，並開始撰寫他的第一本著作，他一共寫了八本書，成為了華爾街備受狂熱崇拜的人物。他組

織有序，勤奮而且能夠買徹始終，於一九二三年出版了《股票行情的真諦》
The Truth of the Stock Tape，隨後在一九三〇年出版了《華爾街選股家》*Wall Street Stock Selector*，為他的系統奠定起了基礎。

　　江恩理論主要是以確定主要和次要市場趨勢，並且精確地定位可能發生變化的因素，從而確認出最佳的買入和賣出時點。在制定他的理論時，江恩依賴對過去紀錄的再現，得出時間在改變，但人們不會改變的結論。他說：「時代和環境會改變，你必須學會隨著它們的變化而變化。人性不會改變，這也就是歷史會重演，而股票在某些情況下會在不同的時間週期內表現得非常相似的原因。」

　　在他一九四九年的著作《江恩華爾街四十五年》*Forty-five Years in Wall Street* 中列出的「股票交易規則」中，江恩敦促投資者運用他的其他規則來確定道瓊指數的趨勢。一旦趨勢確定，他建議在上漲或下跌三週和五到七點的波動時進行買賣。（請注意，當時道瓊指數在一百七十五點時，五到七點的波動比現在道瓊指數幾千點時更具重大意義。）江恩一再提醒讀者，在買進股票後，為了降低風險，必須要在成本以下一、二或三點設置停損單。他說：「當你交易時，你可能會犯錯。」設置停損點可以大大降低風險。

　　在另一份包含二十四條「萬無一失」的交易檢查表中，江恩建議如下：

一、將資本分成十等分，永遠不要在任何一筆交易上冒險投入超過十分
　　之一的資金。
二、永遠不要過度交易。
三、永遠不要讓利潤變成損失。
四、不要與市場大勢對抗。
五、只買賣交投活絡的股票。
六、如果不確定，就退場，如果不確定，就不要進場。
七、永遠不要只為了得到股息而買進。
八、永遠不要攤平損失。

江恩說：「一切的存在都是基於精確的比例和完美的關係。在自然界中沒有偶然，因為最高等的數學原理構成了萬物的基礎。」他是一個數字迷——著迷於數學關係和古希臘、巴比倫和埃及的數學。江恩聲稱，他可以根據他從一九○○到一九五五年間數以百計的股票和商品日、週、月、季和年度圖表，來精確預測趨勢的早期反轉。例如，他的圖表顯示，當價格上漲然後拉回接著再次上漲時，新的底部比以前的底部更高，就預示著牛市即將來臨。

　　江恩的才智對華爾街最主要的貢獻是他所謂的江恩「角度線」Gann "Angles"，這些角度線被建構用來測量「支撐和阻力線」，並用來確定趨勢。幾乎所有重量級的交易員都會關注江恩角度，因為他們要麼相信這些角度，要麼知道很多其他交易員相信。如果一個江恩角度被穿過，它可能會引發交易員的「群體」反應。江恩角度的理論基礎是時間對市場走勢的影響和價格一樣重要。這在某種程度上類似於**拉爾夫·尼爾森·艾略特**所教的。建構江恩角度的實際技術很難以描述，但卻很容易實現，只需要紙、鉛筆、一把簡單的尺和非常簡單的數學就可以完成，這對大批的追隨者構成了吸引力。

　　從技術層面來說，這整個觀念存在著嚴重的缺陷（就像艾略特做出來的一樣），因為江恩在股市上的所有努力都是為了預測道瓊工業平均指數的主要波動。所有真正研究過像道瓊這樣的價格加權指數如何運作的人都知道，如果無法預測未來的股票分割，就無法對任何價格加權指數做出準確的預測。大多數人都不會考慮到這一點，因為他們不會去思考指數是如何運作的。然而，有時候在道瓊指數中並沒有股票分割，這時候江恩的概念就可能可以適用。無論江恩角度是否真的會起作用，許多交易者都相信它們是有作用的，同時這也是股票交易所和商品市場交易員心中永恆存在的概念。

　　江恩的嘴唇很薄，看來肅，有著尖尖的鼻子，戴著橢圓形眼鏡，穿著整潔的服裝，他對人們對市場的態度和行為感到興趣。他在自己的書籍中宣揚著他對市場持有的理念：「如果你是受到希望、貪婪或恐懼的驅使，就不要進行交易或投資。你得始終保持良好的心態……密切關注自己的健康……多多放鬆休息。」他認為休息時間是非常重要的。實際上，這種觀念在技術交

易員中相當普遍。「如果交易進行得很順利，你可以好好地休息一下⋯⋯如果可能的話就去度個假。如果交易進行得不順利，那麼你更有理由暫時放下一切，好好地去休息或放個假。但是，當你回來後，要盡可能努力地研究。」他也遵循自己的想法，到邁阿密過冬，透過占星術找尋內心的平靜。

除了他的道德立場和與星星的遠距離聯繫之外，江恩在個人方面相當平凡。他是馬克‧吐溫協會 Mark Twain Society 的成員，生活富裕，但經常捨不得花錢，這可能是為了他想在自己去世之後還能讓家人過得更好的緣故。他並不特別慷慨，只有在得到了別人的餽贈之後才會施捨。有人說他就是吝嗇。有一次，他用電動割草機割草時，踩到了延長線，把它割斷了。由於他不是手巧的人，他便要求一位夥伴來幫他修理延長線，然後對他說：「我知道你在大豆方面有多頭持倉，你最好在今天收盤之前出脫。」從那時起，也就是一九四八年起，大豆價格在接下來的二十五年中穩步下跌。這是真實發生的事嗎？誰知道呢？這些都是江恩未經證實的傳奇故事之一，是由他那些驚人的公開市場預測所衍生，加上他的自我推銷能力，以及市場一直渴望能有一名「通曉」未來的大師存在。

正是這三者的結合造就了江恩。他沒有像**羅維‧普萊斯**或**班傑明‧葛拉漢**那樣在市場上擁有公開實績的成就。他在市場上的實際表現很難說清楚，因此沒有人能真正證明他究竟是否算得上是一位偉大的市場策略家。他的追隨者都是那些完全相信並且接受他的人。他發表並推廣他的書籍和市場通訊，同時還建立起他能夠完美預測市場的傳奇故事。為了做到這一點，他可能知道他必須要保密，以便隱藏他即使是在市場最好的期間也還是表現得差強人意之實。然而，對於市場上需要一個崇拜對象的人來說，江恩可能仍算是現今最值得拜敬的神級人物。很少有積極的交易員沒有研究過江恩，而且雖然江恩的信徒不是只有江湖郎中，但我所見過的幾乎所有騙子都會在其採用的騙術中融入江恩的理論。雖然江恩的數學方法在現代以電腦驅動的標準下顯得相當粗淺，但對於只使用紙、鉛筆和計算器並希望只追蹤較少指標的交易員來說，江恩的理論讓他們產生好感。對於那些尋找解鎖華爾街財富魔

法鑰匙的人來說，江恩的理論特別奇特並帶有神祕感，而且市場上永遠不缺乏抱持這種想法的人。

不幸的是，江恩的著作明顯帶有自我推銷意味。他經常吹噓自己，從未承認自己犯下的錯誤，一點都不謙遜，他的寫作讀起來非常像現代自我宣傳的通訊寫手早期的版本。例如，他聲稱他寫作不是因為他想要賺錢或獲得聲譽，而是因為大家乞求他這麼做，並希望「將最有價值的禮物，也就是知識分享給其他人。」這種風格和動機對我這種長期從事寫作的人來說，聽起來真的是很虛假。

江恩於一九四六年才退出了為客戶服務的工作，這距離他進入這個行業已經過去了四十四年，但他直到一九五一年才停止交易。他在布魯克林逝世時已經七十七歲，留下了妻子、兒子和三個女兒。他究竟留下了多少錢沒人知道。江恩的粉絲們堅稱他在去世時非常富有──這一切都是基於他的市場獲利的臆測。持懷疑論者嗤之以鼻，要求提出證據，他們認為他賺的錢都是來自那些被他的公關手法蒙騙的客戶。我本人並無法確定江恩是否真如他的信徒們所相信的那麼偉大，或者他根本就是一名江湖郎中。也許他是介於兩者之間──一名精於大手筆宣傳自己有多強的自我推銷者，具有一些技能和直覺，也是個算是不錯，但談不上厲害的華爾街「外行人」。無論如何，單僅從他在去世三十五年後仍然擁有潛藏的龐大粉絲群，以及江恩的事跡仍在交易員口中廣為流傳的程度，江恩都有資格被列入「形塑市場的百位巨人」之列。

韋斯利・克萊爾・米契爾
華 爾 街 的 有 效 數 據 之 父

韋斯利・克萊爾・米契爾是一位與眾不同的經濟學家,他絕不是那種經常做出多餘不準確的預測,並且不擇手段地獲得媒體關注的凡常經濟學家。相反地,謙遜的米契爾默默地從事經濟研究,努力提供以前難以取得卻又是解讀經濟所需要的數字和事實。當他在一九四八年去世時,他留下了一個由美國全國經濟研究所 National Bureau of Economic Research, NBER 收集的指數數據和統計資訊寶庫,他在一九二〇年協助組建起這個機構。如今,全國經濟研究所是判定經濟衰退何時開始和結束的官方機構。

對整個經濟學界來說,米契爾最出名的應該是他終身積極投入對商業週期的研究,構成了宏觀經濟學家現在仍在延用的基本商業週期模型。當其他人提出矯揉造作的解釋和冗長的假設時,米契爾卻是用冷靜、扎實的數字來支持他的理論。最終,在他一九一三年具有里程碑意義的著作《商業週期》Business Cycles 中,他首先意識到商業週期不是自然生成的,而是資本主義制度的系統性副產品。由於他的研究,「商業週期」成為了一個普遍使用的詞語,並取代了「商業危機」這種用語,金融界開始關注我們經濟的起伏和波動程度,以及其中很多可以量化和衡量的部分。

米契爾於一八七四年出生於伊利諾州的拉什維爾,是一位鄉村醫生兼農夫的長子,他到芝加哥大學第一班就讀。在這裡,他的身邊都是像瘋子般的經濟學家托斯丹・韋伯倫 Thorstein Veblen 和實用主義派哲學家約翰・杜威 John Dewey 這樣的知識分子,這兩位人物對米契爾的思想都產生了深遠的影響。他夏天在父親的農場工作。一八九九年,他以最優等成績獲得博士學位,第

二年展開了他在母校的學術生涯。在他的一生中，米契爾還在加州大學柏克萊分校和哥倫比亞大學教書，並協助創立了曼哈頓的社會研究新學院 New School for Social Research in Manhattan。儘管他的學術資歷令人印象深刻，但米契爾從未真正將自己的生涯奉獻給學術研究，他用力最深的還是在經濟研究領域。

米契爾工作非常勤奮、個性直率而有條理，即使是在記錄日常事件的日記也是如此，他總是說他「寧願工作，也不願閒談」。但在他偶爾的空閒時間，米契爾的興趣很多元，他會看推理小說、做木工、寫信、去露營，並和妻子一起登山。他很顧家，喜歡和孫子一起玩耍。

被朋友和家人喚作「克萊爾」的他，最大成就在於製造出用於經濟研究的工具，發明了可用於大規模研究專案的技術工具。他的統計專業知識為隨時間推移的大量觀察提供了新的分析標準。他的圖表和表格顯示出經濟社會的運作，為呈現結果開啟了新的標準。他對指數數據的迷戀源於他的信念，即它們可以提供價格波動的詳細資訊，這對華爾街非常重要。

米契爾的研究比較不涉及經濟假設，他主要是提供應用的工具。在他之前，華爾街很少有指數方面的數據可以提供投資者在考量經濟對市場的影響時參考，也很少有經濟分析工具可供華爾街瞭解一般投資者的情況。

米契爾的數字說明了很多問題，為經濟和金融思想的交互作用奠定了基礎，這種思想貫穿了像**歐文・費雪、約翰・梅納德・凱因斯**和所有現代經濟學家的研究，也闡釋了股票市場本身就是一個強大的領先經濟指標。如果沒有米契爾和他的研究成果，所有「自上而下」的投資經理人的運作方式都會與今日截然不同。（採用「自上而下」分析的經理人占現今金融業界的絕大多數；他們評估經濟，然後使用這些結論來評估市場，並決定擁有哪些股票）。米契爾對所有之後的經濟和自上而下金融思想都起了根本性的作用，如果沒有他，這些思想就不會存在。

如果沒有美國全國經濟研究所，米契爾在經濟學上的進展可能不會得到像現在這樣廣泛的認可。在該所成立時，米契爾認為這是項實驗，他可以在

這裡實現他的夢想，也就是「一個關鍵研究計畫」。在他擔任全國經濟研究所所長的二十五年中，米契爾和他的工作人員組織了一個龐大的美國經濟統計資料庫，他們的研究圍繞著長期問題展開，如商業循環的性質和原因，國民收入的測量和分析，以及資本形成的來源和過程。研究結果以毫不妥協的方式呈現，沒有「方便的合理化解釋」。相反地，米契爾扮演了推動者的角色。他的研究工作一直觸發更多的問題，進而促進更多的研究。

米契爾的工作永無止境。例如，在二戰後，米契爾遊說保留在戰爭期間收集的統計研究，並進一步推動新的研究。在停戰三天後，他大膽地要求不僅要保留他的小型工作團隊，還要聘請十幾名工作人員，以把當時洪水般湧入經濟領域的價格變動知識納入研究。

米契爾面色紅潤，看起來認真且嚴肅，他激勵經濟學界深入推展他的強大量化研究，用驗證過的知識替代未經檢驗的概括學說。我們現在對於國民收入、價格和價格序列、投資、貨幣市場和商業循環的認識，都要歸功於米契爾。就像**查爾斯‧道**和 **B‧C‧富比士**證明了新聞資訊在投資過程中的重要性一樣，米契爾也展現了投資過程中概觀資訊的重要性。如果沒有「克萊爾」米契爾，我們今日對華爾街與市井民眾經濟的聯繫瞭解應是十分有限。

約翰·梅納德·凱因斯

證 明 規 則 存 在 的 例 外 之 一

許多人都大肆讚揚大蕭條後經濟學之父約翰·梅納德·凱因斯對於資本主義體系的理解相當敏銳。但或許最好的例證是他鮮為人知的個人投資紀錄，在證券市場上，他成功地進行了大約四十年的投機活動。他不依賴內線消息、「小道消息」或把握市場時機之類的方法，而是擁有自己的奇特系統，基本上它是違抗當時大眾所採取的投資方向。凱因斯不論是性格或是在市場上的交易，都算是一名反向操作者，他依靠勇氣和自信賺進了許多錢，提振了一九三〇年代和一九四〇年代全球對股市的信心，並證明了他是個例外，而不是墨守成規的人。

當然，其他經濟學家也試圖將他們的信念和預測應用到市場上，但在大多數情況下，專業經濟學者在試圖應對金融市場方面的表現，可說是糟糕透頂。當我還是一名大學生時，米爾頓·傅利曼的哲學深深地打動了我，亦即社會科學所面臨的考驗，在於它是否能夠成功預測未來。這是有道理的。基於這個標準，經濟學家作為一個群體，其整體的表現成績不及格。奇怪的是，世界各地的人們都還是繼續聽取經濟學家和他們的預測，但根據歐文·費雪的說法，他們在預測未來，特是金融市場方面表現其糟無比。

但凱因斯在其他經濟學家總是失敗之處卻獲致了成功：他在股市崩盤後的幾年中獲得了巨額利潤。相比之下，一九二〇年代的頂尖經濟學家費雪在市場上一次又一次地失算，尤其是在一九二九年的崩盤和大蕭條期間，他失去了所有的資產，餘生都在向親戚借錢生活。

凱因斯於一八八三年出生於英國一個知識分子具有文化的家庭，但家境

仍然很普通。他在一九〇五年二十二歲時開始涉足證券市場。十四年後，他開始認真經營，靠著自學在外匯市場上投機，並且取得了不錯的成績。然而，在一九二〇年，當市場形勢逆轉且貨幣市場風向對他不利時，他失去了一切，包括家人和朋友委託給他的資金。但那時他已經迷上了這個遊戲。

凱因斯很快向朋友借了一筆貸款，並從他的早期作品之一《和平的經濟後果》The Economic Consequences of Peace 中預支了一筆款項，然後一頭栽入剛剛讓他破產的市場上！在兩年內，他還清了他的「道德債務」，並從負債超過八千五百英鎊轉變為獲利超過兩萬一千英鎊。到了一九四五年，他去世的前一年，他已經累積了相當於一九九〇年購買力約為兩千萬美元的財富。在通脹幾乎為零的情況下，年複合增長率達到百分之十三，因此在二十五年的持續基礎上，其實際回報率真的算是相當高。在那些年裡，很少有投資者能夠匹敵他的紀錄。

凱因斯拒絕承認自己擁有一個「策略」，而是聲稱：「我的投資核心原則是與一般觀點背向而馳，因為如果每個人都同意某項投資的優點，那麼該投資必然太昂貴，因此不具吸引力。」後來，在一九三八年，他提出：「成功的投資取決於三個原則：

一、慎重選擇少量投資（或少量投資類型），考慮它們在未來數年的實際和潛在內在價值相對便宜程度，以及與當時其他投資的關係。

二、堅定持有這些投資相當大的數量，始終不渝，也許需要持有幾年的時間，直到你能實現預期的獲利，反之，你當初買進這些標的就是個錯誤的決定。

三、持有平衡的投資部位，或者，儘管持有的個別部位很大，但存在多樣化的（分散）風險，如果可能的話，其這些投資的風險呈反向（例如，除投資一般股票外，也持有黃金股票，因為在一般波動情況下，它們可能會朝相反的方向變動）。」

凱因斯的典型投資組合包括只持有四或五種證券，每種都包含大量的持股，這種做法形同直接與傳統觀念「不要把所有的雞蛋放在一個籃子裡」反向而行。他曾經寫信給一位同事說道：「我知道，你不會相信我說的，但所有的利潤都來自持有大量少數幾檔令人感到絕對滿意的證券持股……在一般的投資組合中，沒有人真的能夠賺到什麼收益。」

例如，在一九三一年，奧斯汀汽車 Austin Motors 和英國利蘭 British Leyland 公司就占了他持股的三分之二左右。雖然有些人可能認為這非常冒險，但凱因斯相信自己對每一種股票的瞭解，比分散投資於各種證券更為充分。他認為，瞭解手上所持有的證券是避免風險的最佳方法。「投資一旦超出我非常局限的範圍，我就無法獲得足夠的知識。我能掌握的時間和機會都不允許我做更大範圍的投資。」

凱因斯與歐文·費雪不同，他在大蕭條期間利用他的操盤技巧賺了一大筆錢。在一九二九至一九三六年期間，當許多投資者都被迫退出市場時，他透過買入低價股將自己的淨資產拉高了百分之六十五。這並不太難做到：你只需要冷靜沉著地應對市場波動，不要恐慌。例如，一九二八年，他以每股二十一先令的價格持有了一萬股奧斯汀汽車的股票。次年，它們的價格降至每股五先令，但凱因斯一直沒有賣出，直到第二年，他才成功地以每股三十五先令的價格賣出了兩千股！他還在大型公用事業控股公司撿到了便宜貨，在公用事業大亨**塞繆爾·英薩爾**的帝國崩潰後，這些公司的股票在三〇年代中期觸底。凱因斯說：「它們現在已經完全不受美國投資者青睞，且股價大幅低於其真實價值。」

凱因斯操作風格中最顯著的反向手法可能是他極度槓桿化投資組合，這在大蕭條期間對許多投資者來說是致命傷。在一九三六年，當他身價超過五十·六萬英鎊時，他的債務高達三十萬英鎊。然而，在以後的幾年中，凱因斯降減了他的保證金債務：在一九三九年之後，負債平均占他的淨資產比例約為百分之十二，而在一九三〇年代初期則是超過百分之百。他在適當的時候使用最大的舉債，而在市場不利的時候就縮手不做槓桿操作。

凱因斯以他的經典著作《就業、利息與貨幣的一般理論》*General Theory of Employment, Interest, and Money* 而聞名於世。他試圖在市場上運用他的革命性理論，但他知道自己之所以能夠成功，是由於他能夠挑選優質股票的神奇能力，而不是由於他掌握到市場最佳時機。市場太不可預測了，但他仍然善用優勢占到先機。他說：「大致而言，是市場波動造成股價下挫，而市場動盪引起的不確定性則使其他投資者怯步不前而坐失良機。」

凱因斯身高六呎一吋（約一百八十五公分，晚年後有些佝僂），嘴唇厚大，留著一把小鬍子，他對公眾的輕蔑態度，是源於他身為貴族、知識分子的成長背景。他的雙親都是英國劍橋大學的教授；他的父親以撰寫一本早期重要的經濟學教科書《政治經濟學的範圍和方法》*Scope and Method of Political Economy* 而聞名。年輕的凱因斯先後就讀於伊頓公學 Eton College 和劍橋大學，他很快找到了自己的定位，與古典經濟學家阿爾弗雷德·馬歇爾 Alfred Marshall 以及文學巨匠維吉尼亞·吳爾芙 Virginia Woolf 等人成為朋友。凱因斯是一名悍辯者，以其率直的言談和好鬥的性格在討論經濟學時聞名。然而，除此之外，他講話輕聲細語，是一位藝術收藏家，極度崇拜拜倫勳爵 Lord Byron，也是芭蕾舞迷，因此在一九二五年娶了一位俄羅斯芭蕾舞者為妻。

凱因斯以及他的《就業、利息與貨幣的一般理論》之後的時代，美國和世界各地的經濟思想以一種革命性的、非線性的方式永遠地改變了，這是沒有人能夠預料到的。但這不是凱因斯出現在這本形塑市場的百位巨人的書中的原因。實際上，有許多對經濟理論和實務都很重要的人物，但他們在投資方面無法起作用，而凱因斯可以。正如他在經濟理論上是一名激進主義者一樣，他在市場上的成功證明，只有激進的經濟學家才能在市場上取得成功。因此，大多數人應該對與金融市場有關的傳統經濟學家言論充耳不聞。

R. N. ELLIOTT

拉爾夫・尼爾森・艾略特

是 聖 杯 還 是 騙 局 ？

拉爾夫・尼爾森・艾略特是《波浪理論》*Wave Principle* 一書的作者，他是那些在生前很少為人所知的華爾街邊緣人士之一。然而，在他去世大約二十年後，他的作品被重新發掘並被當代一些宣傳性新聞通訊之屬採用為投資哲學的基礎，並宣稱這是一個失落的寶藏，聲稱自己就是失落聖杯的持有者，因此值得關注。艾略特的作品有很多有趣之處，但也有許多的虛假之處，使得一些頂級的資金經理人無法認真採用。然而，在一九八〇年代的一段時間裡，波浪理論展現出近乎神奇的作用，並獲得了市場認可，主要被新聞通訊作者、股票經紀人和商業作家所採納。這種被市場新發現並認可的態熱，使得艾略特原先被遺忘的理論進入了華爾街的歷史書籍中，使用它來計算的從業人員更因此成為一個新的技術分析學派，在一九八四到一九八八年間大受歡迎。時至於今，艾略特波浪理論再度失去了地位，而信奉者則主張該理論不應被張揚，因為它是一個有價值的「祕密」。

由於這位理論派大師在生前默默無聞，他的個人生活鮮有人知。他的寂寂無名對他不利，卻也並不盡然。我們知道他是個無神論者，從他的作品來看，他像**威廉・江恩**一樣具有神祕主義傾向。據報導，艾略特是一名會計師，曾在墨西哥擔任電報局操作員，後因病返回其家鄉加州。在他三年的休養康復期間，他只能坐在前廊的搖椅上搖晃著度日。為了保持思維活躍，他開始研究一個他一無所知的主題，也就是股票市場，並廣泛涉獵道的研究。「市場上年年月月日日價格瘋狂、毫無意義、表面上不可控制的變化，逐漸形成了一個具有規則的波浪節奏模式。」波浪理論在一九三八年出現，並

刊登在《國際投資月刊》*Financial World* 上，但並未引起太多注意，就像他在一九四六年所完成的更詳盡的作品《自然法則》*Nature's Law* 一樣。

艾略特波浪理論的整體週期約為兩百年，包含從五十年或更長的大超級週期 Grand Super Cycle，到十五至二十年的超級週期 Supercycle，以及最短的幾小時單位「次微波」Sub-Minuette 等各種週期內的週期。要正確地識別這些週期，必須要構成數十張圖表來視覺化這些模式。他寫道：「為了維持正確的觀點，學生應該繪製至少兩個或更多的寬廣平均線，使用每週範圍、每日範圍和每小時記錄，並顯示相應的成交量。」一旦正確識別出當前的週期，投資者將根據典型的艾略特波浪模式看到市場接下來的走向。

典型的艾略特波浪模式很複雜，沒有圖表和插圖很難描述。此外，實行艾略特波浪理論有多種細微差異及例外的情況。總體而言，艾略特認為，「週期行為的特點是由兩種力量構成，一種在增強，另一種則將之瓦解。」因此，每個子週期由八個明顯的波動所組成，包括五個上升波及三個下降波，稱為「推動」impulse 和「修正」corrective 波。作者貝克曼 R.C. Beckman 將艾略特波浪描述如下：「艾略特從一個上升週期開始，發現了三個上升波，他稱之為「推動」波。前兩個「推動」波之後跟隨著一個他稱之為「修正」波的下降波。第三個和最後一個「推動」波之後，將出現一個波浪，它的作用是修正整個上升週期，而這個修正波本身則由兩個下降的「推動」波組成，中間穿插著一個向上的修正波。明白了嗎？沒關係，幾乎沒人可以理解。

由於艾略特波浪本質上是如此主觀和抽象，以至於只有該理論的長老級人士才敢說對它們有完整的認知，但即使他們之間也會爭論不休。對於現代的艾略特波浪理論支持者來說，非常幸運的是，艾略特早已逝世，所以他不會參與爭論。由於這一切都非常複雜，大多數人永遠無法真正理解艾略特波浪理論，因此這堪稱是個完美的情境，讓艾略特波浪理論的推崇者可以向你出售他們對聖杯的知識。你不必知道所有這些廢話，只需每年花一百六十九美元購買他們的通訊，就可以得到拯救。對於艾略特波浪理論的推崇者來說，這是一個可以用來賣的完美理論，因為它的內容含糊不清，屬於長期性（所

以短期預測相對於長期預測可以被強調或淡化），而且最重要的是，該理論的創造者已經不在了，也就沒有人會來爭論它的含義。

奉行波浪理論的人認為，這是對股市歷史提供唯一一致解釋的方法。他們預見股市將持續前進和成長，聲稱這一理論可以準確地指出股價從一八五七到一九二九年的大致上漲走勢、從一九二九到一九四九年的回挫以及從一九四九到一九七二年的暴漲。但是，如果這個理論如此優越，為什麼艾略特的幾位直授學生沒有繼續發展這一傳統呢？其中一位學生加菲爾德‧德魯 Garfield Drew 在他長達三百五十頁的書中只有兩頁提到了艾略特的研究！

基本面和技術面的批評者都認為，艾略特波浪理論的概念是被拉伸來符合艾略特的結論，且理論本身很混亂且不準確。在一篇《巴倫週刊》的文章中，史蒂文‧J‧瓦尼克 Steven J. Warnecke 一針見血地批評了這一理論，稱其充滿了「錯誤應用的數學理論、不清晰的概念、相互矛盾的陳述和神祕主義。」他說，理論本身存在一個基本的矛盾，亦即它自我歸類為科學理論，但圖表本身卻可以用來廣泛解釋。

我認為艾略特提出了一個有趣的想法，但並不準確。這裡我認為存在一個問題：技術上，艾略特波浪理論無法與現有的指數配合運作。儘管這很少被重視，但要實施以圖表為基礎的技術方法，正確的指數構建和方法本身一樣重要。艾略特以單一指數為基礎製作的圖表，做出了非常遠期的精確預測。但為了達到這一點，需要一個在長時間內內在都高度一致的指數。例如，最常應用於艾略特波浪理論的道瓊指數無法與這一理論配合運作，因為它無法預測股票分割。任何價格加權指數，如道瓊指數，對中長期的股票分割非常敏感，如果你擁有以道瓊指數為基礎的技術系統，但沒有預測股票分割的能力，那就沒有用了——股票本身或以它們為基礎的任何投資組合的行為都會與指數有很大不同。如果發生這種情況，精確的預測又有什麼用呢？（如果這一切都不合乎邏輯，你可能會喜歡法蘭克‧賴利 Frank Reilly 的優秀教科書《投資分析與組合管理》 Investment Analysis and Portfolio Management 中的「指標系列」 Indicator Series 章節並從中獲益，該書由德萊頓出版社 Dryden Press 出版）。

從技術角度來看，唯一一種長期足夠穩定能與艾略特波浪預測相容的常見指數構建形式是市值加權指數，例如標準普爾五百指數。但問題是，它們存在的時間還不夠久，無法捕捉到愛好艾略特波浪理論者所具有的非常長期的歷史視角。

　　艾略特只是一個提出有趣理論的人，但這個理論非常難以應用。如果他仍然活著，他只會是一名擁有奇怪方法的市場狂熱者，就像他一生中一直是如此。在很大程度上，艾略特的聲名是由於他已經就這麼去逝了，因此人們可以推著他的教主地位前進，而不會讓他破壞他們的市場行銷活動。想像一下，如果耶穌在現實世界中每天與我們交談，告訴我們，我們對他的解釋有錯誤，那麼多少詐騙宗教領袖會被搞砸。

　　事實是，金融市場總是充滿了向天真的買家銷售神奇靈丹的人。我認為，通訊市場中存在過多的詐騙銷售員，但幾乎在金融領域的每個角落都有他們的存在，包括被視為是成熟的大型機構領域，其中學者們常常把不切實際的胡言亂語假裝成「經過學術驗證」的東西然後出售。艾略特為金融界提供了其中一個主要的地下騙術，很多錢都都以他的思想為基礎進行了配置，而這些配置者往往缺乏深思熟慮。我們從小就聽過一句話：「不能相信你聽到的一切。」艾略特間接地教導我們，當我們聽到的內容是要付費的，同時它是由華爾街人士提供時，這句口號就是雙倍有效。

75

EDSON GOULD

埃德森・古爾德

證 明 規 則 存 在 的 例 外 之 二

市場技術分析師埃德森・古爾德總是嘲笑對股市擁有重要影響力的想法，但他的預測堪稱是最精準的。他就像擁有自己的探照燈一般，指出了主要的牛市，並且預言了市場觸底，但他並不依賴水晶球和荒唐的即興作法，而是依靠聰明、深入研究且經過時間考驗的理論，使他成為投資界的傳奇。

身材矮小而害羞的古爾德，畢業於理海大學 Lehigh University，原本想成為一名工程師，但在一九二二年加入了穆迪投資者服務公司，並全心投入研究工作。他著迷於尋找一個超越經濟和貨幣條件，卻可以引發市場波動的因素。他說：「我把指數追溯到一百年前甚至更久遠的時間，很快你就會發現，無論你對基本面瞭解多少，你仍然無法得到非常準確的股市答案。」

古爾德迷戀迪克西蘭音樂，喜愛彈奏五弦琴，他先是在音樂的諧波中尋找解答，然後在量子物理學中找尋，但都沒有找到答案。最後，他在紐約公共圖書館找到了答案，那是古斯塔夫・勒龐 Gustave LeBon 十九世紀關於群眾心理學的書《烏合之眾：大眾心理研究》 The Crowd。他說：「它讓我意識到，股票市場的行為不過是群眾心理的表現。有了這個認知，一個明顯不合理的股票市場也就變得可以理解了。」古爾德得出結論，股票的價格不是因為對其真實價值進行任何系統性評估，而是因為大多數投資者認為它們的價值是多少而定價。

在一九三〇年代擔任穆迪經濟部門主管，之後擔任美邦 Smith Barney 的研究主管後，古爾德開始專注於寫作，並開始撰寫一份名為《維森伯格投資報

告》 *Wiesenberger Investment Report* 的雙月報告。在一九六〇年代，他創立了一份名為《發現與預測》 *Findings & Forecasts* 的報告，使他在十年後成名，這份報告的訂閱價格高達五百美元（相當於現在的兩千美元），只有兩千五百名訂戶（相當於現在每年總訂閱收入約為五百萬美元）！每份雙月報告通常以易於閱讀的介紹開始，然後深入技術文本，配有圖表、歷史比較、統計數據和豐富的比喻。例如，他不會說市場將迅速上漲，而是使用「噴射起飛」的詞語。但無論文辭多麼機智風趣，古爾德的崇拜者顯然是因為《發現與預測》的內容而崇拜他的。他的紀錄非常神奇。就在市場從一九六二年的急劇下跌中恢復時，古爾德預測道瓊工業平均指數將上漲四百點，過去二十年的大牛市將在一九六六年結束。他的預測是正確的。然後他預測華爾街在一九六六年開始將陷入八年的低潮，他又再度說中了。

古爾德最大的突破是在一九六三年，他指出過去二十年的牛市「與一九二〇年代的牛市如出一轍」。但是，儘管它們的情勢相同，當前的牛市持續時間是一九二〇年代牛市的三倍，持續了八年。因此，他預測，一九六〇年代的牛市將在一九六六年結束，距離它開始有二十四年之久！

更近期的例子是在一九七二年十月，當道瓊工業平均指數為九四〇時，古爾德預言它將在年底前達到一〇四〇點，而它在一九七三年初的一月就達到了這個數字。三個交易日後的一月十六日，他發布了一份「特別銷售公報」，敦促讀者賣出股票，因為他相信一〇六七點標誌著一九七〇年開始的牛市的終點。在接下來的兩年中，市場暴跌了將近五百點。

古爾德是如何得出他的神奇結論的呢？他使用了幾種工具，包括他對心理學的洞察力，這體現在他的「市場心理測量器」 Senti-Meter 上。市場心理測量器是將道瓊工業平均指數除以平均三十家公司每股股息年度總額計算出來的，這是股價與其股息的比率，或更簡單地說，是「投資者願意為一美元股息支付的價格」。古爾德解釋說：「他們愈自信，就會付愈多；他們愈擔心，就會付愈少。」我在我第二本書《華爾街的華爾滋》中介紹了這個指標，它仍然是一個準確得驚人的長期預測指標，但它並不能解釋古爾德的短期預測

精確性。要瞭解這一點，你需要研究群眾心理學。

「基本上，市場是由人類情緒塑造出來的，這些情緒數千年來沒有改變過。」他對此堅信不疑。為了防止自己的情緒影響到他的預測，古爾德個人像瘟疫一樣避開股票市場。他說：「這會干擾我的客觀性。如果我個人投資，當市場飆升或崩潰時，我就無法保持冷靜。」當然，他曾經投資過股市，但那是在一九四〇年代，當時他賺了一些投資鐵路證券的錢。此外，他還說：「對於長期投資者來說，房地產可能比股票市場好得多！」

奇怪的是，古爾德直到七十歲才因他的新出版商分析學 Anametrics 決定宣傳古爾德和他準確的預測而變得著名。古爾德在華爾街的辦公室和他在賓州不太大的三十五英畝農場上繼續他的工作，直到一九八三年退休，那時他已經八十一歲高齡了！他在四年後去世，留下了他的妻子、兩個兒子、一個女兒、一個傳奇和一個預測。

這個預測最初是在一九七九年十一月發表的，當時道瓊指數還不到八五〇點，他預測未來將出現一個幾乎史無前例的超級牛市。它首先被發布為一份名為《牛市的標誌》 *The Sign of the Bull* 的特別報告，預測在十年內，道瓊工業平均指數將達到一個當時看起來非常樂觀的水準，也就是三〇〇〇點。很諷刺的是，他的預測十年零八個月後，道瓊斯指數達到了二九九九‧七五點的高峰。如果他還在世，他可能會對此感到高興，並提前預測到市場高峰的到來。古爾德是有史以來最能預測市場走勢的人之一，同時他也是個例外，證明的確有人能夠準確地預測出市場的走勢。古爾德堅持只關注大趨勢，忽略其中的小波動和震盪，然而他卻以驚人的精確度預測了主要的市場高峰和低谷。

古爾德是第一位或其中 位最早預測一九八〇年代將出現超級牛市的主要預測者，可惜他在看到他最極端的預測實現之前幾年便去世了。在一個大多數人只關注最近標題的世界中，古爾德的著作最為重要的是，它們結合了少有的歷史、基本經濟學和基礎群眾心理學。大多數市場趨勢預測者傾向於偏愛其中一個因素，或將它們結合得很粗糙。但古爾德卻能冷靜觀察我們與

過去發生的事情有什麼關係，以及群眾正在思考什麼，是市場預測的關鍵。
他的清晰性、極其簡單明瞭的風格和他的眼光在現代歷史上的市場先知中幾
乎是獨一無二的。

76

JOHN MAGEE

約翰・馬吉
不 假 思 索 ， 都 是 線 圖

———位死忠的技術分析師會告訴你，股票市場中唯一需要關注的數字是股價。約翰・馬吉就是這樣的人之一，他在一九四八年與其他人合著了第一本也是一些人認為是關於技術分析的權威著作《股價趨勢技術分析》 Technical Analysis of Stock Trends。馬吉甚至進一步說，一名交易員可能只知道一支股票的代碼，除此之外什麼都不知道就能進行交易，這是可能的，但不推薦這樣做。交易員並不需要認識這家公司、屬於何種產業、它生產或銷售什麼產品，或者資本有多少。

為了貫徹這一主張和理念，馬吉不惜一切代價防止任何基本知識滲入他的生活。他發誓：「我不會被新聞快訊、謠言、提示或好心的建議所影響或驚慌失措。」他只看兩週前的《華爾街日報》（除了每日報價），把辦公室的窗戶封起來，在位於他家鄉麻薩諸塞州的史普林菲爾德進行操作，以避免接收到小道消息。在他安靜的辦公室裡，空調嗡嗡作響，刺眼的螢光燈閃爍著，使人無法判斷時間或天氣。「當我進入這個辦公室，我把整個世界都留在外面，全心全意地專注於我的圖表。我不會有機會走到窗戶旁看到外面拉起了一條糾察線，也不會有機會聽到收音機大聲播報底特律汽車生產的減產消息。」他瘋狂地堅持保持頭腦不受基本汙染，因為一個清晰的頭腦是技術人員最基本的工具之一，也就是圖表的運用。

馬吉所定義的技術分析是「以圖表形式記錄股票或者平均股價的實際交易歷史（例如價格變化、交易量等），並從中推斷未來趨勢」的科學。圖表提供了技術分析師所需的所有資訊，展現出各種形態，例如：頭肩頂、倒置

的頭肩頂、右肩、頸線、下垂的頸線。如果他再深入探究，事情可能會變得非常有趣，所以他改用降半旗和弱三角形的標示。所有的這些都是基於圖案和形狀。對於一個外行人來說，這些術語可能讓人感到困惑。而這些形態決定了主要趨勢，或者說確定了何時以及何種情況下趨勢會發生變化。

然而把技術分析稱作一種科學其實太騙人了。科學能夠產生明確的數字或答案，並且能以可預測的精確度預測出結果。但圖表分析是開放解釋的，而且沒有哪種解釋可說是絕對正確的方法。事實上，當技術分析師錯過了轉折點時，他通常會將其歸咎於自己對圖表的解釋，而不是歸咎於圖表或方法本身，這使得技術分析不會被人曲解攻擊。馬吉聲稱，圖表的好處在於它們易於維護，只需要一支鉛筆、一張紙和每日的股市報價。這是技術分析受歡迎的一個重要層面——參與技術分析沒有財務門檻限制，因此任何人都可以參與其中。

就個人而言，馬吉有些古怪。他像個心不在焉的教授；頭髮稀疏，臉上有著因太過專注而產生的皺紋，棕色的眼睛，濃密的眉毛和大大的耳朵。他看起來像個書呆子，工作努力，有條不紊，注重細節，但他總是看起來一副心事重重的樣子。他編輯了鎮上的報紙《我們的家鄉》 Our Home Town，還主持了廣播節目《史普林菲爾德之聲》。令人驚訝的是，馬吉為了放鬆心情還會繪畫抽象畫，甚至在辦公室裡掛了一幅——「這樣房間就不會太空蕩，否則可能會導致分散注意力。」很難想像他會為自己僱用一名好看的助手，因為這可能會讓他分心，千萬別這樣。馬吉於一九二八年結婚，生了一個兒子，五年後離婚。他於一九三六年再婚，又生了一個兒子和兩個女兒。

他記錄了紐約和美國證券交易所上幾乎所有股票的每日圖表——當然，當時掛牌的股票比現在少。他似乎對所有資料都進行圖表分析。有一次，當他翻閱一本裝滿各公司高達數百張圖表的文件夾時，他在一張顯示緩慢但一致下降的線條上停住了，這條線間歇性地出現微小的上升。他對他的訪客、作家約翰·布魯克斯 John Brooks 說：「我不知這張圖表是怎麼跑進來的。它沒有顯示任何重要的戰術形態，因為它根本不是支股票。這是我的體重圖表：我被醫生要求減肥。你可以看到，我的體重從約兩百二十磅（約一百公斤）

降到了一百七十五磅（約八十公斤）。那些偶爾的上升，都是發生在週末。」幸好他不能定期檢視膽固醇升降或記錄他的夢境。

在開始從事圖表分析之前，馬吉曾在各種領域掙扎過。他於一九〇一年出生於莫爾登，並於一九二三年畢業於麻省理工學院，之後曾擔任過業務經理、成本估算師、廣告文案撰寫人員、富勒刷業公司銷售員和客戶經理。一九四二年，他正在經營自己的鑄造酚醛塑膠郵購業務，遇到了跟他共同執筆的技術分析導師鮑伯・愛德華茲 Bob Edwards。愛德華茲也是在查爾斯・道之後的理論家、前《富比士》金融編輯理查・華萊士・沙貝克的妻兄，沙貝克首先將圖表法應用於個別股票，而不是像道一樣堅持只使用平均值。沙貝克是愛德華茲和馬吉的智識導師。

馬吉對圖表分析有著「近乎催眠的迷戀」，「於是我迅速進入市場，並很快輸掉了大部分的儲蓄。」四十一歲時，他成為了一名投資顧問、市場研究員和交易員。令人驚訝的是，他在這麼晚的年紀才開始進入這一行，並且取得了很大的成功，值得被收錄在這本書裡。一九五三年，他接替愛德華茲成為投資諮詢公司股票趨勢服務 Stock Trend Services 的資深分析師，任職三年後便創辦了自己的公司——約翰・馬吉公司 John Magee, Inc.

「除了我的圖表之外，我最喜歡的是在市場上操作。坦白地說，長期以來，我自己的投資表現不如我給客戶的建議，但這是因為起步不穩所致。」起初，在他被圖表的力量所征服之前，如果股票開始下跌，他就會賣出自己手上的持股。

馬吉在史普林菲爾德的成人教育計畫中教授他的專業長達十年。他於一九八七年因心臟衰竭去世，享年八十六歲。在他的大圖表用盡之前，他於一九五八年撰寫、出版並製作插圖《華爾街普通語義學》 The General Semantics of Wall Street，並於一九七二年出版了《華爾街、大街和你》 Wall Street—Main Street—and You。馬吉是技術分析師的泰斗，他獨自開創了以圖表為基礎預測單一股票價格動向的過程。現在有這麼多人利用股票圖表進行投資活動，因此我們無法不把他收錄在這本書中。

成功的投機客、逐利者和作手

SUCCESSFUL SPECULATORS, WHEELER-
DEALERS, AND OPERATORS

在華爾街熱鬧喧騰，在私生活悄然無聲

本節中的許多人常被稱為「強盜大亨」，這是世紀之交後的進步時代 Progressive Era 貼在他們身上以象徵其貪婪無情的標籤。但這稱號並不完全準確，與每個人所擁有的獨特、個別化的特徵也並不相稱。在許多情況下，實際上對被指涉的人來說，既不公平也與他們的個性不一致，這些人往往對奢侈或浪費的生活毫無興趣。他們貪婪與否，誰知道呢？然而，每一位成功的投機客、交易商和操盤手都讓市場演變成了今天的模樣，這是不容忽視的，也不是我們大多數人說了就算的。

在很多方面，這個群體類似於後期的恐龍。就像恐龍一樣，當他們不知道如何做某件事或不喜歡他們所看到的東西時，他們就創造出新的方法，並利用想像力來跨越他們所面臨的障礙。但他們與恐龍不同，他們會隨風轉舵。沒有絕對的流程或方法論，也沒有恐龍的絕對力量，他們的救贖之道在於擁有靈活性，當環境發生變化時，他們有足夠的靈活性來生存。

這個團隊以直覺和勇氣為基礎來行事。他們冒著風險建立起帝國，做多也做空，順勢而為。最終，他們的勇氣得到了回報。這聽起來太令人欽佩了，但現在，就像恐龍一樣，成功的投機客、交易商和操盤手被視為是野蠻、難以控制和不可預測的，他們的自由必須受到約制。他們是當今「團隊合作者」的反面，但這正是他們成功的原因。

例如，傑伊·古爾德真正全心全意地投入了市場。他沒有真正的家庭生活，也沒有真正的朋友；相反地，他將自己的一生奉獻給了合併鐵路公司並管理其經營。即使在商業上，他也是獨自經營，即使別人認為他們是他的合作夥伴，情況亦然如此。他始終保持靈活，可以自由進出、做多做空。他的獨立自主使得他在職涯中一直受到他人所憎恨，但當他帶著他的巨額財富離開華爾街，使其不受其他投機客和交易商染指時，這種憎恨達到了頂峰。幾乎沒有人願意像古爾德那樣為達成功付出社會和情感代價。

通常，成功的故事都是關於那些幾乎只專注於工作，少有因個人事務而分心的人。但偶爾也會有一些浮華炫耀的人物，他們賺了大錢並且還保有其財富，例如「鑽石」吉姆·布萊迪和「賭一百萬」蓋茨（約翰·沃恩·蓋茨

John Warne Gates）。「鑽石」吉姆身旁常有女伴，手上戴著鑽石。但他比較受人愛戴的是他真的很慷慨，而不是他驚人的外在。無論他送了多少鑽石給女人，她們總是來來去去，沒有一個人會留在他身邊。他轉而在股市上尋求慰藉，大賭特賭，贏得了大筆財富。他可能是運氣比較好，而不是靠技術，但有時運氣和其他因素一樣重要。布萊迪至少有勇氣繼續擲骰子賭運氣。

約翰·「賭一百萬」蓋茨是位個性魯莽、大膽而且充滿活力的人。他身穿鑲有鑽石的吊帶，他沒有辜負自己的名字，把錢押注在昆蟲、賽馬和牛市上。他是名精明的業務員，也許真的很大膽，或者根本是瘋了，他曾在鐵路交易中給摩根一個要麼接受、要麼滾蛋的最後通牒，還贏得了交易。他最終在一九〇七年的恐慌中失去所有資產，但他總是願意冒險，後來在石油市場上重振雄風，重新贏回了財富。另一位不那麼引人注目，但同樣古怪的人是詹姆斯·基恩。他是另一位臭名昭著的投機客，經常喝酒和賭馬，但除此之外一直認真在市場上交易。

至於其他投機客，受到關注的是他們的市場活動，而不是他們的個人生活。傑伊·古爾德、威廉·范德比爾特、愛德華·哈里曼、亨利·羅傑斯 Henry Rogers、約翰·拉斯科布、亞瑟·卡滕和伯納德·史密斯都不是在社交方面非常引人注目的人。費雪兄弟 Fisher Brothers 只有在離開股市後才在他們自己的社區內成為社交名流；而且是以私人安靜的方式，並非像我們在後面的章節中所看到的那種炫耀古怪的生活方式，那些則是普遍存在於失敗的投機客生活。

一般來說，成功的投機商專注於業務，而非奢華的高級生活。要像這些人一樣取得如此巨大的成功並且持盈保泰，幾乎就必須像這些人那般充滿動力和專注。很少人能夠像吉姆·布萊迪那樣，既能在派對生活中玩樂，又同時擁有終極市場專注力。這些人從事交易並涉入風險似乎是他們唯一享受娛樂和感受冒險性的出口，這為他們提供了全方位的間接刺激。通常，最瘋狂的投機客會把私人生活保持得非常低調、簡單、穩定，完全不引人矚目。他們知道什麼時候該把家庭生活從財富、工作和娛樂中分開來。

例如，威廉‧亨利‧范德比爾特在辦公室是一位專制的高階主管，在家裡卻是一名慈愛的父親。他的成功是自己打出出來的，與他著名的父親無關，純粹是由於他對商業和利潤的熱愛所驅使。范德比爾特曾說，他是為股東工作，而不是為公眾工作，公眾憎恨他，但他不在乎。他努力工作並維續親密的家庭關係，由此積累了比他的父親更龐大的財富和更親密的家庭關係。

　　愛德華‧哈里曼和詹姆斯‧希爾都建立了鐵路、財富、家庭，並有其繼承人。如果這意味著克服障礙，他們都不太驕傲，也都成功地完成了各自所承擔的工作。哈里曼是一名害羞的小男人，但當其他人不同意他的意見時，他會在會議室裡大吵大鬧，但他也知道什麼時候該閉上嘴。他擅長接管破敗的鐵路，使它們擺脫債務並且獲利。儘管他死時擁有一個強盜大亨的巨富，但他在工作之外的生活就和普通人一樣，他有一名妻子和五個孩子。其中一個兒子甚至追隨他的腳步，成為了一名鐵路大亨。

　　亨利‧羅傑斯是一名偉大的市場作手，他喜愛賭博。當股市收盤後，他就改玩撲克牌！但他的家庭生活沒有任何醜聞。亞瑟‧卡滕也是一樣，他是最後一位大作手，下的賭注很高，但生活卻很平靜。

　　「賣股伯」史密斯從市場上獲得了刺激，也獲得了成功，偶爾也會開快車追求快感。但在大多數情況下，他是一名清教徒，從不吸菸或喝酒，對妻子也充滿浪漫情懷。在市場上，他操作迅速，靈活自如，當新政策把華爾街翻得七葷八素時，史密斯還是能夠靈活應對並繼續賺錢。

　　約翰‧拉斯科布、費雪兄弟和伯納德‧巴魯克都深明，在市場上及早獲利落袋可以持盈保泰。拉斯科布是一名投機客，他是通用汽車的高階主管，而巴魯克也是一位投機客，在股市崩盤前幾週就退出了市場，兩人都離開了華爾街，轉向政壇發展。費雪兄弟是一九二〇年代牛市中的知名角色，他們並沒有像巴魯克一樣預見到股市崩盤，但他們聞到風向，在他們的財富被摧毀之前就迅速撤出市場。他們回歸家庭，與家人一起過著低調的社交生活，並參與私人慈善活動。

　　正如我們很快就會讀到的那樣，失敗的投機客缺乏這些人那樣明確的專

注力。對某些人來說，華爾街和金錢只是手段，而對其他人來說，華爾街的巨大成功本身就是目標。最宏大、最持久的成功者往往被一種內在規範所驅使著，他們玩這遊戲就只為遊戲本身。他們不是為了花錢才去賺錢。他們基本上並不渴望沉浸在任何形式的享樂主義的冒險上。當然像布萊迪或蓋茨這樣的人，是證明此一規則存在的極少數例外。在精神上堪稱諷刺的是，那些最想賺到錢去買想要東西的人，往往是最不可能賺到錢和保有巨額財富的。歷史上，成功通常歸於虔誠於遊戲本身的人，而不是那些虔誠於奢侈品的。

傑伊・古爾德

吸 血 也 吐 血 ， 是 人 還 是 食 屍 鬼 ？

如果你是十九世紀的古爾德家族成員，你會被社會所唾棄。市場作手傑伊・古爾德是美國最受鄙視的人，他每週收到死亡威脅，不是因為他不是一個好人（當然他確實不是），而是因為他擁有卓越的技能，能夠接管他人的財產。他是一位非常強硬的經營者。

有「華爾街的梅菲斯特」Mephistopheles of Wall Street 之稱的古爾德，藉由操控全美各地的鐵路，建立起自己的財富。他買下經營不穩的小規模路線，將它們合併並更名。透過篡改財務數據，他賣掉這些「帝國」賺取巨額利潤；如果它們破產了，那他就再來一遍，以低價整套收購。真的無情到家。

就我個人而言，我有點喜歡這個人，但也許這是因為我叛逆的一面在作祟。不管怎樣，你必須崇拜他所擁有的技能。作為最優秀的強盜大亨之一，他以低價購買股票，常常壓低價格，然後掌控這些公司，將組織精簡化並以可觀的利潤出售。他是一位超前時代的人，如今，他可以與我們現代最好的收購者相提並論，他們以低廉的價格收購企業並將其轉化為更好的實體。古爾德單槍匹馬開啟業務，並以嫻熟的技巧完成。他的內心是一頭猛牛，如果情況合宜，他會變成一頭巨熊，但只要是能夠賺到大錢，他始終都是一匹獨狼。

一八五七年，二十一歲的古爾德是一家鞣革廠的合夥人，為了準備應對華爾街殘酷的競爭，他趁機把合夥人趕走，並與一位有錢有人脈的大城市商人結盟。古爾德利用公司利潤和借來的資金進行投機，試圖壟斷皮革市場。但是，當他失敗並遭到債權人的追討時，他的大城市合夥人崩潰了，最後自

殺身亡。

　　古爾德看似出奇地沒有情緒。他的臉色蒼白、憔悴，身高五呎六吋（約一百六十八公分），直豎的黑色眉毛下有著深邃的眼睛，頭頂禿了一片，臉上長著一團粗糙的鬍鬚。古爾德毫無表情的臉孔反映出全然的冷漠。他可能很擅長打撲克牌，或者擅長操縱市場。但你不可能完全沒有感情，如果你無法表達情緒，它們會找到另一個出口。因此，古爾德忍受著胸痛、結核病和各種疾病的折磨，他經常咳血。真是個可憐的人。

　　接著，他投入市場，投機鐵路股，無可避免地與強大的實業家**康內留斯·范德比爾特**發生衝突。古爾德與市場老手**丹尼爾·德魯**和專擅掠奪的**吉姆·菲斯克**組成團隊，在一八六七年密謀奪取伊利鐵路，粉碎了范德比爾特壟斷曼哈頓鐵路的計畫。他們發行大量非法可轉換債券，成功地稀釋了范德比爾特花在伊利鐵路股票上的數百萬美元。

　　范德比爾特讓他的心腹法官對三人進行懲處，禁止他們明目張膽的手法。為了逃避法律，陰謀者們攜帶著八百萬美元的獲利和伊利鐵路的帳簿離開了曼哈頓，前往紐澤西州的澤西城。因為只要他們還是罪犯，就不能回到華爾街，因此思鄉的古爾德很快就開始尋求解決辦法。他展開了一場競價戰爭，派人帶著一千美元鈔票去遊說，試圖收買范德比爾特行賄的州議員，最終他花費超過一百萬美元，甚至賄賂了范德比爾特自己的代理人，使得他們背叛他，最終贏得了這場競價戰。

　　但是伊利鐵路事件仍在持續。當德魯私下會見范德比爾特想要解決這「整個該死的事情」時，古爾德和菲斯克感到憤怒，發誓要報復。在德魯離開董事會後，他們發行了新的伊利鐵路股票，新股把市場給淹沒了，使得股價從六十八美元降至三十五美元，讓他們大賺了數百萬美元。然後，他們沒有告訴當時還在做空股票的德魯，便利用國庫資金將價格推回到六十二美元，再次獲利，迫使德魯為平倉賣空部位而承受巨大的損失，以報他一箭之仇。古爾德像一頭鬣狗一樣咧嘴笑著，一直經營著伊利鐵路，不斷賣出伊利鐵路股票和自己的股票給市場，直到一八七二年，個人獲利超過兩千萬美元。

古爾德快速完成了許多交易，將操縱市場變成了一門科學，並且留下了無數的受害者。他最著名的偉大計畫是什麼呢？是試圖壟斷黃金市場。儘管他以這一行動震驚市場，但這對於通常從事股票市場和鐵路營運的古爾德來說是相當不尋常的。這個行動也常遭到誤解。儘管他希望藉由這次行動獲利，但他真正的目標卻是要推高黃金價格。這最終會造成美元貶值，並吸引外國人購買更多的穀物，而這些穀物將必須運用他的心血之作伊利鐵路來運輸。從一八六九年開始，古爾德買進了大量的黃金，公然推高價格，很快持有價值超過五千萬美元的黃金合約。與此同時，古爾德、菲斯克和市場上的熟人阿貝爾‧柯賓 Abel Corbin 集中精力說服柯賓的姐夫，也就是尤利西斯‧格蘭特 Ulysses Grant 總統來支持高價黃金。

　　格蘭特有權打壓這場壟斷黃金市場的行動，只需開放國庫的金庫，放出一億美元的聯邦黃金。儘管古爾德和菲斯克不斷招待格蘭特，試圖說服他支持高價黃金，但格蘭特最終還是這麼做了，他在一八六九年九月二十四日放出了五百萬美元的黃金，這一天被稱為「黑色星期五」，使得市場陷入混亂。隨著黃金價格暴跌，毫無戒心的投機客們也跟著遭殃，這成為了歷史上最臭名昭著的壟斷失敗之一。但是古爾德利用現在稱為內線消息的手段避開了這場災難。格蘭特的妻子告訴了她的兄弟柯賓，而柯賓又通知了古爾德，古爾德卻忘了告訴菲斯克。菲斯克正在做空並被困住了。古爾德在黃金飆升之時賺了一千一百萬美元，並在黃金價格下跌時免於遭損。一些遭殃的同伴詛咒古爾德，有些人發誓要報復他和菲斯克——卻不知道菲斯克也被擊潰了。

　　古爾德在華爾街沒有多少朋友，但在「黑色星期五」之後，他就失去所有朋友了。在接下來的二十年中，他放緩了他的經營手法，但他的交易仍然繼續。他買進和賣出了聯合太平洋鐵路 Union Pacific、堪薩斯太平洋鐵路 Kansas Pacific、中央太平洋鐵路 Central Pacific、密蘇里太平洋鐵路 Missouri Pacific、德克薩斯與太平洋鐵路 Texas & Pacific、克利夫蘭與匹茲堡鐵路 Cleveland and Pittsburgh、丹佛太平洋鐵路 Denver Pacific 和曼哈頓高架鐵路 Manhattan Elevated Railway，不僅控制了這些公司，也像掠奪一樣經營它們。

古爾德為奪取權力而不擇手段的馬基維利主義又一次表現在一八七〇年代收購《紐約世界報》。他在報紙上展開了一場驚人的宣傳活動,攻擊美國最大的電報公司、由范德比爾特掌控的西聯電報,將其稱為「最惡劣」的壟斷企業。《紐約世界報》稱讚美國與太平洋電報公司 American & Pacific 是一家新崛起的後起之秀電信公司(巧合的是,這家公司也是古爾德所擁有的)。西聯電報隨即失去了數百萬美元的生意,為了制止古爾德的攻擊,它花費超過一千萬美元收購了古爾德的美國與太平洋電報公司。《紐約世界報》接著又宣揚另一家古爾德的電信公司,導致西聯電報也收購了這家公司。接著,古爾德加速了他的行動。他的報紙公然詐騙式地抨擊西聯電報及其公司狀況,利用自己的獲利做空該股票,將其股價壓低。最終,他轉變策略以低價購入該公司並掌控了西聯電報。可憐的范德比爾特,下場就像德魯和菲斯克一樣。

古爾德個人版的「黑色星期五」發生在一八八四年,當時**詹姆斯‧基恩**和一個空方集團聯手用古爾德自己的手法對多家古爾德的控股公司發動了空頭攻擊。他們成功了,古爾德失敗了,到了六月,他的健康狀況每況愈下,不得不向敵人投降,放棄了他的遊艇、俯瞰哈德遜河的城堡、他位於第五大道的住家以及其他許多持股。古爾德總是很聰明,願意在完全失敗之前退出,他最終逃過了一劫,他在一八九二年去世時所留下的財產估值為七千兩百萬美元。

古爾德始終全力以赴地投入市場,賺取財富,反過來也招致了仇恨。最終,他需要全天候的貼身保護,因為他每週都會收到死亡威脅。他失眠,經常在街道上踱步,而他的護衛則在一旁守護他。但你必須崇拜他的操盤技術。他算是一個悲慘的交易員嗎?是的,但與許多其他人不同的是,他不是為了掠奪和毀滅公司,而是為了掠奪和經營它們——通常是為了讓它們有更好的發展。此外,他非常靈活,能夠在趨勢逆轉時靈動地應對,而不是與一個強硬的市場硬拚到底。古爾德與許多曾經擁有一切卻又失去所有的人不同,他能夠保有自己所擁有的一切。他非常敬業!在一個充滿殘酷的時代裡,他可

以採取粗暴且無情的對應方式！在一個很難犯法的時代，他有時也還是會踩線，但他結合了才華、靈活性和管理技能。他能夠看到大局和細節。即使在被眾人唾棄的情況下，他還是打了眾人所無法承受的戰爭，不但贏的比輸的多，而且總是勝得很漂亮。當我們滿懷著恐懼及敬畏之心回顧這個世界時，他同時代表了這世界最好的以及最壞的一面。

78

"DIAMOND" JIM BRADY

「鑽石」吉姆・布萊迪

有 時 候 ， 幸 運 女 神 就 是 站 在 他 這 邊

「該死！你不可能一直贏！」「鑽石」吉姆常這麼大喊，但他自己就總是贏，至少白天人們所見就是如此。在一八九七年他的首次投機冒險中，就大賺一百五十萬美元！事情是這樣的：在前一年賭對威廉・麥金利 William McKinley 會贏得總統大選而大賺一筆的他，笑著說：「當然，我要冒險試試。」接著就開始買進一家鐵路公司，直到股價到了二十六美元；而當股價漲到六十八美元，他就出脫持股，將獲利落袋，任由股價因他的出售而暴跌！吉姆・布萊迪出手，就是全力以赴。放肆鋪張是他的標誌與名片——也是他的救贖。

無論是在市場上投機，亮出鑽石讓女士們目眩神迷，在房子裡擺滿豪華的奢侈品，還是為陌生人的悲慘故事提供資金，布萊迪都只是在炫耀他滿滿的荷包。他說：「你有沒有想過，當個傻瓜其實挺有趣？只要你負擔得起。」本名詹姆斯・布坎南・布萊迪 James Buchanan Brady 的他以慷慨著稱，花起錢來毫不手軟，畢竟他也別無家人可以繼承他的萬貫家財。

他體重兩百四十磅（約一〇九公斤），有著肥厚的雙下巴，雙眼長得小又靠得近，相貌平平，胃還比普通人大六倍，他哀嘆道：「世上沒有女人會嫁給長得像我這麼醜的傢伙。」然而很多其貌不揚的人都成功步入婚姻，基於實證，大家懷疑布萊迪這麼說，比較可能是因為他選擇不婚，而非他娶不到老婆。無論如何，布萊迪從賺錢和花錢上找到了人生的慰藉，和那些被鑽

石迷花了眼的女友們（如著名的「澤西百合」*和莉蓮‧羅素†）過著一夜風流的生活。

　　吉姆一步步構築起他出色的業務生涯，他銷售鐵路用品和鋼製車廂，簽下一張張百萬美元的合約，從傭金中積攢了大筆財富。這個來自紐約、出身貧困的愛爾蘭裔年輕人，從鐵路產業開始大展拳腳。一八七七年，年僅二十一歲時，他就穿上了昂貴的黑色西裝，頭頂絲質大禮帽。他上過商學院後才轉做業務這行，在這裡，好像大家天生都喜愛他，事業也就此起飛。但對吉姆來說，這還不夠。作為一名精明且有洞察力的賭徒，他在閒暇時間會打牌、玩骰子——但賭的不是錢，而是鑽石。透過賭博和與當鋪商討價還價，吉姆收集起鑽石，把它們用在他的推銷話術上。他會拿出一袋常被顧客們懷疑是假貨的鑽石，來展示自己有多麼成功。儘管客戶猶疑，但笑到最後的總是吉姆。為了在當下取信於人，他勢必得證明鑽石為真，而他的做法就是用鑽石把自己的名字永遠地刻在客戶的窗戶上——絕對是天才般的宣傳手法。

　　隨著吉姆愈來愈成功，他手邊的鑽石愈來愈大也愈來愈多。因此，在其一貫的浮誇作風下，他把一些珍藏送給了他最好的客戶和交好的女演員。而剩下的鑽石還是多到足以裝飾他的襯衫、手杖，甚至是他交往了四十年的性感女友莉蓮‧羅素的自行車。他也由此贏得了他的綽號，「鑽石」吉姆。

　　布萊迪曾在吃完一頓大餐後，又一口氣吃了四十五支玉米，他的飲食習慣和他對鑽石的迷戀一樣聲名狼藉。他一餐按例要吃上十四道菜的套餐，每道豐盛的主菜還都得要四份，因此很少收到晚宴邀請。有位大膽的女主人問他是怎麼知道自己已經吃飽了，布萊迪堅定地說：「每當我坐下吃飯，我總會在我的肚子和桌邊之間留下四吋（約十公分）的距離。當我感覺肚子和桌邊緊密摩擦時，我就知道我吃飽了！」到了五十六歲，這位手邊總有一盒五

---

* 編註：The Jersey Lily，本名艾蜜莉‧夏洛特‧勒布雷頓（Emilie Charlotte Le Breton），以莉莉‧蘭特里（Lillie Langtry）之名廣為人知。出身英國澤西的社交名媛、演員，以其美貌和與英國皇室、貴族間的豐富情史聞名。
† 編註：Lillian Russell，活躍於十九世紀末至二十世紀初的美國著名女演員、歌手。

磅（約兩公斤）重的巧克力堅果和椰子奶油糖的男人，被診斷出患有異常大的膽結石；六十一歲時，他因糖尿病與其他疾病而逝世。想也知道！

在市場上，「鑽石」吉姆的操作手筆同樣浮誇，一如他的名聲。靠著一票「市場通」朋友給他提供充分消息，布萊迪有足夠的資金與實力去跟進那些熱門、有風險的明牌。然而，儘管他在這方面很成功，但讓他成為矚目焦點的，還是他大開的錢包。布萊迪始終是一名業務員而非生產者，他很少是事件的發起人，只是從旁推了一把，而他擅長充分運用擺在他面前的東西。「鑽石」吉姆很少親自策劃交易，為數不多的一次是他視查一條小規模的喬治亞州鐵路，注意到周圍是座將成熟的大型桃樹果園。他預見果園很快就會利用這條路線運輸產品，於是迅速採取行動，回到華爾街，花了七萬美元買了該線的債券。不到五年時間，他就以超過五十萬美元的價格賣出。啊，愛爾蘭人的好運！

他真正愛上華爾街，是在一九○二年參與了**約翰·「賭一百萬」蓋茨**為對抗 **J·P·摩根**的路易維爾和納什維爾鐵路 Louisville and Nashville Railroad 而發起的聯合投資基金。過程中，布萊迪輕鬆賺進一百二十五萬美元，從此像上癮的賭徒般沉迷其中。很快地，他開始在華爾道夫酒店的酒吧裡閒坐，請摩根的心腹**詹姆斯·基恩**喝酒。當基恩醉醺醺地說，「做多七月棉花」，他聽到後，隔天早上就買進了十萬包。兩個月後，他聽說另一名作手在做空棉花，於是當天下午，吉姆就逮著這名狠角色，逼他透露情報，最後又輕鬆賺進一百萬美元。

極少數情況下，吉姆也會賠錢，因為對消息反應太快，主力資金還沒行動，他就先在股市中進出了！但這對他來說是例外而非常態，也許是因為「鑽石」吉姆就是幸運。這可能就是我們從他的人生中所能學到的。有些人天生就是幸運。如果你讓幾百萬人排排站，要他們擲硬幣，總有個幸運的傢伙能連續擲出一千次人頭給你看。這就是機率和運氣的問題。有些人可能會認為是那人擅長擲硬幣。但運氣這東西，無論好壞，它就是降臨在該降臨的地方，而你真的解釋不了。

在思量成功投資者的事蹟時，重要的是要記得，有些人可能看起來很聰明，其實只是幸運。正如這些傳記所顯示的，華爾街上大多數炫富的人最終都破產了。布萊迪沒有落得如此下場，沒人知道他去世時擁有多少財產，但肯定是一大筆錢。然而，對一個從未發明過任何理論或策略，還把大部分時間花在豪奢生活上的人來說，這極為罕見。而站在一本講述市場貢獻者的書籍的立場，明智的做法就是記住：有時候，運氣也能造就市場，就跟所有的想法一樣。

不管是什麼讓「鑽石」吉姆迷戀鑽石，這終究沒能改變他的私生活。他始終是個只有露水姻緣的孤單無賴，除了有次和一名女子同居了十年、送了她超過一百萬美元的珠寶，只是她依然沒能留下。她和他最好的朋友跑了。雖然從金錢上看吉姆・布萊迪，他極其幸運，可他在愛情方面卻從未真正交上好運。但誰又說得準運氣會降臨在哪裡呢？布萊迪會笑著說：「該死，你不可能總是贏！」然後又一次擲出了骰子。

79

威廉‧亨利‧范德比爾特

證明他的父親看錯了人

威廉‧亨利‧范德比爾特在他霸道的千萬富翁父親於一八七七年去世後總算鬆了一口氣，現在他真的可以開始工作了。他的前四十三年人生總是遭受到巨人般的**康內留斯‧范德比爾特**的反對，他確信他那病態、軟弱的兒子會「每況愈下」。威廉聽到他這麼說，但從未信以為真，「你一無是處。你永遠也成就不了什麼事，只會給你自己、你的家族和與你有關的每個人帶來恥辱。我已經決定不再與你有任何關係。」威廉二十一歲時已經結婚，康內留斯將他流放到紐約州的史泰登島農場，讓他自己去照顧他那個不斷壯大的八口之家。他的父親顯然認為他最多只能成為一名「身上沾著泥土的農夫」。這只是讓你明白，擁有一位富有且有權勢的父親，並不能保證你能過上一個安逸的人生！

當了二十年農民之後，不管是出於驕傲、堅定的意志還是對農民生活的憎惡，威廉在父親去世前的十年逐漸回到父親的生活中。他贏得了父親的青睞和尊重，並繼承了他一億美元遺產的大部分。在威廉餘生的時間裡，他做了一些令他多疑的父親真正感到驚訝的事——在短短七年內，他將康內留斯三十年賺的錢翻了一倍！

年輕的范德比爾特首先振興了一條已經破產的史泰登島鐵路贏得了他父親的青睞，儘管當時他對鐵路知之甚少。在一八六〇年代他幫助父親建立曼哈頓鐵路帝國的過程中，威廉成為一位優秀的經理人，改善了軌道和設備，調節價格，還與勞工達成和解。再舉個例子，在一次大規模的鐵路罷工期間，他獎勵范德比爾特的工人們十萬美元的獎金作為對他們忠誠的獎勵，從而防

止了罷工。但儘管他取得了這些成就，威廉直到他的父親康內留斯臥病在床時才成為一名掌控全域的主管。這名多疑的老人一直手握著掌控權，直到最後一刻。

當康內留斯最終去世時，威廉掌握了范德比爾特帝國的控制權，他採用他父親一些不好的策略，包括股票操縱和削價競爭，大大擴展了其鐵路系統。例如，當一條與他競爭的路線拒絕賣給他的時候，威廉降低了他的鐵路運輸費用，奪走了競爭對手的生意，迫使對手破產，然後便宜買進，並發行了數百萬的摻水股票。

另一個典型的策略是在組建新鐵路時，建立了一家空頭建設公司。這使得威廉能夠讓建設公司向鐵路收取三到四倍於實際工作成本的費用。他發行了數百萬的證券來支付誇大的建設成本，保留了多出來的金額。例如，建造賓夕法尼亞鐵路只花費了六百五十萬美元，但他發行了四千萬美元的證券，獲得了超過三千萬美元的淨利潤！《紐約時報》曾稱讚他是有史以來最偉大的鐵路巨頭之一，聲稱威廉對鐵路的瞭解無與倫比。

威廉曾告訴《紐約時報》：「我不會為了賺一百萬美元而走過馬路。」他根本不需要，他的年收入已超過一千萬美元！他能保住財富的其中一個原因是，他學會了不要像他的許多同行那樣舉借高額負債經營。這部分是由於一八八三年的經濟恐慌，當時他出售了以保證金購買的股票，並投資於債券。「我不應該購買超過我實際現金支付能力的數量。」在一八八三年之後，他的資產包括政府、州和市政債券，以及一些股票和抵押貸款證券。到他一八八五年去世時，威廉擁有約七千萬美元的政府債券。然而，他仍然對美國經濟充滿信心。「一切都會變好的。這個國家非常有彈性……像一隻被丟下的橡膠球，它會再次彈起來。」

與他父親的名聲一樣，威廉由於坐擁巨大財富和尖酸刻薄的態度，遭到公眾鄙視，這是他從父親那裡明顯繼承來的特點。當一名記者問他為什麼要取消一條額外收費的快車路線時，他直率地回答說：「鐵路不是為了公眾的利益而營運的」，而是為股東的利益而建，「他們投資了他們的錢並期望得

到同等合理的分潤。」他甚至承認，除非可以賺錢，否則他「一丁點」也不在乎公眾的安全或方便。你可以看出為什麼公眾討厭他了。在商業方面，威廉幾乎與他的父親無異，他會大聲說：「公眾都可以去死吧……我很富有而且擁有各種好東西。我要吃喝玩樂享受一切！」

然而，在家裡，威廉卻完全不同。他是八個孩子的慈愛父親，他會慷慨捐助慈善事業，生活簡樸，整體態度溫和。他以公正、坦率和善於判斷的性格而聞名，而他的父親則不然。在他生命的最後階段，威廉意識到自己的健康狀況正在惡化，便辭去了所有鐵路總裁的職務，並命令兩個兒子接替他的位置。他不想重蹈他父親的覆轍。他完全信任他的兒子，並在討論未來的鐵路計畫時去世。他留下兩億美元，平均分配給他的子女們。

威廉被迫與他極其冷酷無情的父親競爭，但最終他贏得了勝利。他是出了名的好父親，光是這點對他來說可能已經足夠，將他父親的財產翻倍也只是錦上添花罷了。與他父親相比，威廉是個好人，而由於他的能幹，而且對自己的成就並不謙虛，他被描繪成又一名冷酷無情的范德比爾特。對媒體來說，這肯定簡單極了；當威廉去世時，康內留斯的無情名聲也不過八年歷史。

在那些成功建造起事業帝國的人之中，他們的兒子很少有能克紹箕裘並繼續推展事業的，威廉算是其中之一。他給我們的教訓在於其私下的生活方式，謙虛、不鋪張、顧家、敬業，這是那些能跨越父輩的自我、帝國與控制，進而創造出更大成就之人所共有的特質。在精神上，他可能比當時任何人所認為的都還要更堅強。

約翰‧沃恩‧蓋茨

對綽號「賭一百萬」的人還能說什麼呢？

在一九〇〇年，大膽的約翰‧「賭一百萬」蓋茨成為華爾街最受歡迎的投機客。一次，他高調地賭了一匹名叫「皇家同花順」的賽馬，賺了五十萬美元，然後他預測威廉‧麥金利的當選會帶來一場牛市。蓋茨把錢投在他的預測上，以平均五十八美元的價格買入了五萬股聯合太平洋鐵路公司的期權，宣稱該股票很快就會超過面值。他放話說：「如果麥金利當選，我應該能賺到一些錢，你不這麼認為嗎？」當別人問及他的期權成本時，他說：「嗯，這是對選舉的賭注，如果我輸了，我就把它當作是對皇家同花順的賭注！」結果麥金利贏得了選舉——幾個月內，牛市把聯合太平洋鐵路的股價推高到了一百三十美元，蓋茨又賺了兩百五十萬美元的意外之財！

儘管有「賭一百萬」這個綽號，蓋茨非常精明。他可以憑著直覺迅速採取行動，還曾打賭哪隻蒼蠅會最先從一個糖塊上飛走。實際上，蓋茨是一名巧妙的工業和市場奇才！他不滿於現狀且擁有聰明才智，從一名鐵絲網業務員起家，一路攀升到行業的頂端，一路還改革了這個行業。然後，他仍然不滿足，於是便挑戰華爾街，成為了一股主要的投機勢力。然而，他的故事之所以如此引人入勝，是因為儘管他怪異的炒作方式，他保守了自己的財富，而大多數投機客通常最終都會付出代價。

蓋茨身材高大，擁有寬大的藍色眼睛、黑色頭髮和猶如柴郡貓一般的笑容，他的整個人生都證明了他的名言：「當你想要某些東西時，下定決心想要它，想好如何得到它，然後全力以赴去追求它。」無論是在鐵絲網工廠、鋼鐵聯合企業還是只是為了報復，蓋茨都勇敢地追求他想要的東西——而且

總是得到手。他於一八五五年出生在現在的芝加哥西部，父母是嚴厲且節儉的農民。少年時，蓋茨第一次進行的投機生意是一臺脫穀機。他用得來的獲利結婚，十九歲時在家鄉開了一家小型五金店。但蓋茨感到發展受到限制，於是賣掉了他的商店，二十一歲進入了樹苗鐵絲網業務，成為艾薩克‧埃爾伍德上校 Col. Isaac Ellwood 的業務員，埃爾伍德上校後來感受到了蓋茨復仇的刺痛。十九世紀的這些大亨們似乎都喜歡早早開始發展他們的事業，而教育在他們的早年似乎很少扮演重要角色。

蓋茨做事的特點就是非常全力以赴。因此，當他到達德州發現沒有人購買鐵絲網時，他迅速採用了擁有圓滑口才的騙子所使用的肆無忌憚方法，在城鎮中心設了一個鐵絲網圍欄，裡面關滿了二十五頭他能找到的最狂野的公牛！當圍欄設好，牛群也安頓下來時，蓋茨獲得的訂單超過了他的老闆埃爾伍德能夠滿足的數量。他感到無比自信，因為他讓他的老闆致富了——在此過程中，他還改革了西南部的養牛業。蓋茨要求成為合夥人。他的老闆斷然拒絕與他分享任何利潤，所以蓋茨立即辭職，他知道製造業才是致富之道，因此決定在聖路易士開店（他差點就在那裡成為市長）。

儘管埃爾伍德對他提起了騷擾訴訟，約翰‧沃恩‧蓋茨公司 J.W. Gates & Co. 仍然誕生了。一八八〇年，蓋茨二十五歲時成立了南方鐵絲網公司 Southern Wire Co.，兩年後，他成立了第一個現代化的合併公司，吸收了競爭對手公司，蓋茨的鐵絲網事業乘著現在蓬勃發展的鐵絲網業務浪潮，發展成了綜合鋼鐵與鐵絲網公司 Consolidated Steel & Wire Co.，取代埃爾伍德成為業界領袖。蓋茨碰到的每件事都變成了黃金！

接下來，蓋茨拉攏他的前老闆加入他的陣營，買下了大量工廠，向這些工廠老闆提出無法抗拒的數百萬美元價金，在等待他們決定時大打雙手牌。「如果我明天能拿到現金，我就接受了。」這是他們通常給他的回答。他在雙方都沒見到面的情況下，就以現金支付了七百萬美元，這位四十歲的百萬富翁成立了美國鋼鐵和鐵絲網公司 American Steel & Wire Co.,，資本額達兩千四百萬美元，並由華爾街承銷。美國鋼鐵和鐵絲網公司組建並在美國證券

交易所上市的速度非常快，蓋茨這個牛人成立了一支基金來操縱其股票。

不可避免地，蓋茨與 J・P・摩根發生了衝突，摩根譴責蓋茨是一個「危險的人」，不值得信任。然而，摩根相信蓋茨的合併概念，因為他正在組建第一個市值十億美元的公司——美國鋼鐵公司，而蓋茨的公司是完成其組建的關鍵。因此，蓋茨讓摩根付出了巨額代價，來換取蓋茨持有的六千萬美元美國鋼鐵公司股票，摩根給了他一・一億美元的美國鋼鐵公司股票！但是，當蓋茨要求擔任董事時，摩根拒絕了他，說：「你已經樹立了自己的名聲，我們不為此負責。」受到這一打擊，蓋茨發誓要向摩根報復——而且一如既往，他說到做到。蓋茨開始了一場血腥的戰役，他藉由收購路易維爾和納什維爾鐵路的控制權來打擊摩根在一九〇二年的鐵路擴張計畫。蓋茨創造一個類似北方太平洋（參見**詹姆斯・傑羅姆・希爾**）的壟斷，讓摩根感到不安！處在壓力下的摩根於凌晨一點半派遣一名合夥人前來見蓋茨，蓋茨空著花卉圖案的睡衣和紅色長袍與他進行了談判！作為一名犀利的談判高手，蓋茨提出了一個要麼就接受，不然就算了的提議，每股一百五十美元（他當時支付了一百美元），再加上一筆一千萬美元的紅利！當然，摩根別無選擇。

在華爾道夫酒店開設公司後，這位百萬賭注玩家在打撲克和橋牌的同時，也在一九〇一年的希爾－哈里曼 Hill-Harriman 爭奪北方太平洋公司的股份中做了一些投機。儘管他不喜歡承認失敗——他不習慣失敗——但蓋茨承認他被人踢得有點狼狽，不得不賣掉一批證券來彌補他的空頭部位。但他很快恢復了，成立了華爾街最大的證券公司查爾斯・G・蓋茨公司 Charles G. Gates & Co.，通常被稱為「十二合夥人公司」House of Twelve Partners。這家公司由他的兒子查爾斯・G・蓋茨領導，他恰巧和他的父親一樣奢侈，因為他們在保證金交易中持有高達一・二五億美元的股票，成為華爾街最大的投機公司。

一九〇七年的股市恐慌讓蓋茨公司陷入了田納西煤、鐵和鐵路公司 Tennessee Coal, Iron and Railroad Company 的困境，而他原本計劃把這家公司出售給摩根的美國鋼鐵公司。但蓋茨沒有考慮到市場恐慌的影響！摩根笑了笑，沒有讓步，他把蓋茨逼得走投無路，迫使他的公司關閉，同時讓蓋茨的合夥

人擺脫了困境。這結束了蓋茨在華爾街的職業生涯。在歐洲度過長假之後，他投資了一家叫做德克薩斯石油公司 Texas Oil Co.（亦即現在的德士古 Texaco）的石油勘探公司，當石油噴出來時，他重振了自己的財富！與此同時，他開發了德州的亞瑟港 Port Arthur，主宰了該地區的房地產、工業和鐵路，其中包括堪薩斯城南方鐵路公司 Kansas City Southern，並聲稱：「我對股票市場不感興趣。我只是遵循一般商人的做法，那就是專注自己的事業。」

　　蓋茨是少數最終成功的投機商之一。是的，他的人生有起伏不定的一面。有一個像「賭一百萬」這樣的綽號，他的人生就幾乎像是這樣。而且，直到他在一九一一年迎來生命中的最後一個挑戰之前，他一直是一個引人注目的人物，總是在背帶扣上佩戴三顆鑽石。但在一九○七年的恐慌中失利後，他小心翼翼地保管著自己握有的五千萬美元，只有為了好玩時才賭一下。

愛德華・哈里曼

腳步輕柔，手段強硬

愛德華・哈里曼從來不笑。並不是他沒有理由笑，一九〇九年他離世時留下了一筆價值一億美元的摩根級巨額遺產。他就只是這樣的人。身材瘦小，佝僂，常流鼻涕，極度不善交際，完全不起眼，眼睛被像可口可樂瓶的鏡片遮掩著，穿著寬鬆的褲子，留著海象鬍子，軟帽拉得低低的遮住了眼睛，哈里曼以這副令人難以琢磨的裝扮，在華爾街蟄伏四十多年，建立了曾經是美國最大的鐵路帝國。看看，在那些花哨的自我推銷者把他們的財富投機一空時，哈里曼已悄然無聲地攀升到了頂峰。

哈里曼曾對庫恩羅布公司的銀行家奧托・卡恩說：「我要求的機會只是成為董事會上十五個人之一。」卡恩知道，如果在這種情況下，哈里曼會是唯一的士兵，說服其他部隊成員接受他的想法。哈里曼非常有說服力，熱愛挑戰。也許是為了彌補他缺乏個人魅力的缺陷，他也非常專注、意志堅定、控制欲強且固執。哈里曼於一八四八年出生於一個貧窮的聖公會牧師家庭，十四歲開始在華爾街辦公室當差，然後一步步晉升。他在一八六九年的黑色星期五恐慌中獲利，一年後，他買下一個三千美元的證券交易所席位，開始獨立創業，成立了 E・H・哈里曼公司 E.H. Harriman & Co.。他一直是獨行俠，並且始終充滿行動力。

「當我開始創業時，我的資本只是一支鉛筆，還有這個。」哈里曼經常用他獨特的低沉聲音如此說道，同時輕敲自己的腦袋。他開始積累來自范德比爾特等客戶的傭金來進行投機交易。（當時他只是眾多投資者其中之一，他的交易很少被記錄下來。）二十八歲時，哈里曼娶了一名在紐約很有名氣

的家族的女兒，這個家族恰好與鐵路有關。

　　隨後，他開始涉足鐵路領域，在紐澤西中央鐵路公司崩盤期間做空，賺取了十五萬美元。在短短的幾年內，他掌握了鐵路管理和操縱的技巧，並發展出了他的獨特策略。

　　他在為伊利諾伊中央鐵路公司 Illinois Central 的收購案發行債券時，也為自己買入了伊利諾伊股票，成為了該公司的董事，贏得了經理的信任，開始從公司內部管理鐵路，而不是從華爾街。哈里曼完全改造了這條鐵路線，將其軌道里程增加了近三倍，他知道，一條鐵路線的實體財產才是首要重點，當前的利潤則是其次的。而像**傑伊・古爾德**和**吉姆・菲斯克**這樣的營運商會為了利潤而剝削一條鐵路線，然後把它拋棄，哈里曼則從快速重建和擴展鐵路線入手，投入數百萬美元，然後坐收利潤。他從不讓設備惡化（他親自檢查軌道），並總是提供充足的資金應對突發情況，避免在經濟衰退期間承擔財務風險，並在籌集資本時超過了自己即時的需求，如此為他的鐵路線贏得了優秀的信譽。

　　一八九五年，他以其臭名昭著的手法重組了陷入困境的聯合太平洋鐵路，獲得了巨額收益。連摩根都不敢碰這條債務纏身，欠了三十年的利息和本金的鐵路公司，但哈里曼卻渴望將其併入伊利諾伊中央鐵路。因此，他開始用伊利諾伊中央鐵路無瑕的信譽來威脅他唯一的競爭對手——投資銀行庫恩羅布公司，中央鐵路保證可以取得數十億美元的貸款，利率還可以不到百分之四！最終，這兩家公司聯手，並保持這樣的關係超過二十年，以超過四千五百萬美元的現金（包括利息）購買了聯合太平洋鐵路，並發行了百分之四的債券和優先股。在不到三年的時間裡，他投入了數百萬美元進行重建，將聯合太平洋鐵路的軌道延伸到超過一萬兩千英里。該公司完全擺脫了債務問題，甚至開始實現盈利！哈里曼完成了其他人認為不可能的任務。

　　哈里曼唯一的競爭對手是與摩根有關聯的**詹姆斯・希爾**，他像哈里曼一樣充滿夢想，但不像哈里曼那麼狡猾！兩人在芝加哥、伯靈頓和昆西鐵路

Chicago, Burlington and Quincy 系統上不可避免地發生了衝突，因為這使得哈里曼的聯合太平洋鐵路和希爾的北太平洋鐵路更接近成為橫貫大陸的鐵路。當希爾在哈里曼的眼皮底下以某種方式獲得了這條鐵路線，然後拒絕了哈里曼提議壟斷時，哈里曼大為惱火。但他沒有發脾氣，他是要報復——如果他不能擁有伯靈頓鐵路，那他就要奪走希爾的北太平洋鐵路！

哈里曼透過庫恩羅布公司悄悄地開始購買北太平洋鐵路股票，這需要花費九千萬美元才能拿到控制權，但在他完成之前，希爾覺醒過來，也開始進行同樣的行動。經過幾天的瘋狂買進，雙方在同一天都聲稱自己贏了，但當時股票已經被包夾了，股價飆升到每股一千美元，引發了恐慌！這種情況下只能達成休戰協議，否則就會引發恐慌，所以兩人都妥協了，成立了一家價值四億美元的聯合控股公司，名為北方證券公司 Northern Securities Co.。頑強的哈里曼透過這家控股公司，最終獲得了對希爾的鐵路線的控制權。

哈里曼還瞭解當時整合和壟斷的力量。在一九〇〇年，他為聯合太平洋鐵路公司提供一筆一億美元的抵押貸款，出售四千萬美元的可轉換債券，幾乎收購了南方太平洋鐵路系統的百分之五十。接下來，他像摩根一樣，將他新收購的與聯合太平洋鐵路公司合併，將成本降低一半，減少了競爭勢力和員工。到一九〇七年，哈里曼直接或間接地控制了十條主要鐵路、五家航運公司、大量的煤業、房地產和石油以及幾個街道鐵路系統。兩年後，他去世了，有人說他工作過度致死。

這位「華爾街的小巨人」永不懈怠。他不斷尋求新的挑戰，並且經常獲得成功。即使在休閒時間，他也喜歡騎馬跳越艱險的障礙。然而，他是一個真正的家居男人，喜歡和妻子以及五個孩子一起過生活，只要是家庭或道德的事情就絕不讓步。奇怪的是，儘管他很謙虛，他從未展現出像一名巨亨那樣的姿態（或者這只是他的偽裝？），他的財富增加了，而且還能持盈保泰！即使是在現今，謙虛也總是帶給人益處。如果你看看《富比士》美國四百大富豪榜，你會發現有很多人比唐納・川普 Donald Trump 賺得更多——哈里曼帶給我們的啟示是，他們都深明聚財之道。

雖然當時的權貴們很少質疑哈里曼的重要性和權力，但他卻沒有那種與他的成功相應的超凡形象——直到他的兒子威廉·埃夫里爾·哈里曼 William Averell Harriman 追隨了他父親的腳步。威廉成為聯合太平洋鐵路公司的強人董事長，並且為他的父親做出了貢獻。他兒子的成功，而不是哈里曼在他有生之年所獲得的財富，應該被視為是他對父親最偉大的致敬。

哈里曼的成功源於他堅強的意志。他對於目標有著嚴肅的態度，並且足夠靈活，能夠應對任何問題，即使有時他必須採取妥協的應對方式。像傑伊·古爾德一樣，當市場情勢對他不利的時候，他會順勢而為，哈里曼會接受現實的一切，並深信自己能夠做到最好。有許多人認為要麼全贏，要麼就全輸，哈里曼的想法不同，他可以因勢利導。他對於自己應對敵對人士的能力也充滿信心。絕對沒有什麼事或什麼人，能夠阻擾他的成功。在華爾街充斥著古爾德等人採取激烈競爭策略時，能夠既擁有一切，又同時保有聲譽，這是一項相當了不起的成就。

《華爾街日報》曾經解釋說：「當哈里曼下定決心時，問題就已迎刃而解了。恐慌可能隨之而來，董事會可能陷於混亂，高階主管可能辭職，大型金融勢力可能會聯合起來對抗他，法律可能容不了他，世界上的金融機構可能拒他於門外——但這一切都不重要。他孤立無援、不管不顧、堅持不懈並勇往直前，按照自己的方式前行，他不關心手段、法律或任何人，只要最終能夠獲得他所追求的獎賞！」

詹姆斯・傑羅姆・希爾

當 機 會 來 敲 門

你永遠不知道機會何時會來敲門。例如，一八五六年的一個晚上，在加拿大安大略省的希爾農場，有一位疲憊的旅客來此歇腳，他很高興遇到年輕的詹姆斯・希爾，這位年輕人的父母是愛爾蘭移民，他給旅人口渴的馬提來一桶水。這名旅客為了回報希爾體貼的服務，便給了他一份美國報紙，並且告訴他：「去那裡到，年輕人。那個國家需要你這種精神的年輕公民！」之後不久，希爾便帶著帶懷雄心壯志前往美國西北地區，他始終堅信「掌握機會，鯉魚也可以跳龍門」。

希爾果斷且精明，在那裡果然找到了很多機會，而當他找不到時，他會創造機會。在他的一生中，他建造了橫越西北地區的鐵路系統，隨著鐵軌的鋪設，為他前進的路線開發了交通！無論是為農民配發公牛來進行繁殖，還是開發更具成本效益的小麥種植方式，希爾都會著眼於細節，也總是在幕後推動發展。在二十年的時間裡，他將荒野變成了農田，開發了城鎮和工業，開拓了新市場，也保障了他的鐵路線的繁榮。從貧困的加拿大移民到躍身成百萬富翁的「帝國建設者」，希爾與農民、木材商、商人，甚至是華爾街最有權勢的 **J・P・摩根** 一起合作，首次開拓了西北地區。

作為一名渴望成功的移民，希爾定居在明尼蘇達州聖保羅市，從事航運業務。他一直是一位大思想家和企業家，他結婚後就開始建立家庭，最後成為了十口之家。他的第一個資本事業是成立一家航運公司。然後，他以此為基礎於一八七三年購買了聖保羅和太平洋鐵路公司，這真正讓他的事業步上了軌道。

到了一八七九年，他的鐵路事業已經成為一個很賺錢的系統，整合了幾條較小的鐵路路線，並占據了加拿大鐵路市場。時至一八八九年，他已經成為一位大型企業家，將他的小聖保羅鐵路系統轉變為大北方鐵路公司 Great Northern Railway Company 實現了這一目標。希爾的右眼失明，但他仍然對工作很狂熱，他以每英里一·五萬美元的價格建造並裝備起一英里的軌道，堅持營運成本必須是所有地區鐵路中最低的。在他的早年，他純粹是一名鐵路營運商，而未介入股票市場經營。

例如，當**傑伊·古爾德**提議以兩倍的成本為希爾的系統提供資金時，憤怒的希爾回答說：「我們應該按照實際成本建造鐵路，不多一美元，也不少一美元……我不會和你一起參與房地產投機，因為房地產投機不是鐵路。」事實上，希爾最不想做的就是投機，這是他起初的想法。

有人說希爾的鐵路系統也因貪汙而聲名狼藉——當西北各州的立法機構和新聞界沉浸在賄賂的錢財中時，要擴張事業就變得容易了。古斯塔夫斯·邁爾斯 Gustavus Myers 在他的一九〇七年出版的書《偉大美國財富的歷史》The History of Great American Fortunes 中指出，雖然希爾有可能涉及貪汙，但他卻是不沾鍋——沒有人曝光他的罪行！所以，希爾可能是個騙子——但至少他是個行事謹慎的騙子！謹慎正是他能夠贏得令人尊重的摩根支持的關鍵。

但最終，要成為十九世紀後期鐵路業的真正大亨，你必須瞭解，所有的軌道都通向華爾街。要建立一個真正大的鐵路系統，你必須收購路線，以便進入其他無法到達的地區。對於希爾這樣的「大北方王子」Prince of the Great Northern，第一步是收購他的前競爭對手北太平洋鐵路公司。他在這家公司於一八九三年恐慌中失利後，便以低廉的價格收購下來。接下來，他買下了策略性的芝加哥、伯靈頓和昆西鐵路的百分之九十七的股份，這使得情況變得更複雜，因 J·P·摩根安排了一項二·一五億美元的債券發行來為這項收購提供融資。

這激怒了**愛德華·亨利·哈里曼**。他不僅一直想要芝加哥、伯靈頓和昆西鐵路，而且看到希爾突然得到摩根的支持，這使得希爾變成了一個前所未

有的強大對敵。希爾和摩根聯手，代表了華爾街和市井主街的經典結合，有如資本主義的陰陽相生。哈里曼感到很生氣，但也很可能更害怕了。因此，哈里曼發誓要報復——由於他渴望的芝加哥、伯靈頓和昆西鐵路公司已是不可得，他決定直取希爾的北太平洋鐵路公司！

　　哈里曼得到庫恩羅布公司的支援，悄悄地收購北太平洋鐵路公司的股票，直到希爾注意到股價突然急劇上漲。希爾擔心在這種情況下他持有不到一半的股份可能不足以控制公司，於是他急忙購買需要的股份來確保擁有權，哈里曼也做了同樣的事情。在接下來的幾天裡，這支股票已被壟斷，從不到一百美元飛漲到一千美元，這是有史以來最經典的股票壟斷之一！恐慌隨之降臨，最終在一九〇一年五月九日的「藍色星期四」達到高峰。隨著股票下跌，希爾面對市場崩潰，意識到妥協才是對大家都有好處。哈里曼一直認為自己能夠說服所有董事會成員接受他的觀點，同意讓希爾擔任新的控股公司的總裁和擁有包括北太平洋鐵路公司的控制權，作為交換，給予哈里曼一個董事會席位，以雙贏的方式結束這場戰鬥。

　　當希爾於一九一六年去世時，享年七十七歲，他留下了價值五千三百萬美元的財產和一個鐵路公司家族：其中一個兒子擔任了大北方鐵路公司的總裁，另一個擔任了副總裁。他的第三個兒子成為希爾的鐵礦石產業監管人，但沒有一個達到他父親的聲譽。最終，他三十年前最初押注的鐵路事業每年賺取超過六千六百萬美元，每年運輸超過一千五百萬噸！

　　希爾的有趣之處在於他是一位傳奇的鐵路經營者，但最終卻不得不到華爾街去占有自己的一席之地。你可以是商業上的小經營者，忽略掉華爾街的存在，但如果你有更大的商業抱負，則你與華爾街的互動就會愈早而且也愈確定。希爾在華爾街歷史上享有的聲譽和他在市場演變中所扮演的主要角色，是他參與其中，導致經典的大北方壟斷事件。壟斷的概念正是人類貪婪滋生的基礎。很諷刺的是，正是這種壟斷性的大型企業合併，激發了世紀之交後不久產生的法律反壟斷動力。現代世界中壟斷的情況很少見，但並非不存在。在擁有龐大機構資金的時代，這些資金可以閃電般的速度運作，現在

更可能發生壟斷現象。畢竟，在全球金融市場中，沒有在地的法律可以完全管得住整個世界市場。如果沒有像希爾這樣參與過壟斷的人，證券法律的演變和華爾街所代表的一般企業的演變，將會和今天的狀況截然不同。

詹姆斯‧羅伯特‧基恩

比古爾德不足，比其他人綽綽有餘

詹姆斯‧基恩曾被描繪成一名狂野且卑劣的賭徒，是美國最能幹的操盤手和偉大的金融家，但他從未以是非來論斷自己在華爾街的職涯。這位偉大的市場操盤手推動了華爾街一些最成功的產業合併，他這樣解釋說：「如果沒有投機，或者你可以稱之為賭博，創新和企業家精神就會消失，商業就會衰退，價值就會下降，甚至在不到一年的時間裡，國家就會倒退二十年。」就基恩的看法而言，他做自己最擅長的事情，也就是買賣證券，幫助了當時正在蓬勃發展的二十世紀美國經濟。

「華爾街銀狐」的操作、買賣證券方式，絕不是簡單的，簡直就是一種藝術形式。當然，大家都知道，就是要買低賣高，但這從來就不是市場時機的問題，因為他是瞄準市場，實際上，是他造出了市場！他知道如何行動。例如，基恩能夠在南太平洋鐵路上造出奇跡，這是一條新近重組的鐵路，股價依然低迷，股東們都感到厭煩，沒有新的投資者加入。

這是一個快速、可靠和大膽的作手的經典案例。當沒有人願意碰這支股票時，他自己挺身而出，推升股價──當然，也賺取了可觀的利得。

他以他典型的狡猾和神祕的方式開始購買南太平洋股票，而且一定記得出售一些剛剛買入的股票來讓價格保持穩定。然後，當他買到足夠便宜的股票後，就開始不顧一切地買進，讓他臭名昭著的名字跟這條線關聯起來。基恩對這支股票的興趣使股價上漲了約二十個點，促使厭倦持股的投資者拋售股票，他們都渴望確定拿到微薄的利得。與此同時，南太平洋股票成為了熱門話題，引來其他傻瓜高價搶購！股價已穩居新高位，鐵路經營階層感到開

心，基恩則悄悄地賣出，將大筆的獲利落袋。

　　一八三八年出生於英國的「銀狐」，十二歲時隨父親來到加州。他聰明敏銳，他做過農夫、法律系學生、牛仔、公務人員、學校教師和舊金山報紙編輯來賺取生活費，直到他在內華達州挖掘銀礦時賺到了他的第一大筆財富——一萬美元。不久之後，他透過舊金山礦業交易所交易，將他的小本錢變成了十五萬美元，起初他是代理其他投機客擔任經紀人，然後開始進行自己的交易。十年來，基恩做過大多頭，也做過大空頭交易，成了一名具有洞察力的投機客，曾經幾次破產，但最後總能收回輸掉的錢，甚至比最初賺的還更多。

　　身材高大修長的基恩於一八七六年帶著他的財富前往紐約，打算乘船前往歐洲度假。但他的度假計畫從未實現，卻進入了華爾街。他到達時正值市場低迷，但他成功地藉由投機賺到了大約一千萬美元。然後，他與不擇手段的**傑伊‧古爾德**合作，集結了一筆資金，用來做空西方聯合股票。然而，當他們買進了該股之後，基恩才知道古爾德已經出清了他自己的部位，自己落袋為安，卻讓基恩背負風險。這種情況一再發生，直到最終基恩的財富只剩下不到一半，接著他憤怒地咆哮道：「我有……六百萬美元。我會等著，讓那個人好看！」

　　不論基恩試了多少次，他始終無法報復到古爾德。後來的幾次交易，古爾德繼續以他的手法智取他的「夥伴」，然後在一八九〇年代初退出市場，並帶走了基恩以前贏的數百萬美元。古爾德是有史以來最優秀的操盤者之一，對基恩來說實在太強大。基恩可能會說：「這就是人生。」因為他相信，「無論在華爾街還是其他地方，所有的生命都是一場賭博。」他們最出名的一次就是試圖壟斷小麥市場——可以想見的是，就在他們即將完成目標時，古爾德賣空了，價格暴跌，基恩在幾天內損失了七百萬美元。基恩再次破產，他拍賣了自己的貴重物品，其中包括一幅畫，諷刺的是這幅畫最後掛在了古爾德的牆上，還將它重新命名為「基恩的頭皮」^{Jim Keene's Scalp}！

　　古爾德是唯一能與基恩對敵的人，再也沒別人能制住他了。儘管他聲稱

他只期望在百分之五十一的交易中取得成功，但他幾乎在所有自己和被雇用工作中所做的交易都獲得了巨額獲利。他操作了多檔製糖、鐵路、菸草和威士忌公司的股票。他還涉入了一九〇一年的小恐慌，當時 J・P・摩根聘請他在史上最大的鐵路爭奪戰中購買了十五萬股北太平洋鐵路股票（更多詳細資訊，請參見**愛德華・亨利・哈里曼**和**詹姆斯・希爾**章節）。

到目前為止，基恩最著名和最重要的成就是為第一家價值十億美元的公司美國鋼鐵造市。他也為摩根工作，負責操縱股票，使其成為多頭市場的中心。他不斷地賣出一千股股份，然後回購一百股來支撐股價，推高它的價格，吸引投機客和小型投資者。當被問及他為什麼要接受這份工作，這份工作為他帶來大約一百萬美元的報酬，而他已經擁有相當的財富，基恩表示：「為什麼狗兒要追逐他的第一千隻兔子呢？」

基恩的眼神嚴肅，眉頭深鎖，鋼鐵般堅定的意志。他於一九一三年離世，留下約兩千萬美元的財產。作為一名鰥夫，基恩是一個孤獨的人，住在華爾道夫酒店，沒有可以信任的朋友。據說他生命中最喜歡的四件事情是他的兒子福克斯霍爾 Foxhall，他是一位勇敢的汽車賽車手和馬球運動員；一匹優秀的賽馬，就像他以兒子的名字命名的那匹；一個股票報價器；以及傳統的黑咖啡和白蘭地混合飲料，這是他的早餐。

華爾街人士**湯瑪斯・勞森**曾說：「基恩出手之快狠準，簡直沒有極限。輸給他比贏過一個笨蛋更讓人痛快。」

基恩是十九世紀經典的作手，受到摩根到古爾德等人的重用。他的人生有帶給我們什麼啟示嗎？實際上並沒有。他算是形塑市場的巨人之一嗎？絕對是的。他獨立作戰時，他和華爾街上一些人一樣能力非凡；而作為副手或操盤手，他參與了市場發展初期的許多重要戰役。他活得很長壽，去世時很富有，縱使喝了超量的酒，卻也沒被酒精打垮。他從一位窮困的移民開始，經歷了一系列艱苦的工作，從採礦營地中崛起。這是一位在動盪時代中歷經千辛萬難生活的人。

他參與了市場的形成，同時也造就了自己。這些道理如今很少人明白，

但他卻是其中之一，那就是無論是投機客還是長期持有者，投資者的人生為社會增添了價值，而藉由協助市場運作，他也幫助了這世界。在一九八〇年代內線交易醜聞的情況下，華爾街再次受到愈來愈多的指責，此時世人應從基恩的角度來看待，並認知到投機客及其投機活動帶給社會的價值，這會是比較明智的做法。

亨利・赫特爾斯頓・羅傑斯

華 爾 街 的 藍 鬍 子 ：「 升 起 海 盜 旗 ！ 」

在世紀之交，華爾街版本的藍鬍子是衣冠楚楚、帥氣、瀟灑的的亨利・羅傑斯，他在股市中找到了他的財寶。這位豪放且傲慢的冒險家完美地符應了這個角色，他為了毫不留情的石油信託——標準石油公司，騙取毫不知情的人們的財產。羅傑斯精明狡猾、意志堅定、脾氣暴躁、絕不留情；他具備了成功海盜的素質。前標準石油的同夥**湯瑪斯・勞森**曾經這樣描述羅傑斯：「他體貼、仁慈、慷慨、樂於助人……但是當他登上他的私人樓板船，升起海盜旗幟，願上帝保佑你。他會變成殘酷無情、貪婪的生物，像鯊魚一樣無情！」

他們稱他為「地獄獵犬羅傑斯」，像所有典型的海盜一樣，他喜歡賭博。這位海盜咆哮道：「我是一名賭徒。每隔一段時間，**約翰・沃恩・蓋茨**會來找我，問我：『亨利，你不覺得我們應該在市場上找一點樂子了嗎？』我們賺了很多錢，也玩得很開心。我必須動一動。在星期六下午，當股市收盤時，我必須打打撲克牌！」當羅傑斯沒有照看標準石油時（他在公司創辦人退休後幫忙管理公司），他通常會和洛克菲勒的兄弟威廉一起，策劃他們下一場市場操作（約翰・洛克菲勒憎恨股票賭博）。他們使用自己優厚的標準石油股息支票和**詹姆斯・斯蒂爾曼**的國民城市銀行支持，使得「標準石油集團」在一八九七至一九〇七年間成為華爾街上一支令人畏懼的勢力派系。

實際上，約翰・洛克菲勒和羅傑斯之間的關係具有耐人尋味的含義。雖然洛克菲勒對華爾街的詭計不感興趣，但他沒有拒絕他們，反而利用海盜來實現他們的目標。羅傑斯只是洛克菲勒的黑暗面，而且在洛克菲勒之後繼續

存在。在現今的世界裡，我們會認為洛克菲勒的手和他的代理人一樣骯髒，因為這些行為和他自己的如出一轍。但是，讓洛克菲勒感到釋懷的是，他並不是在華爾街攪動風雲的那個人。

標準石油集團最著名的行動之一是建立了合併銅業公司，這是一個類似標準石油的中西部銅礦的合併公司。羅傑斯負責策劃這筆交易，他安排以三千九百萬美元的價格購買了幾個銅礦。然後他和洛克菲勒在支付三千九百萬美元國民城市銀行的支票之前，就擁有了這些礦山的所有權。他同時組織了這家公司，使用標準石油的職員充當假的董事，將礦山轉讓給合併銅業，來換取其全部資本股權！然後，他將這七千五百萬美元帶到國民城市銀行，借了三千九百萬美元來支付支票，並將七千五百萬美元的股票出售給公眾。他用這筆收益償還了銀行貸款，獲得了三千六百萬美元的利得。後來，當股票下跌到三十三美元時，這個集團買回了股票，再以一百美元的價格轉售！這就是他升起海盜旗的源起。

羅傑斯偶遇標準石油公司是在三十四歲時，當時他負責管理一家位於紐約布魯克林的石油精煉廠，該廠於一八七四年被約翰・洛克菲勒接管，用來籌組標準石油公司。在此之前，羅傑斯曾在賓州建立了一家小型煉油廠，並從事鐵路工作。

這位來自麻州費爾黑文 Fairhaven 的年輕人在十四歲時成為了一名報童，並賺到了他的第一桶金。有一個清晨，當他第一次收到他的報紙時，思慮飛快的羅傑斯注意到了一篇關於一艘載滿鯨油的船隻沉沒的文章，該船隻正要前往當地的一家油商。他沒有將他五十美分的報紙送到社區去，而是趕到油商那裡，給他看了這篇文章，然後以兩百美元的價格把報紙出售給了他！羅傑斯的理由是，這位商人實際上並不是在買報紙，而是在買時間，這使他能夠在消息傳出之前壟斷該地區的鯨油！在這次交易中，羅傑斯展現了海盜的特點。他反應敏捷，願意出賣別人，展現出對雇主和訂戶不忠，並且富有創造力，能夠看出如何從他人的不幸中獲利。

非常擅長於揭密的艾達・塔貝爾 Ida Tarbell 曾將目標對準標準石油公司，

但她實際上喜歡羅傑斯，或者說至少欣賞他那不客氣、直言不諱的態度。她說，他是一個海盜，但不是偽君子——他揚起了黑色旗幟，毫不掩飾！但是另一方面，羅傑斯做慈善事業。他幫助了海倫·凱勒 Helen Keller、布克·托利弗·華盛頓 Booker T. Washington，甚至是馬克·吐溫 Mark Twain（當時他的財務狀況陷入低谷）。雖然羅傑斯沒有給予吐溫現金，但他花費了自己的時間並提供金融專業知識來幫助吐溫恢復財務穩定。

在他的總部裡，設置了一套相互連通的房間，使訪客在進出時都不會注意到彼此——羅傑斯的投資組合也很複雜。他投資於燃氣公司、鐵路公司，甚至是大頭釘公司，並於一八九九年成立了價值六千五百萬美元的冶煉信託基金。他一直都在策劃並奮戰到底。

在他於一九○九年去世的幾年前，羅傑斯忙於以自己的資源和信用，耗資約四千萬美元建設並資助維吉尼亞鐵路。有人說這項專案的壓力造成他不幸身亡，但這不太可能。如果他瘋狂地操作股市和可怕的公眾輿論都沒能殺死他，那麼區區一條鐵路也不可能讓他致命。此外，那時他已經算是半個鐵路專家。他協助融資給**愛德華·哈里曼**重組聯合太平洋鐵路，擔任其他鐵路公司的董事會成員，同時也是史泰登島的交通大亨，控制其路線和渡輪。羅傑斯也擔任美國鋼鐵公司的董事，是他家鄉阿特拉斯大頭釘公司 Atlas Tack Company 的創始人。當時，大規模生產的大頭釘是一種相對新穎且熱門的產品，而阿特拉斯大頭釘公司則世界上最大的大頭釘公司。他把手伸進了他能找到的所有寶箱！

儘管他在個人投資方面涉獵甚廣，但羅傑斯成家之後便一直很顧家。他在五十二歲時結婚，不久後就喪妻再婚。他有三個女兒和一個兒子，名為亨利·赫特爾斯頓·羅傑斯二世 Henry H. Rogers II。他在商業上可說是一名海盜，個人生活沒有什麼醜聞。因此，我們再度獲得證明，將商業目標放在個人奢侈品之前的人會繼續取得成功。羅傑斯不是那種自我驅策的狂野草莽之徒，他在商業上表現得很張揚只是因為他喜歡商場角逐。以海盜般的精神擴張事業是他的首要之務。但當他的第二任妻子去世時，羅傑斯崩潰了。他兒子在

管理大頭釘公司和幾條鐵路方面都很成功，但這似乎也沒能安慰他的心情。他哭喊著說：「一切都在離我而去，我被丟棄了。」他身上的海盜之魂不幸已經消失了。

　　一名海盜在華爾街上也能獲致成功。也許現在證券監管制度對此已有所節制，但德崇證券近來建立的垃圾債券帝國告訴了我們，海盜行為仍然有可能存在。近年來，你可以在丹佛的小額股票市場或阿肯色州的債券大咖中看到海盜行為，而創業投資家通常是偽裝成創發者的海盜。所有這些人的精神基礎都源於羅傑斯。如果他在天有靈能夠目睹這一切，他一定會對他們說：「如果這不賺錢，那就根本不好玩，如果這不會帶給我好處，那就去見鬼唄。」讓我們高高舉起海盜旗幟吧！

費雪兄弟

汽車城大亨

如果你在退場時仍然位居領先地位，也許不是那麼時興，但肯定有利且明智。費雪兄弟在底特律憑藉著聞名於世的汽車車身創新設計而聞名，他們於一九二九年建造了巨大的費雪大樓 Fisher Building，在當地社會占有其地位，加上他們對底特律慈善機構給予慷慨捐贈，這些使得他們曾經是華爾街的重要角色。費雪兄弟曾經是華爾街的要角，他們的存在讓股市信心大振，因此當他們支持某一支股票時，許多投資者立刻會跟進他們的腳步。但是，當費雪兄弟在一九二九年的股災之後立即退出市場，並帶走他們為數可觀財富的大部分時，華爾街和全國媒體完全忘記了費雪兄弟，讓他們在宏偉的底特律豪宅中度過餘生。諷刺的是，如果他們繼續在股災和隨之而來的大蕭條中奮鬥，如同許多其他人一樣失去了他們的財富，媒體肯定會在未來十年間不斷提起他們。但他們也很可能破產一無所有。

費雪兄弟給予我們一個很好的教訓，亦即在領先時退出是明智的，但同時，也對另一個同等重要的教訓產生了質疑，那就是：堅持自己的本行。舉例而言，傑伊·庫克從債券轉向鐵路，但在轉型過程中，他失去了他的財產。費雪兄弟從製造汽車車身——他們商標上有標誌性的文字「費雪製造車體」Body by Fisher——轉向從事股票交易，但令人驚訝的是，他們不僅保住了自己的資產，而且最終還獲得了大量的財富。

最年長的兄弟弗雷德負責把兄弟們扶植起來。他出生於俄亥俄州桑達斯基 Sandusky，是一位德國轎車製造商的孫子。十四歲時他退出天主教學校，開始學習父親的鐵匠和車廂製造業務。到了一九○二年，他準備前往底特律，

那裡是正在起步的汽車工業的所在地，他的車廂製造技能很容易獲得重視。他在一家知名車廂工廠中一路晉升，該工廠隨後成為最大的汽車車身製造商，弗雷德看著他的兄弟們追隨他的腳步，在他們成年後也都加入了底特律。一九〇八年，弗雷德和叔叔以及第二年長的兄弟查爾斯一起投資創立了費雪車體公司 Fisher Body Company（一譯費希博多），股本額為五萬美元。

費雪車體公司專門為汽車設計堅固、抗震的車身，而不是修改車廂來滿足座車的新需求。在一九一〇年，他們進一步改革了這個行業，創造出「封閉式」玻璃車身。當時司機們戴著護目鏡以防止灰塵進入眼睛，他們認為如果有人坐在一個以玻璃封閉起來的箱子裡，肯定是瘋了，但這個想法震驚了全國。他們在接到凱迪拉克下訂驚人的一百五十輛封閉式車身之後，便成立了「費雪封閉車體」Fisher Closed Body 公司，該筆訂單是同類型產品首次接到也是最大的訂單。到了一九一六年，他們已將業務擴展到加拿大，費雪兄弟將他們的三家公司合併為費雪車體集團 Fisher Body Corporation，這是一家資本額為六百萬美元的控股營運公司。該公司的總年產能為三十七萬輛車身，是美國同類型公司中最大的一家。

費雪兄弟高大魁梧，他們在汽車工業中根本就是巨人，因此自然吸引了通用汽車公司過於狂熱的**威廉・克拉波・杜蘭特**的注意。一九一九年，通用汽車公司以約兩千七百萬美元的成本收購了費雪車體百分之六十的股份。費雪兄弟同意將他們的二十萬股普通股增加到五十萬股，並以每股九十二美元的價格向通用汽車公司出售新股，通用汽車公司同意以成本加百分之十七・六的價格從費雪車體購買大部分的車身。七年後，費雪兄弟將其剩餘的百分之四十股權賣給了通用汽車以換取通用汽車的股票，當時該股市值為一・三億美元。

費雪車體很快就成了通用汽車最賺錢的收購對象。第一次世界大戰後，該公司在克利夫蘭建了世界上最大的汽車車身工廠，直到一九二九年，該公司在全國建造並收購了約二十家工廠。它在一九二三年賺取了兩千三百萬美元的收益，生產了四十一・七萬輛車身。到了一九二五年，它的資產回報率

達到了百分之十八・九。一些人推測，如果沒有收購費雪兄弟的股權，通用汽車公司今天可能不會達到現在的規模，這件收購案本身不論從何種角度來看都是一個了不起的成就！但這是一般的收購案，而非透過華爾街達成的。

與此同時，他們保留了對自己的公司和許多通用汽車子公司的控制權。弗雷德是通用汽車公司的副總裁和總經理；威廉負責領導費雪車體；勞倫斯負責凱迪拉克。自從賣出股份，並積累了估計在兩億至五億美元之間的財富之後，費雪兄弟一直渴望獲得更多。因此，當弗雷德得到一名精明的投資者給的「熱門情報」，他們便成立了自己的私人投資公司費雪公司 Fisher and Company。那個人正在尋找對象來出售他的股票，畢竟，當時來自俄亥俄州的七名粗獷且富有的「機械師」肯定是世界上最好的目標！

「買入鮑爾溫機車廠 Baldwin Locomotive」的股票就是這個熱線消息，由於費雪兄弟對股市還很陌生，他們覺得這個消息聽起來不錯。所以他們就進場買了，但當股價並未如他所說的那樣上漲時，他們又加碼多買了一些，但股價卻仍然下跌！最終，費雪兄弟發現，他們一直在從那個給他們消息的人那裡買進鮑爾溫機車廠的股票，這個給消息的人其實背後有個集團，他們希望利用費雪兄弟的無知，把他們的所有鮑爾溫股票都賣給這些受害者，甚至還進行了空頭交易！這個自以為是的作手認為，當費雪兄弟發現真相時，他們會恐慌拋售股票，而他們當時持有的股票數量已經非常龐大，他們賣出股票將會導致股價暴跌，讓這個集團能以低廉的價格回補。但事情並未按照他們所預期的發展——費雪兄弟不僅僅是汽車業巨頭。

費雪兄弟積極地買入更多的鮑爾溫機車廠股票，股價於是逐漸上漲。華爾街對他們的大膽舉動感到震驚，但最終其他人，像是新進入華爾街的**亞瑟・卡滕**，也跟著買進。他們買得愈多，股價就愈高飛——從一九二六年的九十二美元飆升到一九二七年的兩百三十三美元。當股價因為鮑爾溫公司總裁聲稱該股不值一百三十美元而下跌十五點時，費雪兄弟保持冷靜（他們真的有能力這樣做），並聘請了一位工程師，他「發現」該檔股票實際上價值每股三百五十美元！費雪中弟們繼續買進，再次引發了市場搶購熱潮，股價

飆升至新高兩百六十五美元。那些做空的人因此損失了數百萬美元。

費雪兄弟一進場便震撼了華爾街，之後一連多次奏捷，成為華爾街的黑馬。他們以五十美元買進德克薩斯公司 Texas Corp.，股價上漲到七十四美元；以二十五美元買入里奇菲爾德石油公司 Richfield Oil，股價飆升至五十六美元。似乎他們所觸碰的一切都變成了黃金。他們押下高額的賭注，為了想到手的股票不惜代價，這樣的做法促成了牛市股價的上漲。他們與華爾街的大佬們交往甚密，與威廉·杜蘭特一起操作，與摩根財團的合夥人相交甚歡——彷彿他們一直就在於華爾街上般，也廣受華爾街業界接納。

但大崩盤改變了一切。費雪兄弟的帳面利潤很快就被抹去，但他們最初的一億美元以上的財富仍然完好無損——這已經足夠讓他們在底特律過上像國王般的生活了。於是，他們出售了自己的股份，然後帶著財富安靜地退居到底特律，成為當地的傳奇人物。他們成為了慈善家：他們把費雪分部捐給了基督教青年會 YMCA，提供了啟動莎拉費雪兒童之家的資金，並建造了一個照顧孤兒的附屬設施。他們過著很有文化的生活：查爾斯是出了名的藝術贊助者；最小的弟弟霍華成為了大湖區 Great Lakes 遊艇界受歡迎的遊艇手；而弗雷德建造了一艘長兩百三十六英尺（約七十二公尺）的遊艇。他們過著受人尊崇的生活：他們建造了費雪大樓，查爾斯成為了底特律國家銀行的董事和聖母大學的非職業受託人。他們也過著簡單的生活——七兄弟中的每個人每個星期晚上都會去探望他們年邁的母親。

費雪家族漸漸淡出了公眾的視線，除了偶爾傳出的一些消息片段，例如他們辭去通用汽車職務和訃告，最開始是一九四一年的弗雷德。他們可能喜歡這種生活方式，因為他們都極力避開媒體的報導。但是，自從他們離開華爾街後，關於他們的報導就沒有再提到他們在底特律的生活。華爾街一如既往地以自我為中心，向來就持有偏見，沒有意識到費雪家族離開時其實是見好就收，這與在市場上翻倍財富或隨船沉沒一樣，同樣是一項成就。

費雪兄弟們摒棄了華爾街的華麗和魅力，拋棄了自我意識、腎上腺素和賭博的快感。他們已經完成了他們所設定的目標，甚至還達到更多的成就。

當情勢變得很艱難時，他們意識到了並選擇退場。在這本書中，以及整個現代歷史上，還有許許多多的人本來應該要向費雪家族好好學習這一課，尤其是在現今貪婪的華爾街人陷入自己設下陷阱的時代。你只需看看亨特兄弟Hunt Brothers、伊凡・博斯基、麥可・米爾肯，最近的例子則是唐納・川普……（註：費雪兄弟與筆者無關）。

86

JOHN J. RASKOB

約翰・雅各・拉斯科布

消 費 金 融 先 鋒

在約翰・拉斯科布開始購買剛發行的通用汽車股票時，他的目的只是為自己微薄的儲蓄找到一個安全的寄託，但他得到的卻比他預期的多。亨利・克魯斯在《華爾街二十八年見聞錄》Twenty-eight Years in Wall Street 中描述，出身杜邦公司 E.I. duPont de Nemours and Company 的拉斯科布精於數字，後成為通用汽車副總裁、董事和財務委員會主席。據《紐約時報》所說，「這位被稱為通用汽車財務天才之人」，在此過程中協助將通用汽車打造成美國最偉大的工業企業之一。

拉斯科布在通用汽車的職業生涯始於一九一五年，當時他和他的老闆皮埃爾・杜邦 Pierre duPont 被發現持有一批股票，這些股票對通用汽車創始人**威廉・杜蘭特**和通用汽車的銀行聯貸團之間的控制權之爭至關重要。拉斯科布並非只是介入投票，而是掌握了局勢，他提出說：「為什麼不讓每個集團為其代表的股東提名七名董事，而杜邦則提名三名，組成一個由十七名董事組成的董事會？」他的提議被接受了，他成為了通用汽車的董事，他的老闆則成為了董事長。

拉斯科布為人直率，善於處理數字，在華爾街也很精明。他利用自己新獲得的權力擴大了通用汽車的規模，並在第一次世界大戰後立即啟動了一項大規模的擴張計畫。為了給該計畫提供資金，他從杜邦公司向通用注入了約五千萬美元的資金，並把大量通用汽車股票賣給了 **J・P・摩根**。雖然杜蘭特希望通用汽車不要向銀行融資，但拉斯科布知道，沒有華爾街的關係，公司就成不了什麼氣候。

為了實現汽車業革命，拉斯科布改進了購車支付系統，以符應消費者的需求。一九一九年，他創立了通用汽車金融服務公司 General Motors Acceptance Corporation，推廣汽車分期付款這一當今最普遍的融資方式，該公司允許經銷商和客戶進行內部信貸。這種分期付款方式以前是用於小額商品交易，但拉斯科布是第一位將其用於大額商品採購的人。起初，他遭到了反對勢力。

　　拉斯科布說他的分期付款計畫「遭到銀行家的反對，他們認為這只會刺激奢侈浪費。它也遭到製造商的反對，因為他們認為人們會購買汽車，而不是他們的產品。」最終，這個計畫卻贏得了所有人的青睞。分期付款銷售普及，成為購買昂貴物品的一種機制，不可思議地奠定了拉斯科布在美國金融史上的地位。這種支付方式很快就被應用到各種資本財的交易上，包括拖拉機、工具、家用電器以及所有帶給美國中產階級力量的高價值、幾乎具有基礎設施性質的物品。現在我們很難想像生活中沒有大型工業生產商提供消費者融資服務。拉斯科布可說是這方面的先驅。

　　樂觀開朗的拉斯科布在擔任通用汽車公司財務主席八年期間，也將其財務部門完全改變了。他推動高額及時的股息支付，相信這會提高股票價值。當然，他不是第一個看到股息重要性的人。然而，他的不同之處在於，他把股東視為潛在的客戶，事實也確實是這樣。所有股東都可能會信任通用汽車公司並購買其產品。

　　他極力推動增加股東的數量，當然，這也帶來了另一個效果。以前，公司視公眾股東為必要之惡，是股票公開銷售後會產生的負擔。現在仍有許多公司這麼認為。但拉斯科布對股東有另一種看法，認為他們構成了價值，為其他公司開創其價值。雖然現今很少有公司重視股東會向公司購買產品的潛在價值，但許多公司確實會重視股東，並迎合他們的利益，這也算是實現了拉斯科布的看法。在他擔任主席期間，他實現了所有目標：將通用汽車的股東人數增加十四倍，年收益增加十八倍，銷售額增加十倍。

　　拉斯科布也對他整體以金融為基礎的消費主義有些過分熱衷。他在一九二九年為《女士之家》 Ladies Home Journal 寫的一篇文章中建議人們每月

只要撥出十五美元，然後投資於普通股票並將股息用於再投資，就能夠獲得令人振奮的效果，取得類似於他的成就。他聲稱，這種簡單的方法可以讓每個人都致富，在二十年內產生八萬美元。然而，當股市崩盤時，拉斯科布放棄了他的計畫，這個計畫曾使他成為人們的財務顧問。

拉斯科布是一名身材矮小、臉型硬朗、眼神犀利、髮際線後移、鷹勾鼻的男人，有點像知名男星勞勃・杜瓦 Robert Duvall。拉斯科布出生於一八七九年，他的父親和祖父是紐約州洛克波特市的阿爾薩斯 Alsatian 雪茄製造商。當拉斯科布還是個十幾歲的少年時，他的父親去世了，他便從高中退學來賺錢養活他的母親和兄弟。他從二十一歲開始擔任杜邦公司的祕書，開啟了他四十四年的職業生涯。在他二十七歲時，也就是一九○六年，拉斯科布結婚了，他和妻子共育有十三個孩子。這是一個很多孩子的家庭，且十三是一個不吉利的數字：他和妻子後來分開了。

到了一九二○年代，拉斯科布已經擁有了巨大的聲望，以至於他對通用汽車的任何正面評價都會引起股票的暴漲，這對杜邦來說非常有利。拉斯科布已經將杜邦公司對通用汽車的投資拉高到其流通股票的百分之四十到五十。當股市崩盤時，杜邦和拉斯科布使用當時**查爾斯・米契爾**這類華爾街大佬喜歡的「假售回購」wash sale 方法，抵消了他們的小額損失。拉斯科布向杜邦出售了價值一千四百萬美元的證券，同時購買了價值一千四百萬美元的杜邦證券。他們兩方都能在所得稅申報中建立約三百萬美元的帳面虧損，並在兩個月內透過另一個逆轉初始交易的雙向交易重新取回他們的證券。現在這樣的做法是犯法的。

拉斯科布操作股票的手法很激烈，他像當時的大多數同事一樣，參與了股票池 stock pools 來謀取快速獲利。他參與的最著名的股票池在一週內為他賺取了約三十萬美元的收益，其初始投資金額為一百萬美元。這個股票池是由麥可・米漢所管理，操作市場上最熱門的股票之一，即美國無線電公司，並且買賣了將近一百五十萬股，總現金週轉率超過一・四億美元！但在他的這段生活中，拉斯科布並不是一名創新者，對金融的發展也不重要。

拉斯科布在一九二八年辭去通用汽車的董事長職位，轉而加入民主黨從事政治活動。為什麼會有人放棄在商業界中為大眾做出了許多貢獻的成功商業職涯，轉而追求政治生涯，這是無法理解的。但他確實這麼做了。他說，公共服務讓像他這樣的成功商人能夠償還他欠社會的債。對於成功的商人居然會有這種積欠社會債務的觀念，讓我感到非常困惑。我認為罪犯才有所謂的社會債務，而政治家對我來說則比商人更像罪犯。在一九二〇年代這個顛倒混亂的世界裡，這一點對拉斯科布來說可能有些模糊。然而，也許他學到了這個教訓。十年後，他離開了政壇，轉而從事投機和其他投資，並逐漸淡出公眾視野。他於一九五〇年因心臟病去世，享年七十一歲。但他的消費性金融理念在他去世後仍然存在，而且是華爾街和一般市場終極交匯點，為大多數人無法負擔得起的物品，在採購時提供融資，使得更多人能夠買得起更多的物品。拉斯科布並沒有欠這社會債務，相反地，應該是社會欠他的。

87

ARTHUR W. CUTTEN

亞瑟・威廉・卡滕

價格炒高，割了就跑

他是美國最偉大的投機客之一，曾在芝加哥的穀物市場，後來又在華爾街市場藉由大量買進的手法來操縱市場。這是許多人以前和現在都使用的策略，但沒有人能做得比他更好。如今，操盤者必須要能掩飾這種策略，否則就要坐牢。亞瑟・卡滕是最後一位能夠操縱大型市場的人。

卡滕經常採取壟斷自己的證券的手法，利用大量借貸來進行投資，然後用用他巨大的投機獲利來償還債務。許多操盤手也會借錢，贏了幾回合，然後再根據他們的獲利借進更多的錢，但卡滕總是在操作股票或商品交易之後回到無債務的狀態。這使他能夠在一九二九年的股市崩盤和大蕭條中倖存下來，而較小的投機客則像蒼蠅一樣被擊落。亨利・克魯斯的《華爾街二十八年見聞錄》中提到，儘管卡滕具有非凡的技巧，熱衷於賺錢，他在一九三六年去世時，身家估計在五千萬至一億美元之間，但這位身材矮小、沒有孩子的脆弱男子曾經說過：「如果我有一個兒子，我會讓他遠離市場。我不會讓他接觸市場，因為已有太多人都敗在那裡！」

加拿大出生的卡滕之所以引人關注，是因為他是有史以來少數從未在市場崩盤時失利的超狂投機客之一。儘管他在職涯早期曾發生一些損失，但他總是能翻轉局面，這是一種罕見的特質，而且後來還能獲利落袋。卡滕在一八九〇年二十歲時帶著自行車和六十美元抵達芝加哥，在交易所工作。二十六歲時，他為 A・S・懷特公司 A.S. White & Co. 交易玉米，並從旁進行自己的投機活動。當他存下足夠的錢可以自行進行交易時，卡滕投入了穀物市場，忠實地遵循著基本面因素——天氣、昆蟲、運輸和統計數據，這些元素

被他認為是他在市場上能夠占有優勢的關鍵。短短的十年內，這位三十七歲的投機客結婚了，成為了一位百萬富翁，並在世界穀物市場上享有國際聲譽。

　　卡滕以其堅韌的精神和投機才能而聞名，曾在他最成功的穀物投機中，將四百萬美元的損失轉化為一千五百萬美元的獲利。他以每蒲式耳一美元的價格購買小麥，同時緩慢且有系統地隱藏他的購買行動，並將小麥推高至兩美元以上，累積了數百萬蒲式耳的庫存。但就在他在邁阿密享受陽光的時候，小麥價格持續攀升，卻突然發生了一場熊市行情，據說是由一直跟蹤卡滕行動的**傑西·李佛摩**所引發的，導致小麥價格在幾個小時內下跌了十六美分！儘管卡滕損失了四百萬美元，但他沒有放棄他的部位。相反地，他堅持持有並增加了持倉，隨著恐慌情緒消退，再次推高小麥價格，最終獲得了一千五百萬美元的利得！那一年，他繳納了五十萬美元的所得稅，當時這是芝加哥有史以來繳交最高的一筆稅款。

　　卡滕在芝加哥一個小辦公室中開展業務，門上刻意不掛上他的名字，他在一九二六年攜帶了兩千五百萬美元的獲利前往華爾街。（據傳，政府的報告要求讓卡滕離開穀物市場。）曾被譽為「當今市場上最大、最具影響力集團的領袖」，卡滕有時會與**威廉·克拉波·杜蘭特**的多頭市場集團合作，並組建自己的集團，但他個人的投機活動則更加引人注目。他曾經一度默默無聞一整年，他利用這段時間取得內線消息，並成為領先股票的大股東。

　　卡滕購買了他喜愛的股票，包括萬國收割機公司、美國無線電公司、鮑爾溫機車廠和印第安那標準石油公司 Standard Oil of Indiana，利用每次十至十五個點的波動獲取利得，但他更常長期持有他的股票。例如，當他持有十萬股蒙哥馬利沃德 Montgomery Ward、且股價高達六百二十四美元時，即使他當初買在八十至一百美元之間，他仍然堅持抱緊股票！因為他看到了更大的價值。

　　後來，精於衣著打扮的卡滕在將他的《一位投機客的故事》Story of a Speculator 出售給《大眾雜誌》時，他透露了他的祕訣：

一、尋找長期投資機會。

二、等待低估的情況。

三、研究基本面因素。

四、慢慢累積投資部位。

五、讓獲利自然產生！

然而，他表面上簡單的投機步驟對於普通投資者來說卻是行不通的。大多數人沒有足夠的勇氣或資本可以不斷地投入市場來推高他們所購買的股票價格。卡滕另一個獨特的方面是，儘管他採取的是基本策略，他有能力像貓一樣迅速逃跑。他不僅完全瞭解自己的持股，還瞭解自己的弱點——就像貓一樣，當他摔落時，他有一種能力能夠落腳站穩。

隨著卡滕的聲望愈來愈響亮，他的行動變得愈來愈難以掩飾，這讓他感到失望——因此他開始使用十幾個不同的經紀商，來避免引起懷疑。但他並沒有止步於此。在購買股票時，如果股價上漲得太快，他會命令經紀商將股票賣回市場。購買五萬股，然後轉身大量拋售來讓股價保持下跌，這種行為很難隱藏！儘管他試圖保持低調，但卡滕在一九三五年被控違反穀物期貨法案而被參議院委員會定罪，並被暫停交易。他被指控在一九三〇年至一九三一年期間虛報持股並隱瞞持倉，來操縱穀物價格，但卡滕將這些誤差的報告歸咎於一位新祕書。在無數法律鬥爭中，卡滕一直奮鬥到最高法院，最終被裁定無罪，恢復了穀物交易。

一九二九年的股市崩盤展現了卡滕的經典風範。當市場首次對他造成不利時，他損失了五千萬美元，承認只剩下最後的一千七百萬美元。但是，他並未一味地堅持原來的做法，而是招牌性地轉向空頭方向並賣空，把損失的錢給贏了回來。他的基本做法是採用長期基本面思考和大量持有部位，這種做法，很少能與在原本行動受挫時迅速反轉的能力相結合。

有一個奇怪的故事展現了卡滕的決心。有一次，九名搶劫犯闖進他的家，綁住了他和他的妻子，然後把他關在一個酒窖裡想讓他窒息。他說：「那

是一個不必要、徒勞無功和邪惡的殘忍行為。」他們偷走了現金、珠寶和二十五箱威士忌。卡滕發誓說：「如果必要，我會動用我所能支配的每一美元，將他們關進牢房裡！」所以，他花了八年時間追蹤他們，最終逮捕並起訴了這九人。你可不要招惹大亞瑟・卡滕。他出手就是為了贏，而他確實贏下來了。他在長期投資和短期交易方面的能力獨一無二。大多數人只能做到其中一種。卡滕全都做得到。

88

伯納德・E・「賣股伯」史密斯

富 有 的 變 色 龍

如果你要想出一個人能代表老華爾街——亦即那野心勃勃、在有法規管制之前的華爾街，那就是伯納德・E・「賣股伯」史密斯了。他於一九六一年去世，作為「市場上最偉大的空頭作手」，留下了自己獨特的印記。史密斯體現了華爾街最吸睛角色們最為瘋狂的特質。他像**約翰・「賭一百萬」蓋茨**一樣抱持機會主義；像**傑西・李佛摩**一樣迅速賺取和失去財富；像**約瑟夫・甘迺迪**一樣靈活。最終，他在他們之間算是死得比較富有的。

史密斯的傳說和他引人注目的綽號圍繞著一九二九年的股市崩盤，當時他在市場崩潰時進行空頭交易，據亨利・克魯斯在《華爾街二十八年見聞錄》中所述，他賺了約一千萬美元。在此之前，他從未被稱為空頭獵人；相反地，他在一九二〇年代晚期加入並管理了一些最大的投機性多頭資金。但是，當他在飛往加拿大途中聽到股市崩盤的消息時，他迅速掉頭，同時也改變了他的交易方法——下令賣出他的證券。當他到達華爾街時，他破門而入，大喊：「賣掉它們！它們一文不值！」至此，一個傳說就誕生了。

在成為傳奇之前，就像許多偉大的華爾街人士一樣，史密斯經歷了從窮困潦倒到致富，再從富有到窮困潦倒，再次回到財富的故事——就像傑西・李佛摩一樣。他於一八八八年出生於曼哈頓的愛爾蘭移民家庭，當他父親去世時，他在十二歲時輟學，成為一家男裝店的送貨員。當時，以還很小的年齡開始工作，受教育不足是很常見的情況。然後，他在一家股票經紀公司工作，被譽為「未經琢磨的鑽石」，在黑板上標記報價並建立起他的第一桶金。到十五歲時，他運用市場消息和恰當的時機，把一百美元變成了驚人的三・

五萬美元。

在一年內，史密斯再度破產，被一九〇三年的恐慌擊垮，但他又起死回生，再次賺了一‧五萬美元，然後再度垮掉。他對華爾街和不可預測的資金狀況感到厭煩，在接下來的十年中遠離股市，一開始開著一輛 T 型車穿越全國，然後當過銅礦工人、戰時救護車司機和輪胎分銷商。有段很短的時間，他甚至成為了與像**詹姆斯‧斯蒂爾曼**和 **J‧P‧摩根**這類富豪進行交易的賣車高手（實際上，在摩根死前他還未交車）。但最終，史密斯回到華爾街，在崩盤前又賺到了一筆財富。

史密斯就像他生活的時代一樣狂野而充滿活力，他可以在眨眼之間就飛到任何地方去。他參加賽車比賽，曾經在十八小時內來回不停地往返蒙特利爾，全長大約一千英里，時速約為五十五英里，以那時來說已經相當快了。他喜歡玩骰子、下棋和侮辱朋友——然而，在他自己的小世界裡，他是一位清教徒，從不碰菸草、酒精、咖啡或茶。他最出名的是喜歡惡作劇，經常大著嗓門、粗聲粗氣、自以為是的大發牢騷。然而，朋友們會告訴你他只是在胡鬧，實際上他只是隻貓咪，卻喜歡假裝自己是隻獅子在咆哮。有一個洩他底的小故事：他在一九一八年在巴黎塞納河畔的長椅上向他的妻子求婚，之後他向巴黎官員吵著把長椅買了搬回家。他把它放在他們後院一個顯眼的地方。他不僅是一名清教徒，還是一名很浪漫的清教徒。

史密斯身材不高，冰藍色雙眼，肩膀寬闊，穿著皺巴巴的大衣，衣領塌陷，媒體描寫出了他在華爾街的形象。他被稱為「華爾街大空頭」——還是其中最冷酷無情的。他愈是做空、使公司陷入混亂、股票變得一文不值，他就愈被視為公眾眼中的惡棍，也是華爾街最無情的作手。的確，他做空股票時並未考慮到公司或與其相關的人，但當時許多人也都是這樣做的。真正讓他成為焦點，並引起華爾街人嘩然的是，他在一九三二年市場觸底時，將一家脫粒機設備公司的股票從五百美元打壓至約十六美元，強烈做空該股票。恰巧，該公司的主要投資者和董事長是史密斯的岳父，而史密斯的操作卻毀了他！據說，後來史密斯給他岳父約一百萬美元當作賠償他的損失。

當大家抨擊做空交易是造成整個經濟困境的主因時，史密斯自然成了著名的美國銀行和貨幣委員會 U.S. Senate Committee on Banking and Currency 發出傳票傳喚的第一頭熊。史密斯自信滿滿，挺著胸膛走進聽證會的房間，與記者們開玩笑，告訴他們他樂意向委員會提供讓大家「耳目一新」的見解。史密斯確實做到了這一點，他詳細地講述了大型交易商的運作方式，以及是多頭而不是空頭引發了股市崩盤。他告訴他們有關股票池的事情，以及股票交易所很少執行道德操守規範，但當談到自己時，史密斯卻完全不是省油的燈。當他被問到：「你就是出了名的大空頭作手對吧？」此時史密斯狡猾地回答說：「沒有人當面這樣稱呼我！」史密斯安然無恙地走出了聽證室。

當美國政府通過一九三四年的證券交易法案，建立證券交易委員會時，史密斯笑著說：「這個法律早就該有了——人們在市場上都可以逍遙法外。」「賣股伯」史密斯本身是支援這項法案的，他意識到一個時代已經結束了。「我看到了未來的趨勢。我賺了錢，然後全身而退離開了市場。這個交易所已經落後了時代。它本應該能夠自我管理，但實際上，它從來做得就不夠。一個人可以從中撈到數百萬美元，而且毫不費力，這點你和我都知道。這樣的好景不可能持續下去。市場將永遠不再是以前的市場了。」

告別後，他立刻回補了他所有的做空股票，並承諾再也不搗亂市場。他於一九三三年三月，小羅斯福總統就職典禮那天拋棄了他做空股票的本能——這並非巧合，因為他在小羅斯福的白宮非常受歡迎，是其主要財務支持者之一。不同於拒絕接受改革過後新華爾街的**麥可·米漢**，或是沒能再大賺一筆的**傑西·李佛摩**，這位做空高手始終保持著極大的靈活性。他知道在新政之下要何時出擊並調整自己的策略。

此時的他全力投入黃金市場，說道：「告訴他們，我現在是多頭了，一個黃金多頭！」他抓住了一九三四年黃金上漲約百分之七十的機運。他的信條是他能夠在任何情況下都賺到錢，而他也的確做到了。在接下來的幾年裡，他投資了一家加拿大的蘇打餅公司和一款滾筒洗衣機（他的妻子試用過並給出了認可）。後來，他成為一位受人尊敬的投資銀行家，加入了湯姆森和麥

金農公司 Thomson and McKinnon，並為格魯曼航太公司 Grumman Aircraft 進行了非常成功的承銷。他總是與時俱進。

「賣股伯」史密斯是一位出色的作手，他有自知之明，最重要的是，他知道何時出擊。儘管身為崩盤前夕與其前後動盪時日的代表人物，史密斯就是能將過去的日子拋諸腦後，好好享受新政帶來的改變。他晚年過著平靜、體面的生活，退休且富有。比起我遇到的所有人，他的一生總括而言反映了這個時代華爾街的演變。我們能否從史密斯的人生學到什麼呢？當然，那就是保持靈活性是非常重要的。要賺到錢並保有財富，你不能太過執著於某一種投資信念。四十年後的世界會有什麼不同？誰知道呢？雖然無法預見遙遠的未來，但顯然，如果史密斯還活著，他會再度改變自己，來迎接從當前進展到下一個世紀的演變。

89

伯納德・巴魯克

贏過也輸過，但他知道何時罷手

你要如何將人物真實事蹟與其傳說區分開來呢？如果是伯納德・巴魯克，你可就做不到了。對於一個漠視時興的投資理念和「內線消息」而能在華爾街發財致富的人來說，巴魯克對自己的形象卻出奇在意，他藉由與媒體打交道來打造自己在業界精明幹練的聲譽。

赫伯特・斯沃普 Herbert Swope 就是那位協助打造巴魯克備受矚目形象的記者，就曾公開質疑「他的聲譽是否完全名副其實」。但在浮華和榮耀的背後，他是一名經驗老到的投機客，他自豪地宣稱每年掙得十萬美元，還持續了三十二年。在他暢銷自傳《我的故事》*My Own Story** 中談到自己的方法時，這位希臘語和拉丁語的愛好者引用了拉丁詞「*speculari*」來定義「投機客」，意思是「觀察和監視」。憑藉著敏銳的觀察力和精明的眼光，巴魯克尋找並利用機會，為自己的成功打下了基礎。

巴魯克出生於南卡羅來納州的卡姆登 Camden，家境平凡，他的父母和三個兄弟住在一幢兩層木結構的房子裡。他的父親是一名南軍的退伍老兵，一八八〇年時他帶著家人搬到了紐約，那時巴魯克十歲。由於他早期打算就讀醫學，十四歲時進入了紐約市立學院 College of the City of New York。他在讀政治經濟學課程時學到了供需法則，引起了他對金融方面的興趣。

身高六呎三吋（約一百九十一公分），戴著一副鼻夾眼鏡的巴魯克於一八九一年投身華爾街。由於他母親的努力（及策略性的人脈關係），「伯

---

*編註：繁體中文版譯為《華爾街孤狼巴魯克》或《全身而退》。

尼」成為 A・A・霍斯曼公司 A. A. Housman & Company 的辦公室勤務員並負責跑腿，每週賺取五美元。後來，他意識到「人脈關係」是獲取媒體注意、滿足其自我需求的一種方式。

在二十七歲時，作為霍斯曼公司的一名初級合夥人，巴魯克已經開始了自己的投機生涯，賺到了可觀的收益，但也很快把這些錢花光了。然而，巴魯克在仔細觀察了一家糖果公司的前景之後，賺到了他的六萬美元的第一桶金。現在他成了一位富裕的年輕紳士，他結婚了，建立了一個有兩個女兒和一個兒子的家庭，但他的孩子們可能從未像記者們那樣得到過他的關注。

隨著他的成功不斷積累，他開始將內幕消息視為騙局。巴魯克在職場上最大的失意之一是從未擁有一條鐵路，他又一次破產了，因為他在跟隨一條「內線消息」後買進了美國最大酒類公司的股票。事後，他非常憤怒地咆哮道：「我在華爾街的操作時間愈長，就愈不信任各種熱門股和『內線』消息。」

巴魯克對於普遍被接受的事抱持懷疑態度，他認為市面上流傳的小道消息可以拿來度量公眾錯誤的認知。他推斷，如果擦鞋童（很可能是華爾街的**派翠克・波洛尼亞** Patrick Bologna）知道一筆很棒的交易，那麼其他人肯定也知道，因此其價格必然已經高估了，不可能獲利。基於這個前提，巴魯克在一九〇三年開始操做自己的投資，很少管理他人的資金，他熱心地警告投資者「當心理髮師、美容師、服務員，以及所有人帶給你『內線』消息或『小道消息』。」相反地，他將自己於一九二九年股市崩盤前退出股票的決策歸因於看到大家都是牛氣沖天，因此市場無法繼續上漲。根據巴魯克的說法，這種關注人群的傾向來自於他在查爾斯・麥凱 Charles Mackay 一八四一年的經典著作《異常流行幻象與群眾瘋狂》Extraordinary Popular Delusions and the Madness of Crowds 中獲得的哲學基礎。

事後，為了促進他的公眾形象，巴魯克希望每個人都知道他已經預見到了股市崩盤，而且，幾乎是提前數週就避開了金融災難。他大聲宣稱：「我認為一九二九年的蕭條最主要是由於大家都陷入瘋狂之中並發生了錯覺，而

非起因於其他原由。」巴魯克在一九二八年幾次拋售股票，因為他「感覺到崩盤即將來臨」，但他從蘇格蘭打獵回來之後，便決定盡可能出脫所有手上持股。他在時機上至少算是幸運。股市崩盤很容易在他還躲在蘇格蘭森林中時就已發生。

巴魯克的哲學觀點是從許多錯誤中打磨出來的，但他把從中學到的教訓深深銘記在心。他對於明確的規則抱持懷疑態度，他的自傳中描述了十條準則，這些都是他經驗的結晶：

一、投機是一項全職工作。
二、小心那些會給你內線消息的人。
三、在購買證券之前，盡可能瞭解公司的經營階層、競爭對手、收益和增長的可能性。
四、不要試圖在低點買入，在高點賣出。「除非是騙子，否則是不可能辦到的。」
五、學會快速、乾淨俐落地認賠止損，不要期待自己總是對的。
六、限制購買證券的數量，這樣才能夠輕鬆管理投資組合。
七、定期重新評估所有投資，檢查其前景是否有所變化。
八、研究你的稅務狀況，瞭解最佳賣出時間。
九、永遠不要投入全部資金，總是要保留一些現金在手上。
十、不要成為「博而不精的投資客」：要堅持專注在自己熟悉的領域。

巴魯克在華爾街工作了二十五年後，毫不留戀地離開前往華盛頓提供諮詢並爭取政治權力。在很大程度上，他不斷給記者打電話，為公眾提供建議和評論來獲得公眾的認同。一位記者曾經評論道：「有時巴魯克給出的建議很糟糕，沒什麼人會聽他的建議。」巴魯克回答說：「我不會承認我給的建議很糟糕，但我承認的確沒什麼人會聽我的。」儘管他得到了很多人的關注，並且廣泛被人引述，這大部分是由於他持續努力做好公共關係，但他幾乎沒

有任何正式的權力。最終，他將自己塑造成媒體上的「總統顧問」。顯然，小羅斯福總統會聽他說些什麼，但並未真的認同他的話。而杜魯門雖然聽取了他的意見，但部分原因可能是因為他捐獻了大量現金，很明顯杜魯門視他為一個「老古板」。

也許離開華爾街是巴魯克所能做的最好選擇。他的資金安全地存在銀行裡。與一些其他機會主義者相比，比如衝動的**傑西·李佛摩**和**威廉·克拉波·杜蘭特**，在他們年紀老了、速度變慢無法保持神槍手該有的速度時，巴魯克的自尊心可能真正拯救他免於遭受到其他人的財務危難。他的自尊心驅使他成為「總統顧問」，這或許使他不必一直試圖低調地充當華爾街「大佬」。有時候，急流勇退是最好的選擇。

在巴魯克於一九六五年去世之前，他寫了第二本書《公眾歲月》^{The Public Years}，詳細描述了他晚年作為「公園長椅政治家」^{Park Bench Statesman} 的經歷。這本書以巴魯克典型的風格撰寫，簡潔而不謙虛。他在書中說道：「美國一直被視為機遇之地。我不能說我已經盡到了對這個國家所應負的職責，因為它給了我很多，但我可以自豪地說，我已經努力嘗試過了。」

不成功的投機客、
逐利者和作手

UNSUCCESSFUL SPECULATORS,
WHEELER-DEALERS, AND OPERATORS

他們得到了最想要的,卻也失敗了

失敗的投機客、逐利者和作手缺乏成功的同業所擁有的特質，也就是專注和靈活性。專注是驅使擁有動力的人勝出並繼續贏下去的動力，並將股市當作是生命中最重要的事情。靈活性則使成功的人能夠在他們認為不可能繼續贏下去的時候就自行放棄，事實上，他們也可以放棄自矜，在牛市崩盤之前就立即退出，而且在舊的投資技術無法再適應時代變遷時便毅然放棄。這一點從上一章中所描述的巨人生活中便可清晰看出。

對於那些無法保住自己財富的人來說，情況就不一樣了。這群人不是專注於股票市場，而是異乎尋常地專注於花他們期望賺到的錢，或者沉迷於聲色宴飲之樂。華爾街的失敗者缺乏靈變的機巧，總是執著於一成不變的生活方式，結果，就只有隨波覆沒了。他們經常會堅持使用自己的方式，因為他們的自尊不允許他們承認自己錯了，當事情朝著不利於他們的方向發展時，他們最後只有認輸了。

吉姆・菲斯克、弗雷德里克・奧古斯都・海因茨 F.Augustus Heinze 和傑西・李佛摩都缺乏專注：三人都更想要享樂而不是賺錢。菲斯克在自己的歌劇院與女演員大開派對，還養了個後來勒索他的情婦，讓華爾街大為震驚。最終，在詭計多端的情婦的男友（也是菲斯克的前同事）向菲斯克的肥肚開了致命一槍後，一命嗚呼。

海因茨是名魯莽的投機客，一開始做得還不錯，但後來他夜夜笙歌而毀了自己。他的辦公室甚至兼作聚會場所，白天他在那裡工作，到晚上整夜有美人美酒相伴。他就是這樣沉溺於女色和酒精，無法將娛樂與他在華爾街的角色分開。比起賺錢本身，他不可自拔地對金錢所能買到的東西更感興趣，結果就是他失去了一切。最終，他死於酗酒。

傑西・李佛摩還是保持了一些靈活度，卻無法專注於他的操作。他過度酗酒和沉溺女色的行徑同樣造成了阻礙，在經歷了多次起起落落之後，他選擇了另一種經典的酗酒死亡方式，他在一九四〇年舉槍轟掉自己的腦袋自殺身亡，這是一個華爾街傳奇人物最悲慘的結局之一，作為一名自稱失敗的人和華爾街最後一名偉大的豪賭客，他也被載入了史冊。

如果沒有專注和靈活性，其他許多負面特質就會發揮作用，包括魯莽行事和欺詐。范·斯韋林根兄弟和杜蘭特同樣魯莽且不靈活，操盤都不夠穩定。他們舉借太多貸款，採用槓桿操作，因此當一九二九年經濟不景氣時，他們便垮了，無法再站起來。查爾斯·莫爾斯也是不顧一切地借錢，讓他陷入了絕望和欺詐。是的，他很靈活，當一項工作失敗時，他總是轉向另一項，但這還不夠。莫爾斯與海因茨相同，在經營一家連鎖銀行的同時，還在銅礦業股票上進行投機。當該股完蛋時，他的銀行倒閉，自己也破產了。

雅各·理特 Jacob Little 是華爾街第一位全職操盤人，單憑這點，他就算是個例外。他的失敗與缺乏經驗比較有關，而不是缺乏注意力或靈活度。他一下子發了四筆財，也豎立了許多仇敵，總是極力要把他擠出市場、奪取他的錢財。諷刺的是，他是由於捉不住市場時機，而失去了最終的財富；當時他陷入牛市，不得不以天文數字的價位回補他做空的部位。

成功的投機客、逐利者和作手大多是宅男，個人生活都相當沉悶無趣；他們白天在華爾街操盤甚是狂野，夜晚則回歸寧靜。不成功的這一組則任性而為，想狂歡時就盡情放縱自己，而且往往沉迷其中。他們自負而虛榮，賭博、酗酒，常常不願對自己的部位妥協。他們在預測自己行為的後果方面缺乏遠見，無論是與他們的妻子、孩子、朋友，還是在預測經濟困難時期均是如此。當他們脫離了舒適圈，就像李佛摩在處於改革後的市場中一樣，幾乎無能為力。他們不知道什麼時候該退場，就像威廉·杜蘭特。和那些能持盈保泰的人不同，他們通常都太過愛好奢侈品了。你必須問問自己，成功和金錢能買到的東西，對你來說哪個更重要？對於不成功的投機客來說，答案很明確，他們付出了代價來獲得他們最想要的東西。

雅各・理特

好 多 事 情 的 開 山 鼻 祖

在他的全盛時期,雅各・理特被譽為一名瘋狂的股票賭徒,他是金融界這方面的開山始祖。他是第一個全職在華爾街工作的人,第一個如此大膽張揚地投機的人,第一位發起賣空交易的人。你可以說他是華爾街的埃夫爾・克尼韋爾*,做的是別人認為不可能或不合理的事情。在一八三〇年代,政府監管單位反對瘋狂的投機行為,但這只會更加激勵理特,他很快為新一代作手騰出了活動的空間。儘管理特沒有導師,也沒有可以景仰的前輩,但他在華爾街一路闖蕩,獲得了四筆財富。他最終貧困而死卻遺留下一個傳統,多年來,**丹尼爾・德魯**和**傑西・李佛摩**這樣在精神上追隨他的後繼者將之傳承了下來。

理特的職業生涯是從擔任雅各・巴克 Jacob Barker 的職員開始。巴克是一名富裕的商人,同時也兼職做股票經紀商。在那個幾乎完全以農業為主導的年代,人們對大宗商品交易的興趣遠遠超過對股票交易的興趣。理特透過觀察和為巴克做事學到了很多經驗。一八三五年,理特開啟了自己的經紀業務,正好趕上了股市的登頂和隨之而來的一八三七年的恐慌。理特認為,無論價格是漲是跌,投資者都應該能夠獲利,而且透過賣空,像他這樣的人可以在熊市中大賺一筆。正是時勢造英雄,他大賺了一筆錢,並因為創新了美國賣空交易而獲致了驚人的聲譽。由於他是這種交易的創始者,他制定了一些對自己有利的條款,其中最初還包括將股票出售給其他毫無戒心的投資者時可

---

* 編註:Evel Knievel,美國知名特技演員,以其摩托車特技聞名。

享有六十或九十天的超長交割期。這樣他就有時間在規定的交割期前把價格打壓下來，然後低價買回並且獲利落袋。

《紐約時報》稱理特是個總是「賭股票一文不值的賭徒」。在打「賭」之後，理特就會打破公眾對這些股票具有價值的印象，確保自己能夠獲利。為此，他以極低的價格出售自己並未持有的標的，引起公眾的懷疑，並讓大批股東陷入恐慌，拋售了他們認為毫無價值的持股。通常，他會在主流報紙上散布有關該公司的虛假和破壞性謠言，從而加快這一過程。這種做法在一九三〇年代引入聯邦證券法規前，在市場上愈來愈流行。

股票下跌後，理特買回股票來回補他的賣空部位。好事成雙的是，理特不僅順利回補空頭部位，還以異乎尋常的便宜價格建立了多頭部位，而這種超低價正是由他做空引發恐慌的行為所造成的。在他的空頭回補和多頭部位也已到位的情況下，他以某種手法將股價推到了不切實際的高價，所用的策略與他用來打壓股票的策略完全相反。這些股票的絕大部分最後落到相對毫無戒心的市場傻瓜手裡，他們以前從未見過這種大規模的操作策略。是的，在近幾十年裡，這些手法並不顯得特別激進，但在他的時代，這是一種創新。

理特是一名投機大師，為人無禮、冷漠且疏離。他的生活不為別的，僅圍繞著他的投機計畫。他完全痴迷於市場，並養成一個習慣，親自交付他所賣出的所有股票，保留自己所有的帳簿和紀錄。與其他偶爾涉足市場的人不同，理特遠遠不是趨炎附勢、想躋身上流的人，他的同事一開始嘲笑他，然後厭惡他，最後卻害怕他。

不管別人怎麼想，理特總是表現得不動聲色。當他發現自己陷入困境，他保持驚人的冷靜，尋找可以讓他逃脫的漏洞。以伊利鐵路公司為例。當時他做空這支股票，一群多頭瞄準他，打算給他一個教訓。他們打算把股價推上去，直到股價飆高，讓他的部位被軋空被迫回補。那是在十九世紀中期的鐵路繁榮時期，當時伊利鐵路和其他鐵路線不僅在美國掛牌交易，同時也在倫敦交易，接下來就發生了一些事。

一八四〇年，理特開始了對伊利的空頭突襲，拋售了大量賣方期權，

交割期長達六至十二個月頗為驚人。與此同時，包括伊利的多名董事在內的一群多頭開始買入已發行股票，推高股價，想要迫使理特按他們的條件回補部位，從而進一步推高股價，讓他們的操作獲利。但是理特採用一個他們沒有想到的逃生策略打敗了這些多頭。幾年前，伊利在倫敦發行了可轉換債券。該集團的行動導致股價上漲，這些可轉換債券會觸及轉換價格，並以一比一的形式轉換為普通股。理特到倫敦市場去，買了可轉債，用它們來彌補他的作空部位。然後，他又倖存了下來。他利用被遺忘在海外的可轉債逃出了他們的攻擊。幾十年來，包括德魯、**傑伊・古爾德**和**詹姆斯・菲斯克**在內的期貨空頭都試圖重複這一伎倆，結果成敗參半。

身材頎長、有點駝背的理特，秉持著大投機者的精神，歷經四回起落，最終才在一八五七年徹底倒下。在這方面，他是這條路上許多人追隨的先驅，其中最知名的就是最後的大投機者，李佛摩。在理特犯下最近也是最後一次大錯前，他總是能收拾好殘局並重新開始，甚至還清以前的債務。

然而這一次——第五次和最後一次——卻有所不同。諷刺的是，他這次的失敗正值一八五七年恐慌之初，這通常是空方獲得最大利潤的時候，但理特卻在崩盤前最後一輪漲勢中被困住了。形勢不如預期，他發現自己做空在一個正上漲而非下跌的波段中，他無法「便宜」回補。最終，隨著伊利股價的上漲，他套牢在空頭部位的十萬股、原本兩百萬美元的收益，在一八五六年的十二月，變成一千萬美元的虧損。短短幾個月內，伊利的股價調轉方向，最終跌落谷底，從六十三塊左右跌至八美元。但對理特來說，這一切都發生得太遲了。在股價登頂之前，他就已傾家蕩產。如果他能再堅持一段時間，他就能度過難關。理特遭遇的是空方的厄運，作為空頭賣方，看對長期方向是不夠的。你必須在當下就是對的。

這次失敗之後，理特成了華爾街上的悲慘人物，每次只能交易微不足道的五股股票，淪為眾人笑柄。他離不開這場遊戲，卻也無法把它玩好，只能眼看丹尼爾・德魯進場，取代他成為操縱市場的新王者。德魯毫不客氣地在理特失敗後嘲笑他，說理特犯的唯一錯誤就是早生了二十年。他有過妻子但

沒有孩子，在人生最後幾年裡，他孤獨、痛苦且身體不好。在最後五年裡，他已和華爾街沒什麼關聯，但在一八六五年、他七十一歲臨終前，可能已神志不清，咕噥著他的最後一句話：「我要上去了，誰要和我一起？」他說的是天堂還是股票？大概是後者吧。

91

JAMES FISK

吉姆・菲斯克

如果你像他一樣熟悉喬西，你也死定了！

虔誠男士們的憤怒、天真女孩們的愛慕、毫無戒心的投資者們的錢財，對他來說，這一切信手拈來。一身珠光寶氣的股票灌水者吉姆・菲斯克，不論在事業還是享樂上都是一把好手。生得矮胖的他，有趣、墮落、狡詐又迷人，一八六○年代的美國人對他又愛又恨，而且總是反應熱烈。作為一名花哨又臭名昭著的強盜大亨，菲斯克在他僅七年且多數時間身陷醜聞的華爾街生涯中，是出了名的奢侈揮霍。

菲斯克一向是個機會主義者，他的職涯得利於好運道、時機和野心。當時他三十一歲，這位健談的佛蒙特人成功地與操縱華爾街的大師和大空頭**丹尼爾・德魯**達成一筆交易，獲得了豐厚的傭金和德魯的祝福。對菲斯克來說，幸運的是，德魯對他很看重，推薦了一名老朋友的兒子作為他的合夥人，並幫他們成立了自己的券商菲斯克及貝爾登公司 Fisk & Belden。不久，菲斯克成為了華爾街上最愉快的操盤手，經常喝威士忌、抽雪茄，嘻嘻哈哈地拍男人的背，拍女人的屁股。

很快地，抽著菸斗的菲斯克學會了德魯的背叛行徑，從他的導師的傭金和內線消息中獲利。作為德魯的經紀人，菲斯克參與了德魯在一八六六年對伊利鐵路所發動的空頭襲擊。他們拋售伊利的股票，賣空該股，導致其股價暴跌。在以低廉的價格買回伊利股票後，他們大賺一筆，還嘲笑對手**康內留斯・范德比爾特**失去了上百萬美元。現在，小販之子出身的菲斯克已成為百萬富翁，還炫耀著他的財富。他戴著鑲嵌一顆碩大鑽石的領結，穿著華麗的衣服，為他的妻子買下了一座波士頓的豪宅，還把二十二歲的「女演員」喬

西‧曼斯菲爾德 Josie Mansfield 納為他在曼哈頓的情婦，並且一直很開心。他對每個人來說都是一個滿腹歡樂的胖子。

隔年他與德魯和沉默卻又致命的**傑伊‧古爾德**一起，為了控制德魯的搖錢樹伊利鐵路而與范德比爾特展開了一場驚險的爭奪戰。在騷動中，他們被范德比爾特採取的法律手段，暫時驅逐到了紐澤西州的澤西城。但是，雖然老德魯和總是陰沉的古爾德想回曼哈頓，但對菲斯克來說，澤西城不過是另一場派對；他包下整層旅館，一手摟著情婦喬西，一手拿著醃製生蠔和香檳。胖乎乎的吉姆玩得盡興。直到古爾德在奧爾巴尼解決了三人的法律問題，這場派對才結束。直到古爾德在奧爾巴尼解決了三人的法律問題，這場派對才告結束。

回到曼哈頓後，菲斯克轉而聯合古爾德對抗德魯。德魯在未經他們兩人同意或知情的情況下，與范德比爾特私下和解，兩人於是聯手報復。德魯注定要嘗到自己的苦果了。作為伊利鐵路的董事，菲斯克和古爾德毫不留情地發行了新的伊利股票，還用伊利自己的印刷機來印。看看菲斯克是多麼珍視「印刷的自由」freedom of the press ！

然而，與蛇為伴者必須做好被咬的準備。古爾德最著名的一次慘敗就是企圖壟斷黃金市場，這一回，他向菲斯克露出了獠牙。計畫的基本思路是在買下市場上所有黃金的同時，避免總統尤利西斯‧格蘭特釋出聯邦政府的黃金，好讓金價飆升。身為圓墩墩的開心果，菲斯克的角色就是負責設宴招待總統，任務艱難啊。於是，菲斯克捋著他精心修剪的小鬍子，用香檳和歌劇之夜來討好格蘭特。然而，格蘭特不是那麼容易控制的。

隨著古爾德在市場上採取行動，堅定不移的菲斯克緊隨其後，持續買進黃金，直到一八六九年九月十三日星期五，深具獨立精神的格蘭特釋出了五百萬美元的聯邦黃金，使金價暴跌。但賊眉鼠眼的古爾德已事先得知格蘭特的意圖，所以他表面上雖在買進，暗地裡已將手裡價值五千萬美元的大多數黃金脫手了，最後還成功地在金價持續下跌過程中轉而做空。

到頭來，古爾德賺進一千一百萬美元，而菲斯克輸個精光。既可悲又不

老實的菲斯克，違背自己該完成交易的道德義務，否認自己下的買單，獨留搭檔威廉‧貝爾登 William Belden 一人承擔，最終使他破產。被視為是這次事件共同策畫者的菲斯克，跑到伊利的總部尋求庇護。這是一座四層樓高、可容納兩千六百人的大理石歌劇廳，並有貪腐的坦慕尼派員警保護。

菲斯克從他宏偉的堡壘中，對著記者大喊：「不過是玩了一點無害的樂子，怎麼每個人都鬼吼鬼叫、發了瘋似的！」但菲斯克的樂子很少是無害的。

菲斯克仍舊狂妄自大。他與許多人打官司，同時經營鐵路和蒸汽船在內的多家企業，並要命的結識了風度翩翩的社交名流愛德華‧斯托克斯 Edward Stokes。他與斯托克斯假借授予伊利的石油合約，合謀合謀詐取布魯克林煉油廠的錢財。同時，在一八七〇年，斯托克斯因菲斯克的關係注意到了菲斯克的情婦喬西，而菲斯克則注意到娛樂事業的好玩之處，把心力投入到經營「菲斯克歌劇院」的豪華大戲。

這些戲雖然有趣，但並不是特別正經。始終浮誇而與社會格格不入的菲斯克，他的劇目受到紐約上流社會的冷落。但菲斯克就是菲斯克，該玩樂就要玩樂，而對他來說最好玩的，就是讓衣不蔽體的歌舞女郎在他的辦公室裡起舞。當菲斯克被他花錢請來的美女吸引時，喬西基本上就被擱在一旁，感到無聊且變得好鬥。沒有什麼比被藐視的女人的憤怒更可怕的事了，而菲斯克輕忽了喬西和斯托克斯之間正醞釀的危險浪漫關係。

喬西對她家具齊備的褐砂石造四層樓房、五名僕人，以及免費搭乘伊利鐵路這些都感到厭煩，對斯托克斯的浪漫熱情卻感到著迷，因此與斯托克斯合作進行勒索計畫！主要是威脅要公開菲斯克早先寫給喬西的許多情書，來討要以十九世紀的道德標準來說，相當於現在同居分手後的生活費 palimony。喬西認為菲斯克虧欠她，想跟他要兩萬美元左右，但隨著這法律威脅的加劇，她又提高了數字。

當菲斯克終於明白他正面臨廉價小說情節時，紐約的報紙已然公開曝光他的醜聞。憤慨的菲斯克惡向膽邊生，他撤回伊利鐵路的石油合約，斷了斯托克斯從布魯克林煉油廠取得的收入來源，並摧毀了他的名聲。

在這場風波中，菲斯克人生中的真正掌權者傑伊‧古爾德，對這種情況感到尷尬。當輿論開始對伊利的股價產生負面影響，陰鬱、不好享樂且無情的古爾德，要求菲斯克辭去伊利的職務。菲斯克身敗名裂。

　　但是，真正導致菲斯克身死的，是喬西的愛，或說缺乏愛。最後的最後，喬西的朋友斯托克斯因勒索計畫的失敗怨憤難平，將他的挫敗發泄到菲斯克頭上，尾隨他之後又朝他又胖又圓的肚子上開了槍。菲斯克在次日，即一八七二年一月七日去世。令人驚訝的是，儘管他留下了驚世浮誇的傳奇，菲斯克死時僅年三十六歲。

　　儘管他有缺點，但人們是真的懷念這名大張旗鼓、喜愛玩樂的流氓。范德比爾特甚至曾透過神祕儀式召喚菲斯克的鬼魂，以獲取市場消息。菲斯克備受喜愛也備受鄙視，他體現了一個重視行動自由勝於公正或規則的社會中，充斥著瘋狂和醜聞的一部分。他帶給我們的人生教訓是什麼？那些像古爾德一樣出於純粹商業目的的人，往往一輩子都能獲得商業上的成功。但像菲斯克這樣的人，事業的主要目的是為了獲得自我滿足和享樂主義，用錢去購買美酒、女人和歡娛，他們很少能夠持續不斷地專注於商業的基本細節，最終被自己人生中的「古爾德」們所摧毀。

92

威廉・克拉波・杜蘭特

半 是 有 遠 見 的 建 造 者 ， 半 是 狂 野 的 賭 徒

談 及威廉・杜蘭特時，最重要的是要知道「謹慎」不是他的中間名，「克拉波」才是。這位樂觀過度的通用汽車創始人在一九〇〇年代初彷彿哈雷彗星，以熱情和獨特風格在汽車業中開創了一條道路，只是最終又回到了現實。這位臭名昭著的生意人根本不懂節制。他在創業方面很有眼光，但缺乏謹慎。杜蘭特在一八六一年出生於麻州新伯福 New Bedford，開始了一生中波折不斷的經歷，從窮困到富裕再回到貧困。他在高中輟學後，二十一歲時開始經營自己的保險公司。四十歲時，他在密西根州弗林特 Flint 成為了一名出色的汽車推銷員，賺了一百萬美元，被汽車業的蓬勃發展所吸引。

杜蘭特成立通用汽車是一系列旋風式的收購，一開始是買下了當時陷入困境的別克汽車。一九〇四年，當別克無法繼續營運時，這位身材矮小、愛吸雪茄的人被授權掌管這家才創立的公司，這主要是因為他是密西根州弗林特市（別克的總部所在地）的知名居民。杜蘭特坐在別克的董事會上，立即將股本從七萬五千美元增加到三十萬美元，並擴大了生產量。作為一名賭徒，同時也是一個內心始終是保險推銷員的人，杜蘭特在別克生產不到四十輛汽車的情況下，卻在紐約的一個汽車展上賣出了超過一千一百輛汽車！很快地，他就經營起了世界上最大的汽車工廠。在別克經營穩定後，杜蘭特於九月份成功地運用自己的方式創立了通用汽車，而且沒有做宣傳，也沒有取得銀行的支援。杜蘭特狡猾地讓一位同事將通用當作他的控股公司進行註冊。然後，他安排了一個通用傀儡董事會，以三千七百五十萬美元的股票和一千五百美元現金收購別克。與此同時，杜蘭特控制著這兩家公司。他利用

「專利和申請書來發行普通股」。直到年底，人們才普遍知道杜蘭特是通用汽車合併的主導者。

接下來，杜蘭特轉向奧斯摩比 Olds Motor Works，以僅略高於三百萬美元的價格購買了奧斯摩比。儘管因為支付如此高額的費用而受到鄙視，畢竟，美國領先的汽車製造商別克是以三百七十五萬美元的價格被買下的，但杜蘭特卻押注在「奧斯摩比」這個神奇的名字上。他認為一九〇五年的歌曲「在我的歡樂的奧斯摩比上」 In My Merry Oldsmobile 仍然很受歡迎！一九〇九年，杜蘭特謹慎地追蹤著經營不穩定的奧克蘭汽車公司 Oakland Motor Car Company，並在公司所有人去世前幾天收購了現在的龐帝克 Pontiac 部門。接下來是以從未聞聽的四百七十五萬美元的天價收購凱迪拉克 Cadillac，不過杜蘭特後來自豪地宣稱所有的款項僅在十四個月內就回本了。但是一九〇九年通用汽車賺到了驚人的兩千九百萬美元的獲利，杜蘭特算是贏得了最後的勝利。

不幸的是，這種輝煌的紀錄很快就消失了。收購凱迪拉克所支付的現金耗盡了公司的資本，而雖然一九一〇年開始表現強勁，但杜蘭特投資一家命運多舛的電器公司希尼燈業 Heany Lamp 進一步耗盡了資本。由於希尼的鎢絲燈泡專利被撤銷並被視為毫無價值，通用汽車損失了超過一千兩百萬美元。像往常一樣，這位狂放的賭徒勇往直前，宣布發放百分之四百的股息，但繼續裁員達數月之久，通用汽車的股價也跟著從一百美元跌至二十五美元。

杜蘭特拚命尋找資本。他嘆息道：「我嘗試去找大型金融機構。我試過人壽保險公司。我試過找那些擁有巨額財富的人，但是儘管大家認為我是優秀的業務員，而且我提出了很精彩的提案，但我在這方面的努力卻毫無所獲。」人生真的好難！

因此，杜蘭特為了取得可以拯救通用汽車的一千五百萬美元、百分之六的票據，把自己的靈魂出賣給了銀行業者。但是這些條款非常嚴格。通用汽車僅獲得了一千兩百七十五萬美元，而銀行業者則保留了其餘的資金，並取得了六百一十萬美元的通用汽車股票作為的傭金，還有對通用汽車密西根州資產的全面抵押權，以及在五年的貸款期限內透過表決權信託對通用汽車的

控制權。

　　然而，杜蘭特的活躍時間卻很短暫。他評論道：「我被賦予了一個頭銜和職位，但是在每個成功的企業中所需要的支援、合作、投入和無私卻都付之闕如。」因此，他離開通用汽車，開始創建另一個一人帝國，並在一九一一年初想出了一個新計畫，以便重新掌握對他的「寶貝」的控制權。他以退役的別克賽車手路易士・雪佛蘭 Louis Chevrolet 的名字，開始與 T 型車競爭。到了一九一四年，他開始銷售「雪佛蘭四九〇」來挑戰售價為四百九十美元的福特 T 型車，並在次年實現了一千一百七十萬美元的銷售額和一百三十萬美元的淨利潤。

　　一九一六年，隨著通用汽車表決權信託即將到期，一千五百萬美元的貸款也需要償還，杜蘭特像一頭等待獵物的獅子一樣在市場上大舉買進通用汽車的股票，並要求朋友們也留著手中的持股。他匆忙準備好參加九月份的董事會會議。他在紐約一個三間客房的酒店套房裡工作，利用每個房間的電話從美國各地收購股票。通用汽車的股價從一月的八十二美元上漲到一九一六年底的五百五十八美元。這位有遠見的賭徒又開始大展身手了。

　　杜蘭特取得了百分之五十四的股份，成功地擊敗了銀行業者，讓他感覺很好，尤其是有了一個由忠誠的朋友和四名中立成員組成的董事會，董事長皮埃爾・杜邦、杜邦公司財務主管約翰・拉斯科布和他們的兩名同事。杜蘭特再次發起進攻，建立了聯合汽車公司 United Motors Company，收購了富及第 Frigidaire 電冰箱。

　　但是杜蘭特沒有預料到第一次世界大戰會爆發，這使得通用汽車的股價爆跌。他以百分之十的保證金購買的通用汽車股票，大部分都慘賠了，讓他大抵只能任由杜邦擺布。但杜蘭特在通用汽車又經歷了幾年積進冒險，並得到了杜邦盟友拉斯科布的支持。一九一八年至一九一九年間，通用汽車擴大了產能和汽車生產，進入拖拉機行業，收購了費雪車體，並斥資兩千萬美元建造了「杜蘭特」大樓（後來更名為通用汽車大廈 GM Building）。

　　但一九二〇年代的經濟衰退造成杜蘭特垮臺，汽車銷量和通用汽車股

價急劇下跌，他的狂野手法受到了批評。杜邦夫婦請來了美國最強大的投資銀行 J · P · 摩根公司承銷超過兩千萬美元的股票。當通用汽車的股價跌至二十一美元時，杜蘭特積極參與銀行團來支撐股價。到了十月份，他已經嚴重虧損，從杜邦公司借入了一百三十萬股通用汽車股票，並將這些股票作為進一步購買股票的保證金。到了十一月，通用汽車的股價暴跌至十三美元，讓他虧損高達九千萬美元。十二月一日，他與通用汽車的聯繫永久斷絕了。

但他無法就此退出汽車業。五十九歲時，他仍然渴望挑戰，並在六週內創立了杜蘭特汽車公司 Durant Motors。他寫信給有錢的朋友，並以三百萬美元的股票與通用達成和解，他給杜蘭特汽車公司注入了七百萬美元的資本，有人說這純粹是「個性」使然。股價迅速從十五美元飆升至八十美元，甚至還提供分期付款服務。但是杜蘭特的時機不對，他無法抵擋即將到來的大蕭條。到了一九三三年，他遍布美國的一百五十英畝的地盤潮起又潮落，杜蘭特汽車公司也跟著被清算了。

與此同時，在咆哮的二〇年代，杜蘭特成為了華爾街的傳奇人物，即使在歐洲旅行時，他也會豪賭。他被稱為「多頭中的多頭」，與汽車業著名的費雪兄弟一起加入了當時合法的「多頭池」，先是哄抬股票價格，然後賣出，獲得巨額利潤。一九二八年，他處理了超過一千一百萬股股票，據報導，他建立起了五千萬美元的儲備金。但像往常一樣，他總是大賺大虧。他預見到了一九二九年股市崩盤並及時退出，但「克拉珀」在一九三〇年以保證金重新進入市場，甚至從他妻子持有的通用汽車股份中借款。到一九三二年，他已經失去了一切。一九三六年，由於他已經厭倦了債主一再提起訴訟，於是申請了破產。

杜蘭特在八十六歲一貧如洗去世之前，又嘗試過幾次創業。有人說他涉足超市，也有人說他投資了保齡球館。一九三六年，杜蘭特在紐澤西一家餐館洗盤子的照片引起了廣泛的關注，然而這張照片並不像人們想像的那樣催人淚下——杜蘭特只是在宣傳他擁有和經營的餐館。他總是懂得如何促銷業務。

多年後，他在通用汽車的繼任者艾爾弗雷德・斯隆聲稱，到杜蘭特於一九四七年去世時，如果手上仍握有通用股票，當時的股票價值將是超過一億美元。但那不是杜蘭特的風格。他冒了很大的風險。有時這些豪賭可以得到回報，有時卻無法。杜蘭特人生帶給我們什麼啟示呢？是的，我們得做一個有遠見的人，勇於冒險，但不要做一個瘋狂的賭徒，尤其是用借來的錢，否則你最終只會受運氣的擺布。

93

弗雷德里克・奧古斯都・海因茨

毀於蠟燭兩頭燒

人稱「弗里茨」Fritz 的弗雷德里克・奧古斯都・海因茨，總喜歡尋歡作樂——他的風流韻事始終是城裡的談資。他是名揮霍無度的表演者，喜歡漂亮的女人，賭博和酗酒一樣厲害。海因茨工作與玩樂同樣努力，經常蠟燭兩頭燒。在他作為礦主和華爾街投機客的職業生涯中，豪奢的生活似乎從未影響到他的成功——直到他的奢侈行徑滲透到他日常的活動中。這種影響不是立竿見影，但當發生作用時，則是一個迅速而致命的打擊。一九一四年，當他在華爾街破產後，四十五歲的他死於肝硬化，留下的只是曾經擁有財富中的一小部分。

海因茨身材魁梧，肌肉發達，身高五呎十吋（約一百七十九公分），體重兩百磅（約九十一公斤），象牙白的臉和大大的藍眼睛，一八六九年出生在布魯克林，然後在歐洲最好的學校接受教育——以他給人的形象來說，這聽起來有點令人驚訝。二十歲時，他回到家鄉，在後來成為美國礦業之都的蒙大拿州比尤特 Butte 攻讀採礦工程。四年後的一八九三年，他和兩個兄弟成立了一家銅礦開採和冶煉公司，此時銅礦開採已成為該地區的首要產業。他一點也不知道，他正在與比自己強大得多的力量碰撞。

海因茨敢於冒險、魯莽、大膽並且極其狡猾，他具備了在競爭激烈的銅業中取得成功的條件。在一個案例中，他說服一位礦主將一座以高級銅聞名的礦山租給他，並提出給予礦主高達百分之五十的利潤（一般租約多為百分之二十分潤）。但有一個條件。只有在該礦繼續生產高級礦石的情況下，海因茨才需支付百分之五十的分潤；如果礦石的級別很低，海因茨就會獨得所

有的利潤。

　　神祕的是，從海因茨接手的那一天起，該礦就開始只生產低級的礦石。他偷偷地將廢石與高級礦石混合，生產出低級的礦石，然後拿奪取獲利！這根本就是不誠實，但在那個時代卻是稀鬆平常的事。在一場要求賠償損失卻敗訴的法律訴訟中，這位曾經認為自己是最狡猾卻受騙的礦主喊道：「如果我十年前就認識那個年輕人，我（現在）就擁有比尤特的全部了！」

　　接著，他在比尤特後來的銅礦爭奪戰中重複了這一舉動，隨著他的獲利不斷積累，海因茨發動攻勢並操縱了英屬哥倫比亞庫特尼地區的一個偏遠小鎮，這個小鎮受到一條強大的鐵路所支配，也就是加拿大太平洋鐵路。他買下了當地的報紙，宣傳自己是這條不受歡迎鐵路的救世主，然後向當地人慷慨許諾，要發展採礦業，同時修建一條鐵路，與占主導地位的加拿大太平洋鐵路競爭。

　　政府把海因茨視為家鄉的英雄，給了他寶貴的土地，讓他在上面建造自己的鐵路線。然後，海因茨借了錢，似乎開始建設新的鐵路線了，但很快地，他就反手把股份賣給了加拿大太平洋鐵路公司，並向公眾宣布，他已經過度擴張，不會繼續建設鐵路了。他帶走了寶貴的土地款和加拿大太平洋鐵路的一百萬美元，有人猜測這才是他一直以來的目標。

　　然後，在比尤特，海因茨與洛克菲勒的大型企業集團標準石油公司爭奪該鎮的銅礦。（與此同時，標準石油公司在一八九〇年代末開始組建一家銅業信託公司：參見**亨利・羅傑斯**。）海因茨照常耍詐，用他新買的社區報紙把標準石油描繪成一個試圖從當地人的汗水中獲利的局外人——而他自己則是當地的救世主！他還購買了這家石油公司的一小部分股權，讓眾多惱人的少數股東對該公司提起訴訟。最重要的是，海因茨還不輕易鬆手！到了一九〇六年，標準石油公司已經受夠了他，於是開出了一份非常誘人的報價——一千兩百萬美元。霎那間，海因茨在比尤特大變臉，拿走了公司的錢，同時同意放棄所有訴訟，離開比尤特，這讓他不再以救世主自居！

　　有了錢，海因茨很快就忘記了比尤特，他和兄弟們在紐約成立了一家經

紀公司——奧托海因茨公司 Otto Heinze and Company，大膽進軍要征服華爾街。「奧托」是他的兄弟。弗里茨以他兄弟的名字成立了這家公司，部分原因是他討厭自己的名字——弗雷德里克・奧古斯都。人們叫他弗里茨，他也不喜歡這個名字。他稱自己為「F」。你可以看到一個撒謊、欺騙、偷竊，甚至連自己的名字都不喜歡的人可能會喝很多酒，並以更奇異的方式逃脫。

他攻進了曼哈頓，在華爾道夫酒店訂了一套精緻的雙人套房，心想既然他能打敗洛克菲勒，他肯定也能稱霸華爾街。他自信、自大——但他錯了。接下來幾年發生的事情，對他的利益和美國經濟來說都是一場災難。

在曼哈頓，海因茨很自在——那是指夜晚的時間。他白天的辦公室成了夜間的派對場所，在那裡，他身邊圍繞著女藝人和曼哈頓最活躍的社交名媛。不知怎的，他從來沒有完全意識到，身邊有很多女藝人可能會影響他在華爾街的敏銳度。他舉辦晚會。正如他的兄弟奧托回憶的那樣：「他非常慷慨地招待客人——一次約有四、五十名男人和女人參加。禮物常是金子打造的，鮮花琳琅滿目，食物美味，還有大量充裕的香檳……這些派對通常開始得很晚，幾個小時後才結束。他經常整夜玩耍，整天工作。他經常過著蠟燭兩頭燒的生活。」

如果在晚上，海因茨和正確的對象建立了良好的關係，那麼在週間工作日，他肯定建立了錯誤的聯繫——特別是與投機客和連鎖銀行家**查爾斯・莫爾斯**的聯繫。兩人總共控制了十二家銀行（其中一家為海因茨所有），並加入了由銀行提供融資的集結投機資金。他們最著名的合資企業是在一九〇四至一九〇七年間營運的聯合銅業 United Copper 公司。這家銅業公司資本過剩，並透過一家連鎖銀行融資。很諷刺的是，聯合銅業發展得很成功，到一九〇六年，透過在金屬市場上低價出售，與標準石油公司之前無法觸及的銅業信託——合併銅業公司形成了緊密的競爭。標準石油誓要復仇，宣稱：「我們要解決這個問題，但我們要用我們自己的方式解決。」

與此同時，銅礦市場出現疲軟跡象，聯合銅業的股價卻從三十七・五躍升至六十美元。據《紐約時報》報導，這是一種投機，但真正的原因是海因

茨和莫爾斯試圖包抄聯合銅業。這兩家公司並沒能成功，因此他們抱了滿手正在瓦解的聯合銅業股票。據傳，標準石油集團協助粉碎了他們計畫，並據報導也粉碎了海因茨可能獲得的任何經濟援助的機會。無論如何，一九○七年的大恐慌已經全面爆發，而海因茨則推波助瀾製造出恐慌。也算是報應，在三週的時間內，海因茨失去了他在紐約的財務地位、他的銀行和聲望——還有大約一千萬美元！

此時，海因茨所剩的日子已經屈指可數了。他只是自己還不知情而已。一九○九年，他在擔任銀行總座期間被控的十六項財務瀆職指控被宣告無罪。第二年，他娶了一位女演員，生了個兒子，但從那時起，他的運氣每況愈下。到了一九一二年，他的妻子已經離家出走。兩年後，他們為了兒子和好——就在她去世之前！接著，他又輸掉了一場索賠一百二十萬美元的官司，罪名是他在放棄了幾年前收購的一家銀行。多年的酗酒最終害了他，他的身體開始惡化。最後，在一九一四年，他終於死於酗酒。

海因茨犯了所有的典型的錯誤——無論是在生活中還是在華爾街，皆是如此。他參加聚會，喝得酩酊大醉，進入了一個他幾乎一無所知的領域，也就是銀行業。他忽視了華爾街。瘋狂地玩弄女人、開趴和酗酒害死了他，他對華爾街不謙遜和不關注華爾街的變化使他蒙羞。在他蓋棺論定時，只不過再一次證明了這樣一種觀點：任何對花錢更感興趣而無法聚焦華爾街遊戲本身的人，都可能在金融市場上失敗。

查爾斯‧威曼‧莫爾斯

滑溜冷酷如冰，可他碰過的盡皆消融

有些人永遠學不乖。查爾斯‧莫爾斯就是個典型的例子。無論他碰過什麼事，都會搞得一團糟。這不只是走霉運而已，莫爾斯魯莽、投機的性格缺陷（與他新英格蘭的成長背景不符），引發了美國一九〇七年的大恐慌。但沒有什麼能阻止他去開展一個新的、更離譜的計畫。他瘋狂、失控，而且完全不顧後果。

表面看來你不會預期他是這樣的人。莫爾斯於一八五六年生於緬因州巴斯市 Bath，是個身材矮胖、胸膛厚實的小淘氣。麻煩二字幾乎就是刻在他額頭上的招牌，攻讀鮑登學院 Bowdoin College 期間，他也在父親的辦公室找了份工作，然後付另一個人更少的錢來頂替自己的位子！莫爾斯致力於學業的同時，更重要的，是他欣欣向榮的曼哈頓製冰業。

莫爾斯靠製冰發家，但手段並不正當。他賄賂了市裡的政治人物，包括那個支持莫爾斯強迫競爭對手合併的腐敗市長。之後，莫爾斯又透過為公司注資，把股票灌了比冰還多的水，來賄賂政界人士！憑藉壟斷地位，這位自信滿滿的「冰王」大膽地將冰塊價格推到天價，引起公眾激烈抗議。但他覺得讓公眾隨便怎麼吵都可以，因為他們的市長投資了莫爾斯的股票！接下來，他成立了一家持股公司，操縱其股票，從中獲得了大約兩千五百萬美元的私利。然貪汙行為終究讓他的計畫破滅，公眾最終獲勝，他們將腐敗的市長撤職，新上任的市長結束了莫爾斯的壟斷地位。

在進入銀行界前不久，渴望再次冒險的莫爾斯投身於航運業。他利用類似製冰業詐騙的手法，這位「大西洋岸上將」在東海岸建立了一個幾乎壟斷

的地位，並從中攫取了巨額利益。

儘管他在製冰業和航運業的交易中有一些不光彩的行為，但與他的銀行業務和投機計畫相比，那些都相形見絀。他最初向自己的速記員等小人物借了數十萬美元。然後，他利用一系列貸款，控制了多家銀行。這很容易——莫爾斯借錢，然後用這筆錢購買一家銀行的控股股份。接著，他使用該銀行的資產再次貸款，用來購買另一家銀行。他控制的銀行愈多，進來的貸款就愈多。漸漸地，他和兩名合作夥伴組織起了一個高度投機的十幾家銀行連鎖——就在那時，聯合銅業的股票引起了他們的注意。

聯合銅業過度注資，莫爾斯很喜歡這一點。但更令他感興趣的是透過操縱該公司的股票來賺一點錢。因此，他和合作夥伴組成了一個共同資金池，將股票壟斷起來，透過各個經紀商大量購買聯合銅業的股票。（這些經紀人要以自己的名義將股票「寄放」到這個池子，以保密其交易並防止股價過早飆高。需注意的是，寄存股票是伊凡・博斯基最近入獄的原因。現在它是非法的，但當時還不是。）

當突然爆發的賣盤壓低股價時，莫爾斯和他資金池的夥伴立即懷疑到經紀商身上。因此，當股價在大量做空者回補之後，從三十七美元上升到六十美元，莫爾斯相信他和同伴已經壟斷了聯合銅業的股票，這時他們採取了行動。

夥伴們對經紀商的蒙混提出了質疑。他們認為經紀人做空了股票，且持有的股份不足以滿足莫爾斯的需求。莫爾斯的資金池要求經紀人把為他們寄存的所有聯合銅業股票交付過來。如果經紀人確實不老實，並且做空了股票，他們將不得不全部回補，導致股價飆升，而他們這群人將可以在這過程中獲得數百萬的利益。但如果經紀人並未做空，實際上擁有股票可以交付，那麼這群人就完蛋了，因為沒人想得到，莫爾斯根本沒有足夠現金支付他所購買的所有股票。他在玩一場賭很大的牌局，用虛張聲勢來揭穿對方的虛張聲勢。

事情的發展是這樣的：首先，莫爾斯並未真正壟斷聯合銅業，仍有很多小型投資人持有該公司股票，當股價回升至六十美元時，小型投資人看到了

出貨的機會，他們把股票賣給了渴望買進的經紀商。這些經紀商確實做空了股票，正如莫爾斯他們所想的一樣，但現在，經紀商利用小型投資人的出貨買足了股票並得以交付。然後，沒錯，莫爾斯一夥沒有足夠資金來支付這些股票！莫爾斯和同夥紛紛竭力籌集足夠的現金，他們把自己的聯合銅業股票拋售到市場上。自然而然地，由於他們的拋售，聯合銅業股票的價格急劇下跌，先是跌至三十六美元，然後跌到了十美元！

如果莫爾斯純粹是個投機客而非銀行家，損害可能會小很多。但是他與銀行的關係以及他在華爾街的失利，引起華爾街極度恐慌。存款人開始到他的銀行擠兌，擔心他們的帳戶會有風險。由於莫爾斯旗下銀行的投機性質，它們在準備金方面並不充裕。這些銀行缺乏票據交換所 Clearing House 的資金和支援，這是一家在聯準會成立之前，負責監督紐約大銀行之間的支票和信貸，並控制小銀行信貸管道，由摩根集團掌控的機構。所以當莫爾斯去申請票據交換所的信貸時，票據交換所要求他和他的合作夥伴辭去所有的銀行相關利益，只有在達成這些之後，J・P・摩根才會行動，讓經濟免於災難。莫爾斯顯然並非導致一九〇七年恐慌的根本原因，該恐慌是在之前的投機熱潮和熱過頭之後自然醞釀而成的，但莫爾斯成了壓垮駱駝的最後一根稻草。

身為這場大恐慌的主角，莫爾斯在一九〇八年被判處十五年監禁。但由於他有上訴和雇用了一位出色的律師，他只入獄了兩年，時間是從一九一〇年到一九一二年。（諷刺的是，莫爾斯沒有付律師費。）後來，威廉・霍華德・塔虎脫 William Howard Taft 總統在聽說莫爾斯瀕臨死亡後赦免了他。實際上，莫爾斯服用了一種化學肥皂泡沫混合物，計算出能產生致命症狀，但不會造成真正的傷害！這已足以蒙騙過總統。

這位專惹麻煩的人並未受到多大打擊，他滿懷復仇心情回到了華爾街，決心東山再起。到了一九一五年，他新成立的哈德遜航運公司 Hudson Navigation Co. 已成為航運業中崛起的勢力，後來被控告採取不公平競爭行為。次年，莫爾斯的另一家造船公司被美國政府聘用，為第一次世界大戰建造了一百三十六艘船舶。一如既往，莫爾斯為此借貸，然後只完成了二十二艘船

舶，讓人起疑！

　　莫爾斯被指控在戰後調查期間串謀詐騙政府，他把大部分貸款用於為自己的公司建造造船廠，而不是建造船舶！但在正式起訴之前，莫爾斯啟程前往歐洲。途中，司法部長給他發了一封電報要求他返回，他也依照要求返回了美國，莫爾斯再次被逮捕，還一直聲稱自己是清白的。與此同時，美國政府在一九二五年從莫爾斯的公司獲得了約一千一百萬美元的賠償。

　　莫爾斯在八年後去世，他在商界所做的所有努力全部毀敗。他是一個很好的例子，告訴我們為什麼不應該用借來的錢來經營事業。他借錢做了錯誤的投機，他借錢還做了詐騙的事，最終他變得貧窮並且入獄。大多數人都知道，如果你不知道自己在做什麼，借錢可能會適得其反。莫爾斯證明了借錢還會導致鋌而走險的行為，而這些行為原本是不會發生的。在這個過程中，你可能會失去誠信，甚至失去一切。

ORIS P. AND MANTIS J. VAN SWEARINGEN

范‧斯韋林根兄弟

靠槓桿而生，也因槓桿而死

很有遠見的機會主義者奧里斯和曼蒂斯‧范‧斯韋林根完成了大多數人認為不可能的事。他們倚賴蓬勃發展的一九二〇年代風潮，藉由槓桿收購建立了一個鐵路帝國，這些鐵路公司由控股公司串聯在一起，成為了他們的標誌。雖然這對積極進取、充滿活力的雙人組在一九二九年的股市崩盤後一夕之間失去一切，但他們的帝國展現了創造性融資最佳和最早期的階段。當然，這也顯示倚賴槓桿生存的人，也將因槓桿喪失一切。

范‧斯韋林根兄弟看起來就像雙胞胎，他們曾是普通白領，最初於一九〇〇年在房地產方面小規模起步。奧里斯當時二十一歲，曼蒂斯十九歲，他們以小地段的方式購買一英畝土地，他們以細分地塊的方式出售，並在土地可以以小幅利潤轉售之前為買家提供支援。他們認為房地產市場仍然看好，因此他們毅然決然地投資其中。憑藉他們初步獲得的利潤以及從朋友那裡借來的資金，他們在克利夫蘭外圍購買了四千英畝土地，希望將其轉變為高級住宅區——謝克海茨 Shaker Heights。這是市場出現規劃細分地段的早期，大多數人對於他們的計畫尚抱持懷疑態度。

兩兄弟還保持著單身，一起生活，甚至睡在雙人床上，他們努力工作，直到一九三〇年才放自己假，並為謝克海茨的命脈，也就是鐵路進行規劃。他們原本打算從自己的土地建設一條與克利夫蘭市中心相連的簡單鐵路，卻意外發現了一條重要的鐵路線——紐約、芝加哥和聖路易士鐵路，而且價格合適。當你可以建立一個王國的時候，為什麼只滿足於建設一條可以簡單連接起郊區的路線呢？因此，這對兄弟以八百五十萬美元的價格收購了這條鐵

路線——自己支付了五十萬美元，借了兩百萬美元的銀行貸款，其餘部分以十年期應付票據形式支付。這就是如此簡單——只需借錢！然後，這對兄弟建立了他們的第一家控股公司。透過向公眾發行股票，他們很有效率地利用股票市場來再融資他們的債務，並且他們一路順風——這是他們職業生涯中經常重複的手法。

對於這對活力十足的兄弟來說，鐵路併購變得輕而易舉。他們迅速收購了多條鐵路線，以過去的收購為抵押借款，並成立了金字塔式的控股公司，這與現在的槓桿收購相似。他們是最早的真正金字塔式企業家之一，從這個意義上說，他們是金融創新者。相較於先成為鐵路營運商，只在必要時才利用華爾街的**詹姆斯·希爾**，奧里斯和曼蒂斯是先運用金融來營運，而不介入日常的營運。在他們精明的營運者管理下，范·斯韋林根帝國蓬勃發展了起來。

就像後來的大多數金字塔式企業家一樣，他們最初的成功帶他們帶來作為創新帝國建造者的聲譽，華爾街重要人物（例如摩根財團和具有影響力的紐約銀行家**喬治·費雪·貝克**）也增加了對這對小鎮兄弟的金融支持。為了得到貝克的支持，這對樸實無華的兄弟必須通過他的考驗：「你們有在工作嗎？你們睡得好嗎？」當兄弟們回答他們睡得像條木頭，從不擔心時，貝克說：「好吧，我支持你們。」但或許范·斯韋林根兄弟睡得太安穩了，因為當一九二九年來臨時，股市崩盤使他們高度槓桿化的操作發生了問題。一年後，他們的獲利和股價雙雙受挫，他們貪得無厭的帝國岌岌可危，兄弟倆深陷於克利夫蘭的銀行債務之中。我敢打賭，那一年他們要麼根本無法入眠，要麼睡得很不安寧。

他們的金字塔結構是一個由控股公司握有的營運公司集團所組成。但是，控股公司也相互持有彼此的部分股份，形成一個令人困惑的蜘蛛網狀結構，讓人不禁聯想到這就像是在變戲法。他們的金字塔結構頂部是由通用證券公司 General Securities Corp 和范尼斯公司 Vaness Co. 組成的，這兩家公司之間存在著互相交錯的所有權關係，並且處於膠著狀態。因此，自然而然地，他

們的下一步行動就如同你所預期的金錢操縱者所有的行徑。

　　他們進行了另一項交易，進入到華爾街的深口袋裡，特別是摩根財團的，以他們的財產作為抵押，取得了四千八百萬美元的貸款。但這還不夠。在一九三〇年代初，股票價格持續下跌，因此他們的擔保品貶值，金字塔結構需要更多資金。金字塔結構的建立需要與金融市場保持同步，避免發生經濟潰決的壓力，但對於兄弟倆來說已經太遲了。沒有定期收入，范‧斯韋林根兄弟無法應對他們的槓桿，儘管華爾街對他們有著相當高的信心和支持，但他們在一九三五年違約，只能任由摩根拍賣掉他們的資產！他們在一九二〇年代一路攀升，但在五年內一路下滑。但有時候失敗並不意味著結束，尤其對於搞交易的人來說。

　　當進行破產拍賣時，有兩個祕密投標者出席，一個是摩根財團，另一個是中美公司 Midamerica Corp.。摩根出價三百萬美元，期望得標並擁有這些營運資產的股權，他們曾經提供貸款支援這些營運資產卻不幸失利。然而，令人驚訝的是，中美公司以三百一十二萬美元的出價得標，這對摩根來說意味著無法收回損失，金額高達四千五百萬美元！於是，一如破產時經常發生的狀況一樣，便發生了背信棄義。中美公司是由范‧斯韋林根的一位朋友所控制，他購買了這些資產，試圖將這些還給兄弟倆。這是現今破產案件中常見的一種策略，也使范‧斯韋林根在金融界留下另一個印記。

　　畢竟，誰會比前任所有人更瞭解這些資產呢？而且在破產時，所有人和曾經是盟友的債權人之間早已經恩斷義絕。因此，前任所有者對債權人產生了反目之情，並從一批新的盟友（通常是股權夥伴）那裡尋找其他形式的融資，他們一起參與破產程序希望以低價奪回資產。在這種情況下，范‧斯韋林根希望以低價從破產標售案中購回他們的資產，並重新拿回他們的鐵路，而不必承擔最初從摩根和克利夫蘭銀行背負的債務負擔。在此過程中，他們希望重新取回營運鐵路，這些鐵路的總軌道長度超過了整個英國的軌道長度。

　　在這種情況下，新的盟友是以「鮑爾玻璃罐」Ball Jar 聞名的喬治‧鮑爾

George Ball。鮑爾與這對兄弟們之間的交易是以每年僅八・二五美元的低價在十年內從他那裡買回資產。但這個交易從未實現。兩個月後,年僅五十四歲的曼蒂斯去世。不到十二個月後,奧里斯也隨其兄弟去世,享年五十七歲,身負超過八千萬美元的債務,其中超過一半是欠摩根財團的!

我們從中學到什麼教訓呢?如果你能借入大量資金並在牛市中購買大量資產,你可以迅速賺取大量財富。但要使此策略奏效,有三個關鍵因素。首先,你必須在整個牛市期間不斷獲利並讓銀行業者對你抱持著信心。其次,你必須能夠經營得有聲有色,以便能夠經受得住困難時期,在這種時期鮮少有良好的財務狀況。第三,你必須能夠預見到困難時期的來臨,並有足夠的時間來發行足夠的股票以償還債務,而且必須在股價下跌和經濟疲軟之前便已執行。問題通常是,市場往往在經濟轉弱之前便已下跌,在你看到經濟疲軟之前,你便已無能力發行股票給傻傻的群眾。

儘管范・斯韋林根兄弟最終破產負債,但如果他們在一九二九年大量出售股票,並能在一九三〇年代沒有債務的情況下繼續經營,他們的策略本來是可行的。但他們沒有這樣做。投機客通常玩的是一個擲骰子的遊戲,並假設遊戲不會突然結束。但最終,幾乎總是會出現突然結束的時候。所以,這種遊戲顯然不適合膽小的人,雖然無法證明,但兄弟倆在破產後不久相繼去世的事實明確警示人們,沉重的債務可能對健康產生不利影響,甚至致命。靠槓桿生存的人,也會因槓桿而死。

傑西・勞倫斯頓・李佛摩

豪 賭 小 子 和 失 敗 的 人

傑西・李佛摩說得對:「投機不是一件容易的事。它不適合那些愚蠢的、精神上懶散的、情緒平衡差的人玩。」但他還是投機了,有時成果還不錯。這位容易激動的「J・L」是華爾街最偉大的投機客之一,但他那浮誇的人生跌宕起伏,使他的情緒就像雲霄飛車一樣,在名聲和毀滅之間擺盪。

這位藍眼睛的「豪賭小子」Boy Plunger 一點也不愚蠢,也不懶惰,他忠於自己的職業,結過三次婚,同時擁有源源不絕的情婦,嗜酒如命,還在他兩百零二英尺(約六十二公尺)長的「安妮塔」Anita 遊艇上航行。「我賺得愈多,花得也愈多,」他抱怨道:「我不想死在令人厭惡的財富中!」據報導,他追求「鑽石」吉姆・布萊迪的情人莉蓮・羅素,並曾經贏得她的青睞。但就像其他任何事情一樣,他能贏到手,卻無法保住。

他的事業興衰不定。在破產之後,他四次成為了百萬富翁,每次一失去財富,便能以驚人的速度再度挽回。儘管有令人難以置信的韌性,李佛摩的恢復能力和他的財富在一九三〇年代逐漸衰退,當時新的政府法規禁止了他的許多策略。而這位衣冠楚楚的紳士在一九四〇年自殺,標誌著一個時代的結束。就像那個人說的,投機不是一件容易的事。

李佛摩在美國證券交易委員會成立之前的市場上聲名鵲起,他隱瞞持有的部位,壟斷股票,大量採用保證金交易,製造虛假消息,收集內線資訊,以使出殺招。他獨自狡猾地操作(僅在破產時才找其他合作夥伴一起承擔)。他在曼哈頓一間祕密的頂層公寓裡工作,工作人員都是統計學家。他隨著市場搖擺,預見市場大勢,並避開風險所在。他並不關心市場走向,只要市場

波動，他就能賺到錢！例如，在一九二九年的大崩盤中，他開始做多，然後改變了立場，結果做空獲利數百萬，而做多的部位則損失了同樣多的錢！

李佛摩掌握了市場價格的波動。他以不可思議的準確度讀懂行情，開始在波士頓的非法經紀公司進行交易，這在大多數人看來是一種令人髮指的賭博。非法經紀公司提供了一個在不必實際購買股票的情況下押注市場的機會。這就像投資人坐在經紀人的辦公室裡，「非法經紀公司的投資者」押注股票走勢，支付傭金和少量保證金，但與真正的經紀商辦公室不同的是，實際的下單會被丟棄掉。一般來說，人們無法根據之前的股票走勢來預測股價，這也是非法經紀公司賴以生存的法則。因此，試著閱讀行情並下注是一種像拉斯維加斯賭博一樣的遊戲，把錢從顧客的口袋裡掏出來，倒到這些非法公司口袋裡。但李佛摩是個例外，他證明了這一定律——他是一個非常罕見的人，能夠讀懂行情，並判斷出一檔股票的走勢。

非法經紀公司並不怎麼特別受人尊敬，但對李佛摩來說，它們是有利可圖的。十五歲時，他在他的第一份也是唯一一份工作——普惠投資公司 Paine-Webber 擔任記價員，他在午餐休息時間裡做投機買賣就贏得了一千美元！後來，他受到自己第一次投機活動就贏錢的鼓舞，李佛摩在鐵路上「投下」了十美元，賣出股票後賺了三美元。沒過多久，他就打敗了他進過的每一家非法經紀公司，既大賺一筆，又贏得了無情的名聲！

在非法經紀公司裡取得這樣的成功根本就是聞所未聞，結果，他受到了最高程度的奉承，也就是被禁止交易，而且不是被禁一兩家，而是所有這類公司都不與他交易！李佛摩不願意放棄他的飯票，他利用化名和偽裝身分繼續投機。一開始，這些化名有發揮作用，但當他發展出「豪賭小子」這個標籤時，偽裝就變成絕對必要了。

當在美國東北部很難找到一家還沒聽過他名聲的非法經紀公司時，他跳上了一輛西行的箱式車，遍訪全國的非法經紀公司，在東海岸和中西部各地進行交易。從紐約、印第安納波利斯、芝加哥、到聖路易士和丹佛，李佛摩所到之處到處都贏，他存下了大約五萬美元。接下來，他到了最重

要的市場——華爾街，在那裡他們不能拒絕你下單，但你必須實際買入股票才能參與。

李佛摩於一九〇六年滿懷信心地來到華爾街，準備征服該市場。但他太自負了，第一次進場就輸光了。作為一名從不分散投資和分散風險的人，這位自負到極點的人也不明白要建立一個大部位是有多難。買股票和看行情不同。如果他在非法經紀公司看到一檔股票的價格是二十美元，並認為它會漲到二十四美元，他可以在二十美元的時候「買進」，當它達到二十四美元時，他可以「賣出」，獲得百分之二十的利潤。

但在華爾街，他會拿出五萬美元，計畫購買兩千五百股股票。在當時那個規模比現在小得多、流動性也差得多的市場上，這是一個巨大的部位，買進報價和賣出報價之間的價差往往很大。一檔股票以二十美元的報價買進，而以二十五美元的報價售出，之間出現百分之二十五的價差並不稀奇。假設他看到一檔股票，最後成交價是二十美元，但買進報價是十九美元，賣出報價是二十一美元。他從二十一美元開始買，還要外加傭金。但他自己的買入會推動股價上漲。他可能要買到二十四美元價位才能建立起自己的全部部位。然後，如果他認為它會下跌並開始賣出，當時可能買進報價二十三美元，賣出報價二十四美元。然後他開始賣，但永遠不會得到比二十三美元更好的價格、付出更少傭金，於是便在他的首次賣出中遭遇虧損。然後，他會壓低股價，並在清算剩餘的兩千五百股股票時虧損更多。在現實中賺錢要比在帳面上賺錢難得多——除了機構的基金經理人，現在似乎很少有人能完全意識到這一點。例如，投資通訊「管理」投資組合的方式與利李佛摩在非法經紀公司做交易的方式相同。但實際操作這些通訊的建議就像李佛摩在華爾街的買進一樣。

李佛摩一開始並沒有明白這一點。他只是覺得他在華爾街行情時看得不夠快。於是，他做了唯一一件他知道該做的事，回去透過非法經紀公司補充他的資本。在這過程中，二十九歲的他偶然發現了聯合太平洋鐵路公司——這是一次很幸運的預感。隨著聯合太平洋公司股價上漲，他做空，預計股價

將會大幅波動。然後，就在他即將被軋空的時候，他的運氣發生了轉折，舊金山發生了地震，讓東西岸的資金流動暫時停止了，他讓鐵路股股價直線下降！李佛摩迅速回補他的做空部位，先獲利落袋，第二次翻身。

第一次世界大戰擾亂了他的蓬勃發展和揮霍無度的消費！這一次，咖啡成了罪魁禍首。李佛摩預料到咖啡的價格會上漲，於是囤積了大量咖啡——果不其然，咖啡價格上漲了。但是，當政府官員對大發戰爭財的行徑不滿，致使他從咖啡上賺到的獲利被榨乾了，他價值數百萬美元的咖啡契約也跟著作廢了。他真是走楣運，第三次破產了。有了經紀人提供的資金（李佛摩利用槓桿交易所產生的傭金，對他們來說往往比少量資金更有價值），他再次復活，在整個一九二〇年代成功地策劃了空頭襲擊和多頭奔騰。但一九二九年的大崩盤卻讓他一蹶不振。

為了在蕭條時期創造奇跡，李佛摩沒有坐等命運的安排——相反地，他利用媒體，主要是《紐約時報》，使市場朝著有利於他的方向發展。例如，當他在一個上漲的市場上收購棉花時，市場上幾乎沒有買單，他利用一九〇八年一篇題為「傑西・李佛摩壟斷七月棉花」的文章保證自己能夠成功。李佛摩從未承認自己是故意散布這篇文章的，但他卻收穫了數百萬美元，因為興奮的新買方和驚慌失措的賣空者爭先恐後地以高價買入他的持股！在接下來的十年裡，新登基的「棉花王」遵循了三個絕對可靠的步驟：一、無論是多頭還是空頭，都要建立巨大的部位。二、公司宣傳這件事情。三、拋售給冤大頭！傑西討厭和男人握手，卻喜歡觸摸女人，他認為公眾總的來說都是愚蠢的。不知怎的，他似乎從來沒有意識到自己是個不擇手段的人。

一九二五年，李佛摩在穀物上損失了三百萬美元，為了彌補損失，他祕密地管理了一支資金，並在一年內將股票從十九美元推到了七十四美元以上。即使在一九二〇年代，當他賠錢時，他也會去非法經紀公司快速賺錢。他也喜歡申請破產來清償債務，他的債務一度超過兩百萬美元，即使是在他的破產官司已經結束後，他還是經常會償還大部分債務。有一次——一次已經足夠了——他試圖求助於他第一任妻子，要求她典當他以前給她買的的珠

寶！當她拒絕時，他收拾行李離開了，幾年後和她離婚，娶了一名十八歲的女孩。當時他四十一歲。

（《價值線》的傳奇創始人**阿諾·伯恩哈德**曾告訴我，一九二〇年代他在李佛摩手下擔任統計學家的經歷。伯恩哈德當時年輕、渴望向上爬、缺乏經驗，但觀察力很敏銳。他注意到李佛摩最主要的一點，是他不善於觀察。根據伯恩哈德的說法，李佛摩即使是在他的私人辦公室裡，他的虛榮心還是會阻礙他認知現實狀況的能力。）

如果一九二〇年代是李佛摩夢寐以求的十年，他可以舉行奢華的派對、擁有房地產、勞斯萊斯、兩個兒子，那麼接下來的十年就是現實給了他一記迎頭棒喝。當股市在崩盤後觸底時，他也迅速跟進。他那可愛的十八歲第二任妻子後來成了酒鬼，在一次酗酒中對著他最喜歡的小兒子開槍。兒子後來康復，李佛摩也很快擺脫了這次婚姻，又娶了第三任妻子。他的職業生涯也同樣黯淡。雖然他從未徹底破產，但這位大投機客不得不去做一百股這樣的小額交易，並在證券交易委員會導致這些非法經紀公司倒閉前，再度回到那裡去做交易。一九三三年，他崩潰了，把自己藏在酒店房間裡，連續喝了二十六小時的酒，然後睡眼惺忪跌跌撞撞地走進警察局，聲稱自己失憶了。他已成了一個真正的廢人。但這還沒有結束。

由於喝了太多冰的乾馬丁尼，李佛摩變得憔悴不堪，他忍不住要把自己成功的「祕密」出賣給公眾，於一九四〇年出版了《如何交易股票》*How To Trade Stocks*（一譯《李佛摩股市操盤術》）。這本書只有不到一百頁，薄而廉價，有兩種版本，一種是皮面精裝本，另一種是「普羅大眾」版。但就算是穿上皮革封面也不會使這本書令人刮目相看。這是他為恢復自己夢寐以求的名聲所做的最後一次孤注一擲的嘗試，這點已表露無遺。儘管他一貫努力宣傳──為媒體舉辦招待免費食物和飲料的大型派對──但這本書還是失敗了，李佛摩最終陷入了情緒崩潰的邊緣。

他在曼哈頓的荷蘭雪梨飯店喝了兩杯酒，寫了一封長達八頁的信，向第三任妻子重申「我的人生很失敗」（據說如果這本書成功，她早就出局了）。

接著，他躲進空蕩蕩的衣帽室，癱坐在椅子上，用手槍指著自己的太陽穴，告別了這個世界。考慮到他說過自己不想死在令人厭惡的富裕中，他可能會覺得這麼做比較成功。

李佛摩給了我們什麼啟示嗎？可說是太多了，無法一一列舉。他是所有市場作手中最浮誇、最出名的一位，令人驚訝的是，對於一個不配得到這一切的人來說，他卻是如此出名。他的浮誇、奢華和張揚吸引了人們的注意。但當你想到他時，重要的是要記住，買股票比表面看起來都要難。瘋狂的交易員或許能在華爾街賺到錢，但他們很少能保住成果。

難以歸類，
卻絕非無關緊要

MISCELLANEOUS, BUT NOT EXTRANEOUS

傳奇與特立獨行的人

當你把一百個人劃分成不同的子團體時,自然會有一些人被排擠,因為他們不屬於任何一個類別。這一章中的四個人與其他十章中的任何一章都格格不入,但這一事實絲毫不影響他們的重要性。他們只能被歸屬於雜類,但並非無足輕重。每一個形形色色的人,像是海蒂‧格林、派翠克‧波洛尼亞、賽勒斯‧伊頓和羅伯特‧揚,這些人都有自己與眾不同的行事風格,並對市場產生了獨特的影響。

首先,有些傳奇人物,像是海蒂‧格林和派翠克‧波洛尼亞。直到現在,人們還會盲目地引用這兩位相對較不知名人物的貢獻。例如,我在一九九一年五月二十三日的《舊金山紀事報》*San Francisco Chronicle* 上看到了赫伯特‧卡恩 Herb Caen 的專欄,他談到了當地一位很像海蒂‧格林的老婦人,以及她個人在金錢方面的弱點。

海蒂‧格林的遺產膨脹到傳奇的程度,主要是因為她在投資方面驚人的成功,以及她特別奇特的手法。她是一名保守的投資者,滿足於年復一年收取適度的收益。她也是一個臭名昭著的社會局外人,這正合她意。她不像其他成功的作手會炫耀自己的財富來取得他人的關注,格林會試著隱藏起自己的財富,她把股票藏在她骯髒過時的衣服裡,還會經常移動。她的生活比窮人中最窮的還要節儉。她非常吝嗇,這就是形容她最好的用語,她不肯帶兒子去看醫生,結果導致兒子的腿因壞疽而截肢。但是,就像本書中的所有人一樣,她節儉賺取獲利的方式也成為了傳奇。

派翠克‧波洛尼亞與華爾街的關係鮮為人知——他是華爾街最受歡迎的擦鞋童,然而這謙卑的角色對市場產生的影響遠比他所能想像的還要大!波洛尼亞代表了一九二〇年代臭名昭著的「熱門股消息」來源。他從重要的高層客戶那裡聽到這些消息,然後將它們散布給普通投資者賺取小費。他是流言蜚語匯聚的核心,協助推動了股市在一九二九年崩盤前的狂熱年份裡的投資熱潮。他熱心參與市場提醒了少數獨行俠,他們能夠將他所說的消息轉化為危險信號,即時從市場中逃脫,避免像其他人一樣被擊垮。

接下來要介紹的是一些特立獨行的人,這些人通常是不喜歡被歸類或

貼上標籤的人。賽勒斯·伊頓和羅伯特·揚是鮮為人知建造起帝國的人，他們在華爾街的束縛下堅決反抗，這在當時是不被允許的。伊頓在克利夫蘭建立了一個工業帝國，然後又建立了一個投資銀行帝國。揚大膽地接管了一家原本與華爾街有關聯的鐵路帝國，並在這過程中完成了投資銀行之間競爭投標的第一個案例。他保持了他的特立獨行的聲譽，但卻失去了理智，於一九五八年自殺身亡。做為一名特立獨行的人是有其代價的。

格林和波洛尼亞是一般我們可以接觸到的人物。也就是說，你我都可以連繫到他們。一名酒鬼可能不知道在他旁邊公園長椅上的流浪女子身價高達一億美元。我真希望能夠讓波洛尼亞為我擦鞋。這些人物及其所扮演的角色都是我願意付錢去電影院觀看的類型。相比之下，那些特立獨行的人就比較默默無名、難以接近，相對於格林和波洛尼亞而言也比較平淡無奇，但他們也以自己的方式影響了市場。

這些人物可說是雜七雜八，但並非無關緊要。格林、波洛尼亞、伊頓和揚都對現今的金融格局做出了貢獻。沒有他們，就不會有「形塑市場的百位巨人」，而只有九十六位巨人了！雖然我無法把這四個人適當地歸入任何其他類別，但也沒有其他四個人仍然對市場產生如此持久的影響了。

HETTY GREEN

海蒂・格林

女巫的魔藥，或者說……像她這樣並不容易

你覺得華爾街的第一位女騙子會是什麼模樣？無論如何，她肯定比不上吝嗇又古怪的海蒂・格林，因為她精明地將六百萬美元遺產變成了一億。海蒂並非商學院出身、身穿灰色西裝的那種人，她總是裹著發臭的黑色過時衣服，裡頭縫著無數證券。海蒂每天都穿的都一樣，戴著骯髒的黑色棉手套、女帽、破傘和披肩，匆忙奔波於不潔的公寓和其總部——化學國民銀行 Chemical National Bank 的金庫間，逃避那些「追逐」她的貪婪鬼魂。她會盤坐在金庫地板上，吃著全麥餅乾、燕麥片（有時是她口袋汙穢皺褶中掏出的、打開過的火腿三明治），還會剪下優惠券塞進胸前。她來到華爾街短短幾個月，這位中年怪人就以「華爾街女巫」聞名於世。

然而，即使是女巫也得要有投資策略，而她的策略非常簡單。在沒有所得稅的時代，她每年努力賺取並保持百分之六的收益。換句話說，海蒂遵循兩條規則。首先，她從不追求「全壘打」，而是更喜歡擁有許多相對安全回報的優質穩健投資。其次，海蒂非常吝嗇。

「致富沒有祕訣。我相信的是在最低點進場，在最高點出場。你所要做的就是便宜買、高價賣，行事節儉精明，並且堅持不懈。當我看到一件好東西因為沒有人想要而價格便宜時，我會買下一堆並把它們好好收起來。」

海蒂根深蒂固的想法是，大多數人會花掉他們從投資中收穫的收益，但如果你一塊錢都不花，就能存下所有並持續複利增長。如果你以百分之六的年利率，讓六百萬美元跑複利五十一年，且從不花費任一年的百分之六，你最終會得到一・一七億美元。海蒂就是這麼做的。她成了美國最富

有的女人，但為了實現她的目標，正如你將看到的，海蒂或許也是最吝嗇的人。

海蒂大量購買股票，但只在金融恐慌的低谷期買入，而且主要是鐵路股。此外，她也購買房地產抵押貸款、政府和市政債券以及其他安全的收益型投資。由於她幾乎不花一分錢，所以一直以百分之六的利率複利再投資。股票只是她投資組合中的一部分。她逮到金融恐慌期間的機會，「收割」破產者拋售的股票，令她陶醉其中。她從不在牛市後期買入，而是在沒人願意買進的崩盤時進場。看看她的自信和驚人的投資結果，人們不禁猜想她憑藉的是否是女性的直覺，也或者，是內線消息。有個廣為人知的例子是，她及時退出尼克博克信託 Knickerbocker Trust，正好在一九○七年的恐慌前不久。她的線索是什麼呢？「那家銀行的男人都太帥了！」她即時退場，手上留存的大量現金剛好可以借給那些失利的投機客。

作為市場上唯一的女性，海蒂算是少數族群，她也知道這一點。「我願意把政治留給男人去處理，儘管我希望女性在商業和其他方面，擁有比現在更多的權利。如果我是男人，我的職業生涯會更容易取得成功。我發現男人在商業上會利用女人的弱點，而他們不會對男人這樣做。我就是發現了這點，才一輩子都在法庭上與男人戰鬥。」

在度過了悲慘的童年和失望的婚姻，海蒂後來到曼哈頓。原名亨利埃塔・霍蘭德・羅賓森 Henrietta Howland Robinson 的她生於一八三四年，她的父親是個堅定的財富獵手，為錢娶了出身新英格蘭豪門的妻子。雖然母親想為海蒂打造一個有王子之類的童話生活，但海蒂是爸爸的乖女兒，而她父親愛德華・「黑鷹」羅賓森 Edward "Black Hawk" Robinson 卻是金錢的奴隸。在麻州新伯福這座庸俗的捕鯨城市裡，海蒂看著她的父親剝削人民、捨棄奢侈品並撙節日常必需品，建立起一個航運帝國。海蒂追隨父親的腳步，成為城裡最富有的女孩，身穿破爛衣服，學會了「永遠不給別人任何東西，甚至是善意」。

這位衣衫襤褸的年輕人在碼頭上奔來跑去，學會了父親的汙言穢語、財

務智慧、凶悍脾氣和苛扣手法，她的優雅煙消雲散。一八六五年，在母親、父親和姑姑相繼去世後，海蒂繼承了近六百萬美元的遺產，以及精神錯亂般的姿態。黑鷹的使命成功了：海蒂和他一樣堅定而冷酷，準備好進入華爾街，心中只有淡黃色的美元符號。

海蒂擅長以自己的方式達成目的。當嘮叨的言語起不了作用時，她就哭！當眼淚也失敗時，她就告。打官司唯一的缺點，就是必須支付律師費，而她比男人更討厭支付律師費。儘管如此，她仍然不斷地請律師，卻拒絕支付所有人的費用！「我寧願讓我的女兒燒死在火刑柱上，也不願讓她像我一樣受到律師的折磨。」有一次，她甚至付了五十美元註冊費好讓自己隨身攜帶左輪手槍，她說：「這主要是為了保護自己免受律師的侵害。」

海蒂從她揮霍無度的百萬富翁丈夫納德・格林 Ned Green 那裡取得市場消息，他在菲律賓的茶葉與絲綢貿易中賺了錢。她能結婚真是個奇蹟，因為她對每個追求者都抱持懷疑的態度。不過，至少一開始，納德掌握了優勢，他向海蒂炫耀自己對華爾街很有見識。他們在一八六七年結婚。有人說她結婚不是因為愛情，而是為了取得免費的財務建議和食宿！不管怎樣，他們有了兩個孩子，一男一女，而海蒂則在美國黃金債券上賺了錢，這主要還是出於丈夫格林的投機技巧。當一八七三年的恐慌來臨，海蒂的多頭部位套牢，只好眼看自己的股票貶值。她從中吸取教訓，發誓從那時起，永遠要能從恐慌中「有所收穫」，她也的確辦到了。

納德・格林很快就對妻子的吝嗇行為感到震驚，比如用破爛有裂痕的盤子來取代他們精美的瓷器，並在每一分錢上都和當地商家討價還價。不過海蒂對她的丈夫也感到厭倦。當他投機失利之後，海蒂至少三次為他解困——第四次後，她就不再管他了。雖然兩人並未離異，但再也沒有以任何形式分享過彼此的生活。

海蒂的唯一真愛是錢。到了一九〇〇年，據說她的身價已達一億美元，每天進帳兩萬。錢愈來愈多，而她卻無法快速運用這些錢，因此她瘋狂購買鐵路股，例如一八八七年購入俄亥俄和密西西比鐵路 Ohio and Mississippi；不

過，在完全瞭解自己的投資並花上整夜時間重新思考前，她不會進行交易。如果收益率不到百分之六，她就會放棄！一八九二年，她成立德州米德蘭鐵路 Texas Midland，並讓兒子在競價中打敗死敵，合併了較小的瓦科和西北鐵路 Waco & Northwestern。對海蒂來說，這些鐵路不僅是收入來源，還是她兒子納德 Edward Howland Robinson "Ned" Green 的就業機會。

海蒂培養納德作為她的繼承人，甚至支付他的大學學費——前提是他畢業後保證維持單身二十年。納德是一個媽寶——小時候，他每天早上在母親讀完報紙後就拿去轉賣。納德從海蒂的康乃狄克河鐵路 Connecticut River 公司的職員做起，然後升任負責管理她五百萬美元的芝加哥房地產。他每月為母親賺進四萬美元，她卻只支付他每天三美元的「培訓費」。海蒂是一位驕傲的母親，對兒子充滿抱負，認為他可以成為另一名傑伊・古爾德！但即使與兒子相比，她對金錢的熱愛依然排在第一位。納德十四歲那年，在滑雪時膝蓋受傷。海蒂先是用她無效的熱沙和菸草葉敷料治療，但沒有成功，後來只好穿上她最破爛的裙子，在一家免費的診所排隊等待。當納德的父親得知兒子的傷勢沒有好轉時，他未經海蒂的同意便找來了一位醫生，並支付五千美元將納德的腿截肢，因為當時已產生了壞疽。

努力不勞而獲——這是海蒂的座右銘。海蒂在與朋友的廚師激烈爭吵後中風，於一九一六年去世，留下一筆完全以流動資產為主、她曾用盡方法守護的財富。為了讓財產留在自己的家庭內部——因為她知道自己無法帶著財富離開——海蒂制定了限制性的遺囑和婚前協議，以防止姻親繼承。由於她的兒子和女兒都沒有孩子，她的數百萬美元最終被轉移給了一百多名從未見過海蒂的受益人。

海蒂讓我們學到許多投資方面的教訓。雖然她的吝嗇行為很明顯是負面的，但她複利的成功告訴我們，只要能夠取得適度的報酬率，節儉與再投資相結合就會是一種強大的機制。同樣地，她堅持安全的百分之六報酬率，雖然按現代標準顯得略低，但清楚地指出了複利的力量，同時也顯示，大多數人與其把錢押在一些有風險且變動劇烈的交易上，還不如放到有安全回報的

投資工具上。如果你現在有五萬美元的免稅退休計畫，並且能夠像海蒂的百分之六一樣每年複利百分之十五，連續五十年，你最終將獲得超過五千萬美元。複利的力量，也是女巫的魔藥。

派翠克・波洛尼亞

想 賺 快 錢 ？ 沒 這 回 事

在二〇年代末期，當美國人熱衷於玩股票時，在地鐵車廂、美髮沙龍、計程車、超市、舞廳和餐廳中，到處都可以聽到「熱門」股消息。正如華爾街事後發現的那樣，對股市的這種狂熱追求是即將到來的一九二九年股市崩盤的最強預兆，但很少有人及時看到了這一點。

不論派翠克・波洛尼亞自己是否知道，在少數有洞察力的華爾街作手眼裡，他都象徵著公眾的熱情。這位自稱「華爾街擦鞋匠」的人經常在他位於華爾街六十號的攤位上為顧客提供十多美分的擦鞋服務。他提供了一系列熱門消息，並在為顧客擦鞋的同時，將內線消息從一名顧客轉給另一名顧客。他有重要的常客，例如**查爾斯・米契爾**、**「賣股伯」史密斯**和**威廉・克拉波・杜蘭特**，如果他們真的提供了任何有價值的消息，波洛尼亞通常會把它傳遞給下一個人，從而破壞了這些消息的價值。然而，他傳遞消息可以獲得一美元回報，但如果消息已經過時，就只能拿到二十五分。他的錢開始累積——有時他可以在一個小時內充當投資顧問賺到比整天擦鞋還多的錢！接下來，波洛尼亞使用他的消息來玩股票，也就是那些他一直在傳播的熱門股消息。在股市崩盤前，他說：「我的錢永遠不會離開華爾街。這是世界上最好賺錢的地方。」

傳說中，其中一條消息激發了約瑟夫・甘迺迪在股市崩盤幾個月（有些說是幾天）前出售了他的持股。一天早上，在步行到華爾街時，甘迺迪注意到波洛尼亞暫時沒有顧客，正在讀《華爾街日報》。於是，他爬上了木質椅子，把腳跟插進腳墊裡，波洛尼亞放下報紙，拿起了他的刷子。當他們互相

問候了彼此之後，波洛尼亞問道：「你想要聽一個消息嗎？」甘迺迪說：「當然想。」然後便聽了他這位朋友的建議。

波洛尼亞向甘迺迪透露：「買石油和鐵路股，它們會飛漲的。今天這裡來了個有內幕消息的人。」甘迺迪感謝他提供這個情報，塞了一個二十五分硬幣在他的手中，便笑了一笑。他想，如果一名擦鞋匠都能預測市場，那麼這個市場一定是真的失控了。那天晚上，他告訴他的妻子他要快速撤出市場。甘迺迪在股市崩盤中保住了他的財富，事實上，當股價急劇下跌時，他還藉由做空賺了更多的錢。**伯納德·巴魯克**也有過類似經歷，據說他決定出場，然後做空。關於這個問題，巴魯克的評論很有意義。「當乞丐和擦鞋匠、理髮師和美容師都可以告訴你如何致富時，你就該提醒自己，沒有比相信可以不花代價就能得到好處的想法更危險的錯覺了。」

與此同時，波洛尼亞的所有儲蓄都泡湯了，他一共投資了約八千美元，或者如他在一九八二年接受《富比士》雜誌採訪時所說的，以今天的購買力計算約為十萬美元。「當我失去了所有的錢時，我二十一歲。我還能做什麼？我出去喝酒喝到茫！」波洛尼亞把全部的資金押在保證金交易上，他回憶起黑色星期四時的情景還很清晰。他回憶說：「早上十點鐘，人們只是站在那裡，停止交談，朝著證券交易所看去。就像在大型比賽開始前的寂靜一樣。」早上十點五十分，波洛尼亞擠進了附近一家券商公司的客戶房間，之前他曾經到這裡提供客戶服務。他希望得到有關他的保證金和股票的建議，但卻無法獲得任何幫助。相反地，房間裡擠滿了像他一樣緊張的人，試圖要麼出售他們的持股，要麼補足他們的保證金。

波洛尼亞帶著他的持股完封不動退回到他的擦鞋攤上，他記得他的偶像查爾斯·米契爾說的這句話：「明智的人永遠不會在第一個麻煩的跡象出現時就出脫。那是膽小鬼才會做的。」巧合的是，波洛尼亞的持股是在米契爾的國民城市銀行中。

到了星期一，波洛尼亞記得大多數搭乘地鐵進城的人情緒都比星期五沮喪地回家時要輕鬆得多。大多數報紙預測銀行團會提供緊急援助，人們開始

開玩笑，嘲笑突然破產的富人。但是當他到達華爾街時，波洛尼亞發現情況完全不同。華爾街沮喪氛圍有如置身一家殯儀館。星期二，「那些曾經經歷過星期四股市崩盤，又受到星期一崩盤的重擊，他們看起來再也無法承受了。他們都已經支撐不下去了。」那天，波洛尼亞最終也投降了，將他在國民城市銀行的數千股股票 現為區區一千七百美元。

波洛尼亞出生於一九〇七年，原名傑納羅・帕斯夸爾・波洛尼亞 Gennaro Pasquale Bologna，他在曼哈頓下東城 Lower East Side 長大，身材矮小，體格勻稱，一生都以擦鞋匠為業。在大蕭條期間，生意也還算不錯。「人們意識到他們不能一直買新鞋，所以他們比較會好好保養所有的舊鞋。在那些日子裡，你可以用每週四十美元來養活一家四口。」他也是做到了這些，甚至還供他的兒子去上大學和他的女兒上祕書學校。當孩子們長大後，搬到紐約州的薩芬 Suffern 時，波洛尼亞和他的妻子也能夠跟隨他們，儘管他每天仍需要通勤幾個小時到他的擦鞋攤上工作。

股市崩盤讓波洛尼亞變得謙卑，但他沒有退出市場。事實上，華爾街下一代人把他視為是個神祕莫測的謎，從一九二〇年代到八〇年代，他寫作並發刊一份挖苦幽默的通訊給他的高階主管客戶們。甚至《富比士》雜誌在一九八二年提到了他的股市噱頭。雖然他不是文學天才，波洛尼亞寫出了有節奏感的評論，有時帶有押韻，有時被認為是「驚人地精明」。例如，在一九六六年三月，在美聯準開始利用貨幣供應來操縱我們的經濟之前，他寫道：「如果你想保持領先，就要緊盯美聯準。」

關於他自己的投資，他說：「我太保守了。我只投資於績優、有分配股息的藍籌股。以購買力計算，我還沒有回到一九二九年的水準，但沒關係。我不急。」

波洛尼亞是內幕消息的化身。這些消息來自於群眾，群眾在市場轉折點上總是預測錯誤的，在變動中間則是正確的，但整體上卻是輸家。從未有過像派翠克・波洛尼亞這樣影響深遠的明牌客，然而他的名字卻如此鮮為人知。所有人都知道甘迺迪和巴魯克曾受到一名擦鞋童的反向影響，但

幾乎沒有人知道那個人就是波洛尼亞。關於這個主題，可能沒有比上面引用巴魯克的話更好的引用了。總而言之，波洛尼亞告訴我們：想賺快錢？沒這回事。

羅伯特・拉爾夫・揚

從那以後，再也不同

羅伯特・揚憑藉二十五萬美元的現金和大量的勇氣，掌控了一個價值三十億美元的鐵路帝國。他顛覆了華爾街，從少數占主導地位的公司手中奪取了權力，並在此過程中革新了鐵路融資。儘管他認為自己是偉大的改革家，但實際上他不是。揚的改革是他豐富多彩的民粹主義宣傳噱頭的副產品，但無論如何，他的改革都為歷史留下了深刻的印記。不幸的是，他在一九五八年的財務危機中自殺身亡。

讓野心勃勃、積極進取的揚躍身成名的鐵路帝國是由范・斯韋林根兄弟在一九二〇年代所建立的。他們龐大但糾結的企業結構是採用精心設計的控股公司金字塔方式串聯在一起的，但在股市崩盤時卻崩潰了，因為金錢在其最寶貴的資源，但當時卻變得十分稀缺。

范・斯韋林根兄弟在建立他們的王國時，是採用槓桿收購，將過去購買的當作是抵押品，並忠實地回歸摩根財團，有時還向庫恩羅布公司尋求融資。接著便是羅伯特・揚。身形矮小、頭髮過早變灰白的揚看上去有點像個陰沉的米基・魯尼 Mickey Rooney，但他掌控了這個帝國，他在威脅要將帝國的融資業務從摩根手中拿走，並提供給那些可以以最低的競爭報價完成債券融資的對象時，招惹起摩根的憤怒。當然，摩根不喜歡這樣做。這不是在華爾街俱樂部裡的做事方式，在這裡，摩根才能主導一切，因為這個想法威脅到了摩根在鐵路融資中的絕對主導地位。實際上，揚的舉動確實造成了摩根從主導地位滑落的局面。

讓華爾街內部人士感到沮喪的是，「來自德州的大膽年輕人」不是他們

的類型。他更像是一位十九世紀的開拓性金融家，不知是從日哪裡冒出來的。揚於一八九七年出生，從維吉尼亞大學 University of Virginia 退學，十九歲結婚，第一次世界大戰期間在製造步槍火藥的工廠工作。由於時機很好，他又擁有不錯的數學技能，使他先後在杜邦和通用汽車的財務部門找到工作，從中學到了足夠的知識，開始創立自己的投資公司，客戶包括傳奇人物艾爾弗雷德·普里查德·斯隆。

在一九二九年的股市崩盤中，年僅三十三歲的揚從賣空中獲得了巨額利潤，然後開始在廢墟中尋找便宜貨，其中包括他的未經打磨的鑽石——債務纏身的范·斯韋林根帝國。在股市崩盤後，它的每股面額一百美元的股票價格跌至不到一美元！到了一九三七年，揚已經從臨時所有者喬治·亞歷山大·波爾 George A. Ball 手上取得兩百萬股股份，以不到七百萬美元的價格控制了最大的控股公司阿勒格尼公司 Alleghany Corporation。其中四百萬美元是現金，大部分是借來的，其餘的是應付票據。他自己只拿出了二十五萬美元。這不是那麼容易做到的，所以他一定是個了不起的業務員。當時四十歲的揚接管了鐵路，但他對鐵路卻一無所知！

但是，大多數人也不懂鐵路，所以他向民眾發起了代理權和宣傳活動。他首先召開了第一次新聞發布會，並與新政、證券改革和反對傳統華爾街勢力的觀點結盟。有些人認為，他沒有適應證券監管的問題，因為作為一位新進入金融界的人，他的職涯不會受到以前規章制度根深蒂固的影響。

在他的第一次新聞發布會上，揚用堅定自信的聲音宣布，他將藉由財政獨立，為所有投資大眾中的「父老鄉親們」恢復派發股息，並「斷開范·斯韋林根家族的老枷鎖」。然而，儘管他聽起來很自信，他內心可能很害怕，因為那一年年底時，他陷入了一場抑鬱症，這預示著他最終會自殺。揚試圖在他的夏季莊園中自殺，但幸運的是，一位鄰居恰好路過，從他焦慮狂亂的手中拿走了左輪手槍，才讓他得以倖存。揚花了三個月才恢復了平靜。第三百八十四課：永遠不要在財務上支持那些表現出精神問題的人。有些人會忘記這個最基本的教訓，否則揚的職業生涯幾乎就會立即告終。但當涉及到

金錢時，人們會做出他們在生活的其他方面都不會做出的愚蠢決定。

是什麼壓力會大到讓一個人想要自殺呢？在當時那個年代，你絕對不能把生意從摩根財團手中搶走，而這正是揚試圖做的。與此同時，摩根財團卷入了一場永無止境、令人精疲力竭的權力鬥爭，這場鬥爭貫穿了揚的整個職業生涯。揚最強大的武器是宣傳。

揚把自己塑造成一支小股東大軍的領袖，與富有的華爾街大亨們進行鬥爭，他建議，阿勒格尼及其所有子公司不再依靠摩根，而是依靠競價投標來選擇其支持者！揚並沒有創造競價投標，但他是第一個將其應用於鐵路業的人。真正的考驗來了，當阿勒格尼唯一賺錢的路線需要發行債券時，由於大多數董事會成員與摩根有關，他們堅持由摩根來承銷，即使揚選擇的銀行家提出了更好的交易條件！但這對揚來說並不構成問題。堅持不懈的揚在董事會室裡蹦來蹦去，反覆高喊「摩根不會得到這筆生意！」然後他威脅說，如果董事會不選擇更好的交易，他們就會被起訴！董事會最終終於屈服了。

揚一直遭到摩根及其附屬公司的攻擊，直至他於一九五八年去世。曾經收購戰和爭奪控制權的鬥爭是在市場競爭的領域中進行的，但揚把這場鬥爭公開化，並在報紙上揭露。當他無法購買足夠的股票來接管紐約中央鐵路時，他開始爭取代理人委託書！他拉攏大小股東，採用新穎的做法，派遣人員去按門鈴、分發宣傳手冊，以及雇用電話行銷人員等，來表達他的立場並獲取股東投票！他最終贏得了股東的支持，接管了鐵路。這種對華爾街方法的重大貢獻如今已成為普遍做法，但只有在後新政時代才有可能實現，當時建立的監管架構禁止了一九二九年前的股票摻水交易。

你可以說揚挑戰了體制並倖存了下來，但實際上他沒有。在另一次憂鬱症發作中，他成功地完成了之前未能實現的事情——於一九五八年自殺。他在佛羅里達州棕櫚灘的豪宅裡的圖書館中陷入沮喪，走到地下室的桌球間，用獵槍把自己的頭轟掉了。（我猜有人告訴他圖書館裡不應該發出噪音。）

是什麼導致了這種憂鬱症呢？你無法真正知道自殺者在結束生命前的想法。當時經濟衰退使得他的紐約中央鐵路股價滑落，憤怒的股東們控告他。

此外，他唯一的孩子，就是他的女兒，在幾年前的一場飛機失事中去世。有傳言說他的經濟狀況不穩定。但這些事情發生在每個人身上。（我自己也經歷過女兒去世和各種問題，但我從來沒有想過要結束上帝賜予地球的最偉大的遊戲——也就是生命。）大多數遇到困難的人會稍事休息，然後繼續生活並且恢復，而沒有陷入憂鬱症。但揚卻沒有做到。華爾街是一個壓力巨大的地方。如果你無法承受這種壓力，就應該離開這個地方。沒有人應該為了財務問題或形象而自盡。

揚帶給我們的人生教訓是什麼？很明顯，不要把自己看得太重。但是，有個簡單而實用的工具是新聞媒體和公眾對所有公司的影響力。揚在華爾街上使用這個工具挑戰了過去華爾街融資和公司治理的老式俱樂部風格，自那以後，華爾街就再也不一樣了。

賽勒斯・史蒂芬・伊頓

安靜、靈活且富有

即使在他一九七九年去世後留下了大約兩億美元的財產（順便說一下，這只是他成就中最不起眼的一點），大多數人從未聽說過賽勒斯・伊頓。其原因很簡單——他在沒有華爾街的幫助下創造了財富。事實上，他忽略了美國的金融中心，也就是判斷誰成功誰失敗的地方。儘管他從事的是華爾街的根基，也就是證券和投資銀行業務，但華爾街對伊頓的事業沒有任何發言權。摩根財團無法控制他，庫恩羅布公司失去了與他的生意，紐約的銀行被他拒之門外。這激怒了許多人，但伊頓平安無事地逃脫掉他們的憤怒，成為「也許是世界上最堅強的資本家之一」。

伊頓從未在意華爾街。事實上，他曾希望讓他認定的故鄉克利夫蘭成為一個金融中心，與底特律一起與紐約匹敵。儘管這從未實現，但伊頓盡力而為，進入了通常由金融業最大的華爾街認可的名字控制的行業，例如鋼鐵、鐵路、投資銀行、銀行、鐵礦石和電力公用事業。曾經有人說過伊頓買賣整個產業，他當然有足夠的權力和資金這樣做。

伊頓於一八八三年出生於新斯科細亞省，他的出身與典型的華爾街高階主管不同。十七歲時，他想成為一名浸信會牧師！於是他來到了克利夫蘭，他的叔叔有自己的教會，有趣的是該教會的成員包括約翰・戴維森・洛克菲勒。在與叔叔學習期間，洛克菲勒雇用了伊頓，後來試圖勸說他放棄牧師的職業，說道：「你具備了能夠成功從事商業的才能。」伊頓起初沒有聽從，但後來從大學畢業後加入了洛克菲勒的公司。

伊頓第一次創業是受洛克菲勒的推動，讓他在三十歲時成為了百萬富

翁。他被派往加拿大曼尼托巴省，為一系列計畫中的發電廠取得特許經營權。當交易被取消時，伊頓預見了巨大的機遇，從加拿大銀行籌集資金，建立了自己的發電廠。透過整合，他成立了橫跨西加拿大和中西部的大陸燃氣電力公司 Continental Gas and Electric Company。一九一三年，身價兩百萬美元的伊頓回到克利夫蘭，取得了成立已久的投資銀行奧的斯公司 Otis and Company 的合夥權。

伊頓和奧的斯公司在華爾街上取得了驚人的成功。在一九二五年，他進軍了鋼鐵業，五年後，他的公司成為了第三大鋼鐵企業，與摩根旗下的美國鋼鐵和施瓦布的伯利恒鋼鐵展開競爭！伊頓發現了一家負債纏身的俄亥俄州鋼鐵公司，提出給予其確切債務金額──一千八百萬美元──並取得了控制權。他接管了其他幾家公司，將它們合併成了一九三〇年市值為三‧三一億美元的共和鋼鐵公司 Republic Steel Corporation。

在一九二九年，伊頓開始收購公用事業競爭對手**塞繆爾‧英薩爾**的證券，與此同時，摩根集團明確表示他們想要加入塞繆爾‧英薩爾的帝國。伊頓可能是為了削弱英薩爾，或者更可能是為了**激怒華爾街**，他以五千六百萬美元的價格向英索爾出售了他的十六萬股股票，比市場價格高出六百萬美元，這是我們今天所說的綠票欺詐的第一個例子。這使伊頓賺了一筆不錯的利潤，確保了英薩爾對其金字塔結構公司的控制權（儘管不久之後就失去了控制權），從而激怒了一直想要透過控制英薩爾來建立自己的公用事業帝國的摩根事業集團。

然而，在榮耀的勝利之外，一九二九年也帶來了巨大的損失。股市崩盤使伊頓損失了超過一億美元，美國《國家》雜誌報導：「這是賽勒斯‧史蒂芬‧伊頓宏偉的帝國建設的最後一幕。」由於幾乎沒有現金，他被迫負債，以抵禦伯利恒鋼鐵企圖收購共和鋼鐵的行動。到了一九三一年，他在這場挑戰中勝出，但卻付出了他剩餘的大部分個人財產的代價。伊頓在一九三〇年代中期大部分時間都在試圖將他採用槓桿式經營的帝國建立在穩固的基礎上，但進展很有限，不過沒有進一步受挫。直到一九三八年，經過近十年的艱辛，

伊頓才真正引起了轟動。他幫助一個旨在與摩根和庫恩羅布公司聯盟爭奪阿勒格尼公司和其標誌性資產中心 —— 切薩皮克與俄亥俄鐵路 Chesapeake and Ohio Railroad 控制權的集團。

摩根和庫恩羅布公司已經在阿勒格尼公司董事會上占據了席位，而當時的慣例通常要求董事會成員的公司處理股票和債券發行。因此，當阿勒格尼公司需要發行三千萬美元的債券時，摩根和庫恩羅布認為這筆交易應由他們處理。但伊頓帶領一個團隊提出了一個外部人士低價競標，以更便宜的價格（對阿勒格尼給予較低的淨利率）來處理這筆交易，這能為阿勒格尼公司省下一百三十五萬美元。這在承銷業務定價上是一個巨大的差距，成了一個必須納入考量的定價。

摩根和庫恩羅布公司的事業集團試圖以他不可靠為由，促使董事會忽視伊頓的報價。但是伊頓的集團威脅要對整個董事會提起訴訟，指控他們沒有履行對股東的信託責任。董事會可能是因為對自己贏得訴訟的能力不太有信心，或者只是不想麻煩，最終屈服並接受了伊頓的報價——競價投標於此誕生了！到了一九四二年，證券交易委員會使競價投標成為強制性措施，這是伊頓的又一個勝利，也是華爾街的另一項挫敗！這一現象本身就確保了揚和伊頓在金融史上占據了重要地位。

從那時起，伊頓一直保持著強勁成長之勢，到他九十五歲去世時，他建立了價值二十六億美元的帝國。他不再有破產風險，而是嚴格掌握各種多樣化的繁榮勃發，重建起他兩億美元的財富。他是約四十家公司的董事，包括費希博德、底特律鋼鐵公司和切薩皮克與俄亥俄鐵路，直到他九十歲！他在全球擁有廣泛的公用事業持股，包括東京、柏林和巴西，使他成為最早在海外投資的美國人之一，特別是最早在較不發達的國家投資的美國人之一。他實際上擁有橡膠工業，包括固特異輪胎和橡膠公司。他收購了宣偉塗料公司 Sherwin-Williams 的控制權，並擁有克利夫蘭礦業公司 Cleveland Cliffs Iron Mining。他的企業的財務管理始終集中在克利夫蘭。

伊頓的個人生活同樣多姿多彩。他結婚近三十年，有七個孩子，其中兩

個年幼時去世。他在一九三三年離婚，並在一九五七年七十四歲時再婚。他一直是一名堅定的共和黨人，直到近五十歲時，他轉向民主黨，認為赫伯特‧胡佛 Herbert Hoover 無法使美國擺脫大蕭條的困境。此時，他將精力投入支持小羅斯福。

後來，他的政治立場變得更加自由，成為美國和共產主義國家關係的早期倡導者。他被稱為「克里姆林宮最喜愛的資本家」，在冷戰期間被譴責為叛徒，並在一九五七年在他位於新斯科細亞省帕格沃什 Pugwash 的家中發起了第一次帕格沃什會議，討論核武器問題。伊頓為自己的愛國主義辯護，他表示，他認為：「一個國家的社會和經濟體系是自己的事情。我不希望這裡有共產主義，但如果俄羅斯人想要保有共產主義，那就由他們去吧。」

伊頓是金融界少有的那種做事低調、不喜歡各種招搖的人。在他的家鄉克利夫蘭，他是一位深受當地人支持且受人愛戴的人物。事實上，克利夫蘭大部分的居民都以投資伊頓的企業來支持他。一位作家曾經說過：「如果他倒下了，克利夫蘭的大部分人也會倒下。」伊頓身後有一種基層運動的支持，正如我們在**阿馬迪奧‧賈尼尼**的例子中所看到的，這是所有人所能得到最強有力的支持，比華爾街的關係強得多。

作為一個人，他最令人驚奇的特質可能是他能在晚年保持靈活性。大多數人年紀愈大，就變得有些固執並執著於自己的方式，但是無論是在經歷失敗並重建財富、在政治傾向上的轉變，還是在五十歲到七十四歲之間婚姻狀態的反覆，這是一個能夠隨風彎曲、從跌倒中反彈的人。他可謂老當益壯。

結語

下一批百位巨人

現在你已看到，這百位形塑市場的巨人其實非常多樣，沒有什麼規則可以將這百位巨人歸入任一特定的框架。所有你設計出來形容他們的概括論述，總會能找到幾個挑戰規則的例外。在許多情況下，這些巨人全然凌駕於規則之上。他們和其他成千上萬較不知名、或沒被注意到的領袖們，以他們的創新，為現今的市場打下基礎。但創新永不止息，即使在不完全自由的市場中也是如此。這些領袖的努力和源自於他們的演變，並不是這故事的結尾。過去的歷史只是開端，僅僅是為未來的歷史設置好的舞臺。

很多還在世的傳奇人物，比這百位巨人中的許多人更知名。我說的是現在權傾一時的大亨，或那些二十年前就已成名、如今年過八旬的傳奇。他們的故事最好在他們離世之後再寫，以便我們更理性客觀地看待。他們的人生也將告訴我們更多關於市場創新的故事。

不過，我們能從接下來五十位領袖身上學到的許多教訓，已被我那百位巨人先行傳授了。接下來的五十位領袖不會比他們更聰明、更多樣化或更具創造力；他們仍然必須應對百位巨人所面臨到的諸多同樣問題。

毫無疑問，接下來的五十位將展現更多技術專業知識，畢竟我們身在科技快速發展、和專業化日益加強的世界。然而在金融領域，關鍵在於開展專業化的同時，仍不失令這百位巨人之所以偉大的全盤視野與個人特質。在金融領域中，沒有全盤視野的專業化是沒有用的，這就像一個孤零零的齒輪獨自瘋狂旋轉。而缺乏適當人格特質支撐的專業化，與那些我們看過的、克服不了自身性格缺陷的天才們相比，其發展也好不到哪去。

在百位巨人中我們一再看到，那些在金融上取得成功的人和那些得而復

失的人之間，其分野在於性格。那些能持續成功的人，更關心他們所參與的這場遊戲，而不是他們的自我 ego 或金錢在世俗享樂方面所能帶來的東西。而那些曇花一現的人，通常和持續成功者一樣聰明、創新、合時宜，只是他們常被某些強迫性的嗜好轉移了目光，無論是酒、女人、自我或三者兼有。也許永遠都是這樣吧。在你自己的投資活動中，你也可以將這點放在心上，而它真實不虛。

　　可以肯定的是，未來會有另外五十位絕妙的金融人物，他們可以像本書的內容一樣，撐起另一本書的半邊天。從在世人物中，我們現在隨時可以輕而易舉列出其中三分之一，像是：華倫・巴菲特、弗雷德・卡爾 Fred Carr、大衛・德雷曼、菲利普・費雪、魯迪・朱利安尼 Rudolph Giuliani、彼得・林區 Peter Lynch、納德・強森 Ned Johnson、麥可・米爾肯、威廉・歐尼爾 William O'Neil、布恩・皮肯斯 T. Boone Pickens、克勞德・羅森伯格 Claude Rosenberg、巴爾・羅森伯格 Barr Rosenberg、威廉・夏普 William Sharpe、喬治・索羅斯 George Soros、約翰・坦伯頓、蔡至勇 Gerry Tsai、羅伯特・維斯科。他們都還活著 *，其中大多數仍持續有所貢獻，他們所有人都非常出色且極富魅力。其實再仔細思考一下，另外三分之一的名字也會輕易地浮現於我們的腦海。然而，要羅列出這五十個名字並不是真正的問題所在。

　　真正重要的，是更之後的五十位……那些還沒開始建立起他們在金融界之遺產的人。希望有一天我們能夠看到一本書，名為《後一百位重塑市場的巨人》。如果資本主義和華爾街要繁榮發展，那麼背後一定要有充滿活力的聰明人，從不斷老化的金融體系中擠出新的創想，使其不斷更新。這些人的思想是否會繼續演進，推動我們的金融體系向前發展？且讓我們對此懷抱希望，資本主義的未來取決於此。為了讓這過程對我們而言也充滿趣味，就讓我們期待他們同樣有趣迷人，就像本書中形塑市場的百位巨人一樣吧。

———

* 編註：納德・強森、威廉・歐尼爾、布恩・皮肯斯、蔡至勇、羅伯特・維斯科等人已先後逝世。

參考書目

CHAPTER 1
THE DINOSAURS

01. MAYER AMSCHEL ROTHSCHILD
Cowles, Virginia. *The Rothschilds: A Family of Fortune*. Alfred A. Knopf, 1973, pp. 1–139.
Glanz, Rudolf. "The Rothschild Legend in America." *Jewish Social Studies*. Vols. 18–19: Jan.–April, 1957, pp. 3–28.
Morton, Frederic. *The Rothschilds: A Family Portrait*. Atheneum, 1962, pp. 298.
"Nathan Rothschild." *The Banker*. Vol. 130: Jan., 1980, pp. 116–117.

02. NATHAN ROTHSCHILD
Cowles, Virginia. *The Rothschilds: A Family of Fortune*. Alfred A. Knopf, 1973, pp. 1–139
Glanz, Rudolf. "The Rothschild Legend in America." *Jewish Social Studies*. Vols. 18–19: Jan.–April, 1957, pp. 3–28.
Morton, Frederic. *The Rothschilds: A Family Portrait*. Atheneum, 1962, pp. 298.
"Nathan Rothschild." *The Banker*. Vol. 136: Jan., 1986, pp. 89.

03. STEPHEN GIRARD
Adams, Donald R., Jr. *Finance and Enterprise in Early America*. University of Pennsylvania Press, 1978, pp. 1–141.
Govan, Thomas Payne. *Nicholas Biddle*. The University of Chicago Press, 1959, pp. 45, 55–56.
Groner, Alex. *The History of American Business & Industry*. American Heritage Publishing Co., Inc., 1972, pp. 57, 67.
Minnigerode, Meade. *Certain Rich Men*. G.P. Putnam's Sons, 1927, pp. 3–30.
"Stephen Girard, Promoter of the Second Bank of the United States." *Journal of Economic History*. Vol. 2: Nov., 1942, pp. 125–148.
The National Cyclopedia of American Biography. James T. White & Co., Vol. 17: 1897, pp. 11–13.

04. JOHN JACOB ASTOR
Groner, Alex. *The History of American Business & History*. American Heritage Publishing Co., Inc., 1972, pp. 57, 67–68.
Holbrook, Stewart H. *The Age of Moguls*. Doubleday Co., 1953, pp. 9–10.
Minnigerode, Meade. *Certain Rich Men*. G.P. Putnam's Sons, 1927, pp. 31–50.
Myers, Gustavus. *The History of Great American Fortunes*. The Modern Library, 1907, pp. 93–175.
Porter, Wiggins. *John Jacob Astor: Business Man*. 2 vols. Harvard University Press, 1931, p. 1137.
Smith, Matthew Hale. *Sunshine and Shadow in New York*. J.B. Burr and Company, 1869, pp. 113–126.

05. CORNELIUS VANDERBILT
Clews, Henry. *Fifty Years in Wall Street: "Twenty-Eight Years in Wall Street." Revised and Enlarged by a Resume of the Past Twenty-Two Years Making a Record of Fifty Years in Wall Street*. Irving, 1908.
Fowler, William Worthington. *Twenty Years of Inside Life in Wall Street: or Revelations of the Personal Experience of a Speculator*. Reprint: Greenwood Press, 1968.
Groner, Alex. *The History of American Business and Industry*. American Heritage Publishing Co., Inc., 1972, pp. 88, 116, 119, 123–125, 136, 158–160, 165, 236.
Ingham, John N. *Biographical Dictionary of American Business Leaders*. 4 vols. Greenwood Press, 1983.
Minnegerode, Meade. *Certain Rich Men*. G.P. Putnam's Sons, 1927, pp. 101–134.
Myers, Gustavus. *The History of Great American Fortunes*. The Modern Library, 1907.
Sharp, Robert M. *The Lore & Legends of Wall Street*. Dow Jones-Irwin, 1989, pp. 98–99.

06. GEORGE PEABODY
Hidy, Muriel Emmie. *George Peabody: Merchant and Financier*. Arno Press, 1978.
Parker, Franklin. *George Peabody: A Biography*. Vanderbilt University Press, 1971.
Sobel, Robert. *The Big Board: A History of the New York Stock Exchange*. The Free Press, Macmilian Co., 1965, pp. 36–37.

07. JUNIUS SPENCER MORGAN
Carosso, Vincent P. The *Morgans:Private International Bankers*. Harvard University Press, 1987, pp. 18–145.
Parker, Franklin. *George Peabody*. Vanderbilt University Press, 1956, pp. 65–70, 140–145.

08. DANIEL DREW
Holbrook, Stewart. *The Age of Moguls*. Doubleday & Co., Inc., 1953, pp. 21–35.
Minnigerode, Meade. *Certain Rich Men*. G.P. Putnam's Sons, 1927, pp. 83–100.
White, Bouck. *The Book of Daniel Drew*. Original: Doubleday, 1910. Reprint: Citadel Press, 1910. pp. 100–200.
Sobel, Robert. *Panic on Wall Street: A History of America's Financial Disasters*. Macmillan Co.,

1968, pp. 122–135.

09. JAY COOKE

Cooke, Jay. "A Decade of American Finance." *North American Review.* Nov. 1902. pp. 577–586.

Neill, Humphrey B. *The Inside Story of the Stock Exchange.* B.C. Forbes & Sons Publishing Co., Inc., 1950, pp. 74–76, 83, 97–98, 144.

Oberholtzer, Ellis Paxson. "Jay Cooke, and the Financing of the Civil War." *Century Magazine.* Nov. 1906, pp. 116–132; Jan., 1907, pp. 282+.

Sobel, Robert. *Panic on Wall Street: A History of America's Financial Disasters.* Macmillan Co., 1968, pp. 167–173, 189–194.

Sobel, Robert. *The Big Board: A History of the New York Stock Market.* The Free Press, Macmillan Co., 1965, pp. 69–71, 82.

CHAPTER 2
JOURNALISTS AND AUTHORS

10. CHARLES DOW

Nelson, S.A. *The ABC of Stock Speculation.* Original: S.A. Nelson, 1903. Reprint: Fraser, 1964.

Schultz, Harry D. and Coslow, Samuel, eds. *A Treasury of Wall Street Wisdom.* Investors' Press, Inc., 1966, pp. 3–24.

Sobel, Robert. *Inside Wall Street.* W. W. Norton & Company, 1977, pp. 117–121, 123, 127.

Stillman, Richard J. *Dow Jones Industrial Average.* Dow Jones-Irwin, 1986, pp. 9–26.

Wendt, Lloyd. *The Wall Street Journal.* Rand McNally & Company, 1982, pp. 15–84.

11. EDWARD JONES

Rosenberg, Jerry M. *Inside The Wall Street Journal.* Macmillan Publishing Co., Inc., 1982, pp. 1–19.

Sobel, Robert *Inside Wall Street.* W.W. Norton & Company, Inc., 1977, pp. 118, 127.

Wendt, Lloyd. *The Wall Street Journal.* Rand McNally & Co., 1982.

12. THOMAS W. LAWSON

Ingham, John N. *Biographical Dictionary of American Business Leaders.* 4 vols. Greenwood Press, 1983.

Lawson, Thomas. "Frenzied Finance." *Everybody's Magazine.* Vol. 12: pp. 173+.

Lawson, Thomas. "The Remedy." *Everybody's Magazine.* Vol. 27: Oct., 1912, pp. 472+.

Lawson, Thomas. *Frenzied Finance: Vol. 1. The Crime of Amalgamated.* Original: Ridgeway-Thayer, 1905. Reprint: Greenwood Press, 1968.

13. B.C. FORBES

"B.C. Forbes Dies." *Time.* Vol. 63: May 17, 1954, p. 105.

"B.C. Forbes Dies." *New York Times.* May 7, 1954, p. 24:3.

Forbes, B.C. *Keys to Success.* B.C. Forbes Publishing Company, 1917.

Forbes, B.C. *How to Get the Most Out of Business.* B.C. Forbes Publishing Company, 1927.

Forbes, Malcolm. *More Than I Dreamed.* Simon & Schuster, 1989.

"A Magazine of His Own." *Forbes.* Sept. 15, 1967, pp. 13+.

14. EDWIN LEFEVRE

"Chronicle and Comment." *The Bookman.* Vol. 43: Aug., 1916, pp. 582–585.

"Edwin Lefevre, 73, Financial Writer." *New York Times.* Feb. 24, 1943, p. 21:5.

Lefevre, Edwin. "New Bull Market, New Dangers." *Saturday Evening Post.* Vol. 208: May 2, 1936, pp. 14–15+; May 9, 1936, pp. 25+.

Lefevre, Edwin. *Reminiscences of a Stock Operator.* George H. Doran Co., 1923. Reprint American Research Council.

"Lefevre, Edwin." *The Bookman.* Vol. 69: August, 1929, p. 629.

Lefevre, Edwin. "Vanished Billions." *Saturday Evening Post.* Vol. 204: Feb. 13, 1932, pp. 3–5+.

Lefevre, Edwin. "When Is It Safe to Invest?" *Saturday Evening Post.* Vol. 205: Aug. 6, 1932, pp. 12–13+.

15. CLARENCE W. BARRON

Pound, Arthur and Moore, Samuel Taylor, eds. *They Told Barron: Conversations and Revelations of an American Pepys in Wall Street.* Harper & Brothers Publishers, 1930.

Rosenberg, Jerry M. *Inside Wall Street.* Macmillan Publishing Co., 1982, pp. 21–44, 120–123.

Wendt, Lloyd. *Wall Street Journal.* Rand McNally & Company, 1982, pp. 143–148.

16. BENJAMIN GRAHAM

Cray, Douglas W. "Benjamin Graham, Securities Expert." *New York Times.* Sept. 23, 1976, p. 44:1.

"Portrait of an Analyst: Benjamin Graham." *Financial Analysts Journal.* Vol. 24: Jan.–Feb., 1968, pp. 15–16.

Rea, James B. "Remembering Benjamin Graham—Teacher and Friend." *The Journal of Portfolio Management.* Summer, 1977, pp. 66–72.

"Remembering Uncle Ben." *Forbes.* Vol. 118: Oct. 15, 1976, p. 144.

Smith, Adam. *Supermoney.* Random House, 1972, pp. 173–199.

"The Father of Value Investing." *Fortune.* Vol. 116: Fall, 1988 Investor's Guide, p. 48.

Train, John. *The Money Master.* Harper & Row, Publishers, 1980, pp. 82–113.

17. ARNOLD BERNHARD

Brimelow, Peter. *The Wall Street Gurus*. Random House, 1986, pp. 4–5, 28–30, 85, 88, 156–167.

Kaplan, Gilbert Edmund and Welles, Chris, eds. The Money Managers. Random House, 1969, pp. 137–148.

Mayer, Martin. *Wall Street: Men and Money*. Harper & Brothers, Publishers, 1959, pp. 209–212.

Reynolds, Quentin and Rowe, Wilfrid S. *Operation Success*. Duell, Sloan and Pearce, 1957, pp. 54–68.

"Value Line's Arnold Bernhard: Making His Own Advice Pay Off." *Financial World*. Vol. 148: Jan. 15, 1979, p. 70.

"Value Line Figures It's Time To Go Public." *Business Week*. Jan. 24, 1983, p. 72.

Vartan, Vartanig G. "Arnold Bernhard is Dead at 86; Led Value Line Investor Service." *New York Times*. Dec. 23, 1987, p. D-18:1.

18. LOUIS ENGEL

Bird, David. "Louis Engel Jr., Ex-Merrill Lynch Partner, Dies." *New York Times*. Nov. 8, 1982, p. IV-15:1.

Engel, Louis. *How to Buy Stocks*. Bantam Books, Inc., 1967.

May, Hal. *Contemporary Authors*. Gale Research Co. Vol. 108: 1983.

Sobel, Robert. *Inside Wall Street*. W.W. Norton & Company, Inc. 1977, pp. 95, 103–106, 114–115, 130–132, 208–211.

"Use of Lingo of Middle-Income Class Advised To Get Group to Put Idle Funds in Securities." *New York Times*. Oct. 9, 1949, p. III-6:4.

CHAPTER 3
INVESTMENT BANKERS AND BROKERS

19. AUGUST BELMONT

Birmingham, Stephen. *Our Crowd*. Dell Publishing Co., Inc., 1967, pp. 25, 38–47, 76–82, 89–91, 101–102.

Black, David. *The King of Fifth Avenue*. The Dial Press, 1981.

Ingham, John N. *Biographical Dictionary of American Business Leaders*. 4 vols. Greenwood Press, 1983.

The National Cyclopedia of American Biography. James T. White & Co. Vol. 11: 1909, p. 500.

20. EMANUEL LEHMAN AND HIS SON PHILIP

Birmingham, Stephen. "*Our Crowd.*" Dell Publishing Co., Inc., 1967, pp. 16, 20–21, 90–91, 100, 108–109, 156–158, 359–360, 392–394.

Ingham, John N. *Biographical Dictionary of American Business Leaders*. 4 vols. Greenwood Press, 1983.

Krefetz, Gerald. Jews and Money: *The Myths and the Reality*. Ticknor and Fields, 1982, pp. 45–83.

"Philip Lehman, 86, Noted Banker, Dies." *New York Times*. March 22, 1947, p. 13:1.

Smith, Arthur D. Howden. *Men Who Run America*. The Bobbs-Merrill Co., 1936, pp. 111–118, 199, 235, 251–252.

The National Cyclopedia of American Biography. James T. White & Co. Vol. 25: 1936, p. 98.

21. JOHN PIERPONT MORGAN

Baker, Ray Standard. "J. Pierpont Morgan." *McClure's Magazine*. October, 1901, pp. 506–518.

Birmingham, Stephen. *Our Crowd*. Dell Publishing Co., 1967, pp. 199–205.

Merwin, John. "J.P. Morgan: The Agglomerator." *Forbes*. July 13, 1987, pp. 275, 278.

Moody, John. *The Masters of Capital*. Yale University Press, 1919, pp. 1–34.

Sinclair, Andrew. *Corsair*. Little, Brown and Co., 1981, pp. 15–38, 159–191.

Sobel, Robert. "Junk Issues of the Past and Future." *Wall Street Journal*. Feb. 28, 1990, p. A14.

22. JACOB H. SCHIFF

Adler, Cyrus. *Jacob H. Schiff: His Life And Letters*. 2 vols. William Heinemann, Ltd., 1929.

Birmingham, Stephen. *Our Crowd*. Dell Publishing Co., Inc., 1967, pp. 184–236, 348–408.

Brooks, *John. Once in Golconda*. Harper Colophon Books, 1969, pp. 51–55.

Forbes, B.C. *Men Who Are Making America*. B.C. Forbes Publishing Company, Inc., 1916, pp. 328–335.

Ingham, John N. *Biographical Dictionary of American Business Leaders*. 4 vols. Greenwood Press, 1983.

Neill, Humphrey B. *The Inside Story of the Stock Exchange*. B.C. Forbes & Sons Publishing Company, Inc., 1950, pp. 135–140, 161, 165.

23. GEORGE W. PERKINS

Forbes, B.C. *Men Who Are Making America*. B.C. Forbes Publishing Company, Inc., 1916, pp. 278–287.

Garraty, John. *Right-Hand Man: The Life of George W. Perkins*. 1st ed. Harper, 1960, pp. 30–44, 130–146, 173–176, 233–234.

"George W. Perkins Dies In 58th Year." *New York Times*. June 19, 1920, p. 13–1.

Groner, Alex. *The History of American Business and Industry*. American Heritage Publishing Co., Inc., pp. 198–199, 220.

Ingham, John N. *Biographical Dictionary of American Business Leaders*. 4 vols. Greenwood Press, 1983.

Lewis, Corey. *The House of Morgan*. G. Howard

Watt, 1930, pp. 257, 306–309, 378–386.

Malone, Dumas. *Dictionary of American Biography.* Charles Scribner's Sons. Vol. 14: 1934, pp. 471–2.

24. JOHN PIERPONT "JACK" MORGAN, JR.

Forbes, John D. *J.P. Morgan, Jr.* University of Virginia, 1982.

Ingham, John N. *Biographical Dictionary of American Business Leaders.* 4 vols. Greenwood Press, 1983.

"Mister Morgan." *Fortune.* Aug., 1930, pp. 57+.

Pecora, Ferdinand. *Wall Street Under Oath: The Story of Our Modern Money Changers.* Original: Simon & Schuster, 1939. Reprint: Augustus M. Kelley, 1968.

Sobel, Robert. *The Big Board: A History of America's Financial Disasters.* The Free Press, Macmillan Company, 1965, pp. 237–238, 295, 305.

United Press. "J.P. Morgan Dies, Victim of Stroke at Florida Resort." *New York Times.* March 13, 1943, p. 1.

25. THOMAS LAMONT

Brooks, John. *Once in Golconda.* Harper Colophon Books, 1969, pp. 46–48, 97, 102, 124–127, 282–286.

Carosso, Vincent P. *Investment Banking in America: A History.* Harvard University Press, 1970.

Carosso, Vincent P. *The Morgans: Private International Bankers.* Harvard University Press, 1987, p. 441.

Corey, Lewis. *The House of Morgan.* G. Howard Watt, 1930, pp. 430, 452.

Josephson, Matthew. *The Money Lords.* Weybright and Talley, 1972, pp. 91–92, 202–203, 345.

26. CLARENCE D. DILLON

"Dillon, Read Buys Dodge Motors For Over $175,000,000." *New York Times.* April 1, 1925, p. 1:6+.

Ingham, John N. *Biographical Dictionary of American Business Leaders.* 4 vols. Greenwood Press, 1983.

Josephson, Matthew. *The Money Lords.* Weybright and Talley, Inc., 1972, pp. 18, 191.

Pecora, Ferdinand. *Wall Street Under Oath.* Simon & Schuster, Inc., 1939, pp. 48–50, 207–214.

The National Cyclopedia of American Biography. James T. White & Co. Vol. 62: 1984, pp. 243–244.

27. CHARLES E. MERRILL

"Charles Merrill, Broker, Dies; Founder of Merrill Lynch Firm." *New York Times.* Oct. 7, 1956, p. 1:1+.

Ingham, John N. *Dictionary of American Business Leaders.* 4 vols. Greenwood Press, 1983, pp.

930–933.

The National Cyclopedia of American Biography. James T. White & Co. Vol. 53: 1971, pp. 39–40.

"Wall Street: We The People." Time. Vol. 68: Oct. 15, 1956, p. 104.

28. GERALD M. LOEB

"Are There Men for All Seasons?" *Forbes.* Vol. 103: Jan. 15, 1969, p. 55.

Brady, Raymond. "Wall Street Beat: The Investment Individualist." *Dun's Review.* June, 1969, pp. 105–106.

Loeb, Gerald M. *The Battle for Investment Survival.* Simon & Schuster, 1965, 1971.

Martin, Ralph G. *The Wizard of Wall Street.* William Morrow & Co., 1965.

Shepherd, William G. "The Market According to Loeb." *Business Week.* May 20, 1972, p. 74.

"Customers' Brokers Seen Bettering Role." *New York Times.* Jan. 10, 1945, p. 35:6.

29. SIDNEY WEINBERG

"Director's Doctrine." *Newsweek.* Vol. 9: Jan. 14, 1957, p. 70.

"Everybody's Broker." *Time.* Vol. 72: Dec. 8, 1958, p. 96.

"Finance: Mr. Wall Street." *Newsweek.* Vol. 74: Aug. 4, 1969, pp. 76–77.

Kahn, E.J., Jr. "Directors' Director." *New Yorker.* Vol. 32: Sept. 8, 1956, pp. 39–40+.

"Lessons of Leadership: Part VII—Balancing Ability with Humility." *Nation's Business.* Vol. 53: Dec., 1965, pp. 44–46+.

"Wall Street: A Nice Guy from Brooklyn." *Time.* Vol. 94: Aug. 1, 1969, p.69a.

CHAPTER 4
THE INNOVATORS

30. ELIAS JACKSON "LUCKY" BALDWIN

Bancroft, H.H. "Dictation" prepared for *Chronicles of the Builders.* H.H. Bancroft Collection, University of California at Berkeley, ca. 1890–1891.

Dickinson, Samuel. *San Francisco is Your Home.* Stanford University Press, 1947, pp. 151–158.

Glasscock, C.B. *Lucky Baldwin: The Story of an Unconventional Success.* The Bobbs-Merrill Company, 1933.

Hunt, Rockwell. *California's Stately Hall of Fame.* College of the Pacific, 1950, pp. 287–292.

King, Joseph L. *History of the San Francisco Stock and Exchange Board.* Original: 1910. Reprint: Arno Press, 1975, pp. 256–259.

Parkhill, Forbes. *The Wildest of the West.* Henry Holt and Company, 1951, pp. 50–55.

Sear, Marian V. *Mining Stock Exchanges, 1860–1930.* University of Montana Press, 1973, pp.

39–45.

The National Cyclopedia of American Biography. James T. White & Company. Vol. 22: 1932, pp. 381–382.

31. CHARLES T. YERKES
"An American Invader of London." *Harper's Weekly.* Vol. 47: Jan. 17, 1903, p. 90.

Dreiser, Theodore. *The Financier.* Original: Boni and Liveright, 1925. Reprint: The World Publishing Co., 1940.

Dreiser, Theodore. *The Titan.* Boni and Liveright, 1914.

Gerber, Philip L. "The Financier Himself: Dreiser and C.T. Yerkes." *PMLA.* Vol. 88: Jan., 1973, pp. 112–121.

Roberts, Sidney I. "Portrait of a Robber Baron: Charles T. Yerkes." *Business History Review.* Vol. 35: Autumn, 1961, pp. 345–371.

32. THOMAS FORTUNE RYAN
Brooks, John. *Once in Golconda.* Harper Colophon Books, 1969, pp. 23–26, 40.

Everett, James F. "How a Great Merger is Handled in Wall Street." *Harper's Weekly.* Vol. 48: Nov. 26, 1904, pp. 1802–1804.

Ingham, John N. *Biographical Dictionary of American Business Leaders.* 4 vols. Greenwood Press, 1983.

"Like a Baby." *New Yorker.* Vol. 25: March 26, 1949, p. 18:1.

"Notes from the Capital: Thomas F. Ryan." *The Nation.* Vol. 105: Aug. 23, 1917, pp. 206–207.

33. RUSSELL SAGE
Groner, Alex. *The History of American Business & Industry.* American Heritage Publishing Company, Inc., 1972.

Ingham, John N. *Biographical Dictionary of American Business Leaders.* 4 vols. Greenwood Press, 1983.

Myers, Gustavus. *The History of Great American Fortunes.* The Modern Library, 1907, pp. 437, 447–477, 487–491.

Sarnoff, Paul. *Russell Sage: The Money King.* Ivan Obelinsky, Inc., 1965.

Sarnoff, Paul. *Puts and Calls: The Complete Guide.* Hawthorne Books, 1968.

Sharp, Robert M. *Lore and Legends of Wall Street.* Dow Jones-Irwin, 1989, pp. 155–158.

34. ROGER W. BABSON
Babson, Roger W. *A Continuous Working Plan for Your Money.* Babson's Statistical Organization, Inc., 1927.

Babson, Roger W. *Business Barometers and Investment.* Harper & Brothers Publishers, sixth edition, 1952.

Brimelow, Peter. T*he Wall Street Gurus.* Random House, Inc., 1986, pp. 31–36.

"Sir Isaac Babson." *Newsweek.* Aug. 23, 1948, p. 47.

"Roger Babson, 92, Economist, Dead." *New York Times.* March 6, 1967, p. 33:4.

35. T. ROWE PRICE
Michaels, James W. "Thomas Rowe Price: 1898–1983." *Forbes.* Vol. 132: pp. 51–52.

Price, T. Rowe. "Stocks To Buy." *Forbes.* Vol. 121: May 29, 1978, pp. 126–127.

Scholl, Jaye. "Retracing the Route of an Investment Genius." B*arron's.* Vol. 63: Nov. 14, 1983, p. 62.

"The Money Men: An Old Curmudgeon's New Era." *Forbes.* Vol. 104: July 1, 1969, pp. 62–63.

"The Money Men: The Generation Gap." *Forbes.* Vol. 106: Nov. 15, 1970, pp. 46+.

Train, John. *The Money Masters.* Harper & Row, Publishers, 1980, pp. 139–157.

36. FLOYD B. ODLUM
Block, Maxine, ed. *Current Biography.* The H.W. Wilson Co., 1941, pp. 629–631.

Davis, Forrest. "Thinker of Wall Street." *Saturday Evening Post.* Vol. 210: July 10, 1937, pp. 14–15+.

"Floyd B. Odlum, Financier, 84, Dies." *New York Times.* June 18, 1976, p. IV-16:3.

"Floyd Odlum and the Work Ethic." *New York Times.* Jan. 28, 1973, p. III-1:7.

"Go-Getter for the Little Man." *Nation's Business.* Vol. 29: Nov., 1941, pp. 34+.

Hellman, Geoffrey T. "Collector of Trusts." *Review of Reviews and World's Work.* Vol. 88: Nov., 1933, pp. 48–49.

"The Chairman Negotiates a Business Deal." *Fortune.* Vol. 40: Sept., 1949, p. 91.

"The Phone Was Silent." *Newsweek.* Vol. 5: May 30, 1960, p. 69.

37. PAUL CABOT
"Faces Behind the Figures." *Forbes.* Vol. 104: June 15, 1970, p. 80.

"In Investing, It's the Prudent Bostonian." *Business Week.* June 6, 1959, pp. 56–74.

Metz, Robert. "Market Place." *New York Times.* Oct. 26, 1973, p. 64:3.

"The Money Men." *Forbes.* Vol. 103: Feb. 15, 1969, pp. 65+.

Train, John. *The Money Masters.* Harper & Row, Publishers, 1980, pp. 42–56.

38. GEORGES DORIOT
Dominguez, John R. *Venture Capital.* Lexington Books, 1974, pp. 13, 48–59.

Fuhrman, Peter. "A Teacher Who Made A Difference." *Forbes.* July 13, 1987, pp. 362+.

International Who's Who. Europa Publications Limited. Vol. 47: 1983.

"Pere Doriot." *Newsweek.* Vol. 67: May 16, 1966, p. 84.

"Profit-Minded Professor." *Time.* Vol. 81: March 8, 1963, pp. 88–89.

"Stock to be Sold by Textron Unit." *New York Times.* Oct. 16, 1959, p. 42:4.

39. ROYAL LITTLE

"As They See It." *Forbes.* Vol. 106: Dec. 15, 1970, pp. 38–41.

"Financial Scorekeeper." *Forbes.* Vol. 138: Nov. 17, 1986, p. 258.

Levy, Robert. "The Restless World of Royal Little." *Dun's Review.* Vol. 95: Feb., 1970, pp. 38–40.

Little, Royal. "How I'm Deconglomerating The Conglomerates." *Fortune.* Vol. 100: July 16, 1979, pp. 120+.

Little, Royal. *How To Lose $100,000,000 And Other Valuable Advice.* Little, Brown and Co., 1979.

"Royal Little Looks at Conglomerates." *Dun's Review.* Vol. 91: May, 1968, pp. 25–27.

Solow, Herbert. "Royal Little's Remarkable Retirement." *Fortune.* Vol. 66: Oct., 1962, pp. 124–126+.

CHAPTER 5
BANKERS AND CENTRAL BANKERS

40. JOHN LAW

Oudard, Georges. *The Amazing Life of John Law, The Man Behind the Mississippi Bubble.* Pawson & Clarke, Ltd., 1928.

Mackay, Charles. *Extraordinary Popular Delusions and the Madness of Crowds.* Original: Richard Bentley, 1841. Reprint: L.C. Page, 1932. Distributed by Fraser.

Wilding, Peter. *Adventures in the Eighteenth Century.* G. P. Putnam's Sons, 1937.

41. ALEXANDER HAMILTON

DiBacco, Thomas V. *Made in the U.S.A.* Harper & Row, 1987, pp. 63–74.

Hacker, Andrew. "Why We Are Hamilton's Heirs." *Fortune.* Oct. 18, 1982, pp. 231–234.

Hill, Frederick Trevor. *The Story of a Street.* Original: Harper & Brothers, 1908. Reprint: Fraser, 1969.

Ingham, John N. *Biographical Dictionary of American Business Leaders.* 4 vols. Greenwood Press, 1983.

McDonald, Forrest. "Understanding Alexander Hamilton." *National Review.* July 11, 1980, pp. 827–833.

Mitchell, Broadus. *Alexander Hamilton: A Concise Biography.* Oxford University Press, 1976, pp. 175–258.

Neill, Humphrey B. *The Inside Story of the Stock Exchange.* B.C. Forbes & Sons Publishing Company, Inc., 1950, pp. 9–21, 24, 56.

42. NICHOLAS BIDDLE

Catterall, Ralph C.H. The Second Bank of the United States. The University of Chicago Press, 1903.

Groner, Alex. The History of American Business & Industry. American Heritage Publishing Co., Inc., 1972.

Govan, Thomas Payne. Nicholas Biddle: Nationalist and Public Banker. The University of Chicago Press, 1959

Ingham, John N. *Biographical Dictionary of American Business Leaders.* 4 vols. Greenwood Press, 1983

Schlesinger, Arthur M. Jr. *The Age of Jackson.* Little, Brown & Co., 1945.

43. JAMES STILLMAN

Allen, Frederick Lewis. *The Lords of Creation.* Harper & Brothers Publishers, 1935, pp. 13, 52–53, 57, 81–99, 105–110, 122–125, 129–142.

Burr, Anna. *The Portrait of a Banker: James Stillman.* Duffield & Co., 1927.

Forbes, B.C. *Men Who Are Making America.* B.C. Forbes Publishing Company, Inc., 1916, pp. 368–374.

Holbrook, Stewart H. *The Age of Moguls.* Doubleday & Co., Inc., 1953, pp. 135–6, 169, 173.

Moody, John and Turner, George Kibbe. "Masters of Capital in America. The City Bank: The Federation the Great Merchants." *McClure's Magazine.* Vol. 37: May, 1911, pp. 73–87.

Winkler, John K. *The First Billion: The Stillmans and the National City Bank.* The Vanguard Press, 1934.

44. FRANK A. VANDERLIP

Forbes, B.C. *Men Who Are Making America.* B.C. Forbes Publishing Company, Inc., 1916, pp. 389–397.

"Frank Vanderlip, Banker, Dies At 72." *New York Times.* June 30, 1937, p. 23:1.

Ingham, John N. *Biographical Dictionary of American Business Leaders.* 4 vols. Greenwood Press, 1983.

The National Cyclopedia of Biography. James T. White & Company. Vol. 15: 1916, p. 29.

Vanderlip, Frank A. "From Farm Boy to Financier: My Start in Wall Street." *Saturday Evening Post.* Vol. 207: Dec. 22, 1934, pp. 14–26.

45. GEORGE F. BAKER

Forbes, B.C. *Men Who Are Making America.* B.C. Forbes Publishing Company, Inc., 1916, pp. 11–18.

Groner, Alex. *The History of American Business and Industry.* American Heritage Publishing Co., Inc., 1972, pp. 193, 211, 213–215, 282, 289.

Ingham, John N. *Biographical Dictionary of American Business Leaders.* 4 vols. Greenwood Press, 1983.

Sobel, Robert. *Panic on Wall Street: A History of America's Financial Disasters.* Macmillan Company, 1968, pp. 285, 312, 318, 323.

Thomas, Gordon and Morgan-Witts, Max. *The Day the Bubble Burst.* Doubleday & Company, Inc., 1979, pp. 94, 376.

46. AMADEO P. GIANNINI

"Branch-Bank King: A.P. Giannini Blankets California With Chain, Eyes Other States." *Literary Digest.* Vols. 123–124, May 29, 1937, pp. 38–39.

Dana, Julian. *A.P. Giannini: Giant in the West.* Prentice-Hall, 1947, pp. 3–40, 250–334.

Groner, Alex. *The History of American Business & Industry.* American Heritage Publishing Co., Inc., 1972, pp. 281–285, 319.

Ingham, John N. *Biographical Dictionary of American Business Leaders.* 4 vols. Greenwood Press, 1983.

"$30,000,000 for Giannini." *Time.* Vol. 35: May 13, 1940, pp. 86+.

Yeates, Fred. *The Little Giant.* Bank of America, 1954, 80 pp.

47. PAUL M. WARBURG

Brooks, John. *"Our Crowd."* Dell Publishing Co., Inc., 1967, pp. 22, 189, 226–237, 415–451.

"Finance: Mr. Warburg Speaks Out." *Review of Reviews.* Vol. 81: June, 1930, p. 90

Forbes, B.C. *Men Who Are Making America.* B.C. Forbes Publishing Company, Inc., 1916, pp. 398–405.

"Paul M. Warburg." *The Nation.* Vol. 134: p. 132.

"Paul Warburg." *New York Times.* Jan. 25, 1932, p. 16:2.

Warburg, Paul M. "Political Pressure and the Future of the Federal Reserve System." *Annals of the American Academy of Political and Social Science.* Vols. 99–101: Jan., 1922, pp. 70–74.

Warburg, Paul M. *The Federal Reserve System: Its Origin and Growth.* 2 vols. The Macmillan Company, 1930.

48. BENJAMIN STRONG

Brooks, John. *Once in Golconda.* Harper Colophon Books, 1969, pp. 90–98.

Chandler, Lester V. *Benjamin Strong: Central Banker.* The Brookings Institute, 1958.

The National Cyclopedia of American Biography. James T. White & Co. Vol. 33: 1947, pp. 471–472.

Sobel, Robert. *The Great Bull Market.* W.W. Norton & Co., Inc., 1968, pp. 56–57, 114–116.

49. GEORGE L. HARRISON

Brooks, John. *Once in Golconda.* Harper Colophon Books, 1970, pp. 153–158, 170–177.

"George L. Harrison Dead at 71; Headed Federal Reserve Here." *New York Times.* March 6, 1958.

Josephson, Matthew. *The Money Lords.* Weybright and Talley, Inc., 1972, pp. 91–92, 100–102, 122–124, 135, 147–148, 155–156, 326–327.

"The Dollar: Harrison Is Not Stabilizing It, Thomas Finds." *Newsweek.* Vol. 4: July 21, 1934, pp. 27–28.

The National Cyclopedia of American Biography. James T. White & Co. Vol. 51: 1969, pp. 563–565.

50. NATALIE SCHENK LAIMBEER

"Business Women Answer Charges Laid Against Them." *New York Times.* July 26, 1925, p. VII-11:1

Ingham, John N. *Biographical Dictionary of American Business Leaders.* 4 vols. Greenwood Press, 1983.

"Mrs. Laimbeer Tells Girls How To Succeed." *New York Times.* May 27, 1927, p. 11:3.

"Mrs. N.S. Laimbeer, Noted Banker, Dies." *New York Times.* Oct. 26, 1929, p. 17:4.

"Sees More Women As Bank Officials." *New York Times.* Feb. 14, 1925, p. 16:1

Holbrook, Stewart H. *Age of the Moguls.* Doubleday & Co., Inc., 1953, pp. 340–342.

"Woman Banker Quits National City." *New York Times.* Oct. 14, 1926, p. 4:5.

"Woman Wins Place As Bank Executive." *New York Times.* Feb. 13, 1925, p. 1:2+.

"Women in the Public Eye." *Woman Citizen.* Vol. 9: March 7, 1925, p. 4.

51. CHARLES E. MITCHELL

Allen, Frederick Lewis. *The Lords of Creation.* Harper & Brothers Publishers, 1935, pp. 304–319, 323–326, 331, 346, 349, 358, 365.

Brooks, John. *Once in Golconda.* Harper Colophon Books, 1969, pp. 100–104, 112, 124, 155, 187.

"C.E. Mitchell Joins Blyth & Co., Inc." *New York Times.* June 18, 1935, p. 31:6.

Josephson, Matthew. *The Money Lords.* Weybright and Talley, Inc., 1972, pp. 35, 53, 85–88, 91–92, 116, 120, 122, 134, 136, 142.

"Mitchell Guilty, Tax Board Rules." *New York Times.* Aug. 8, 1935, pp. 1:7+.

Pecora, Ferdinand. *Wall Street Under Oath.* Augustus M. Kelley Publishers, 1968, pp. 71–130, 194–196.

Sobel, Robert. *Panic on Wall Street: A History*

of America's Financial Disasters. Macmillan Company, 1968, pp. 353–354, 369–376, 379.

Thomas, Gordon and Morgan-Witts, Max. The Day the Bubble Burst. Doubleday & Company, Inc., 1979, pp. 79–84, 111, 120, 135–149, 206–208, 221, 229, 233, 238, 247–250, 420–422, 425.

52. ELISHA WALKER

"Elisha Walker, 71, Financier, Is Dead." New York Times. Nov. 10, 1950, p. 27:1.

James, Marquis and James, Bessie Rowland. Biography of a Bank. Harper & Brothers, 1954, pp. 297–346, 346, 353.

Josephson, Matthew. The Money Lords. Weybright and Talley, 1972, pp. 37–44, 77–79, 220.

Pecora, Ferdinand. Wall Street Under Oath. Augustus M. Kelley Publishers, 1968, pp. 175–180.

53. ALBERT H. WIGGIN

Allen, Frederic Lewis. The Lords of Creation. Harper & Brothers Publishers, 1935, pp. 259, 323–6, 332–335, 356–58, 396, 445.

Brooks, John. Once in Golconda. Harper Colophon Books, 1970, pp. 103–105, 120–124, 190–193.

Carosso, Vincent P. Investment Banking in America. Harvard University Press, 1970, pp. 278, 346–347, 368–385, 412–413.

Ingham, John N. Biographical Dictionary of American Business Leaders. 4 vols. Greenwood Press, 1983.

Josephson, Matthew. The Money Lords. Weybright and Talley, Inc., 1972, pp. 91–92, 120–127, 135–136.

Pecora, Ferdinand. Wall Street Under Oath. Original: Simon & Schuster, 1939. Reprint: Augustus M. Kelley Publishers, 1968, pp. 67–68, 131–201, 258–269.

CHAPTER 6
NEW DEAL REFORMERS

54. E.H.H. SIMMONS

"Capitalize Brains, Message To Youth." New York Times. May 23, 1926, p. 24:1.

Josephson, Matthew. The Money Lords. Weybright and Talley, Inc., 1972, pp. 91–91, 104.

"Simmons To Stay As Exchange Head." New York Times. March 26, 1929, p. 50:2.

"Simmons Advocates Tighter Blue-Sky Laws." New York Times. Dec. 7, 1927, p. 49:4.

"Simmons Asks Help In Bucket Shop War." New York Times. April 10, 1925, p. 30:5.

55. WINTHROP W. ALDRICH

Block, Maxine, ed. Current Biography. The H.W. Wilson Co., 1940, pp. 9–10.

Candee, Marjorie Dent, ed. Current Biography. The H.W. Wilson Co., 1953, pp. 2–5.

Johnson, Arthur M. Winthrop W. Aldrich: Lawyer, Banker, Diplomat. Harvard University, 1968, pp. 25–40, 49–53, 429–435.

Seligman, Joel. The Transformation of Wall Street. Houghton Mifflin Co., 1982.

56. JOSEPH P. KENNEDY

"Foreign Service: Chameleon & Career Man." National Affairs. Time. Vol. 30: Dec. 20, 1937, pp. 10–11.

Groner, Alex. The History of American Business & Industry. American Heritage Publishing Co., Inc., 1972, pp. 89–91, 97.

Ingham, John N. Biographical Dictionary of American Business Leaders. 4 vols. Greenwood Press, 1983.

Josephson, Matthew. The Money Lords. Weybright and Talley, 1972, pp. 85–88, 176–185.

Koskoff, David E. Joseph P. Kennedy: A Life and Times. Prentice-Hall, Inc., 1974.

"Wall Street's New Boss 'Knows the Game.' " Literary Digest. Vol. 18: July 21, 1934, p. 36.

57. JAMES M. LANDIS

Block, Maxine, ed. Current Biography. The H.W. Wilson Co., 1942, pp. 481–484.

"James M. Landis Found Dead In Swimming Pool at His Home." New York Times. July 31, 1964, pp. 1:4+.

Mayer, Martin. Wall Street: Men and Money. Harper & Brothers Publishers, 1959, pp. 129, 236.

"Nothing Much to Say." Newsweek. Vol. 62: Sept. 9, 1963, p. 31.

Ritchie, Donald A. James M. Landis: Dean of the Regulators. Harvard University Press, 1980, pp. 43–91.

Seligman, Joel. The Transformation of Wall Street. Houghton Mifflin Co., 1982, pp. 57–69, 79–89, 97–102.

"The Careless Crusader." Time. Vol. 82: August 9, 1963, pp. 15–16.

58. WILLIAM O. DOUGLAS

Block, Maxine, ed. Current Biography. The H.W. Wilson Co., 1941, pp. 233–235.

Brooks, John. Once In Golconda. Harper Colophon Books, 1969, pp. 241, 244, 251–252, 268.

Brooks, John. The Go-Go Years. Weybright and Talley, 1973, pp. 89–90, 275, 339.

Josephson, Matthew. The Money Lords. Weybright and Talley, Inc., 1972, pp. 258–259.

Sobel, Robert. Inside Wall Street: Continuity and Change in the Financial District. W.W. Norton & Company, 1977, pp. 168–172, 189–191.

Whitman, Alden. "William O. Douglas Is Dead at 81; Served 36 Years on Supreme Court." New York Times. Jan. 20, 1980, p. 1:1+.

CHAPTER 7
CROOKS, SCANDALS, AND SCALAWAGS

59. CHARLES PONZI
Josephson, Matthew. *The Money Lords.* Weybright and Talley, Inc., 1972, pp. 35–36.
Sobel, Robert. *The Great Bull Market.* W.W. Norton & Co., Inc., 1968, pp. 17–20, 98.
Kanfer, Stefan. "Pigs Always Get Slaughtered." *Time.* Feb. 26, 1990.
"Ponzi Is Deported, Hoping To Return." *New York Times.* Oct. 8, 1934, p. 3:1.
"Ponzi Dies In Rio In Charity Ward." *New York Times.* Jan. 19, 1949, p. 56:3.

60. SAMUEL INSULL
Allen, Frederick Lewis. *The Lords of Creation.* Quadrangle Paperback, 1935, pp. 247, 266–89, 348–358.
Forbes, B.C. *Men Who Are Making America.* B.C. Forbes Publishing Company, Inc., 1916, pp. 204–213.
Ingham, John N. *Biographical Dictionary of American Business Leaders.* 4 vols. Greenwood Press, 1983.
Josephson, Matthew. *The Money Lords.* Weybright and Talley, 1972, pp. 19, 34–43, 52–53, 68, 72, 81–86, 95–96, 131–132, 138, 142, 347–348.
McDonald, Forrest. *Insull.* The University of Chicago Press, 1962.
Michaels, James W. "History Lesson." *Forbes.* Dec. 24, 1990, p. 38–40.

61. IVAR KREUGER
"Europe's Newest Wizard of Finance." *Review of Reviews.* Vol. 79: April, 1929, pp. 24–25.
George, Manfred. *The Case of Ivar Kreuger: An Adventure in Finance.* Jonathan Cape, Ltd., 1933, pp. 256.
Parker, John Lloyd. *Unmasking Wall Street.* The Stratford Co., Publishers, 1932, pp. 154–187.
Shaplen, Robert. *Kreuger: Genius and Swindler.* Alfred A. Knopf, 1960.
"The Collapse of the Kreuger Legend." *Literary Digest.* Vol. 113: May 7, 1932, pp. 36–39.
"Why the House of Kreuger Fell." *Literary Digest.* Vol. 115: Feb. 4, 1933, p. 40.

62. RICHARD WHITNEY
Brooks, John. *Once in Golconda.* Harper Colophon Books, 1970, pp. 230–287.
Josephson, Matthew. *The Money Lords.* Weybright and Talley, Inc., 1972, pp. 90–107, 125–128, 173–184.
Neill, Humphrey B. *The Inside Story of the Stock Exchange.* B.C. Forbes & Sons Publishing Company, Inc., 1950, pp. 239, 252, 254, 260–263.
"Richard Whitney, 86, Dies; Headed Stock Exchange." *New York Times.* Dec. 6, 1974, p.42:1.

63. MICHAEL J. MEEHAN
"Broken Broker." *Time.* Vol. 28: Dec. 7, 1936, pp. 73–74.
Brooks, John. *Once in Golconda.* Harper Colophon Books, 1969, pp. 65–66, 78, 120, 278–279.
"Meehan: SEC's Show Has Broker As the Villain of the Piece." *Newsweek.* Vol. 6: Dec. 21, 1936, pp. 36–37.
"Present." *Time.* Vol. 26: Nov. 4, 1935, p. 74.
"Target For SEC: Meehan's Sky-Rocketing Operations in Stock Market Under Inquiry." *Literary Digest.* Vol. 122: Dec. 26, 1936, p. 37.
Weissman, Rudolph L. *The New Wall Street.* Harper and Brothers Publishers, 1939, pp. 130–134.

64. LOWELL M. BIRRELL
"Brazil: Hardly Diplomatic." *Newsweek.* Vol. 54: Aug. 31, 1959, p. 51.
"Brazil: The Improbable David." *Time.* Vol. 74: Aug. 31, 1959, p. 31.
Brean, Herbert. "A Master Rogue Unmasked." *Life.* Vol. 47: July 20, 1959, pp. 19–24.
Brooks, John. *The Go-Go Years.* Weybright and Talley, 1973, pp. 30–33, 75, 97.
Cormier, Frank. *Wall Street's Shady Side.* Public Affairs Press, 1962, pp. 26, 39, 146–162.
St. George, Andrew. "Fleeing Down To Rio ... America's Million-Dollar Fugitives." *Look.* Vol. 26: Feb. 27, 1962, pp. 124–130.
"The Birrell Break." *Newsweek.* Vol. 65: June 28, 1965, p. 72.
Wise, T.A. and Klaw, Spencer. "The Spoilers: The World of Lowell Birrell." *Fortune.* Vol. 60: November, 1959, pp. 170+.

65. WALTER F. TELLIER
Black, Hillel. *The Watchdogs of Wall Street.* William Morrow and Company, 1962, pp. 20–56, 79, 84–89.
Crane, Burton. " 'Penny' Uranium Stock Expert Blasts S.E.C. and 'Fraud' Talk." *New York Times.* Nov. 4, 1955, p. 43:4.
"Tellier is Barred in New York State." *New York Times.* July 6, 1956, p. 31:5.
"Broker is Jailed in $900,000 Fraud." *New York Times.* April 13, 1957.

66. JERRY AND GERALD RE
Brooks, John. *The Go-Go Years.* Weybright and Talley, 1973, pp. 31–37.
Cormier, Frank. *Wall Street's Shady Side.* Public Affairs Press, 1962, pp. 15–43, 45, 50–51, 58, 64, 146–149.

"Stocks: Two Touts." *Newsweek.* Vol. 57: May 8, 1961, pp. 74+.

"Swindles: Father-and-Son Team." *Newsweek.* Vol. 57: May 15, 1961, pp. 83+.

"Trials: Re the Res." *Newsweek.* Vol. 62: July 22, 1963, p. 70.

CHAPTER 8
TECHNICIANS, ECONOMISTS, AND OTHER COSTLY EXPERTS

67. WILLIAM P. HAMILTON

Hamilton, William P. *The Stock Market Barometer.* Harper, 1922.

Neill, Humphrey B. *The Inside Story of the Stock Exchange.* B.C. Forbes & Sons Publishing Company, Inc., 1950, pp. 123, 144–147, 161–162.

Rhea, Robert. "The Dow Theory." *Barron's*, 1932, pp. 1–18.

Russell, Richard. *The Dow Theory Today.* Richard Russell Associates, 1960.

Stansbury, Charles B. "The Dow Theory Explained." *Barron's*, 1938.

Wendt, Lloyd. The *Wall Street Journal.* Rand McNally & Company, 1982, pp. 67–69, 78, 87, 109–111, 121, 146, 169, 196–203.

68. EVANGELINE ADAMS

Adams, Evangeline. *The Bowl of Heaven.* Reprint: Dodd, 1970.

"Evangeline Adams, Astrologer, Dead." *New York Times.* Nov. 11, 1932, p. 19:6.

The National Cyclopedia of American Biography. James T. White & Company. Vol. 25: 1936, p. 201.

Thomas, Gordon and Morgan-Witts, Max. *The Day the Bubble Burst.* Doubleday & Company, Inc., 1979, pp. 70–71, 205–206, 274–278, 369–370, 377, 403.

69. ROBERT RHEA

"Prophet in Bed." *Time.* Vol. 34: Nov. 20, 1939, pp. 77–78.

Rhea, Robert. *The Dow Theory: An Explanation of its Development and an Attempt to Define its Usefulness as an Aid in Speculation.* Robert Rhea, 1932.

"Robert Rhea." *New York Times.* Nov. 7, 1939, p. 25:4.

Schultz, Harry D. and Coslow, Samson, eds. *A Treasury of Wall Street Wisdom.* Investors' Press, Inc., 1966.

Stillman, Richard J. *The Dow Jones Industrial Average.* Dow Jones-Irwin, 1986, pp. 112–115.

"Tides, Waves, Ripples." *Time.* Vol. 31: June 20, 1938, p. 51.

70. IRVING FISHER

Allen, William R. "Irving Fisher, F.D.R., and the Great Depression." *History of Political Economy.* Vol. 9: Winter, 1977, pp. 560–587.

Fisher, Irving Norton. *My Father, Irving Fisher.* Comet Press Books, 1956.

Fisher, Irving. *The Stock Market Crash And After.* Macmillan Company, 1930.

Sobel, Robert. *The Great Bull Market: Wall Street in the 1920s.* W.W. Norton & Co., Inc., 1968, pp. 90, 97, 127, 157.

Zucker, Seymour. "Why Interest Rates Don't Follow Inflation Down." *Business Week.* June 21, 1982, p. 106.

71. WILLIAM D. GANN

Alphier, James E. and Williams, Thomas D. "W.D. Gann: The 'Mystic.'" *Commodities.* May 1982, pp. 62+.

Jones, Billy. "W.D. Gann: The Man." *Commodities.* May 1982, pp. 62–63.

Schultz, Harry D. and Coslow, Samson. *A Treasury of Wall Street Wisdom.* Investors' Press, Inc., pp. 133–139.

Stein, John. "Getting an Angle on Gann Techniques." *Futures.* Vol. 19: June, 1990, pp. 28–30.

72. WESLEY CLAIR MITCHELL

Burns, Arthur F. *Wesley Clair Mitchell: The Economic Scientist.* National Bureau of Economic Research, Inc., 1952, p. 387.

"Wesley Clair Mitchell." *New York Times.* Oct. 30, 1948, p. 14:3.

"Dr. Wesley Clair Mitchell, Economist, 74, Dies." *New York Times.* Oct. 30, 1948, p. 15:3.

Mitchell, Lucy Sprague. *Two Lives: The Story of Wesley Clair Mitchell and Myself.* Simon & Schuster, 1953, 575 pp.

Gann, William D. *Forty-Five Years in Wall Street: A Review of the 1937 Panic and 1942 Panic.* W.D. Gann, Publisher, 1949.

Collins, Edward H. "The Role of the National Bureau." *New York Times.* May 21, 1951, p.36:2.

"Obituary: Wesley C. Mitchell." *The Economic Journal.* Sept., 1949, pp. 448–469.

Van Dorem, Charles, Editor. *Webster's American Biographies.* G. and C. Merriam Co., 1974, p. 727.

73. JOHN MAYNARD KEYNES

"Baron Keynes of Tilton." *Fortune.* Vol. 29: May, 1944, pp. 146–147+.

Groner, Alex. *The History of American Business and Industry.* American Heritage Publishing Company, Inc., 1972, pp. 294–295, 302, 363.

Harris, Seymour E. *John Maynard Keynes: Economist and Policy Maker.* Charles Scribner's Sons, 1955.

Minard, Lawrence. "The Money Men: The Original

Contrarian." *Forbes.* Sept. 26, 1983, pp. 42–44+.

Moggridge, D.E., ed. *Keynes: Aspects of the Man and His Work.* St. Martin's Press, 1974.

74. R.N. ELLIOTT

Beckman, R.C. *The Elliott Wave Principle As Applied To the London Stock Market.* Tara Books, 1976, pp. xi–39, 190–236.

Elliott, Margaret A. "The Champion Market Forecaster." *Fortune.* Jan. 5, 1987, p. 75.

Frost, Alfred John and Prechter, Robert. *The Elliott Wave Principle.* New Classics Library, 1978.

Prechter, Robert. "Hell Hath No Wrath Like An Elliott Wave Theorist Scorned." *Barron's.* Feb. 9, 1987, pp. 14+.

Reilly, Frank K. *Investment Analysis and Portfolio Management.* The Dryden Press, 1979, pp 121–132.

Warnecke, Steven J. "Hear This, Bob Prechter!: A Critic Attacks the Elliott Wave Theory." *Barron's.* Jan. 25, 1987, pp. 13+.

75. EDSON GOULD

"Edson Beers Gould Jr. Dies; Influential Stock Forecaster." *New York Times.* March 31, 1987.

Gould, Edson. "A Vital Anatomy." *Findings & Forecasts.* Anametrics, Inc.

Gould, Edson. "Edson Gould's 'The Sign of the Bull.'" *Findings & Forecasts.* Anametrics, Inc.

"The Selling of Edson Gould." *Dun's Review.* May, 1975, pp. 46+.

"The Successful 'Star Gazers.'" *Forbes.* Jan. 15, 1977, p. 98.

Smith, Paella. "Wall Street's Reigning Prophet Thinks the Bull Market Lives." *Money.* March, 1978, pp. 103+.

76. JOHN MAGEE

Brooks, John. *The Seven Fat Years: Chronicles of Wall Street.* Harper & Brothers, 1954, pp. 138–168.

Magee, John. *The General Semantics of Wall Street.* John Magee, 1953.

Magee, John and Edward, Robert D. *Technical Analysis of Stock Trends.* John Magee, Inc., Fifth Edition, 1966.

Magee, John. *Wall Street—Main Street—and You.* John Magee, Inc., 1972.

**CHAPTER 9
SUCCESSFUL SPECULATORS,
WHEELER-DEALERS, AND OPERATORS**

77. JAY GOULD

Clews, Henry. *Fifty Years in Wall Street: "Twenty-Eight Years in Wall Street," Revised and Enlarged by a Resume of the Past Twenty-Two Years Making a Record of Fifty Years in Wall Street.* Irving, 1908.

Grodinsky, Julius. *Jay Gould.* University of Pennsylvania Press, 1957, pp. 627.

Holbrook, Stewart H. *The Age of the Moguls.* Doubleday & Co., 1953, pp. 30–43, 97–100.

Hoyt, Edwin P. *The Goulds.* Weybright and Talley, 1969, pp. 100–167.

Klein Maury. *The Life and Legend of Jay Gould.* John Hopkins University Press, 1986.

Minnigerode, Meade. *Certain Rich Men.* G.P. Putnam's Sons, 1927, pp. 135–188.

Sobel, Robert. *Panic on Wall Street: A History of America's Financial Disasters.* The Macmillan Co., 1968, pp. 127–156.

78. "DIAMOND" JIM BRADY

Ingham, John N. *Biographical Dictionary of American Business Leaders.* 4 vols. Greenwood Press, 1983, pp. 89–90.

Morell, Parker. *Diamond Jim.* Simon & Schuster, 1934.

O'Connor, Richard. *Duet in Diamonds: The Flamboyant Saga of Lillian Russell and Diamond Jim Brady in America's Gilded Age by John Burke.* Putnam, 1972.

79. WILLIAM H. VANDERBILT

Groner, Alex. *The History of American Business and Industry.* America Heritage Publishing Co., Inc., pp. 158–160, 176, 182.

Myers, Gustavus. *The History of Great American Fortunes.* The Modern Library, 1907, pp. 333–348.

"The Contentment of Croesus." *New York Times.* Oct. 10, 1882, p. 4:4.

"Mr. Vanderbilt on Stocks." *New York Times.* July 2, 1884, p. 1:7.

"Mr. Vanderbilt's Views." *New York Times.* Sept. 27, 1884, p. 1:3.

80. JOHN W. GATES

Groner, Alex. *The History of American Business and Industry.* American Heritage Publishing Co., Inc., 1972, pp. 170.

Warshow, Robert Irving. *Bet-A-Million Gates: The Story of a Plunger.* Greenberg, 1932.

Wendt, Lloyd and Kogan, Herman. *Bet A Million!* The Bobbs-Merrill Co., 1948.

81. EDWARD HARRIMAN

Birmingham, Stephen. *Our Crowd.* Dell Publishing Co., 1967, pp. 201–205, 354–365.

Eckenrode, H. J. and Edmunds, Pocahontas Wight Edmunds. *E.H. Harriman: The Little Giant of Wall Street.* Arno Press, 1981, pp. 3–81, 204–238.

"Harriman and His Time." *The Nation.* Vol. 89: Sept. 16, 1909, pp. 248–249.

Ingham, John N. *Biographical Dictionary of American Business Leaders.* 4 vols. Greenwood Press, 1983.

Myers, Gustavus. *The History of Great American Fortunes.* The Modern Library, 1907, pp. 491–503, 517–534.

Neill, Humphrey B. *The Inside Story of the Stock Exchange.* B.C. Forbes & Sons Publishing Company, Inc., 1950, pp. 135–140, 162–163.

82. JAMES J. HILL

Groner, Alex. *The History of American Business and Industry.* American Heritage Publishing Co., Inc., 1972, pp. 165–166, 193, 200–203.

Myers, Gustavus. *The History of Great American Fortunes.* The Modern Library, 1907, pp. 661–695.

Pound, Arthur and Moore, Samuel Taylor. *They Told Barron: Conversations and Revelations of an American Pepys in Wall Street.* Harper, 1930.

Pyle, Joseph Gilpin. *The Life of James J. Hill.* 2 vols. Peter Smith, 1936.

Redmond, George F. *Financial Giants of America.* The Stratford Co., 1922, pp. 131–145.

Sobel, Robert. *The Big Board: A History of the New York Stock Market.* The Free Press, Macmillan Co., 1965, pp. 133, 163–167.

Sobel, Robert. *Panic on Wall Street: History of America's Financial Disasters.* Macmillan Co., 1968, pp. 273–278, 291–295.

83. JAMES R. KEENE

"James R. Keene Left $15,000,000." *New York Times.* Jan. 5, 1913, p. 16:1.

'Jim' Keene, The Avatar of Wall Street." *Current Literature.* Vol. 48: May, 1910, pp. 498–501.

Lefevre, Edwin. "James R. Keene, Manipulator." *World's Work.* Vol. 2: July, 1901, pp. 996–999.

"Personal Glimpses: James R. Keene." *Literary Digest.* Vol. 46: Jan. 18, 1913, p. 153.

Sharp, Robert M. *The Lore and Legends of Wall Street.* Dow Jones-Irwin, 1989, p. 127.

Sobel, Robert. The Big Board: *A History of the New York Stock Market.* The Free Press, Macmillan Co., 1965, pp. 115, 154–66.

Thomas, Dana L. *The Plungers and the Peacocks: 150 Years of Wall Street.* Putnam, 1967.

84. HENRY H. ROGERS

Abels, Jules. *The Rockefeller Billions.* Macmillan Co., 1965, pp. 154, 220–1, 256, 272.

Allen, Frederick Lewis. *The Lords of Creation.* Harper & Brothers Publishers, 1935, pp. 13, 21–22, 36, 72–74, 83–86, 94–99, 115–116.

Flynn, John T. *God's Gold.* Greenwood Press, Publishers, 1932, pp. 344–346, 437.

Ingham, John N. *Biographical Dictionary of American Business Leaders.* 4 vols. Greenwood Press, 1983.

Lawson, Thomas. *Frenzied Finance: Vol. 1. The Crime of Amalgamated.* Original: Ridgway-Thayer, 1905. Reprint: Greenwood Press, 1968.

McNelis, Sarah. *Copper King at War: The Biography of F. Augustus Heinze.* University of Montana Press, 1968.

Nevins, Allan. *John D. Rockefeller.* Charles Scribner's Sons. Vol. 2: 1940, pp. 431–432, 436–430.

85. FISHER BROTHERS

"Charles T. Fisher, 83, Is Dead; Founder of Auto Body Concern." The *New York Times.* Aug. 9, 1963, p. 23:2.

"H.A. Fisher Dead; of Auto Body Firm." The *New York Times.* April 1, 1942, p. 21:1.

Ingham, John N. *Biographical Dictionary of American Business Leaders.* 4 vols. Greenwood Press, 1983.

McManis, John. "Charles Fisher Rites in Cathedral Monday." *The Detroit News.* Aug. 9, 1963, p. 8:1.

Parker, John Lloyd. *Unmasking Wall Street.* The Stratford Co., Publishers, 1932, pp. 122–127.

Sparling, Earl. *Mystery Men of Wall Street.* Blue Ribbon Books, 1930, pp. 165–188.

Sobel, Robert. *Panic on Wall Street: A History of America's Financial Disasters.* Macmillan Co., 1968, pp. 363, 365, 374, 392.

86. JOHN J. RASKOB

Raskob, John J. "Everybody Ought to be Rich." *Review of Reviews.* Vol. 80: Sept., 1929, pp. 99+.

"Raskob's Bomb." *Literary Digest.* Vol. 108: March 21, 1931, pp. 8–9.

"Taxation: Old Linen." *Time.* Vol. 29: May 17, 1937, pp. 16–17.

Ingham, John N. *Biographical Dictionary of American Business Leaders.* 4 vols. Greenwood Press, 1983.

"John J. Raskob Dies Of A Heart Attack." *New York Times.* Oct. 16, 1950, p. 27:1.

"Raskob Radio Pool Realized $5,000,000." *New York Times.* May 20, 1932, pp. 1:4+.

"J.J. Raskob Quits His Du Pont Posts." *New York Times.* Feb. 19, 1946, p. 32+.

87. ARTHUR W. CUTTEN

Brooks, John. *Once In Golconda.* Harper Colophon Books, 1969, pp. 77–78.

Cutten, Arthur. "Story of a Speculator." *Everybody's Magazine.* Nov. 19, 1932, p. 26; Dec. 3, 1932, p. 10.

Ingham, John N. *Biographical Dictionary of American Business Leaders.* 4 vols. Greenwood Press, 1983.

Sharp, Robert M. *The Lore & Legends of Wall Street.*

Dow Jones-Irwin, 1989, pp. 177–80.

Sobel, Robert. *The Great Bull Market: Wall Street in the 1920s.* W.W. Norton & Co., Inc., 1968, pp. 71–72, 132–137.

88. BERNARD E. "SELL 'EM BEN" SMITH

"Bernard E. Smith, Financier, Dead." *New York Times.* May 12, 1961, p. 29:1.

Brooks, John. *Once in Golconda.* Harper Colophon, 1969, pp. 79–80, 121–122, 143–144.

Davis, Forrest. "Sell 'Em Ben Smith: The Epic of a Rover Boy in Wall Street." The *Saturday Evening Post.* Vol. 211: Feb. 4, 1939, pp. 14–15+.

Josephson. Matthew. *The Money Lords.* Weybright and Talley, Inc., 1972, pp. 85–87, 94, 124–129. 175–187, 200, 213, 259.

Parker, John Lloyd. *Unmasking Wall Street.* The Stratford Co., Publishers, 1932.

"Sell' em-Ben." *Newsweek.* Vol. 57: May 22, 1961, pp. 75–76.

89. BERNARD BARUCH

Akst, Daniel. "A Gallery of Moguls and Rogues." *Financial World.* Sept. 16, 1986, p. 34.

Baruch, Bernard. *My Own Story.* Henry Holt and Co., 1957, pp. 254–262.

Baruch, Bernard. *The Public Years.* Holt, Rinehart and Winston, 1960, pp. 217–225, 393–402.

Grant, James. *Bernard M. Baruch.* Simon & Schuster, 1983.

Grossman, Peter Z. "The Great Investors of the 20th Century." *Financial World.* June 15, 1982, pp. 22–23.

Schultz, Harry D. and Coslow, Samson, eds. *A Treasury of Wall Street Wisdom.* Investors' Press, 1966, pp. 161–172.

CHAPTER 10
UNSUCCESSFUL SPECULATORS, WHEELER-DEALERS, AND OPERATORS

90. JACOB LITTLE

Clews, Henry. *Twenty-Eight Years in Wall Street.* J.S. Ogilvie Publishing Co., 1887.

Sarnoff, Paul. *Russell Sage: The Money King.* Ivan Obolensky, Inc., 1965, pp. 84–86.

Sarnoff, Paul. *Puts and Calls: The Complete Guide.* Hawthorne Book, 1968.

Sharp, Robert M. *The Lore and Legends of Wall Street.* Dow Jones-Irwin, 1989, pp. 105–107.

Sobel, Robert. *The Big Board: A History of the New York Stock Market.* The Free Press, Macmillan Co., 1965, pp. 40–41, 60–62, 72.

"Stock Gambling." *New York Daily Times.* Dec. 12, 1856.

Warshow, Robert Irving. *The Story of Wall Street.* Greenberg, Publisher, Inc., 1929, pp. 663–679.

91. JAMES FISK

Dies, Edward B. *Behind the Wall Street Curtain.* Reprint: Books for Libraries, 1969.

Gordon, John Steele. "The Mating Game." *Forbes.* Oct. 22, 1990, pp. 62+.

Holbrook, Stewart H. *The Age of Moguls.* Doubleday & Co., Inc., 1953, pp. 30–48.

Hoyt. Edwin P. *The Goulds.* Weybright and Talley, 1969, pp. 69–85.

Minnigerode, Meade. *Certain Rich Men.* G.P. Putnam' s Sons, 1927, pp. 189–210

Sobel, Robert. *Panic on Wall Street: A History of America's Financial Disasters.* Macmillan Co., 1968, pp. 127–156.

Swanberg, W.A. *Fisk: The Career of an Improbable Rascal.* Charles Scribner' s Sons, 1959, pp. 100–135.

92. WILLIAM CRAPO DURANT

"Auto Biographies." *Motor Trend.* November, 1985, p. 102.

"Flashbacks." *Forbes.* March 30, 1981, p. 163.

Gustin, Lawrence R. *Billy Durant Creator of General Motors.* William B. Eerdmans Publishing Co., 1973.

McCall, Bruce. "Mr. DeLorean, Meet Mr. Durant." *Car and Driver.* July, 1982, p. 67.

Sobel, Robert. *Panic on Wall Street: A History of America's Greatest Financial Disasters.* Macmillan Co., 1968, pp. 363–365.

Sobel, Robert. *The Big Board: A History of the New York Stock Market.* The Free Press, Macmillan Co., 1965, pp. 200, 249–250.

Stovall, Robert H. "Durant' s Legacy." *Financial World.* Sept. 16,1986, p. 180.

Winkleman, Barnie F. *Ten Years of Wall Street.* John C. Winston, 1932.

93. F. AUGUSTUS HEINZE

"F. Augustus Heinze, Mine Owner, Dead." *New York Times.* Nov. 5, 1914, p. 11:3.

Glasscock, C.B. *The War of the Copper Kings.* The Bobbs-Merril Co., 1935, pp. 141+.

Ingham, John N. *Biographical Dictionary of American Business Leaders.* 4 vols. Greenwood Press, 1983.

McNelis, Sarah. *Copper King at War: The Biography of F. Augustus Heinze.* University of Montana Press, 1968, pp. 28+.

Sobel, Robert. The Big Board: *A History of the New York Stock Market.* The Free Press, Macmillan Co., 1965, pp. 182–197.

94. CHARLES W. MORSE

Allen, Frederick Lewis. *The Lords of Creation.* Harper & Brothers Publishers, 1935, pp. 116–126.

Ingham, John N. *Biographical Dictionary of*

American Business Leaders. 4 vols. Greenwood Press, 1983.

Malone, Michael P. *The Battle for Butte.* University of Washington Press, 1981, pp. 191–194.

Who Was Who In America. Marquis Who's Who, Inc. Vol. 4: 1968.

95. ORIS P. AND MANTIS J. VAN SWEARINGEN

Allen, Frederick Lewis. *The Lords of Creation.* Harper & Brothers Publishers, 1935, pp. 293–303, 319, 346–350, 365–370, 417.

Groner, Alex. *The History of American Business and Industry.* American Heritage Publishing Co., Inc., 1972, pp. 281–283, 291.

Kelly, Fred C. "Two Young Men Who are Real Estate Marvels." *American Magazine.* Vol. 83: March, 1917, pp. 50–51.

Ingham, John N. *Biographical Dictionary of American Business Leaders.* 4 vols. Greenwood Press, 1983.

Pound, Arthur and Moore, Samuel Taylor. *They Told Barron: Conversations and Revelations of an American Pepys in Wall Street.* Harper & Brothers, 1930, pp. 68, 290–291.

Sobel, Robert. *The Big Board: A History of the New York Stock Market.* The Free Press, Macmillan Co., 1965, pp. 244, 250, 296.

Sobel, Robert. *The Great Bull Market: Wall Street in the 1920s.* W.W. Norton & Co., Inc., 1968, pp. 81–88.

96. JESSE L. LIVERMORE

Brooks, John. *Once in Golconda.* Harper Colophon Books, 1969, pp. 74–78, 119–120,279.

Ingham, John N. *Biographical Dictionary of American Business Leaders.* 4 vols. Greenwood Press, 1983.

Josephson, Matthew. *The Money Lords.* Weybright and Talley, 1972, pp. 9–10, 20–21,86, 107–109.

Lefevre, Edwin. *Reminiscences of a Stock Operator.* Original: George H. Doran Co., 1923. Reprint: American Research Council.

Livermore, Jesse L. *How to Trade in Stocks: The Livermore Formula for Combining Time Element and Price.* Reprint: Investor's Press, Inc., 1966. Distributed by Simon & Schuster.

Sarnoff, Paul. *Jesse Livermore: Speculator-King.* Investors' Press, Inc., 1967.

CHAPTER 11
ISCELLANEOUS, BUT NOT EXTRANEOUS

97. HETTY GREEN

Grossman, Peter Z. "The Great Investors of the 20th Century." *Financial World.* June 15, 1982.

Holbrook, Stewart H. *Age of the Moguls.* Doubleday & Co., Inc., 1953, pp.340–342.

Ingham, John N. *Biographical Dictionary of American Business Leaders.* 4 vols. Greenwood Press, 1983.

McGinty, Brian. "Hetty Green: The Witch of Wall Street." *American History Illustrated.* Sept. 1988, pp.30–31.

Sparkes, Boyden and Moore, Samuel Taylor. *Hetty Green: A Woman Who Loved Money.* Doubleday, Doran & Co., Inc., 1930.

98. PATRICK BOLOGNA

Baruch, Bernard. *Baruch: My Own Story.* Henry Holt and Company, 1957, p. 258.

Seneker, Harold. "Wall Street At Shoe Level." *Forbes.* Vol. 130: Nov. 22, 1982, pp. 45–46.

Thomas, Gordon and Morgan-Witts, Max. *The Day the Bubble Burst.* Doubleday & Company, Inc., 1979, pp. 143, 223, 250, 276, 283–284, 305, 312–314, 353–357, 384, 422–424.

99. ROBERT R. YOUNG

Borkin, Joseph. *Robert R. Young: The Populist of Wall Street.* Harper & Row, 1969.

Ingham, John N. *Biographical Dictionary of American Business Leaders.* 4 vols. Greenwood Press, 1983.

Josephson, Matthew. *The Money Lords.* Weybright and Talley, 1972, pp. 88, 188–246, 255.

100. CYRUS S. EATON

Crowther, Samuel. "Ohio Versus Wall Street." *World's Work.* Vol. 59: June, 1930, pp. 24+

"Eaton to the Wars." *Time.* Vol. 34: Dec. 11, 1939, p. 69.

Ingham, John N. *Biographical Dictionary of American Business Leaders.* 4 vols. Greenwood Press, 1983, pp. 333–337.

Noyes, Peter Helmoop. "The Last Days of Cyrus the Great." *The Nation* Vol. 136: June 21, 1933, pp. 700–701.

"Russia's Favorite U.S. Capitalist." *Newsweek.* Vol. 93: May 21,1979, p. 81.